Goldstadt-Reiseführer
Bayerischer Wald

Gernot Messarius

W0171942

Titelbilder: Kapelle St. Hermann in Bischofsmais
Kleiner Arbersee mit Blick auf den Großen Arber
Schiffahrt auf der Donau durch Passau

Fotos: Gernot Messarius, U. Schmudlach,
Fremdenverkehrsverband Ostbayern, Regensburg
Karte: Deutschland 1:800 000, RV-Verlag Stuttgart
Skizzen und Pläne: Goldstadtverlag

© 1994 Goldstadtverlag Karl A. Schäfer, Pforzheim
11. völlig überarbeitete Auflage
Herstellung: Karl A. Schäfer, Buch- und Offsetdruckerei, Pforzheim
Vertrieb: GeoCenter Verlagsvertrieb GmbH, München

Goldstadt-Reiseführer
Band 309

# Bayerischer Wald

## Böhmerwald
## Donauebene
## Regensburg
## Passau

### Städte, Orte, Routen
### Landschaftsbeschreibungen

Gernot Messarius

28 Farbfotos
124 Fotos schwarzweiß
1 Übersichtskarte
2 Stadtpläne
2 Skizzen

GOLDSTADTVERLAG PFORZHEIM

# INHALTSVERZEICHNIS

*Zwischen Böhmen und Bayern ist ein großes Geviert, tausend Meilen in der Länge und Breite, auf dem nichts wächst als Wald. Alle tausend Jahre einmal wetzt ein Vogel an einem Baumstamm seinen Schnabel. Wenn dieser ganze Wald abgewetzt ist, ist eine Sekunde der Ewigkeit vorbei. Wann das sein wird, kann niemand sagen. Aber wer den Bayerischen Wald kennt, kann sich vorstellen, daß sich hier die Ewigkeit messen läßt.* Alte waldlerische Sage

*Überall, wo man in den verschiedenen Gefilden herumgeht, und es sind der Wanderwege unzählige, einer lieblicher als der andere, zieht die Würde des Waldes den Blick an sich.* Adalbert Stifter, 1867

*Der Ort hier (Klingenbrunn) ist sehr gut, tiefe Waldungen wie im Jura, hier will ich bleiben.* Friedrich Nietzsche, 1876

*Ein armes Land, in harter Fron bebaut: Felsbrocken, Steingeröll und karge Erde, von dunklem Wäldermeer umblaut. Und doch an stiller Schönheit reich, daß auch dem Fremden noch es Heimat werde.* Siegfried von Vegesack, 1950

*Das ist nicht ein Wald wie sonst einer, der Bayerische Wald. Er ist so schwarz wie sonst keiner. Es hat ihn noch keiner gemalt wie er ist.* Georg Britting, 1952

*Durch Luftverschmutzung ist der Bayerische Wald tödlich bedroht. Niederschläge kämmen die Schadstoffe aus der Luft. Besonders hoch sind auch die Konzentrationen im Nebel und Rauhreif. Die Qualität der Tannen und Fichten, oft über 400 Jahre alt, reicht nicht mehr aus, die schädlichen Einflüsse zu neutralisieren. Sterben die Bäume, entsteht eine Grassteppe. Da sich auch Wasserhaushalt und Wasserqualität ändern, wird das ökologische System gestört und die Artenvielfalt der Pflanzen und Tiere vernichtet.* Dr. Hans Bibelriether, 1983
Nationalparkleiter Bayerischer Wald

# Willkommen im Bayerischen Wald

Es gibt in unserem Land nur noch wenige Gebiete, deren Luft so sauber ist wie im Bayerischen Wald – trotz der in letzter Zeit aufgetretenen Umweltschäden. Zu diesem Ergebnis führten Klimaforschungen des Instituts für Meteorologie in München. Absolut staubfreie Luft wurde auf dem 1016 m hohen Brotjacklriegel festgestellt. Ihr ist die typisch blaue Farbstimmung der Bergwaldkulissen und die häufig extreme Fernsicht über 300 km bis zu den Alpen zu verdanken. Der vieldiskutierte „Saure Regen" gibt allerdings inzwischen auch im industriefernen Bayerischen Wald Anlaß zu großer Besorgnis.

Als 1846 der erste Reiseführer über den Bayerischen Wald von Bernhard Grueber und Adalbert Müller erschien, war reine Luft noch eine nicht so sehr erwähnenswerte Selbstverständlichkeit. Damals war es noch recht still um jenes riesige Waldgebiet nördlich der Donau. Bayerisches Sibirien nannte man es, und Beamte empfanden es als Degradierung, dorthin versetzt zu werden. Wo hätte Schiller einen besseren Schauplatz für seine „Räuber" finden können?

Einiges Aufsehen erregte im Sommer 1899 die berühmt gewordene Böhmerwaldfahrt der ersten „Wandervögel", und um die Jahrhundertwende wurde dem Reisenden noch empfohlen, zum Schutz gegen wilde Tiere und Räubergesindel eine Pistole bei sich zu tragen – doch der letzte Bär war schon 1856, der letzte Wolf 1874 erlegt worden.

Im Jahre 1913 empfahl „Meyers Reiseführer Bayerischer und Böhmerwald": Ein Sommeraufenthalt im Bayerischen Wald wird vor allem den weniger Anspruchsvollen zufriedenstellen, der lediglich Erholung sucht, unbehindert von geselligen Pflichten und anderem Zwang, fern von lärmenden Vergnügungen und frei von Luxus. Doch inzwischen hat sich auch hier vieles geändert – zum Wohle des Fremdenverkehrs. Aber noch heute fehlt dieser Landschaft die Betriebsamkeit anderer Feriengebiete: Das hebt sie ab und zeichnet sie aus. Dieses große Naturparadies kann noch viele Gäste aufnehmen, ohne deshalb gleich überlaufen zu sein. Weite Gebiete stehen unter Naturschutz, und im ersten deutschen Nationalpark zwischen Rachel und Lusen fanden manche Tier- und Pflanzenarten ihr letztes Refugium.

Längst ist der Bayerische Wald kein touristisches Entwicklungsland mehr. Vom Urlaub auf dem Bauernhof über Campingplätze und moderne Feriendörfer bis zu neu erbauten Gasthöfen und Hotels reicht die Palette des vielfältigen Angebots – und das bei vernünftigen Preisen. Auch verwöhnte Globetrotter kommen auf ihre Kosten: Die Steigenberger Hotels in Grafenau und Lam, das Kurhotel Gut Schmelmerhof bei St. Englmar, das Hotel Wastlsäge in Bischofsmais, das Romantik-Hotel Bierhütte in Hohenau bei

Freyung oder das Gästehaus Gut Giesel im Ilztal nördlich von Passau, um nur einige zu nennen, werden auch hohen Ansprüchen gerecht.

Eine preiswerte Variante besonders für Rad- und Flußwanderer ist das 1993 eröffnete „Rotel Inn" in Passau: Das direkt am Donau-Radwanderweg gelegene Hotel, ein architektonisch interessanter Bau in Form eines 80 m langen „ruhenden Menschen", bietet 100 Minizimmer mit Donaublick; eine Bootsanlegestelle befindet sich am Haus.

Für Sport und Hobby mangelt es nicht an Anregungen. Frei- und Hallenbäder finden Sie in großer Zahl. Vielerorts können Sie angeln, paddeln, minigolfen, reiten und Tennis spielen. Im Winter ist der Bayerische Wald ein Paradies für Skifahrer mit schneereichen und schneesicheren Hängen bis weit in den April hinein; viele Liftanlagen erleichtern den Aufstieg. Dann ist auch die Zeit des Eisstockschießens, das hier als Volkssport betrieben wird.

Burgen, Kirchen und Museen harren auf Besichtigung – besonders reich an Kunstschätzen sind die Städte im Donautal. Abwechslung bieten mannigfaltige Volksfeste und Heimatspiele: Man versteht zu feiern und alte Traditionen zu wahren. Und eine Schiffsfahrt auf der Donau gehört auch dazu. Lassen Sie sich von Regensburg gemächlich auf dem Nibelungenstrom nach Passau treiben, begleitet von den Berghängen des Bayerischen Waldes.

Seit der Grenzöffnung bieten sich auch Ausflüge in den benachbarten Böhmerwald an, dem ein eigenes Kapitel gewidmet ist.

Vor allem: Genießen Sie die gute Luft des Waldgebirges, die immerhin Adalbert Stifter, auch ein Entdecker des Bayerischen Waldes, schon 1866 gepriesen hat: „Und die Luft ist in den Höhen, die der Wald einnimmt, reiner, weil sie in allen Höhen reiner ist, und sie wird durch das Harz des Waldes und durch das Atmen seiner Millionen Blätter und Nadeln noch anmutiger und balsamreicher, daß sie ebenso Fröhlichkeit und Gesundheit bringt wie das Wasser. Und wer beides, Fröhlichkeit und Gesundheit, verloren hat, der erhält sie wieder, wenn er von diesem Wasser trinkt und von dieser Luft atmet."

Hoffen wir, daß die Reinheit von Luft und Wasser auch in Zukunft erhalten bleibt bzw. wiederhergestellt wird!

Der Kleine Arbersee liegt abseits vom Touristenstrom
im Quellgebiet des Weißen Regen.

# ZUR EINFÜHRUNG

## Kleine Geographie

Der Begriff „Bayerischer Wald/Böhmerwald" hat schon viel Verwirrung gestiftet. Manche Geographen bezeichnen die vorgelagerten Donauberge als Bayerischen Wald und den Hauptgebirgskamm an der Grenze als Böhmerwald – andere lassen nur den gemeinsamen Namen Bayerisch-Böhmischer Wald gelten. Am einfachsten haben die Einheimischen das Problem gelöst: Sie sagen schlicht „Wald" und nennen sich „Waldler".

Als die Baiern im frühen 6. Jahrhundert das Donautal besiedelten, nannten sie das urwaldbedeckte Gebiet im Norden ihres Stromes den „Nordwald". Erst im 13. Jahrhundert bürgerte sich für die Gegend beiderseits der heutigen tschechischen Grenze der Name „Silva Bohemica" – Böhmerwald – ein. Lediglich das Bergland zwischen Donau und dem Tal des Schwarzen Regen wurde als Bayerischer Wald bezeichnet. Später ging diese Bezeichnung auch auf den bayerischen Anteil des Böhmerwaldes über, so daß man heute zwischen dem Bayerischen Wald diesseits und dem Böhmerwald jenseits der Grenze unterscheidet.

Bernhard Grueber und Adalbert Müller, die 1846 nach zehnjähriger Vorarbeit und „nach wiederholter Begehung der Hauptpartien des Gebirges" den ersten Reiseführer über den Bayer- und Böhmerwald herausgaben, verstanden unter dem Bayerischen Wald schon damals den bayerischen Teil des Böhmerwaldes: „Zwei Staaten teilen sich in das weite Gebiet des Böhmerwaldes, Österreich und Bayern. Jenes besitzt den böhmischen Theil des Gebirges und den oberösterreichischen; dieses den oberpfälzischen und altbayrischen Theil oder, nach der geographischen Benennung, den oberpfälzischen und den bayrischen Wald. Letzterer ist für uns der Gegenstand genauerer Betrachtung".

Der Bayerische Wald erstreckt sich über 150 km zwischen Regensburg und Passau nördlich der Donau bis zur tschechischen Grenze. Im Nordwesten trennt ihn die Cham-Further-Senke und die Schwandorf-Bodenwöhrer-Senke vom Oberpfälzer Wald, im Südosten die österreichische Grenze vom Mühlviertel. Die Städte im Donautal mit einbezogen, leben etwa 700 000 Menschen auf einer Fläche von rund 6000 km$^2$, die überwiegend zu Niederbayern, zum kleineren Teil zur Oberpfalz gehört.

Der Bayerische Wald gliedert sich in den *Vorderen Wald,* der aus der Donauebene aufsteigt, und den *Hinteren Wald,* der entlang der Landesgrenze verläuft. Man unterteilt ihn auch von Nordwesten nach Südosten in den Oberen, Mittleren und Unteren (Südlichen) Wald; die oberpfälzische Gegend zwischen Donaustauf, Wörth, Falkenstein, Roding und Nittenau heißt *Vorwald.*

## Das Waldgebirge

Zwei Hauptgebirgszüge treten deutlich hervor: Der höchste verläuft im Hinteren Wald entlang der Grenze mit *Osser* (1293 m), *Arber* (1456 m), *Falkenstein* (1312 m), *Rachel* (1452 m), *Lusen* (1373 m) und *Dreisessel* (1312 m). Parallel dazu zieht sich südlich im Vorderen Wald die niedrige Bergkette hin mit *Pröller* (1048 m), *Predigtstuhl* (1024 m), *Hirschenstein* (1095 m), *Vogelsang* (1022 m), *Breitenauerriegel* (1114 m) und *Brotjacklriegel* (1016 m).

Der Bayerische Wald zählt zu den ältesten „Urgebirgen" der Erde. Seine Berge waren im Erdaltertum höher als die Alpen. Im Laufe der Jahrmillionen wurden die verwitterungsfähigen Schichten abgetragen und Täler herausgebildet, während die harten Urgesteine als Bergzüge und Gipfel stehenblieben. Nach der Eiszeit erfolgte die Begrünung. Vorherrschende Gesteine sind *Gneis* (Arber, Rachel), *Granit* (Lusen, Dreisessel), aber auch *Glimmerschiefer* (Osser) und *Hornblendgestein* (Hoher Bogen).

Zu den geologischen Sehenswürdigkeiten zählt der *Pfahl* (lat. vallum = Wall), ein etwa 150 km langer, meist unterirdisch verlaufender, 30 bis 300 m breiter marmorweißer Quarzgang, entstanden im Erdaltertum aus einer riesigen Spalte, die sich mit Quarz füllte. Er beginnt in der Oberpfalz bei Schwarzenfeld, berührt die Orte Roding, Viechtach, Regen, Grafenau, Freyung, Lackenhäuser und endet im österreichischen Mühlviertel. An verschiedenen Stellen tritt das Felsenriff bis zu 40 m sichtbar hervor, u.a. bei Burg Thierlstein, bei Viechtach und bei der Burgruine Weißenstein. Quarzgestein wird wegen seiner Kieselsäure zur Eisengewinnung und in der chemischen Industrie genutzt. Quarz enthält in reinster Form bis zu 99 % Silizium, ein Hilfsmittel für die Umwandlung von Sonnenenergie in Wärme.

Rund 170 *Mineralien* sind im Bayerischen Wald bekannt. Man findet sie mit etwas Glück besonders auf den Halden des Silberberges bei Bodenmais, beim Graphitbergwerk Kropfmühl, in ehemaligen Quarzbrüchen (am Hennenkobel, bei Arnbruck, Lam, Lohberg, Frath, March, Viechtach) und in den Granit-Steinbrüchen bei Hauzenberg und Tittling.

## Flüsse und Bäche

Der bayerisch-böhmische Grenzkamm ist zugleich Wasserscheide zwischen Donau und Elbe. Die *Donau,* mit 2850 km zweitlängster Strom Europas, wird als Schiffahrtsstraße genutzt und ist ab Kelheim Teilstrecke des Rhein-Main-Donau-Kanals.

Hauptfluß des Bayerischen Waldes ist der 165 km lange *Regen,* dem Sie fast überall begegnen werden: Als *Großer Regen* entspringt er jenseits der Grenze bei Böhmisch Eisenstein, nimmt in Zwiesel den aus dem Rachelgebiet kommenden *Kleinen Regen* auf

Auf dem höchsten Punkt des Pfahls
thront die Burgruine Weißenstein

und heißt nun *Schwarzer Regen*. Er gibt der Stadt Regen seinen Namen, speist kurz zuvor das Kraftwerk Regen und später hinter Viechtach die Kraftwerke Höllenstein und Pulling, um sich bei der Wallfahrtskirche Weißenregen unweit von Kötzting mit dem *Weißen Regen* zu vereinigen, der seine Quelle im Gebiet des Kleinen Arbersees hat. Erst jetzt trägt er seinen endgültigen Namen *Regen,* tauft noch den alten Markt Regenstauf und mündet dann in einem breiten Tal bei Regensburg in die Donau.

Zweitgrößter Fluß ist die 60 km lange *Ilz,* die diesen Namen aber erst nach Vereinigung der *Großen Ohe* (aus dem Rachelsee) und der *Kleinen Ohe* (aus der Martinsklause bei Waldhäuser) südöstlich von Schönberg trägt. Früher wurde in der Ilz die Perlenfischerei betrieben. In Fürsteneck tritt die aus mehreren Quellbächen entstandene *Wolfsteiner Ohe* hinzu, bis die Ilz ihr moorbraunes Wasser in Passau in die Donau schüttet. Die Bezeichnung „Ohe" entspricht dem keltischen Namen für Fluß.

Hauptbäche sind der *Bogen,* die *Erlau,* der *Freibach,* die *Geißa,* der *Kaitersbach,* die *Kiensach,* die *Mehnach,* der *Perlenbach* und die *Teisnach.* Das Wasser ist kalkarm und daher weich.


**Natur- und Stauseen**

*Großer Arbersee, Kleiner Arbersee* und *Rachelsee* sind eiszeitlichen Ursprungs und liegen zwischen 920 und 1065 m hoch. Zu den Naturseen gehören auch der *Dreiburgensee* (Rothauer See), ein beliebter Badesee bei Tittling, und der *Freudensee* bei Hauzenberg mit Badestrand.

Künstliche Wasserspeicher, sogenannte *Klausen,* dienten früher der Holztrift. Von Bedeutung für die Energiegewinnung sind die Stauseen *Höllensteinsee, Blaibacher See* und *Regener See.* Zu den jüngst angestauten Erholungsseen gehören der *Eginger See* bei Eging und der *Rannasee* bei Wegscheid. Die 1984 vollendete *Trinkwassertalsperre Frauenau* bei Oberfrauenau ist die höchst gelegene (767 m) und größte (90 Hektar, 67 m Tiefe, 640 m langer und 86 m hoher Hauptdamm) Trinkwassertalsperre des Bayerischen Waldes, gespeist vom Kleinen Regen und dem Hirschbach. Die *Donau* ist bei den Kraftwerken Kachlet und Jochenstein aufgestaut.

# Klima und Reisezeit

Der Bayerische Wald hat typisches Mittelgebirgsklima. Das Früh-jahr ist kurz, häufig hält sich der Schnee in den höheren Lagen bis April, einzelne Schneebänke finden sich sogar noch im Juni. Ent-sprechend spät beginnt der Sommer bzw. der Badesommer: Es dauert schon einige Zeit, bis sich das kalte Schmelzwasser der Flüsse auf dem Weg zu den Badeanstalten zu erwärmen beginnt. Doch seitdem auch im Bayerischen Wald immer mehr beheizte Freibäder entstehen, wird auch die Badesaison verlängert.

Regen und Schnee fallen im rauhen Hinteren Wald mehr als im milderen Vorderen Wald: Die jährliche Niederschlagsmenge schwankt zwischen 60 cm im Donautal, 100 cm in Höhen um 700 m und 180 cm in Spitzenhöhen um Arber und Rachel.

Besonders schönes, beständiges Wetter findet man im Septem-ber und Oktober mit herrlicher Fernsicht. Die ersten Schneefälle setzen oft schon Ende November ein. Kalte Luft bringt dann der trockene Ostwind, von den Einheimischen „Böhmwind" genannt.

Wer auf die großen Schulferien angewiesen ist, wird seinen Rei-setermin darauf abstimmen müssen. Es gibt viele Möglichkeiten, auch ein paar Regentage zu überbrücken. Aber am schönsten ist es doch zwischen Mitte August und Ende September, wenn der Altweibersommer seinen Einzug hält, die meisten Feriengäste bereits fort sind und man den großen Wald fast für sich allein hat.

Im Dezember reisen die ersten Wintersportler an und tummeln sich bis in den April hinein auf den schneereichen und schnee-sicheren Hängen, denn – so sagt ein altes Sprichwort: Im Bayeri-schen Wald dauert der Winter länger als im Kalender.

Wintertag im Waldferiendorf Dürrwies

oben: Der Kötztinger Pfingstritt geht auf
eine jahrhundertealte Tradition zurück.

unten: Der Further Drachenstich findet
alljährlich begeisterte Zuschauer

Bodenmais ist ein vielbesuchter heilklimatischer Kurort
am Südfuß des Großen Arber.

## Pflanzen- und Tierwelt

Der Wald nimmt eine alles überragende Stellung ein. Sein Anteil beträgt im Vorderen Bayerischen Wald etwa 40%, im Hinteren Bayerischen Wald bis zu 70%. Der Landkreis Regen zählt zu den waldreichsten Gegenden der Bundesrepublik. Vorherrschend ist das Nadelholz mit *Fichte* und *Tanne.* Unter den Laubbäumen dominiert die *Buche,* oft in Mischwäldern, und dieses Nebeneinander von Nadel- und Laubwald bietet besonders im Frühjahr einen reizvollen Anblick. In den oberen Zonen ab 1100 m tritt der Hochwald zurück, man findet *Krüppelfichten* und *Legföhren,* aber auch seltene Bergpflanzen, die sonst nur in den Alpen anzutreffen sind: *Bärwurz, Enzian, Brandlattich, Sturmhutblättriger Hahnenfuß, Knabenkraut, Kreuzkraut, Alpenglöckchen* und *Siebenstern.* Unter den Heilkräutern tritt die *Arnika* hervor. Die Felswände sind oft mit Schwefel- und Wetterflechten überzogen.

Charakteristisch sind die vielen *Hochmoore* (Filze) besonders im Rachel-Lusen-Gebiet mit ihrer artenreichen Moosflora und die hochgelegenen *Schachten,* ehemalige Weidewiesen zwischen Falkenstein und Rachel (→ S. 61). Der Kleine Arbersee ist wegen seiner schwimmenden Inseln mit seltener Flora geschätzt.

Von jeher gilt das Waldgebiet als Paradies für Sammler von *Heidel-* und *Preiselbeeren.* Auch Pilze wachsen in großer Zahl, allen voran *Steinpilze, Pfifferlinge* und *Maronen.*

Die Tierwelt findet in den großen Waldgebieten gute Lebensbedingungen. Reich vertreten ist das *Rehwild,* ebenso das *Rotwild,* besonders im Rachel-Lusen-Gebiet. Für Niederwild wie *Fuchs, Hase, Dachs, Hermelin, Iltis, Steinmarder* und *Zwergwiesel* gibt es genügend Schlupfwinkel.

Reichhaltig auch die Vogelwelt mit *Finken, Meisen, Drosseln, Lerchen, Staren, Schwalben* und *Spechten;* auch der *Kuckuck* läßt seinen Ruf erschallen. Von den Raubvögeln sind *Bau-* und *Turmfalke, Sperber, Habicht* und *Mäusebussard* zu beobachten. Im Nationalpark werden Tiere, die im Bayerischen Wald ausgestorben waren, wieder angesiedelt.

In den vielen Bächen, Flüssen und Seen tummeln sich *Forellen, Äschen, Schleien, Rotaugen, Döbel* und mitunter auch *Hechte.* Berühmt ist der *Donauwaller* (Wels), ein Knochenfisch, der bis zu 3 m lang und 250 kg schwer wird und ein Alter von 50 Jahren erreichen kann.

Eine besonders reiche Pflanzen- und Tierwelt findet sich im Nationalpark (→ S. 66).

Die Tierwelt findet
in den großen Waldgebieten gute Lebensbedingungen.

Ein Kraftwerk staut den Schwarzen Regen
bei Viechtach zum Höllensteinsee.

## Blick in die Geschichte

Wegen seiner einst undurchdringlichen Wildnis wurde der Bayerische Wald bedeutend später als das übrige bayerische Land besiedelt. Historische Funde dokumentieren, daß lediglich das fruchtbare Donautal zwischen Regensburg und Passau schon in der Stein- und Bronzezeit bewohnt war. So entwickelte sich in der frühen Bronzezeit um 2000 v.Chr. eine besondere Epoche, die nach ihrem Hauptfundort „Straubinger Kultur" genannt wird. Um 450 v.Chr. gründeten einwandernde Kelten ihre „Oppida" im Donautal. Um 15 v.Chr. stießen die Römer von Süden in das Donaugebiet vor, das Teil der römischen Provinz Rätien wurde. Die Grenze nach Norden bildeten Limes und Donau.

An der Kolonisierung des Bayerischen Waldes hatten besonders die im 8. Jahrhundert gegründeten Klöster wesentlichen Anteil: Der Obere Wald wurde durch das Regensburger Kloster St. Emmeram mit seinem Stützpunkt in Chammünster, der Mittlere Wald durch die Donauklöster Metten und Niederalteich und der Untere Wald durch das Passauer Kloster Niedernburg erschlossen. In der Folgezeit gründeten die verschiedenen Adelsgeschlechter zahlreiche Burgen und Orte, allen voran die Grafen von Bogen, aber auch die Grafen von Vornbach, die Ortenburger, die Halser und die Degenberger. Neue Siedlungen entstanden auch an den Saumwegen, die den Bayerischen Wald überquerten von Passau (Goldener Steig), Niederalteich (Gunthersteig), Deggendorf (Ruselweg) und Straubing (Baierweg). Die besonders rege Kolonisationsphase im 13./14. Jahrhundert wurde durch das Aufblühen der Glasindustrie unterstützt. Als letztes Siedlungsgebiet wurde die „Neue Welt" südlich des Dreisesselmassivs im 17. Jahrhundert durch die Passauer Fürstbischöfe erschlossen.

### Zeittafel

| | |
|---|---|
| **Um 10 000 v.Chr.** | In der Altsteinzeit, der ältesten Stufe menschlicher Kulturentwicklung, sind mehrere Kalksteinhöhlen im Donautal von Menschen bewohnt. |
| **Um 4000 v.Chr.** | In der Jungsteinzeit wandern Menschen von der unteren Donau in das fruchtbare Donaugebiet bis in den Regensburger Raum ein und betreiben neben der Jagd auch erste Landwirtschaft. |
| **Um 2000 v.Chr.** | In der frühen Bronzezeit entsteht in der Region eine besondere Kultur, die nach ihrem größten Fundort als „Straubinger Kultur" bezeichnet wird. |
| **Um 1000 v.Chr.** | Gräber-, Keramik-, Schmuck- und Waffenfunde aus der Bronze- und Eisenzeit zeugen von weiterer Besiedlung des Donau- und Regentales. |

| | |
|---|---|
| **Um 450 v.Chr.** | Die Kelten wandern ein und gründen stadtähnliche Siedlungen in Regensburg (Radasbona), Straubing (Sorviodurum) und Passau (Bojodurum). An diese Zeit erinnern noch heute an verschiedenen Orten sichtbare Ringwälle (z.B. auf dem Bogenberg) sowie keltische Fluß- und Bergnamen. |
| **Um 15 v.Chr.** | Die Römer dringen unter Kaiser Augustus in das Land südlich der Donau ein. Befestigte Kastelle entstehen in Regensburg, Straubing und Passau. Die Region wird Teil der römischen Provinz Rätien. Limes und Donau bilden die Nordgrenze. |
| **179** | Unter dem römischen Kaiser Marc Aurel entsteht in Regensburg das Legionslager Castra Regina gegenüber der Mündung des Regens in die Donau. Spuren sind noch heute in der Regensburger Altstadt sichtbar (Porta Praetoria). |
| **Um 450** | Ausbreitung des Christentums. Der heilige Valentin († um 475) ist erster bezeugter Bischof in Passau. Auch der heilige Severin († 482) missioniert im Passauer Raum. |
| **6. Jh.** | Mit dem Zerfall ihres Reiches ziehen sich die Römer zurück. Zwischen Lech, Alpen und Donau hat sich der Volksstamm der Baiern gebildet, deren Herkunft noch nicht eindeutig geklärt ist. Auch markomannische Abkunft und Einwanderung aus Böhmen sind nicht belegt. Um 576 erscheint erstmals der Name „baiovarii" (bei Venatius Fortunatus, Hofdichter der merowingischen Könige und späterer Bischof). In Regensburg (Reganespurc) entsteht um 450 als älteste baierische Residenz das Herzogtum der Agilolfinger, unter deren Führung das „Land der Baiern" zu einer Volkseinheit mit starkem Eigenleben zusammenwächst. |
| **739** | Unter Herzog Odilo gründet der heilige Bonifatius das Bistum Regensburg, wichtiger Ausgangspunkt für die Kolonisation Ostbayerns und Böhmens. Um diese Zeit Gründung der Rodungsklöster Metten, Niederalteich und Pfaffmünster. |
| **788** | Mit Herzog Tassilo III., der von Karl dem Großen abgesetzt wird, endet die über 200jährige Herrschaft der Agilolfinger. Baiern wird fränkischer Verwaltung unterstellt. |
| **907-955** | Ungarneinfälle veranlassen den Bau von Burgen als Grenzbollwerke. |
| **1002** | Krönung des bayerischen Herzogs Heinrich IV. zum König (später zum Kaiser) Heinrich III. |
| **1180** | Kaiser Friedrich Barbarossa belehnt den Wittelsbacher Otto I. mit dem Herzogtum Bayern. |
| **1218** | Herzog Ludwig der Kelheimer befestigt die Macht der Wittelsbacher durch Städtegründungen wie Straubing und Cham. |
| **1242** | Das Geschlecht der mächtigen Grafen von Bogen stirbt aus. Die weiß-blauen Rauten in der Sturmfahne dieser Uradelsfamilie fallen an Bayern-Wittelsbach und sind noch heute Kern des bayerischen Staatswappens. |
| **14. Jh.** | Verschiedene Teilungen Bayerns in Herzogtümer. |

| | |
|---|---|
| **1425** | Herzog Ernst von München überträgt die Statthalterschaft der niederbayerischen Gebiete seinem Sohn Albrecht und läßt dessen Gemahlin, die Augsburger Baderstochter Agnes Bernauer, 1455 in der Donau ertränken. |
| **1431** | Hussiten aus Böhmen dringen über die Further Senke brandschatzend ein und verwüsten viele Orte. |
| **1466** | Im Böckleraufstand und Löwlerkrieg (1489) versuchen aufständische Ritter vergeblich, ihre Selbständigkeit gegen die Wittelsbacher durchzusetzen. |
| **1503-1505** | Durch den Landshuter Erbfolgekrieg verliert das Herzogtum Niederbayern die politische Selbständigkeit. |
| **1618-1648** | Im 30jährigen Krieg, der als Religionskrieg zwischen Protestanten und Katholiken beginnt und sich zu einem europäischen Machtkampf entwickelt, wird Niederbayern besonders schwer in Mitleidenschaft gezogen. |
| **1663** | Der Immerwährende Reichstag des Heiligen Römischen Reiches Deutscher Nation nimmt seinen Sitz in Regensburg. |
| **1701-1714** | Der Tod des bayerischen Erbprinzen Josef Ferdinand, von Karl II., König von Spanien, zum Universalerben eingesetzt, führt zum blutigen Spanischen Erbfolgekrieg. |
| **1741-1745** | Im Österreichischen Erbfolgekrieg verwüsteten die Reiterhorden der Kaiserin Maria Theresia unter dem Pandurer Oberst Franz von der Trenck die Region. |
| **1803** | Durch Säkularisation gelangt der bayerische Staat in den Besitz aller Klöster und der Hochstifte Regensburg und Passau sowie der Grafschaft Ortenburg. Regensburg fällt als letztes geistliches Fürstentum an den Fürstprimas Carl Theodor von Dalberg (1810 an Bayern). |
| **1805** | Napoleon erhebt Bayern zum Königreich. |
| **1808** | Bayern schafft als erster Staat Europas die Leibeigenschaft ab. |
| **1825** | Ludwig I., einer der bedeutendsten Wittelsbacher, wird König von Bayern. Während seiner 23jährigen Regierungszeit ließ er den Ludwig-Donau-Main-Kanal erbauen, die Befreiungshalle bei Kelheim und die Walhalla in Donaustauf errichten sowie die Türme der Dome von Regensburg und Passau vollenden. Außerdem begründete er bayerische Klöster neu wie die Benediktinerabteien Weltenburg und Metten oder das Karmeliterkloster in Regensburg. |
| **1864** | König Ludwig II. von Bayern übernimmt die Regierung. |
| **1870-1871** | Im Deutsch-Französischen Krieg tritt Bayern dem Deutschen Reich bei. |
| **1918** | Der Revolutionär Kurt Eisner setzt König Ludwig III. ab und ruft die Republik aus. |
| **1924** | Die Bayerische Volkspartei übernimmt die Regierung. Das bayerische Konkordat mit dem Heiligen Stuhl gilt noch heute. |
| **1934** | Bayern verliert alle Hoheitsrechte an das Deutsche Reich. |

| | |
|---|---|
| **1939-1945** | Im Zweiten Weltkrieg werden viele Städte Niederbayerns beschädigt. |
| **1945** | Bayern wird amerikanische Besatzungszone. Viele Vertriebene besonders aus dem Sudetenland, finden hier eine neue Heimat. |
| **1964** | Bei Furth im Wald wird die Grenze zur Tschechoslowakei wieder geöffnet. |
| **1972** | Eine Gebietsreform löst viele Landkreise auf. Kleinere Städte verlieren ihre Kreisfreiheit. Teile Niederbayerns mit Kötzting und Lam kommen an den oberpfälzischen Landkreis Cham. |
| **1990** | Wiedervereinigung Deutschlands und Abbau der Grenzbefestigung in der benachbarten Tschechoslowakei. |
| **1991** | Wiedereröffnung des Grenzbahnhofs Bayerisch Eisenstein der Strecke München-Prag. |
| **1993** | In der benachbarten Tschechoslowakei bilden sich die selbständigen Staaten Tschechische Republik (mit Böhmen und Mähren) und Slowakische Republik. |

Der Grenzbahnhof Bayerisch Eisenstein
wurde 1991 nach 46 Jahren wieder eröffnet.

# Kunstgeschichtlicher Streifzug

## Vor- und Frühgeschichte

Ältestes Siedlungsgebiet der Region ist das Donautal. Interessante Funde aus der Stein-, Bronze- und Eisenzeit zeigt das Regensburger Stadtmuseum. Dort befinden sich viele Fundgegenstände der um 450 eingewanderten Kelten. Das Archäologische Museum in Kelheim (→ Goldstadt-Reiseführer Oberpfalz) bewahrt ebenfalls Funde dieser frühesten Kulturepochen, da auch in den Höhlen des in das Donautal mündenden unteren Altmühltales Steinzeitmenschen lebten und später auf dem Michelsberg bei Kelheim das Keltische Oppidum Alkinoennis bestand.

## Römerzeit

Noch heute erinnern Monumente an die rund 500 Jahre dauernde Römerzeit. Eindrucksvollstes Zeugnis ist die Porta Praetoria in Regensburg, das Nordtor des um 179 n.Chr. errichteten Römerlagers Castra Regina. In Passau zeigt das Römer-Museum die freigelegten Fundamente der spätrömischen Festung Boiotro. Geradezu sensationell war der 1950 in einer Straubinger Lehmkuhle geborgene „Römerschatz" mit vergoldeten Gesichtsmasken aus dem 3. Jahrhundert n.Chr., zu sehen im Straubinger Gäubodenmuseum.

## Romanik

Kennzeichnend für die Architektur in der Romanik (10.-13. Jh.) ist die Wiederaufnahme antik-römischer Baumotive mit Rundbögen und Säulen. Besonders Regensburg, aus dem 2. Weltkrieg fast unversehrt hervorgegangen, besitzt zahlreiche romanische Monumente wie die Stephanskirche (Alter Dom), die Allerheiligen-Kapelle im Domkreuzgang, der Hauptbau der Alten Kapelle, die Niedermünster-Kirche, die Vorhalle von St. Emmeram, die Schottenkirche St. Jakob mit ihrem figurenreichen Nordportal und die Klosterkirche in Prüfening. Bedeutende profane Schöpfung dieser Zeit ist die berühmte Steinerne Brücke (1135-1146) in Regensburg, ein Meisterwerk mittelalterlicher Ingenieurkunst und damals als 8. Weltwunder bestaunt.

Romanischen Ursprung sind auch die Kirchen in Chammünster, Waldersbach, Reichenbach und Windberg, St. Jakob in Plattling und St. Peter in Straubing sowie in Passau St. Nikola, St. Severin und die Klosterkirche Niedernburg.

## Gotik

In der Gotik (13.-15. Jh.) geht die bisher meist von den Klöstern ausgeübte Bautätigkeit vielfach auf das erstarkende Bürgertum über. Charakteristische Merkmale sind Spitzbogen und Kreuzrippe, am Außenbau Strebebogen und Strebepfeiler, die Wände werden durch farbige Glasfenster aufgelockert. Neben Kirchen entstehen Profanbauten wie Rathäuser, Zunftgebäude, Bürgerhäuser und Wehranlagen. In Bayern hielt die Gotik erst spät ihren Einzug, erreichte dann aber viele architektonische Höhepunkte.

Wieder kann Regensburg mit zahlreichen Bauwerken aus dieser Epoche aufwarten. Der mächtige Dom St. Peter, an dem ab 1250 mehrere Generationen tätig waren, die Ulrichskirche, Minoritenkirchen, Dominikanerkirche und der Kreuzgang von St. Emmeram, ebenso das Alte Rathaus und die stattlichen Geschlechtertürme wohlhabender Patrizierfamilien.

Gotischen Ursprungs sind auch die Heiliggrabkirche in Deggendorf, die Jakobskirche in Straubing, die Wallfahrtskirche auf dem Bogenberg und der Chorbau des Passauer Doms. Unter den profanen Bauten dominieren die Stadttürme von Straubing und Deggendorf sowie das Rathaus in Passau.

Die gotische Plastik wird durch die steinerne Verkündigungsgruppe im Regensburger Dom und das Erminold-Hochgrab in der Klosterkirche Prüfening besonders eindrucksvoll dokumentiert.

## Renaissance

Die von Italien ausgehende Renaissance (= Wiedergeburt) des 15./16. Jahrhunderts verkörpert die künstlerische Formenansprache der Antike. Sie zeigt sich als westliche Kunst sowohl des Adels als auch der Bürger bei Schlössern, Rathäusern und Bürgerhäusern. Ein besonders schönes Beispiel ist das Renaissance-Schloß von 1567 in Ortenburg mit seiner prächtigen Holzdecke.

Das Renaissance-Schloß in Ortenburg
ist als Museum zugänglich.

## Barock

Der Barock (17./18. Jh.) hat gerade in Bayern viele Zeugnisse hinterlassen. Nach dem kulturellen Niedergang im 30jährigen Krieg begann eine neue künstlerische Blütezeit, die den urbayerischen Wesensarten Frömmigkeit, Gottverehrung und Lebenslust besonders entgegen kam. Vom Donautal bis in den Bayerischen Wald hinein entstanden prachtvolle Kirchen unter reichlicher Verwendung von Marmor, Stuck und Ornamentik. Viele ältere Kirchen erhielten eine barocke Innenausstattung. Ebenso wurden Schlösser und Herrensitze errichtet.

In Niederbayern wirkten die hervorragenden Künstler Cosmas Damian Asam (1686-1739) als Baumeister und Maler sowie sein Bruder Egid Quirin (1692-1750) als Bildhauer und Stukkateur. Beide arbeiteten oft zusammen. Lohnende Asam-Stätten sind Aldersbach (ehem. Klosterkirche), Frauenzell (Wallfahrtskirche), Osterhofen-Altenmarkt (ehem. Damenstiftskirche), Regensburg (St. Emmerams-Kirche), Straubing (Usulinenkirche) und Weltenburg (Klosterkirche). Größter Barockbau des 17. Jahrhunderts nördlich der Alpen ist der Passauer Dom, dessen Westteil nach dem Stadtbrand von 1662 durch den Prager Baumeister italienischer Herkunft Carlo Lurago in 20jähriger Bauzeit wieder errichtet und von dem Italiener G.B. Carlone zusammen mit seinem Schwager Paolo d'Aglio prunkvoll wie aus einem Guß stuckiert wurde.

## Rokoko

Das aus dem Barock hervorgegangene Rokoko (von französisch Rocaille = Muschel) ist eine französische Kunstepoche von etwa 1725-1775, die bald auch die deutsche Kunst beherrschte und oft als Spätbarock bezeichnet wird. Prominenter Vertreter des bayerischen Rokoko war der Kirchenbaumeister Johann Michael Fischer aus Burglengenfeld (1692-1766), der viele Neu- und Umbauten schuf wie die Pfarrkirche Rinchnach, die Klosterkirche Fürstenzell, die Klosterkirche Niederalteich und den Turm der Heiliggrabkirche in Deggendorf. Kleinode des Rokoko sind auch die Kirche in Loh an der Donau, Arrach bei Falkenstein, Weißenregen bei Kötzting, Viechtach und Frauenau.

## Klassizismus

Der Klassizismus (Ende des 18. bis Mitte des 19. Jh.) strebte die Nachbildung antiker Kunstformen an und orientierte sich besonders am griechisch-römischen Altertum. Markante Beispiele sind die beiden Touristenattraktionen Walhalla bei Donaustauf (Baumeister Leo von Klenze) und Befreiungshalle bei Kelheim (Baumeister Friedrich Gärtner und Leo von Klenze), die beide auf Anregung König Ludwig I. entstanden.

# Bevölkerung und Brauchtum

Die Bewohner des Bayerischen Waldes nennen sich Waldler und gehören zum altbayerischen Stamm, der von der Oberpfalz bis nach Österreich reicht. Der Waldler ist derb, ehrlich, gutmütig, tiefreligiös und hängt fest an alten Gewohnheiten. Jahrhundertelang war das Waldgebirge von der Außenwelt so gut wie abgeschnitten. Erst die Erschließung durch moderne Verkehrsmittel, der starke Zustrom von Heimatvertriebenen und der zunehmende Fremdenverkehr haben das waldlerische Leben verändert und langsam der modernen Zeit angepaßt. Aber trotz Vordringens von Technik und Verkehr haben sich wohl kaum in einer anderen deutschen Landschaft so viele alte Sitten und Bräuche erhalten wie im Bayerischen Wald.

**Volksmusikgruppen** pflegen in vielen Orten in den alten farbenfrohen Trachten mit Zither, Zupfgeige, Akkordeon und Hackbrett das heimische Liedgut. Schnadahüpfl und Trutzgsangl aus dem Stegreif verraten Humor und Wendigkeit des Waldlers. In der Kirchenmusik neuerer Zeit geben die tief-innigen Klänge der „Waldlermesse" von Eugen Hubrich und Ferdinand Neumaier, auf Zithern begleitet, ein lebendiges Zeugnis von der Naturverbundenheit und Religiosität des Waldlers.

Am **Neujahrstag** ziehen vielerorts noch Musikanten von Haus zu Haus, die das „Neujahr anblasen" und Glückwünsche darbringen. Bis zum Dreikönigstag sind dann die Sternsinger unterwegs.

**Waldlerfasching** kann man am Faschingssamstag bei der „Rauhnacht" erleben, dem größten Maskenball des Bayerischen Waldes mit dämonischen Kostümen, die mit viele Phantasie meist selbst gefertigt sind.

Am **Palmsonntag** gibt es feierliche Prozessionen. Buben und Mädchen tragen geweihte Palmbuschen, die nach altem Volksglauben vor Blitzschlag schützen und deshalb auf dem Dachboden aufbewahrt werden

**Ostermontag** werden Umritte in Regen und Furth im Wald veranstaltet.

Zum **1. Mai** wird in jedem Ort, der etwas auf sich hält, der reichgeschmückte Maibaum aufgestellt, eine Arbeit, die Geschicklichkeit und harte Männerfäuste erfordert – für die Zuschauer eine „Pfundsgaudi" und Startzeichen zum fröhlichen Maitanz.

Am **Pfingstsamstag** geht im Mittleren und Unteren Wald noch der „Wasservogel" um: Junge Burschen wandern von Haus zu Haus, bekleidet mit Hüten, Regenumhängen und Gummistiefeln. Sie singen vielstrophige „Gstanzeln" und bekommen zum Dank einen kräftigen Guß Wasser über den Kopf geschüttet, dazu als Gabe einige Eier. Dieser seltsame Brauch wird von einem reinigenden Fruchtbarkeitskult aus grauer Vorzeit abgeleitet. – Anderenorts wird am Pfingstsonntag der in Laub oder Stroh gehüllte „Pfingstl" von einigen Begleitern herumgeführt, die mit Papierfähnchen geschmückte Pfingstgerten tragen. Vor jedem Haus sagen sie einen Spruch und bekommen dafür eine Gabe.

**Fronleichnam** ist im Bayerischen Wald ein großes kirchliches Fest, im Volksmund auch „Prangertag" und „Kranzltag" genannt, mit feierlicher Fronleichnamsprozession.

Zur **Sommersonnenwende** am Vorabend von Johanni (24. Juni) leuchten überall die großen Johannisfeuer. Oft wird darin nach altem Brauch eine Strohpuppe als „Wetterhexe" verbrannt.

Das **Erntedankfest** wird an Maria Geburt (8. Sept.) oder Maria Namen (12. Sept.) gefeiert, teils mit Erntedankumzügen. In den Kirchen sind die Altäre mit den Früchten des Jahres geschmückt. Wer seinen Hafer als letzter eingebracht hat, muß damit rechnen, heimlich eine aus Stroh gefertigte Ziege, die „Hobengoaß" auf das Scheunendach gesetzt zu bekommen.

**Kirchweihfeste** gibt es dann überall, fast jedes Dorf feiert nach der Ernte seine Kirta oder Kirwa oder Kirchweih. Von nah und fern kommen Verwandte und Bekannte und feiern frohes Wiedersehen. Am Kirwasamstag trinkt man schon das Kirwabier, und mancherorts wird noch ein spezieller Kirwabaum errichtet, der zum guten Schluß versteigert und in Bier umgesetzt wird.

Das **Wolfaustreiben** am Vorabend von Martini (11. Nov.) zählt auch zu den echt waldlerischen Gebräuchen, vor allem in der Gegend um Zwiesel und Regen. Es stammt noch aus Zeiten, als der gefürchtete Wolf das Vieh auf den Waldweiden anfiel. Früher wurde am Tage vor Martini die Herde in die heimatlichen Ställe getrieben, und die Hirten freuten sich, wenn alle Tiere vollzählig beisammen waren. Von den Bauern erhielten sie ihren Hüterlohn. Heute ziehen die Burschen von Hof zu Hof, jeder trägt eine große Kuhglocke um den Hals, es wird gescheppert und mit der Peitsche geknallt, man sagt ein Sprüchlein auf und erhält dann anstelle des früheren Hüterlohns ein Trinkgeld oder „a Maß" Bier. Mit dem Lärm sollen Wölfe und andere wilde Tiere vertrieben werden, und von nun an bleibt das Vieh bis zum nächsten Sommer in den Ställen. – In Miltach wird an Martini noch eine traditionelle Umrittsprozession veranstaltet.

**Totenbretter** gehören sicher zu den beeindruckendsten alten Bräuchen im Bayerischen Wald. Man findet sie vereinzelt oder in langen Reihen an Feldkapellen, Wegkreuzungen, Flußübergängen oder unter Baumgruppen: Das Brett, auf dem der Verstorbene bis zu seiner Einsargung gelegen hatte, wird zur Erinnerung an den Toten mit einer Inschrift versehen, bemalt und geschnitzt und an Stätten, wo der Verstorbene gelebt und geschaffen hatte, in die Erde gesetzt. Außer Namen und Jahreszahl tragen die Totenbretter oft noch einen kurzen Spruch, bei dem nicht selten tiefer Ernst mit derbem Humor wechselt:

Zum alten Brauchtum gehören spruchverzierte Totenbretter.

„Wanderer, stehe still und schau: Was du bist, war ich auch, was ich bin, wirst du werden, eine Asche in der Erden."

„Durch eines Ochsen Hornesstoß kam er in des Himmels Schoß."

„Hier ruht der Gottlieb Fahrer, ein Schusterlehrling war er, der liebe Gott hat nicht gewollt, daß er Geselle werden sollt."

Freilich nimmt heute, da diese schöne Sitte nicht mehr überall praktiziert wird, auch die Zahl der Totenbretter immer mehr ab. Die meisten findet man noch im Zellertal zwischen Bodenmais und Kötzting. Manche sind verwaschen und kaum noch zu lesen. Jedoch sind die Heimatvereine sehr rührig und lassen hier und da neue Totenbretter zur Erinnerung an verstorbene Mitglieder aufstellen.

## Waldlerischer Festkalender

**Arber:** Arberkirchweih an der Arberkapelle am Bartholomäustag Ende August.

**Bischofsmais:** Hirmonskirwa mit Hirmonshopsen heiratslustiger Mädchen beim St. Hermann am 10. und 24. August.

**Bodenmais:** Benno-Volksfest am Sonntag nach dem 16. Juni.

**Bogen:** Kerzenwallfahrt zum Bogenberg mit 13 m langer Pfingstkerze am Pfingstsonntag.

**Cham:** Chamer Volksfest Ende Juli/Anfang August.

**Deggendorf:** Volksfest Anfang August.

**Drachselsried:** Altbayerische Kirwa im August. – Martini-Wolfs-ausläuten am 11. November.

**Falkenstein:** Burghofspiele Mitte Juni bis ca. 10. August.

**Frauenau:** Rauhnacht am Faschingssamstag (großes Masken-fest) – Auerer Kirwa Mitte August.

**Furth im Wald:** Leonhardiritt am Ostermontag. – Drachenstich vom 2. bis 3. Augustsonntag mit mehreren Aufführungen.

**Grafenau:** Salzsäumerfest am ersten August-Wochenende.

**Hauzenberg:** Kulturwoche in der Woche um Christi Himmelfahrt. – Volksfest im August.

**Kirchberg im Wald:** Gotthardfest am 1. Juli-Wochenende.

**Kötzting:** Kötztinger Pfingstritt am Pfingstmontag.

**Mauth:** Waldfest am „Goldenen Steig" im Juli.

**Ortenburg:** Blütenfest im Mai. – Volksfest im August.

**Passau:** Maidult (Frühlingsvolksfest) Anfang Mai. – Europäische Woche Juni/Juli. – Ilzer Haferlfest im August.

**Perlesreut:** Schmalzlerfest mit Wettschnupfen im Juli.

**Regen:** Osterritt am Ostersonntag. – Pichelsteiner Heimatfest Ende Juli.

**Regensburg:** Maidult Anfang Mai und Herbstvolksfest Anfang September in Stadtamhof. In der Adventszeit Christkindlmarkt auf dem Neupfarrplatz.

**Rimbach:** Burgfestspiele Lichteneck im Sommer.

**Rinchnach:** St. Gunther-Heimatfest Ende Juni; alle 2 Jahre St. Gunther-Festspiele zu Ehren des Ortsgründers.

**St. Englmar:** Englmarisuchen am Pfingstmontag zur Erinnerung an den Eremiten St. Englmar.

**Straubing:** Gäuboden-Volksfest Mitte August. – Agnes-Bernau-er-Festspiele alle 4 Jahre im Juli.

**Teisnach:** Sommerfest mit Preisschnupfen Mitte Juli.

**Viechtach:** Burgfestspiele Neunußberg Juli. – Volksfest August.

**Waldkirchen:** Marktrichterfest Juli. – Dreschersuppe August.

**Waldmünchen:** Freilichtspiel „Trenck der Pandur" Juli/August.

**Zwiesel:** Frühlings-Volksfest im Mai. – Grenzland-Volksfest im Juli. – Zwieseler Buntspecht im August (Kunstausstellung von Künstlern aus dem Bayerischen Wald). – Zwieseler Fink im August (Volksmusik-Wanderpreis).

# Waldlerisch gegessen, getrunken und geschnupft

Man nehme: Würzige Kartoffeln, zu gleichen Teilen gewürfeltes Rind-, Kalb- und Schweinefleisch, sechserlei Gemüsesorten mit Petersilie, Lauch und Zwiebeln, süßem Paprika, etwas Pfeffer und Muskat, Salz sowie Knochenmark. Alles lagenweise in einen Topf füllen, langsam dämpfen lassen, nicht umrühren, Brühe nachgießen und – Sie haben das berühmte Pichelsteiner Gericht.

Natürlich gibt es im Bayerischen Wald auch noch etwas anderes zu essen als „nur" *Pichelsteiner Eintopf.* Aber wußten Sie, daß dieses Gericht aus dem Bayerischen Wald stammt? Und zwar von einem Bergfest auf dem Bichlstein im Jahre 1847, weil sich dieser Eintopf so bequem auf den Bichlsteingipfel transportieren ließ. Wenn man in Regen am Regen Ende Juli das Pichelsteiner Fest begeht, stehen für Besucher aus nah und fern rund 3000 Portionen bereit – und das in jedem Jahr!

Wollen Sie einen kleinen Vorgeschmack auf die bayerwaldlerische Küche genießen? Dann kaufen Sie sich Erna Horns *Kochbuch „Weißblaue Gaumenletzen".* Die bekannte Kochbuchautorin betrieb in Schloß Buchenau am Fuße des Großen Falkensteins über 30 Jahre lang eine Lehrküche, und die meisten ihrer Kochbücher sind auch dort entstanden.

Die *Kartoffel* steht überall im Grenzgebirge hoch im Kurs, da sie bei der Kargheit des Bodens am besten gedeiht. In den verschiedensten Variationen erscheint sie auf dem Tisch, vor allem als *Knödel.* Dazu ißt man gern Sauerkraut und Bauerngeräuchertes. In ländlichen Gemeinden bildet die Kartoffelsuppe schon morgens eine sättigende Mahlzeit – angereichert mit Suppenkräutern und gebräunten Zwiebeln. Beliebt sind *Reiberdatschi* – Reibekuchen – aus rohen, geriebenen Kartoffeln, die im Backofen gebacken oder in der Pfanne gebraten werden.

*Schweinebraten* ißt man überall in Bayern gern, aber den *Donauwaller* bekommen Sie nicht überall: Kenner behaupten, er schmeckt am besten im Regensburger Ratskeller. Sein grätenloses Fleisch wird in zwei Finger dicken Scheiben blau mit zerlassener Butter oder etwas dünner vom Grill serviert. In Originalgröße kann der Waller oder Wels bis zu drei Meter lang werden.

Zu den Spezialitäten gehört auch die *Weißwurst,* jene ungeräucherte Wurst aus Kalbfleisch, die mit süßem Senf verzehrt wird und das „Zwölfuhrläuten" nicht erleben soll. Ebenso beliebt ist der *Leberkäs,* ein gekochtes Gemisch diverser Fleischsorten.

In Regensburg interessieren noch die berühmten *Knack-* und *Bratwürstl,* und nicht weniger berühmt sind die würzigen „*Weichser Radi",* Rettiche, die im Sommer von den Marktfrauen am

Regensburger Dom angeboten werden. Man ißt sie dünn geschnitten und reichlich mit Salz bestreut.

Zu den Festtagen gibt es das schwere *Kletzenbrot* mit getrockneten Früchten, Nüssen und Mandeln. Von den vielen Weißbrotsorten schätzt man *gebackene Brezen* und die *Straubinger Schuberl.* Apropos Straubing: Dort müssen Sie unbedingt im Café Krönner ein Stück *„Agnes-Bernauer-Torte"* probieren, ein wahrer Genuß aus Mandel-Nuß-Baiser-Masse mit Mokka-Buttercreme gefüllt auch für Leute, die sonst keine Tortenfans sind. Man kann sich diese Wundertorte sogar tiefgekühlt schicken lassen.

Daß der Wald delikaten *Wildbraten* liefert, versteht sich fast von selbst, dazu noch *Pilze, Heidelbeeren* und *Preiselbeeren.* Über die Hälfte der bundesdeutschen Pilz- und Heidelbeerernte stammt aus dem Bayerischen Wald!

Unter den Getränken steht das *Bier* an erster Stelle. Regensburg mit seinen Biergärten zählt zu den Hochburgen des Biertrinkens. Manche Gasthöfe in den kleineren Städten und Dörfern haben ihre eigene Brauerei. Wahrscheinlich haben die Benediktinermönche im 8. Jahrhundert die Kunst des Bierbrauens im Bayerischen Wald verbreitet. Nach dem bayerischen „Reinheitsgebot" von 1516 werden zur Bierherstellung nur Hopfen, Malz, Hefe und Wasser verwendet. Man bestellt eine „Halbe" (½ Liter) oder gleich eine „Maß" (1 Liter). Es gibt Vollbier mit 11-12 % Stammwürze (entsteht bei der Umwandlung von Stärke in Malzzucker, mehr Malz und Hopfen bedeutet auch einen höheren Gehalt an Stammwürze), helles oder dunkles Export-Bier mit 12,5-13 %, Märzenbier mit 13-14 %, Starkbier mit 16-18 % und Bockbier ab 18 %; das stark gehopfte herbe Pils hat 12,5 % Stammwürze. Der Alkoholgehalt dieser Biersorten beträgt 3,5-6 Vol.%. Beliebt ist auch die obergärige *Radlermaß,* eine Mischung aus Bier und Limonade.

Die *einzigen Weinreben Altbayerns* gedeihen an den sonnigen Südhängen zwischen Bach und Kruckenberg an der Donau; in einer der örtlichen Weinstuben können Sie diesen herb-würzigen Weißwein probieren.

Ein beliebter klarer Waldlerschnaps ist der *Bärwurz,* dessen Destillat aus der Wurzel der gleichnamigen Pflanze hergestellt wird, die auf Bergwiesen ab 1000 m Höhe gedeiht. Der Überlieferung nach soll die Pflanze von Kühen entdeckt worden sein, die bei Blähungen mit ihren Hufen die Wurzel ausgruben, fraßen und sich dann wohler fühlten. Den Namen verdankt die Wurzel durch ihre Verwendung bei Erkrankungen der Gebärmutter und zur Linderung schwerer Geburten: Aus Gebärmutterwurz wurde schließlich Bärwurz.

Des Waldlers große Leidenschaft ist der *Schnupftabak.* „Der Tuwak is mei Leben, der Tuwak is mei Freud", heißt es in einem vielgesungenen Volkslied. Nirgends in deutschen Landen wird

Schnupftabak und Bier sind des Waldlers Freud

noch soviel geschnupft wie im Bayerischen Wald und seinen Randgebieten.

Häufig stellt der Wirt ein großes Schnupftabakglas auf den Stammtisch – zum allgemeinen Gebrauch. „Hau a Pris her", sagen dann die Waldler, schütten ein Häufchen „Schmai" in die Mulde hinter dem hochgestreckten Daumen und ziehen es genußvoll in die Nasenlöcher ein. Mancherorts werden sogar Schnupftabakwettkämpfe ausgetragen: Sieger ist, wer am schnellsten den Inhalt eines Schmalzlerglases in der Nase verschwinden läßt.

Hier und da wird der kostbare Schmai noch selbst nach alter Hausmacherart hergestellt:

Die Tabakblätter werden mit echtem Butterschmalz (daher „Schmalzler") in einer Tonschale mit einem hölzernen Stößel zerrieben, wobei der große Stößel gleich der Einfachheit halber mit einem Lederriemen an der Zimmerdecke befestigt wird. Je nach Geschmack fügt man noch einige Duftstoffe und etwas Glasmehl hinzu, damit die Nasenschleimhäute angeregt werden.

Kenner schätzen den Schnupftabak als Heilmittel gegen Kopfschmerzen, Erkältungen und – Augenleiden! Schnupftabak soll sich wohltuend auf die Sehnerven auswirken, wodurch die Sehkraft erhöht wird. Nicht ohne Grund gibt es im Bayerischen Wald das Sprichwort: Je weniger Tabakschnupfer, desto mehr Brillenträger.

Das Heimatmuseum in Zwiesel verfügt über eine umfassende Sammlung von Schnupftabakfläschchen, von farbgläsernen, emaillierten bis zu holzgeschnitzten Tabatieren. Viele sind von großer Kunstfertigkeit.

## Berühmte und bekannte Namen

Menschen von schöpferischem Geist hat das Bayerisch-Böhmische Grenzgebirge in stattlicher Zahl hervorgebracht. Eines der ältesten deutschen Sprachdenkmäler, das *Wessobrunner Gebet,* wurde Anfang des 9. Jahrhunderts in Regensburg verfaßt und später im oberbayerischen Kloster Wessobrunn aufgefunden; die Stabreimdichtung schildert in bayerischer Mundart die Schöpfung der Welt. *Konrad der Pfaffe,* geistlicher Dichter aus Regensburg, schuf um 1150 das deutsche Rolandslied und wahrscheinlich auch die Kaiserchronik. Bischof Pilgrim von Passau ließ im 10. Jahrhundert die *„Klage von der Nibelungen Not"* aufzeichnen; unter Fürstbischof Wolfker, der neben vielen anderen Minnesängern auch Walther von der Vogelweide an seinen Hof rief, entstand dann die endgültige Fassung des Nibelungenliedes.

Auf dem Gebiet der Kunst wirkte im Mittelalter der große Maler der Donauschule *Albrecht Altdorfer* (um 1480-1538), führender Landschaftsdarsteller und ab 1526 Stadtbaumeister von Regensburg. In Passau lebten *Wolf Huber* (um 1485-1553), ab 1517 Hofmaler und Hofbaumeister sowie *Rueland Frueauf* (1497-1545), beide ebenfalls Hauptmeister der Donauschule.

*Johann Thurmair Aventinus,* ein bedeutender bayerischer Geschichtsschreiber, starb 1534 in Regensburg. Der 1751 in Straubing geborene Bühnendichter *Emanuel Schikaneder* schrieb als Theaterdirektor in Wien das Textbuch zu Mozarts „Zauberflöte".

Berühmt wurden auch zwei weitere Söhne der Stadt Straubing: *Ulrich Schmidl* (1510-1598) unternahm Forschungsexpeditionen nach Südamerika und wurde Mitgründer von Buenos Aires. *Joseph von Fraunhofer* (1787-1826), namhafter Physiker und Astronom, vervollkommnete das Fernrohr und entdeckte im Sonnenspektrum die nach ihm benannten fixen schwarzen Linien.

*Adalbert Stifter* (1805-1868) hat dem Bayerischen Wald schon vor über hundert Jahren ein literarisches Denkmal gesetzt: Im heutigen Horní Planá (Oberplan) jenseits der Grenze kam er zur Welt. Besonders seine Erzählungen „Der Hochwald" und „Aus dem bairischen Walde" beschäftigen sich mit dem Waldgebirge, nicht zu vergessen seinen „Witiko", dessen größten Teil er auf dem Rosenbergergut am Fuße des Dreisessels schrieb.

Aus dem in der Gegend bei Furth im Wald gelegenen Dorf Eschlkam stammt der Heimatdichter *Maximilian Schmidt,* genannt Waldschmidt (1832-1919). In seinen Werken hat er sich besonders mit Geschichte und Volkstum des Bayerischen Waldes befaßt („Am Goldenen Steig", „Volkserzählungen aus dem Bayerischen Wald", „Meine Wanderung durch 70 Jahre").

Ein bekannter Erzähler war auch der Lehrerdichter *Hans Watzlik* aus Unterhaid/Böhmen (1879-1948). Rund 40 Romane zählen zu seinem Lebenswerk (u.a. „Im Ring des Osser", „Der Meister von Regensburg").

Der Dichterarzt *Hans Carossa* (1878-1956) stammt zwar aus Bad Tölz, doch wurde ihm Passau zur zweiten Heimat. Seine Dichtungen sind wesentlich von der Landschaft des Bayerischen Waldes beeinflußt. Sein Grab befindet sich in Heining bei Passau.

Adalbert-Stifter-Denkmal in Horní Planá (Oberplan)

Auf Burg Weißenstein bei Regen fand der baltische Dichter *Siegfried von Vegesack* (1888-1974) eine neue Heimat; dem Bayerischen Wald widmete er die Werke „Das fressende Haus", „Das Dorf am Pfahl" und „Der Waldprophet".

Auch der im 2. Weltkrieg vermißte Schriftsteller *Johannes Linke* (1900-1945) setzte in seiner Romanchronik „Ein Jahr rollt über's Gebirg" und seinem Buch „Wälder und Wäldler" dem Bayerischen Wald ein bleibendes Denkmal.

*Max Peinkofer* (1891-1936), geboren in Tittling, schrieb mehrere volkskundliche Romane und Erzählungen („Pandurenstüberl", „Das Büchlein von der Englburg"). Die beliebten Kurzgeschichten von *Franz Schrönghamer-Heimdal* (1881-1962), dem „Rosegger des Bayerischen Waldes", fanden vor allem in den Heimatkalendern weite Verbreitung.

In dem kleinen Bergdorf Waldhäuser unterhalb des Lusen wirkte seit 1936 der Bildhauer und Graphiker *Heinz Theuerjahr* (1913-1991). Hier lebte auch der 1950 verstorbene Maler *Reinhold Koeppel,* Gründer der 1946 entstandenen „Donau-Wald-Gruppe", einer Vereinigung von Malern, die sich vorwiegend mit Motiven aus dem Bayerischen Wald beschäftigten. Genannt sei auch *Alfred Kubin,* der große Magier der Zeichenfeder. Er war der Donau-Wald-Gruppe eng verbunden und wohnte bis zu seinem Tode 1959 auf Schloß Zwickledt am Inn (Österreich).

Unter den berühmten Namen darf auch nicht der im Bayerischen Wald als Prophet bekannt gewordene *Mühl-Hiasl* fehlen. Mit bürgerlichem Namen hieß er Matthias Lang und wurde 1753

als Sohn eines Müllers in dem zur Gemeinde Hunderdorf gehörenden Dorf Apoig (Kreis Straubing-Bogen) geboren. Den Patres des
nahen Klosters Windberg war er ein stetes Ärgernis, weil er die
Bevölkerung mit seinen unheimlichen Weissagungen beunruhig-
te, von denen viele Wirklichkeit geworden sind. Eisenbahnen,
Autos, Flugzeuge, Auflösung des Klosters Windberg, 1. Weltkrieg
und Inflation sagte er zu einem Zeitpunkt voraus, als an diese
Ereignisse wirklich noch nicht zu denken war. Im Jahre 1806 starb
er in Rabenstein bei Zwiesel. Seine Prophezeiungen haben manche, die ihn zu Lebzeiten für einen Narren hielten, nachdenklich
werden lassen. Vielleicht war er mit dem Waldhirten Mathias
Stormberger aus Rabenstein identisch, der sich zur gleichen Zeit
als Prophet offenbarte (→ S. 287). Über seine Vorhersagen gibt es
ein Glasbild in der „Gläsernen Scheune" bei Viechtach.


## Wirtschaft gestern und heute

Viele der alten im Bayerischen Wald heimischen Berufe sind heute
verschwunden: *Faßbinder*, *Körbezäuner*, *Zundernsammler* und
*Pechbrenner* kennt man nur noch vom Hörensagen. *Spinnräder*
und *Webstühle* standen fast in jedem Waldlerhaus. Heute werden
Webstühle nur noch in der Gegend um Wegscheid genutzt. Auch
die Zunft der *Blaufärber* war einst ein weit verbreitetes Gewerbe –
heute ist der vor 300 Jahren in Ruhmannsfelden entstandene
Handdruckbetrieb der einzige seiner Art im Waldgebirge. Ein einziger Kohlenmeiler in der Nähe von Zwieselsau erinnert noch an
den einst so verbreiteten Beruf des *Köhlers*. An den Flußläufen
standen zahlreiche *Hammerschmieden;* die Hammermeister standen in hohem Ansehen.

Doch der Wald bietet auch heute mit seinem gewaltigen Holz-
reichtum vielen Menschen Arbeit und Brot, sei es als *Holzfäller*
oder *Holzfacharbeiter.* Früher wurden die gefällten Baumstämme
im Winter mit Zugschlitten auf vereisten Schlittbahnen zu Tal gebracht, um dann im Frühjahr auf Flüssen und speziellen
Schwemmkanälen zu den Sägewerken vertriftet zu werden. Heute werden die schweren „Blöcher" mit Lastkraftwagen zu den Ver-
arbeitungsplätzen gefahren.

Überall hat sich eine rege *Holzindustrie* entwickelt, die das Holz
gleich an Ort und Stelle verarbeitet. Rund 150 *Sägewerke* gibt es
im Waldgebirge, vielfach sind ihnen noch Hobel- und Furnierwer-
ke angeschlossen. Im Lamer Winkel haben sich einige *Spielzeug-
fabriken* niedergelassen. In Grafenwiesen wurde eine *Zündholzfabrik,* in Teisnach eine *Papierfabrik* gegründet, und die *Holz-
faserplattenwerke* in Elsenthal bei Grafenau gehören sogar zu den
größten ihrer Art in der Bundesrepublik. Charakteristisch das Ge-

werbe der *Holzdrahthobler:* Mit Spezialhobeleisen werden aus Holzblöcken 2 m lange, glatte, runde „Drähte" geschnitten und zu Sonnenschutzblenden, Wandbespannungen, Blumentopfhüllen und manch praktischen Dingen mehr verarbeitet.

Seit dem 14. Jahrhundert ist um Zwiesel und Frauenau die *Kunst des Glasmachens* heimisch: Als das Gebiet noch kaum besiedelt war, rauchten hier schon die Schornsteine der ersten *Glashütten.* Die vermutlich aus dem benachbarten Böhmen zugewanderten Glasmacher fanden günstige Voraussetzungen: Der Urwald lieferte Brennmaterial und Holzpottasche, das Pfahlgebirge den benötigten Quarzsand. Es wurde ein regelrechter Raubbau betrieben: Waren die Wälder um die Glashütte abgeholzt, zog man einfach weiter und ließ sich an einem anderen Ort nieder.

Von den ehemals 60 Glashütten im Bayerischen Wald sind noch neun in Betrieb. Sie wurden zu modernen Produktionsstätten ausgebaut und beschäftigen zwischen 200 und 1000 Mitarbeiter. In acht Hütten wird bleifreies Kristallglas, in der Riedelhütte bei Spiegelau Bleikristall hergestellt. Das Kristallglas wird zu Hohlglas verarbeitet, also zu Gläsern und Schalen aller Art.

Längst sind an die Stelle des Holzes und vielfach auch der Kohle neuzeitliche Energiequellen wie Öl oder Elektrizität getreten, und auch die notwendigen Rohstoffe werden von außerhalb herangeschafft. An die Stelle des handwerklichen Mundglasverfahrens trat die automatische Kelchglasfertigung. In der Versuchsglashüt-

Traditionsreich ist die Kunst der Glasmacher.

te der 1904 in Zwiesel gegründeten *Staatlichen Fachschule für Glasindustrie* wird die Kunst des Glasmachens noch in ihrer ursprünglichen Form ausgeübt: Das Gemenge mit den für die Glasherstellung wichtigsten Hauptbestandteilen Quarzsand, Pottasche, Soda, Salpeter und Kalk wird im Glasofen zu einer flüssigen Masse geschmolzen. Der Meister taucht die Glasmacherpfeife, ein langes, eisernes Rohr, in die Masse ein, entnimmt eine bestimmte Menge und bläst sie in eine Holzform, in der dann der gewünschte Gegenstand entsteht. Farbgläser werden durch Zugabe von Metalloxyden erzeugt.

Empfehlenswert ist ein Besuch des *Glasmuseums* in *Frauenau* mit seinen eigenen Werkstätten sowie eine Besichtigung der *Glasschleifereien,* in denen das Glas veredelt wird.

Noch älter als die Glasherstellung ist der *Bergbau* im Bayerischen Wald, der einst neben Eisenerzen sogar Silber förderte, aber inzwischen eingestellt wurde. Immerhin wird noch in Kropfmühl bei Hauzenberg im Untertagebau der für die Elektro- und Atomindustrie wichtige *Kerngraphit* gewonnen: Hierbei handelt es sich um den einzigen Betrieb seiner Art in Deutschland. Von Bedeutung ist auch die *Natursteingewinnung* mit ihren Granitsteinbrüchen in der Gegend um Hauzenberg und Tittling.

Zu großem Reichtum aber haben es die Waldler selten gebracht. Oft betreibt man noch eine kleine Landwirtschaft; doch da das Klima rauh und der Boden steinig ist, sind die Erträge gering. Wegen der Höhenlage gedeihen nur wenige Getreidesorten, so daß sich der Waldbauer auf eine bescheidene Viehzucht beschränkt, die oft von seiner Familie ausgeübt wird, während er selbst wochentags als Pendler in den größeren Städten arbeitet.

In den letzten Jahren entwickelte sich der *Fremdenverkehr* zu einem immer stärker werdenden Wirtschaftsfaktor: In der „weißen Industrie" liegt die wirtschaftliche Zukunft des Bayerischen Waldes.

Das 1925 errichtete Kraftwerk Höllenstein
nutzt das Wasser des aufgestauten Schwarzen Regen.

# LANDSCHAFTEN UND ROUTEN

Um diesen Reiseführer so übersichtlich wie möglich zu gestalten, sind ausführlichere Stadt- und Ortsbeschreibungen mit einem Sternchen versehen und separat in alphabetischer Reihenfolge in einem eigenen Kapitel aufgeführt.

## Route 1:
## Von Regensburg in den Vorwald

**Regensburg – Donaustauf – Wiesent – Wörth – Falkenstein – Roding – Nittenau – Regenstauf – Regensburg**

Viele Wege führen in den Bayerischen Wald, doch wenn Sie es irgendwie einrichten können, fahren Sie über *Regensburg\**. Wahrscheinlich berühren Sie ohnehin diese Stadt am nördlichsten Punkt der Donau. Verkehrsgünstig gelegen, ist Regensburg sowohl mit der Bahn als auch mit dem Auto gut zu erreichen.

„Regensburg liegt gar schön, die Gegend mußte eine Stadt hierher locken", meinte Goethe schon 1786, und wenig später schwärmte Mozart 1790: „In Regensburg speisten wir prächtig zu Mittag..." Drum: Verlassen Sie die Autobahn und lassen Sie Regensburg Auftakt Ihrer Reise in den Bayerischen Wald sein. Wo gibt es heute noch eine Stadt in Deutschland mit soviel gut erhaltenen Kulturdenkmälern aller Stilepochen – und das auf engstem Raum? Und wie Mozart werden Sie auch heute auf kulinarischem Gebiet bestimmt nicht zu kurz kommen.

Der **Vorwald** ist nicht nur für Regensburger ein beliebtes Ausflugsziel. Diese bewaldete Hügellandschaft zwischen Donau, Regenfluß, Roding und Wörth zählt zu den Ausläufern des Bayerischen Waldes, gehört aber noch zur Oberpfalz. Teile des Vorwaldes stehen unter Landschafts- oder Naturschutz. Höchste Erhebung ist das *Büscherl* (740 m) bei Wiesenfelden mit herrlichem Blick ins Donautal. An einigen Südhängen zwischen Bach und Kruckenberg gedeihen im milden Donauklima die einzigen Weinreben Altbayerns.

**Regensburg\*** verlassen Sie am besten über die moderne Nibelungenbrücke, durchqueren den durch seine Rettiche bekannten Stadtteil *Weichs* (Weichser Radi), vorbei am Donau-Einkaufszentrum und biegen von der B 15 Richtung Weiden rechts nach Donaustauf ab. Am linken Donauufer geht es nun stromabwärts.

Nach den Kalkwerken sehen Sie links den unter Naturschutz stehenden *Fellinger Berg* (424 m) mit seinen romantischen Felspartien aufragen. Hinter der Ortschaft *Tegernheim* können Sie in der
Ferne die mächtige Burgruine von

**Donaustauf\*** erspähen sowie den marmorweißen Säulenbau
der *Walhalla* hoch über dem Donautal, eine Stiftung des Bayernkönigs Ludwig I., erbaut 1830-1842 nach dem Vorbild des Parthe-
non-Tempels der Athener Akropolis. Mag dieser Prunkbau heute
auch etwas umstritten sein, so sollten Sie ihn sich doch nicht entgehen lassen und auch die herrliche Aussicht auf das Donautal
genießen. Mit dem Wagen können Sie hinter dem Ortskern von
Donaustauf auf der beschilderten Auffahrtsstraße zum Walhalla-
Parkplatz fahren. Von April bis September verkehrt auch ein
Motorschiff von Regensburg bis zum Fuß des Walhallahügels –
dann können Sie auf 366 Marmorstufen direkt emporsteigen (→
S. 160).

**Sulzbach a.d. Donau** am Fuß des Scheuchenberges (540 m)
mit frühgotischer Kirche und Resten der Kirchhofbefestigung ist
guter Ausgangspunkt für Exkursionen in den 26 km$^2$ großen *Wildpark der Fürsten von Thurn und Taxis* mit Rehen, Hirschen, Muff-
lons, Wildschweinen sowie Auer- und Birkhuhnbeständen. Der
1813 angelegte und 1912 erweiterte umzäunte Wildpark ist mit
seinen vielen Wanderwegen öffentlich zugänglich. Höchste Erhebung ist die *Schopflohe* (670 m). Der Haupteingang liegt 1½ km
nordöstlich beim Gasthof Hammermühle. Das fürstliche *Jagdschloß Thiergarten* wurde 1880 erbaut. In der Nähe befindet sich
ein Golfplatz.

## Abstecher

Nordöstlich führt eine Straße durch das *Otterbachtal* vorbei am
Gasthof Hammermühle über **Lichtenwald** mit Resten einer
Burg nach **Altenthann** mit barockem Pfarrhof und sehenswer-
tem Heimatmuseum. Über **Schönfeld** mit romanischem Kirchlein des 12. Jahrhunderts und **Siegenstein** mit Burgkapelle des
13. Jahrhunderts oder auch auf direktem Weg kommen Sie zum
hochgelegenen Pfarrdorf **Brennberg** mit Pfarrkirche des 17./
19. Jahrhunderts und malerischer Burgruine des 12. Jahrhunderts mit Aussichtsturm; das alte Adelsgeschlecht der Brenn-
berger wurde schon 967 urkundlich erwähnt.

In **Frauenzell** überrascht die 1747-52 von den Brüdern
Asam erbaute und ausgestattete Abteikirche des ehemaligen
Benediktinerklosters (1321-1803). Sie besitzt einen prachtvollen Rokokoraum mit ovalem Langhaus und rundem Chor; das
Deckenfresko schuf 1752 Martin Speer. Der Turm stammt noch
aus dem 14. Jahrhundert – in **Wiesent** stoßen Sie wieder auf
die Hauptroute.

Von Sulzbach zwängt sich die Straße zwischen Donau und dem breiten Scheuchenberg-Höhenrücken nach

**Bach a.d. Donau.** In dieser klimatisch besonders günstigen Region gedeihen die einzigen Weinreben Altbayerns, die schon seit der Römerzeit kultiviert werden. Müller-Thurgau, Elbling und Perle von Alzey sind die heutigen Rebsorten des herb-würzigen Donauweins, den man gleich vor Ort probieren sollte, da er anderswo kaum bekannt ist. Über den benachbarten Weinort *Krukkenberg* kommen Sie nach

**Wiesent.** Der im 12. Jahrhundert erstmals genannte Ort besitzt ein hübsches Schloß von 1695 mit zwei Rundtürmen. Die Pfarrkirche des 18. Jahrhunderts birgt zahlreiche alte Grabdenkmäler.

**Wörth\* a.d. Donau** beeindruckt durch das mächtige ehemalige fürstbischöfliche Schloß mit seinen acht Türmen, das schon Albrecht Altdorfer auf seinem berühmten Gemälde von 1520 verewigt hat. Donauabwärts interessiert in *Niederachdorf* die Wallfahrtskirche Hl. Blut, eine ursprünglich romanische Kirche, die um 1700 als kreisrunder Barockbau erneuert wurde. − Von Wörth kommen Sie über *Wiesenfelden\** oder direkt über *Rettenbach* mit Stausee des Höllbachkraftwerks zum Luftkurort

**Falkenstein\*** am Fuß des Burgbergs mit urwaldartigem Naturfelsenpark. Sehenswert die 1074 gegründete Burg, heute Haus des Gastes sowie das interessante Jagdmuseum. − Durch das idyllische *Perlbachtal* (auch Mietnachtal genannt) kommen Sie vorbei an der Rokoko-Wallfahrtskirche *Marienstein* und der *Burgruine Sengersberg* der im 13. Jahrhundert bekundeten Herren von Segensperch zur B 16 Regensburg-Roding. Sie passieren *Trasching* und erreichen bald das Regental. Über dem südlichen Ufer thront die 1270 gegründete *Burg Regenpeilstein* mit noch mittelalterlichem, quadratischem Bergfried. Die Anlage wurde 1897 zu einem Schloß umgebaut und befindet sich in Privatbesitz.

**Roding\*** wurde bereits 844 als karolingischer Königshof erwähnt. Nahe der Regenbrücke steht das barocke Rathaus mit Glockenspiel und Pranger. Die 1960/64 erbaute moderne Stadtpfarrkirche besitzt noch einen barocken Turm von 1758. Neben der Kirche die doppelgeschossige St.-Josephs-Kapelle deren Untergeschoß aus dem 9. Jahrhundert als Karner (Beinhaus) diente. − Die Route folgt zunächst der B 85 Richtung *Neubäu* am schön gelegenen Neubäuer Weiher, zweigt aber vorher in *Altenbreith* links ab in das idyllische untere Regental zu zwei ehemaligen kunstgeschichtlich bedeutenden Klöstern:

**Walderbach** am rechten Ufer des Regen war von 1143 bis 1803 ein Zisterzienserkloster. Die ehemalige Klosterkirche St. Nikolaus, eine der bedeutendsten romanischen Bauten der Oberpfalz mit seltener Hallenkirche aus der 2. Hälfte des 12. Jahrhunderts besitzt

Vom Turm der Burg Falkenstein
des gleichnamigen Luftkurortes
geht der Blick über die Schindelzwiebel
der Burgkapelle weit hinaus ins Land.

noch Gewölbemalereien im ursprünglichen romanischen Stil. Im 18. Jahrhundert wurde der äußere Kirchenbau barockisiert. Im ehemaligen Klostergebäude befindet sich ein Heimatmuseum.

**Reichenbach** liegt 2 km flußabwärts am linken Regenufer. Das ehemalige Benediktinerkloster (1118-1803) ist noch heute von Befestigungsanlagen umgeben. Seit 1896 ist es eine Pflegeanstalt der Barmherzigen Brüder. Die zweitürmige romanische Pfeiler-basilika aus dem 12. Jahrhundert wurde im 17. Jahrhundert pracht-voll im Barockstil erneuert. Andreas Gebhard aus Regensburg schuf die Fresken mit Szenen aus der Klostergeschichte, die durch Begleittexte erläutert werden. Unter den vielen Grabmalen befin-det sich auch die Grablege der Stifterfamilie Markgraf Diepold II.

**Die ehemalige Klosterkirche in Walderbach besitzt noch romanische Gewölbemalereien.**

von 1304: Vier liegende Löwen tragen den Wappenstein. Am Portal dienen bronzene Löwenköpfe als Türklopfer.

**Nittenau\*** in einer breiten Talmulde des Regen gilt als Dorado für Angler. Das Stadtmuseum zeigt einen präparierten Riesen-Waller von 2,20 m Länge. Architektonisch interessant ist die moderne Pfarrkirche mit Barockturm und gotischem Chor. Talwärts folgen links die Burgen *Hof* (romanischer Wohnturm mit Kapelle) und *Stefling* (10. Jh., gut erhalten, Privatbesitz), und dann thront am jenseitigen Ufer am Regenknie 120 m hoch über dem Tal die *Burgruine Stockenfels,* eine alte Ritterfeste aus dem 13. Jahrhundert, im Volksmund „Geisterburg" und „Bierpantscherwalhalla" genannt. Der Sage nach gilt sie als Verbannungsort bierpantschender Brauer und jener Wirte, die das Bierglas nicht bis zum Rand füllen. Zur Strafe spuken sie um Mitternacht im Burggelände herum und müssen unentwegt gepantschtes Bier trinken. Wenn Sie hinüber wollen, können Sie Ihren Wagen in

**Marienthal** (Ausflugsgasthof) stehen lassen und mit einem Kahn übersetzen. Südlich der *Gailenberg* mit den Aussichtspunkten Franzenshöhe und Wackelstein. Sie fahren jetzt durch den landschaftlich schönsten Teil des Regentals, umfangen von dicht bewaldeten Bergen. Am jenseitigen Ufer grüßt das mittelalterliche Schlößchen *Hirschling* mit Stufengiebel und Türmchen, und in *Klein-Ramspau* ebenfalls vom anderen Ufer *Schloß Ramspau,* ein hübscher Barockbau von 1743 mit vier Eckzwiebeltürmen.

**Abstecher**
Östlich zweigt eine Straße ab in den **Vorwald.** Vorbei an der *Burgruine Forstenberg* aus dem 14. Jahrhundert mit Resten des fünfeckigen Bergfrieds kommen Sie nach **Karlstein** mit mittelalterlichem Schloß. Von hier führt ein schöner Wanderweg in 2 Std. nordöstlich über Grafenwinn auf den *Jugenberg* (613 m). Über **Kürn** am aussichtsreichen *Hohen Stein* (584 m) mit Schloß des 12./19. Jahrhunderts geht es nach **Hauzenstein** mit Schloß des 18. Jahrhunderts. In **Schönberg** mit Schloß aus dem 18. Jahrhundert und **Wenzenbach** mit ursprünglich gotischer Pfarrkirche haben Sie Anschluß an die B 16 nach Regensburg.

**Regenstauf\*,** Einmündung der Regentalstraße in die B 15 Regensburg-Weiden, liegt am Fuß des aussichtsreichen Schloßbergs. Die im 12. Jahrhundert erbaute Burg der Grafen von Regenstauf ist seit dem 16. Jahrhundert verfallen. – Zurück nach Regensburg kommen Sie entweder auf der B 15 über Zeitlarn, Sallern und *Reinhausen* mit der alten St. Nikolauskirche oder reizvoller auf der Nebenstrecke rechts des Regen über *Regendorf* mit zweiflügeligem Schloß des 16./19. Jahrhunderts und *Lappersdorf* mit der barocken Maria-Himmelfahrt-Kirche.

# Route 2:
# Zwischen Further Senke und Lamer Winkel

**Cham – Furth im Wald – Eschlkam – Neukirchen b. Hl.Blut – Lam – Arrach – Kötzting – Blaibach – Miltach – Cham**

> Wer mit der Bahn oder dem Wagen von der oberpfälzischen Kreisstadt Cham nach Furth im Wald fährt, durchquert ein breites Wiesental, das in vielen Windungen von dem jenseits der Grenze entspringenden Fluß Chamb durchflossen wird: Die Cham-Further Senke. Sie bildet den tiefsten Einschnitt in das ostbayerische Grenzgebirge und trennt zugleich den Oberpfälzer Wald vom Bayerischen Wald. Schon in vorgeschichtlicher Zeit besiedelt, dient sie seit Jahrhunderten als Völkertor dem Durchgangsverkehr zwischen Bayern und Böhmen. Cham zählt zu den ältesten Städten im Grenzgebirge. Die Bedeutung der oberpfälzischen Kreisstadt wuchs, als 1972 im Zuge der Gebietsreform der oberpfälzische Landkreis Waldmünchen und der niederbayerische Landkreis Kötzting mit dem Lamer Winkel zu einem großen oberpfälzischen Landkreis Cham vereinigt wurden.

**Cham\*** war als Civitas Chamma schon im 10.Jahrhundert Reichsburg an der alten Völkerstraße der „Further Senke" und später Sitz einer Markgrafschaft. Teile der Stadtbefestigung mit Biertor und Straubinger Turm sind erhalten. Am Stadtplatz bilden das im Kern spätgotische Rathaus und die Stadtpfarrkirche St. Jakob mit Fundamenten aus dem 13.Jahrhundert ein reizvolles Ensemble. Heute ist Cham eine geschäftige Kreisstadt mit 17 000 Einwohnern und wirtschaftlicher Mittelpunkt eines weiten Umlandes. – Auf der B 20 gelangen Sie zu dem am Fuß des Buchbergs (563 m) gelegenen, nach Cham eingemeindeten Erholungsort

**Windischbergerdorf** (465 m), bekannt durch das Bayerwaldsanatorium für Galle-, Leber-, Herz- und Kreislaufkuren. – Östlich führt eine Straße über *Runding\** am Fuß des Haidsteins nach *Kötzting\**. Die Hauptroute verläuft weiter auf der B 20 nach

**Arnschwang** (396 m), einem kleinen Ferienort mit ehemaligem Wasserschloß aus dem 12.Jahrhundert und barocker Pfarrkirche von 1723. Eine Besonderheit sind die rätselhaften Schrazllöcher, unterirdische Gänge, die laut Sage von „Schrazln" (Zwergen) bewohnt werden. Bis zu 1,75 m hoch und 50 cm breit, beginnen sie meistens an der Kellermauer und laufen dann unter oder neben dem Haus weiter. Vermutlich bestehen die Gänge schon seit vorgeschichtlicher Zeit und dienten den Hausbewohnern als Fluchtweg oder Versteck. Nordwestlich führt eine Straße über *Gleißenberg\** zum Luftkurort *Waldmünchen\**, der durch sein historisches Freilichtspiel „Trenck der Pandur" auch einen guten Namen als Festspielstadt hat.

**Furth im Wald\***, wichtiger Grenzübergang und bekannt durch den berühmten „Drachenstich", ist guter Ausgangspunkt für Wanderungen nordwestlich zum *Gibacht* (938 m). Südöstlich erstreckt sich der 7 km lange Gebirgszug *Hoher Bogen,* ein sehr lohnendes Wandergebiet mit mehr als zehn Gipfeln.

---

### Hoher Bogen

Wie in einem Bogen verlaufen von Nordwest nach Ost die Erhebungen **Burgstall** (976 m), **Kohlriegel** (957 m), **Bärenriegel** (1017 m), **Eckstein** (1973 m), **Schwarzriegel** (1079 m) und **Ahornriegel** (1050 m). Besonders der mit Felsbrocken übersäte und mit einem 18 m hohen Gipfelkreuz geschmückte Burgstall, bekannt durch seinen UKW-Sender, gewährt großartige Aussicht; von der unvollendeten Burg des Grafen Albert III. von Bogen sind noch Reste der Wallanlagen zu erkennen.

Von **Neukirchen b. Hl. Blut\*** führt eine Doppelsesselbahn auf den Ahornriegel. Mit dem Wagen können Sie von der Straße Furth-Eschlklam nach **Rimbach\*** abzweigen und kurz zuvor bei Madersdorf über Hinterlichteneck auf der steilen Diensthüttenstraße empor zur bewirtschafteten **Diensthütte am Hohen Bogen** (915 m) unterhalb des Kohlenriegels fahren. Von dort jeweils ½ Stunde zum Burgstall und zum Eckstein.

½ Stunde nordwestlich von Rimbach thront auf einem Bergkegel die sagenumwobene **Burgruine Lichteneck** (701 m) aus dem 12. Jahrhundert, Schauplatz der Erzählungen von Maximilian Schmidt, genannt Waldschmidt, „Das Fräulein von Lichteneck". Nach ihrer Zerstörung im 30jährigen Krieg blieb der aussichtsreiche Wartturm erhalten.

---

**Eschlkam** (412 m, 3500 Einw.) ist Geburtsort des Heimatdichters Maximilian Schmidt, genannt Waldschmidt (1832-1919). Ein kleines Waldschmidtmuseum befindet sich im Gasthof zur Post. Bei der barocken Pfarrkirche sind Reste der mittelalterlichen Kirchhofbefestigung erhalten. Sehenswert ist das Schloß aus dem 17. Jahrhundert in *Stachesried*. Reiterferien bietet der „Reiterhof Hotel Böhmerwald" in *Warzenried*. Geöffnet ist wieder der Grenzübergang. – Rechts begleitet vom Höhenzug des Hohen Bogens gelangen Sie zum alten Wallfahrtsort

**Neukirchen b. Hl. Blut\*.** Besonders sehenswert ist die Pfarr- und Wallfahrtskirche Mariae Geburt, bestehend aus zwei aneinandergebauten Kirchen, deren gemeinsamer Raum durch einen prachtvollen Doppelaltar getrennt ist. Eine Sesselbahn führt empor zum Ahornriegel (1050 m) am Hohen Bogen (Sommerrodelbahn, alpines Skizentrum). – Über *Kolmstein* mit Wallfahrtskapelle und *Engelshütt* mit Barockkirchlein des 18. Jahrhunderts kommen Sie in den *Lamer Winkel,* der wie ein Hufeisen von den höchsten Bergen des Bayerischen Waldes umschlossen wird. Hauptort dieses Gebietes ist

**Lam\*,** das seine Entstehung im 13. Jahrhundert der Rodungstätigkeit des Benediktinerklosters Rott am Inn verdankt. 1522 wurde Lam zusammen mit Bodenmais zur „gefreiten Bergstatt" erhoben. Das Mineralienmuseum erinnert an die einst rege Grubentätigkeit. Vom 5 km nordöstlich gelegenen Parkplatz „Auf'm Sattel" beginnt der kürzeste Aufstieg in 1 Std. zum *Großen Osser* (1293 m).

---

**Der Osser**

Er gehört zum *Künischen Gebirge,* so genannt nach den künischen (königlichen) Freibauern, die dieses unwegsame Gelände im 11. Jahrhundert besiedelten. Diese Freibauern besaßen besondere Rechte wie eigene Gerichtsbarkeit und waren bis Mitte des 19. Jahrhunderts unmittelbar dem König unterstellt. Charakteristisch der eigenartig geformte Doppelgipfel des Osser, von den Böhmen poetisch als „Brüste der Muttergottes" bezeichnet: Östlich der *Große Osser* (1293 m) mit dem Osserhaus des Bayerischen Waldvereins; über seinen Gipfel verläuft die Landesgrenze. Westlich, durch einen Sattel getrennt, der *Kleine Osser* (1266 m) mit Gipfelkreuz. Von beiden Gipfeln hat man eine prächtige Fernsicht.

---

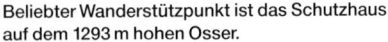

Beliebter Wanderstützpunkt ist das Schutzhaus
auf dem 1293 m hohen Osser.

Der Böhmerwalddichter Hans Watzlik (1879-1948), der viele Jahre in Neuern jenseits der Grenze lebte, hat das Gebirgsmassiv in seinem Roman „Im Ring des Osser" eindrucksvoll geschildert. Am Großen Osser befindet sich an einem Felsen für den Dichter eine Gedenkplakette.

**Wanderwege zum Osser**

**1.** Von **Lam\*** in 2¼ Std.: nordöstlich über die Jugendherberge und die Wallfahrtskirche Mariahilf zur Wegspinne „Auf'm Sattel" (929 m, Parkplatz, Anfahrt mit Kfz möglich), 1 Std. Weiter gut 1 Std. über die *Osserwiese* (1168 m) mit schönem Blick in den Lamer Winkel zum *Großen Osser* (Schutzhaus). Zurück über Himmelreich oder Buchet oder über den *Kleinen Osser* mit Gipfelkreuz sowie über Silbersbach und Thürnstein.

**2.** Von **Lambach** in 1¾ Std. südöstlich.

**3.** Von **Rittsteig** in 2¾ Std. südöstlich: Über *Zwieseleck* (980 m) und auf dem Böhmsteig. Zurück über Lambach.

**4.** Von **Lohberg\*** in 1¾ Std. nördlich: Durch den Lohberger Wald stetig bergauf zum *Großen Osser* (Schutzhaus).

## Abstecher zum Großen Arber

Von Lam verläuft die Straße nach Südosten am Weißen Regen entlang aufwärts nach

**Lohberg\*.** Der malerisch zwischen Osser und Arber gelegene Erholungsort umfaßt als ausgedehnte Landgemeinde 30 Ortsteile. Attraktion ist der 5 Hektar große Bayerwald-Wildpark. Kurvenreich geht es über Altlohberghütte zum *Scheibensattel* (1050 m, Parkplatz) und zum Aussichtsfelsen der *Hindenburgkanzel* (1062 m, Parkplatz, Gedenktafel). Es folgt der *Brennes-Sattel (1033 m)* mit dem bequemsten Aufstieg zum *Großen Arber* (1456 m) in 1½ Std. (→ S. 59). Mit dem Wagen erreicht man Richtung Bodenmais die *Talstation des Arber-Sessellifts*. Weiter → Route 3.

Von Lam führt die Hauptroute westlich abwärts durch das Tal des Weißen Regen über Arrach entlang der Kaitersberg-Höhenzuges nach Kötzting. Durch das Tal verläuft auch die Regentalbahn.

## Der Kaitersberg-Höhenzug

Er erstreckt sich als zerklüfteter Bergrücken von Nordwest nach Südost. Höchste Erhebungen sind **Kreuzfelsen** (999 m), **Mittagstein** (1034 m) und **Riedelstein** (1133 m). Am Mittagstein die bewirtschaftete **Kötztinger Hütte;** danach auf dem Weg zum Riedelstein das Granitfelsengewirr der **Steinbühler Senke** und die eigenartigen Felstürme der **Rauchröhren.** Höhepunkt einer Wanderung im Bayerischen Wald ist die **Kaitersberg-Arber-Hochtour** von Kötzting zum Großen Arber (→ S. 186).

Im vorigen Jahrhundert lebten auf dem Kaitersberg noch Bären in freier Wildbahn. Zu einiger Berühmtheit gelangte der Räuber Michael Heigl, der um 1850 in einer Höhle unterhalb des Kreuzfelsens hauste, bis er von einem Riesenaufgebot an Gendarmen überwältigt wurde. In Straubing zum Tode verurteilt, vom König zu lebenslanger Kettenhaft „begnadigt", 1857 von einem Mitgefangenen erschlagen, als Skelett in der Anatomie aufbewahrt, bis auch dieses bei einem Luftangriff 1944 vernichtet wurde – fürwahr ein abenteuerliches Leben, das in Moritatenliedern besungen wird: „Im Wald am Kaitersberg bum bum, da geht der Räuber Heigl um...".

Mit dem Wagen können Sie von **Arrach*** auf einer kurvenreichen Bergstraße aufwärts zum hochgelegenen **Ecker Sattel** (844 m) mit Berggasthof fahren. Hier an der Südostseite des Kaitersberges liegt die beliebte Zwischenstation der zweitägigen Kaitersberg-Arber-Hochtour. Hinunter kommen Sie nach **Arnbruck*** und von dort durch das Zellertal über **Steinbühl** (Ziel des Kötztinger Pfingstritts) nach **Kötzting*.**

**Arrach*** ist erste Station im Tal des Weißen Regen, mit den Ortsteilen *Haibühl* und *Ottenzell* ein beliebter Sommer- und Winterferienort, umgeben von den höchsten Bayerwaldbergen Arber, Osser, Hoher Bogen und Kaitersberg.

**Hohenwart*** wurde bereits im 12. Jahrhundert durch das Kloster Rott am Inn besiedelt. Am Weißen Regen befinden sich mehrere Freibadestellen.

**Grafenwiesen*** war im 13. Jahrhundert Sitz des Edelgeschlechts der Gravenwiesen. Im Ort befindet sich eine große Zündholzfabrik. Wanderungen führen über den Gasthof Schönbuchen (Wanderparkplatz) auf den Kaitersberg oder über *Rimbach*** und die Burgruine Lichteneck auf den Hohen Bogen.

**Kötzting*** ist durch den Pfingstritt weithin bekannt geworden. Ozon-Hallenbad und Wellen-Freibad unterstreichen das sportliche Ambiente des anerkannten Luftkurortes. 2 km südwestlich über dem Zusammenfluß des Schwarzen und Weißen Regen die *Wallfahrtskirche Weißenregen* mit origineller Schiffskanzel.

**Blaibach*** grüßt schon von weitem durch den Laternengeschmückten Zwiebelturm der Spätrokoko-Kirche St. Elisabeth. Das ehemalige Hofmarkschloß dient heute als Gasthaus. Südöstlich erstreckt sich der *Blaibacher See* mit dem Kraftwerk Pulling. Der anschließende *Höllensteinsee* reicht bis Viechtach.

**Miltach** liegt malerisch an der Einmündung des Perlenbaches in den Schwarzen Regen, der hier eine Schleife bildet. Der 1070 erstmals genannte Ort entwickelte sich aus einer herzoglichen Hofmark. Sehenswert ist das zweigeschossige Hofmarkschloß, 1871-75 im Besitz des Volksschriftstellers Maximilian Waldschmidt, heute gut restauriert mit Schloßmuseum, Schloßladen (u.a. handbedruckte Tischwäsche) und Töpferei (nur werktags geöffnet). Die Pfarrkirche St. Martin hat einen spätgotischen Chor und ein modernes Langhaus von 1974/75; das Untergeschoß ihres 34 m hohen Turmes reicht noch in romanische Zeit zurück.

**Abstecher**

Südlich 4 km über dem Perlenbachtal thront das gut erhaltene, im 16. Jahrhundert umgebaute vierflügelige **Schloß Altrandsberg** mit Rokoko-Schloßkapelle, im 12. Jahrhundert Sitz der Randsberger, Ministeriale der Grafen von Bogen. In der Nähe die Ruine der im 30jährigen Krieg zerstörten **Burg Neurandsberg** und das Naturschutzgebiet **Moosbacher Pfahl.**

3 km westlich von Miltach der Ferienort **Zandt** mit Schloß aus dem 13./16. Jahrhundert, Sitz der Edlen von Zandt, heute Altenheim; sehenswert die Kunstgalerie Bayerischer Wald.

**Chamerau,** reizvoll beiderseits des Schwarzen Regen gelegen, war Sitz einer Burg der schon im 11. Jahrhundert genannten Ritter von Chamerau. Diese gehörten bis zum 15. Jahrhundert zu den bedeutendsten Adelsgeschlechtern des Bayerischen Waldes. In der barocken Pfarrkirche von 1669, durch einen Oktogonanbau 1959 erweitert, ein romanischer Taufstein mit den Reliefs der stehenden Apostel. Halbstündiger Aufstieg westlich auf den *Lamberg* (601 m) mit der Wallfahrtskirche St. Walpurga von 1833 oder südöstlich in ¾ Std. zur *Roßberghütte* (Böhmerwaldfensterl, Gasthaus) zwischen dem Kleinen und Großen Roßberg (641 und 668 m).

**Chameregg** beeindruckt durch den sagenumwobenen 22 m hohen Ödenturm mit seinem mächtigen Buckelquaderwerk – Überbleibsel der Burg Chameregg aus dem 12. Jahrhundert Graben und Wall der früheren Burg sind noch zu erkennen.

**Chammünster** wurde 739 durch Benediktinermönche des Regensburger Klosters St. Emmeram als Stützpunkt für die Kolonisierung weiter Teile des Grenzgebirges gegründet. Das Kloster bestand bis zum 10. Jahrhundert Die doppeltürmige, auf den Grundmauern einer romanischen Basilika errichtete gotische Pfarrkirche Mariae Himmelfahrt bewahrt zwei spätromanische Taufsteine und viele alte Grabsteine. Im Kirchhof die St.-Anna-Kapelle von 1393 mit schmiedeeisernern Grabkreuzen sowie ein romanischer Karner (Beinhaus) aus dem 12. Jahrhundert mit etwa fünftausend Totenschädeln, darüber das 1965 erbaute Leichenhaus. Während Chammünster zu den frühesten bayerischen Klostergründungen gehörte, entwickelte sich nördlich unter dem Schutz der einst mächtigen Reichsburg auf dem nahen Galgenberg schon im 10. Jahrhundert die „Civitas Chamma", und bereits 1135 bezeugt ist im Südwesten die Siedlung Altenmarkt. Schließlich wurde um 1220 Cham als „novum forum Chambe" gegründet.

# Route 3:
## Um Arber und Falkenstein

**Viechtach — Arnbruck — Drachselsried — Bodenmais — Zwiesel — Regen — Viechtach**

**Der Große Arber** (1456 m)
Er ist der höchste und meistbesuchteste Berg des Bayerischen Waldes. Von den Einheimischen Arwa genannt, hieß er früher auch Adwich, Hädweg, Atwa, Aidweich und Närber. Erst seit 1764 gehört er endgültig zu Bayern; vorher war der genaue Grenzverlauf zwischen Böhmen und Bayern jahrhundertelang umstritten. Seine kahle Oberfläche ähnelt einem abgeflachten Kegel, aus dem vier mächtige Gneisfelsen emporragen: Der *Hauptgipfel* mit dem Holzkreuz und den beiden weithin sichtbaren Kuppeln der 1981 erbauten Radaranlage, westlich die *Felsgruppe gegen den Kleinen Arber,* südwestlich der *Bodenmaiser Riegel* (Richard-Wagner-Kopf) sowie südöstlich der *Seeriegel* mit der steil zum Großen Arbersee abfallenden Seewand.

Da das Gipfelplateau von einer Stelle aus keine umfassende Rundsicht gewährt, muß man alle vier Gneisfelsen einzeln besteigen, um die grandiose Aussicht wirklich genießen zu können: Im Norden der Blick auf die dunklen böhmischen Wälder mit dem doppelgipfligen Osser, gegen Nordwesten Kaitersberg und Hoher Bogen, im Südosten Falkenstein, Rachel und Lusen. Und welches Panorama im Süden! Der Blick öffnet sich weit über die Donauebene, bei guter Fernsicht bis zu den Alpen.

15 Minuten unterhalb des Hauptgipfels befindet sich das *Schutzhaus* des Bayerischen Waldvereins (Restauration und Übernachtung). Daneben die Bergstation des *Arber-Doppelsessellifts* (1372 m): In etwa 10 Minuten führt er zur 900 m entfernten Talstation an der Straße Großer Arbersee — Brennes-Sattel und überwindet dabei einen Höhenunterschied von 321 m.

Harmonisch fügt sich in der Nähe des Schutzhauses die 1957 errichtete *Arberkapelle* in die Berglandschaft ein. Die schindelgedeckte Steinkapelle ist eine Stiftung des Fürsten Friedrich von Hohenzollern-Sigmaringen, des Grundherrn der Waldungen am Arber. Am Bartholomäustag (25. August) steht sie alljährlich im Zeichen der traditionsreichen Arberkirchweih, deren Geschichte sich bis 1806 zurückverfolgen läßt, als der Eisensteiner Freiherr von Hafenbrädl erstmals eine Kapelle hier oben errichten ließ.

Im *Winter* ist das Arbergebiet von Mitte Dezember bis in den April hinein ein Skiparadies mit alpinen Abfahrten aller Schwierigkeitsgrade. Skianfänger benutzen gern die windgeschützte Bodenmaiser Mulde zwischen Richard-Wagner-Kopf und Seeriegel als Übungshang, während geübte Fahrer

Der Große Arber ist der höchste Berg
des Bayerischen Waldes.

die 1800 m lange Strecke vom Gipfelkreuz vorbei an der Talstation ins Drosselloch bevorzugen. Außer dem *Sessellift* gibt es
dann noch 5 Skiliftanlagen: Am *Sonnenfelsen* mit 450 m Länge
(Kreuzungspunkt der beiden Nordabfahrten, Bergstation an
der Bergwachthütte), am *Arber-Osthang* mit 250 m Länge (führt
auf den Arbergipfel, Talstation von der Sessellift-Bergstation
nach kurzer Abfahrt zu erreichen), am *Rotkreuzhang* mit 500 m
Länge (zwischen Sessellift-Talstation und Brennes-Sattel), an
der *Brenneswiese* mit 200 m Länge (beim Sporthotel Brennes)
und am *Arber-Nordhang* mit 1000 m Länge (Kurvenlift). Außerdem noch in *Bayerisch-Häusl* eine flutlichtbeleuchtete Schlepp-
liftanlage mit 500 m Länge. Westlich vom Großen Arber erhebt
sich der

**Kleine Arber** (1384 m), zu erreichen in einer ¾ Std. über
einen 1270 m hohen Sattel. Am Nordosthang des bewaldeten
Gipfels befindet sich die höchst gelegene Jugendherberge
Deutschlands (1330 m), früher Chamer Hütte. – Beliebtes Ausflugsziel ist der

**Große Arbersee** (934 m, 4,5 ha). Mit seiner steil aufragenden, urwaldbestockten 300 m hohen Seewand zählt er zu den
landschaftlich schönsten Gebieten des Bayerischen Waldes.
Ruft man vom Ufer zur Seewand hinüber, erschallt ein drei-
faches Echo. Die Autostraße führt direkt am Wasser vorbei –
ein Grund mehr, daß der See mit dem Gasthof Arbersee zu

Der hochgelegene Brennes-Sattel (1033 m)
ist ein beliebter Wanderstützpunkt.

einem viel besuchten Ausflugsziel geworden ist. Mit einem
Ruderboot können Sie jeden Winkel des Sees erforschen und
die herrlichen Seelilien und Seerosen bewundern. Wie die meisten Bergseen im Grenzgebirge verdankt er seine Entstehung
eiszeitlichen Gletschern. Ein romantischer, aber etwas be-
schwerlicher Weg führt in einer Stunde vorbei am Geigenbach-
Wasserfall rund herum. – Der bayerische Geschichtsschreiber
Johannes Thurmair, genannt Aventin (1477-1534) berichtet in
seinen Schriften, daß sich am Hädweg (Arber) ein großer See
befinde „darumb die Behemen (Böhmen) und Baiern noch krie-
gen. Wer starcker kämpft, wirft den andern in See". – Abseits
der Straße im Quellgebiet des Weißen Regen liegt der
   **Kleine Arbersee** (914 m, 2,5 ha groß). Nur dem Wanderer
zugänglich, ist er dem Touristenstrom nicht so stark ausgesetzt
wie sein großer Bruder (vom Brennes-Sattel ¾ Stunde). Außer
herrlichen Seerosen gibt es noch eine botanische Sehenswürdigkeit: Schwimmende Inseln, sogenannte Schwingmoore, auf
denen Bärwurz und Enzian gedeihen. Vom Wind zwar hin und
her getrieben, können sie jedoch nie ganz abtreiben, da sie im
Grunde des Sees verankert sind. Häufig kommen Botaniker aus
aller Welt, um die schwimmenden Inseln mit ihrer seltenen
Flora zu studieren. Leider droht der See immer mehr zu verlan-
den: Betrug die Tiefe vor 60 Jahren noch 6 m, so kann man das
Wasser heute schon an verschiedenen Stellen durchwaten. Im

Der kleine Arbersee hat auf seinen
schwimmenden Inseln eine artenreiche Sumpfflora.

Gegensatz zum Großen eignet sich der Kleine Arbersee auch
zum Baden. Guter Stützpunkt ist der Gasthof Seehäusl mit
Bootsverleih. In einer ¾ Stunde kann man den See auf einem
Weg umrunden.

Einer alten Sage nach soll zwischen dem Großen und Kleinen Arbersee eine unterirdische Verbindung bestehen: Ein
Fischer fing im Großen Arbersee eine besonders schwere
Forelle, band ihr einen roten Faden um, gab sie wieder frei und
angelte wenig später zu seinem Erstaunen die gleiche Forelle
aus dem Kleinen Arbersee.

**Wanderwege vom Kleinen Arbersee (Seehäusl)**
**1.** Zur **Jugendherberge Kleiner Arber** 1 ¼ Std.: Über die kleine Seewand
steil zum Sattel und weiter links zur Jugendherberge.
**2.** Zum **Brennes-Sattel** ¾ Std. über Mooshütte.
**3.** Zum **Großen Arber** 1 ½ Std. über Sonnenfelsen.
**4.** Nach **Lohberg\*** 1 ¾ Std. über Sommerau.

**Wanderwege zum Großen Arber**
**1.** Vom **Brennes-Sattel** (nahe Sporthotel Brennes, von Bayerisch Eisenstein 1 ½ Std. auch Busverbindung): In 1 ½ Std. über die große Arberebene
zum Arberschutzhaus.
**2.** Vom **Gasthof Großer Arbersee:**
**a)** In 1 ½ Std. am Nordufer des Sees entlang in einem östlichen Bogen vorbei an der **Brennesfichte** zum Schutzhaus.

**b)** In 2 Std. über das hintere See-Ende und den **Geigenbach-Wasserfall** aufwärts zum Schutzhaus.

**c)** In 2 ½ Std. durch die mit Urwald bestockte **Seewand:** Erst 15 Minuten Richtung Bodenmais, an der Wegkreuzung (Einmündung des von Zwiesel kommenden Wanderweges) rechts ab über den **Seesteig** zur Kammhöhe und über die Bodenmaiser Mulde zum Gipfel.

**3.** Von **Bodenmais\*** in 2 ½ Std.: Durch das **Naturschutzgebiet Rißloch** mit den größten und schönsten Wasserfällen des Bayerischen Waldes. Die Wasserfälle aufwärts, über eine Holzbrücke erst am Schwellbach, dann am Arberbach entlang über den Arbersteig empor zur Bodenmaiser Mulde und zum Gipfel.

**4.** Von **Zwiesel\*** in 4 ½ Std. entweder über **Klautzenbach** oder über **Rabenstein** zum Kaisersteig und weiter durch schönen Hochwald auf dem Forstweg „Kaiserstraße"; nach Überquerung der Straße Bodenmais – Arbersee weiter wie 2c) zum Gipfel.

**5.** Von **Lohberg\*** in 3 ¼ Std.: Über Sommerau vorbei am **Kleinen Arbersee** und über Sonnenfelsen zum Gipfel.

**6.** Von **Lam\*** in 5 ½ Std.: Über Hinterwaldeck aufwärts zum Kammweg Ecker Sattel-Arber; weiter über Berggasthof Schareben oder kürzer über **Reischflecksattel** zum **Enzian** und über den Kleinen zum Großen Arber.

**7.** Von **Kötzting\*** in 10 Std.: Zweitägige, sehr lohnende Wanderung über den Kaitersberg. Ausführliche Beschreibung → S. 186.

**Großer Arber-Doppelsessellift**

Talstation 1050 m an der Straße Großer Arbersee – Brennes, Bergstation 1375 m, Fahrtzeit 10 Minuten.

## Der Große Falkenstein (1312 m)

Dieser erstreckt sich 11 km Luftlinie östlich vom Großen Arber – getrennt durch das Hochtal des Großen Regen mit der B 11 Zwiesel-Bayerisch Eisenstein. Sein wuchtiges Gneismassiv ist mit urwaldähnlichem Baumbestand, vor allem Fichten und Tannen, bewachsen. Selbst der Gipfel, nach Westen stark abfallend, ist mit Bäumen bestockt. Und doch haben Sie eine glänzende Rundsicht auf Osser, Arber, Rachel, Lusen und Dreisessel, im Süden über die Donauebene bis zu den Alpen. Auf dem Gipfel das bewirtschaftete *Unterkunftshaus* des Bayerischen Waldvereins und eine ganzjährige *Wetterstation,* deren meteorologischen Geräte auf einem 18 m hohen Turm untergebracht sind. Als Zufahrt für die Leute der Wetterwarte dient eine Forststraße zum Gipfel, die man sommertags nach vorheriger Genehmigung in Ausnahmefällen auch mit dem Wagen befahren kann. Neben dem Schutzhaus befinden sich in einer Felsmulde einige Totenbretter als Erinnerung an Mitglieder des Bayerischen Waldvereins. Nordwestlich ½ Std. erhebt sich der **Kleine Falkenstein** (1184 m). Sein kahler Gipfel ist nicht so sehr aussichtsreich und steht unter Naturschutz. Charakteristisch für das Falkensteingebiet sind die

**Schachten,** 1000 bis 1200 m hoch gelegene, waldumsäumte ehemalige Weideflächen, die einst dem Urwald entrissen wurden. Früher zogen die Waldhirten mit ihren Herden hinauf und hüteten die Tiere den ganzen Sommer über bis Martini. Sie wohnten in kleinen Holzhütten und waren meistens ganz auf sich allein gestellt. Man trieb nur Jungrinder und Ochsen zur Waldweide, so daß im Unterschied zu den Almen im Oberbayerischen keine Käsehütten vorhanden waren. Seit 1962 werden die Waldweiden nicht mehr genutzt, die Tiere bleiben im Tal. Am bekanntesten sind der *Rukowitzschachten* am Nordhang des Großen Falkensteins, weiter südlich *Sulzschachten* und *Rindelschachten.* Oberhalb von Buchenau der *Lindbergschachten* mit großartiger Fernsicht, aber auch *Wiesfleckschachten, Kohlschachten, Großer Schachten* und *Verlorener Schachten* – alle in der Gegend bei Buchenau und lohnende Wanderziele. Da die Flächen nicht mehr abgeweidet werden, wird sich der Urwald im Laufe der Zeit das ihm entrissene Land wieder zurückerobern.

Charakteristisch für das Falkensteingebiet
sind die hochgelegenen Schachten.

**Urwaldgebiete** gibt es am Falkenstein in einer Urwüchsigkeit wie sonst nirgends im Bayerischen Wald, 400jährige Baumriesen sind keine Seltenheit. Gefährlich für den Haushalt der Natur erwiesen sich die großen Buchenwälder: Durch die dicken Laubschichten auf den Steilhängen dringen kaum Niederschläge in den Boden, so daß der Regen statt in die Erde zu Tale fließt. Da muß schon der Mensch ordnend eingreifen, um die Buchenwälder in Mischkulturen umzuwandeln. Aber in den staatlichen Wäldern am Falkenstein werden noch andere Versuche von der Forstverwaltung durchgeführt: Bei Kreuzstraßl werden die Gipfel samentragender Riesentannen auf mannshohe Stämme gepfropft, um die Zapfen leichter ernten zu können. Doch immer noch schwingen sich im Herbst, wenn die Tannenzapfen reif sind, Männer gleich Artisten an Seilen von Baum zu Baum, um den Samen von kirchturmhohen Gipfeln zu pflücken. Dieser Samen wird exportiert, und besonders die Schweden waren dankbare Abnehmer, um damit ihre Wälder aufzuforsten.

**Unter Naturschutz** stehen in der Falkensteinregion folgende Gebiete: Kleiner Falkenstein, Hans-Watzlik-Hain, Mittelsteighütte, Höllbachgspreng, Rukowitzhäng-Langschachten und Johannisruh (→ S. 304, Naturschutzgebiete).

## Wanderwege zum Großen Falkenstein

**1.** Von **Bayerisch Eisenstein*** durch den Hans-Watzlik-Hain nach **Zwieslerwaldhaus,** 1 ½ Std. südöstl. und weiter wie 2.

**2.** Von **Zwieslerwaldhaus** (Anfahrt mit dem Wagen möglich) durch das Naturschutzgebiet Mittelsteighütte und vorbei am **Steinbachwasserfall** zum Kleinen Falkenstein und weiter zum Großen Falkenstein, 2 Std. östlich. Zurück über **Rukowitzschachten.**

**3.** Von **Ludwigsthal** mit dem Wagen östlich über Lindbergmühle zur **Höllbachschwelle** (Parkplätze) und in 1 ½ Std. steil aufwärts durch das **Höllbachgspreng** zum Großen Falkenstein.

**4.** Von **Zwiesel** über Lindberg zur **Höllbachschwelle,** 3 ½ Std. nordöstl.; und weiter wie 3.

## Vom Großen Falkenstein zum Rachel

**1.** Abstieg durch das **Höllbachgspreng** zur **Höllbachschwelle.** Weiter südlich zum **Forsthaus Scheuereck** (Gasthaus, Wildgehege). Über **Spiegelhütte** und **Buchenau** nach **Oberfrauenau** (bis hierher 5 Std., Abstieg nach Frauenau ½ Std.) In 2 Std. auf dem **Rachelsteig** zum Rachel (insgesamt 7 Std.).

**2.** Abstieg Richtung Höllbachgspreng bis Wegeteilung. Links über Höhenweg oberhalb des Höllbachgsprengs zum Albrechtschachten. Auf Forstwegen vorbei am **Kiesruck** (1265 m), **Hahnebogen** (1257 m) und **Hochschachten** (1153 m) auf der Hochschachtenstraße abwärts zum **Forsthaus Schachten** am Kleinen Regen. Auf einem Serpentinenweg steil aufwärts zur Rachelwiese und auf dem von Oberfrauenau heranführenden **Rachelsteig** zum Gipfel (ca. 7 Std.).

**Viechtach\***, Luftkurort im Tal des Schwarzen Regen, ist Ausgangspunkt der Route in das Arber- und Falkensteingebiet. An der
aus Miltach kommenden Ostmarkstraße (B 85) sieht man den *Großen Pfahl* mit seinen schroffen, marmorweißen Quarzfelsen. Nur
an wenigen Stellen im Bayerischen Wald tritt er so deutlich sichtbar hervor. An seinem sonnigen Südhang lockt ein modernes
Freibad zum erfrischenden Bad. Attraktion ist auch der 5 km lange
*Höllensteinstausee,* zu dem der Schwarze Regen aufgestaut ist. –
Nordöstlich folgt nach 11 km der Erholungsort

**Arnbruck\***, Mittelpunkt des reizvollen Zellertals, das sich zwischen Kötzting und Bodenmais südlich des Kaitersberg-Arber-
Höhenzuges erstreckt. Die Glaskunstwerkstätten Weinfurther mit
Glashütte und Verkaufsausstellung offerieren auch Werke der
„Weinfurther Künstlergilde". Der Flugplatz Zellertal mit Segelflugschule veranstaltet Rundflüge. – Nördlich führt eine Straße hinauf
zum *Ecker Sattel* (844 m) mit Berggasthof Ecke, beliebte Zwischenstation der zweitägigen Kaitersberg-Arber-Höhentour (→ S. 186).
Als Kurzwanderung empfiehlt sich von hier aus ein Abstecher
zum aussichtsreichen *Riedelstein* (1133 m) mit dem Waldschmidtdenkmal. Zwischen Arnbruck und Kötzting liegt *Steinbühl*
mit gotisch-barocker Nikolauskirche (14./18. Jh.), Ziel des Kötztinger Pfingstritts.

**Drachselsried\***, Erholungsort am Zusammenfluß mehrerer
Quellbäche zum Asbach, umfaßt 15 Ortsteile und zahlreiche Einöden. Interessant ist die Galerie Herrmann mit einer Sammlung
kunstvoller Gläser. Ein Wanderweg führt in 1½ Std. zum hochgelegenen *Berggasthof Schareben* (1002 m), den man mit dem
Wagen auch von Arnbruck und Bodenmais erreichen kann.

**Bodenmais\*** bekam wegen seiner klimatisch günstigen Lage
als erster Ort im Bayerischen Wald die Anerkennung als Luftkurort und ist heute heilklimatischer Kurort. Gegründet im 12. Jahrhundert, erhielt Bodenmais 1522 mit dem Erzbergwerk am Silberberg das Privileg einer „vollkommen gefreiten Bergstatt". In die
1962 stillgelegte Grube kann man einfahren und das alte Berg-
werk besichtigen, dessen Seitenstollen neuerdings für die Therapie von Asthmakranken genutzt wird. Sehenswert sind die vielen
Glasveredelungsbetriebe und Holzbildhauerwerkstätten sowie die
Waldglashütte mit werktäglicher Besichtigung. Über die unter Naturschutz stehenden *Rißloch-Wasserfälle* gelangt man in 2½ Std.
auf den Gipfel des *Großen Arber* (1456 m). – Südöstlich führt eine
Straße vorbei am Kronberg (983 m) über *Langdorf\** nach *Regen\**
und *Zwiesel\*,* südwestlich hat man über Böbrach\* und Teisnach\*
Anschluß an die Ostmarkstraße. – Diese Route führt vorbei am
*Großen Arbersee* mit Gasthaus, Bootsverleih und schönem Ufer-
rundweg (→ S. 57) und an der *Talstation des Arber-Sessellifts* (Auffahrt in 10 Minuten) zum hochgelegenen

**Brennes-Sattel** (1033 m). Von hier erfolgt der bequemste Aufstieg in 1½ Std. zum Gipfel des Großen Arber. Nördlich geht es über die aussichtsreiche *Hindenburgkanzel* (1062 m) und den *Scheibensattel* (1050 m) in den *Lamer Winkel* (→ Route 2).

**Bayerisch Eisenstein\*,** traditionsreicher Luftkurort und Wintersportplatz, Straßen- und seit 1991 auch wieder Schienengrenzübergang, liegt an einem alten Handelsweg, der schon im 11. Jahrhundert nach Böhmen führte. Der heutige Ortskern entwickelte sich erst 1877 nach Eröffnung der Bahnlinie Landshut-Eisenstein. Bis dahin gab es nur den heutigen Ortsteil *Bayerisch Häusl,* Nebensiedlung des jetzt jenseits der Grenze liegenden Ortes Markt Eisenstein, den Bayern 1809 an Österreich-Böhmen abtrat. Hausberg ist der *Große Arber* (1456 m), höchster Berg des Bayerischen Waldes, der sich sogar im Gemeindegebiet von Bayerisch Eisenstein befindet.

**Zwieslerwaldhaus** am Fuße des *Großen Falkenstein* (1313 m) ist im Sommer und Winter mit seinen in der Nähe liegenden Naturschutzgebieten ein gern besuchter Ferienort. Das Zwieseler Waldhaus von 1764 gilt als ältester Gasthof im Bayerischen Wald. Durch das Naturschutzgebiet Mittelsteighütte gelangt man vorbei am Steinbachwasserfall in 2 Std. über den Kleinen zum Großen Falkenstein mit bewirtschaftetem Unterkunftshaus.

**Ludwigsthal,** Ortsteil von Lindberg, ist ein alter Glasmacherort mit historischer Glashütte (Besichtigung) und alten Glasmacherhäusern. Die Gaststätte „Zum Wurzelsepp" zeigt eine interessante Wurzelsammlung. Eigentümlich die Pfarrkirche von 1893/94 im neuromanisch-byzantinischen Baustil.

Blick auf Bayerisch Eisenstein

**Lindberg\*** überrascht durch das sehenswerte Bauernhaus-Museum mit eingerichtetem Bauernhaus, urtümlichem Wirtshaus (täglich geöffnet), Kapelle und Totenbrettersammlung. In der Nähe das Feriendorf Lindbergmühle.

**Zwiesel\*** liegt an der „Zwisl" = Gabelung des Großen und Kleinen Regen zentral zwischen Arber und Falkenstein, und außerdem gabeln sich hier die immer noch bestehenden Eisenbahnstrecken nach Bodenmais und Grafenau. Seit dem 14. Jahrhundert Mittelpunkt der traditionsreichen Glasindustrie, beherbergt Zwiesel seit 1904 auch die Staatliche Fachschule für Glasindustrie. Ein Muß ist das einzigartige Waldmuseum hinter dem Rathaus mit Informationen über Glas-, Holz- und Volkskunst. Eingemeindet wurde 1979 das hochgelegene Bergdorf *Rabenstein* (750 m) am Fuße des Hennenkobel, bereits 1421 durch die Errichtung einer Glashütte urkundlich erwähnt. Im 18. Jahrhundert lebte hier der durch seine Weissagungen bekannt gewordene Hirte und Aschenbrenner Mathias Stormberger.

**Regen\*,** Kreisstadt mit 11 000 Einwohnern, wurde im 12. Jahrhundert von Mönchen des ehemaligen Benediktinerklosters Rinchnach gegründet. Malerische Partien gibt es am Schwarzen Regen, der östlich zum 2 km langen *Regener See* aufgestaut ist mit Freibadeplätzen und Bootsverleih. Das Stadtbild wird von dem mächtigen Turm der Pfarrkirche St. Michael beherrscht. 150 Jahre niederbayerische Landwirtschaftsgeschichte zeigt das Museum am Stadtplatz. Seit 1874 feiert man Ende Juli das fünftägige Pichelsteiner-Fest mit prächtiger Illumination der Stadt, Wasserspielen auf dem Regen, nächtlichen Gondelfahrten und einem großartigen Umzug. Traditionsgemäß gibt es das berühmte Pichelsteiner Eintopfgericht aus dreierlei Fleisch, allerlei Gemüse und kräftigen Gewürzen, entstanden bei einem Bergfest auf dem Bichlstein (→ S. 90). Südlich thront auf dem höchsten Punkt des Pfahl-Quarzriffs aussichtsreich die *Burgruine Weißenstein,* daneben der ehemalige Getreidekasten, früher Wohnsitz des Dichters Siegfried von Vegesack, heute Museum „Fressendes Haus" mit 5 Etagen. Südöstlich liegt *Rinchnach* mit prunkvoller ehemaliger Klosterkirche von 1729, errichtet nach Plänen des berühmten Barockbaumeisters Johann Michael Fischer.

**Patersdorf** (503 m), ist wichtiger Kreuzungspunkt an der Ostmarkstraße (B 85): Von Süden kommt die B 11 aus *Deggendorf\*,* und nordöstlich geht es über *Teisnach\** und *Böbrach\** nach *Bodenmais\*.* Die Rokokokirche von 1723 mit gotischem Chor zeigt Fresken aus dem Leben des hl. Sebastian. Nordwestlich bei *Linden* die Turmruine einer Wasserburg des 12. Jahrhunderts, bei *Frankenried* der unter Naturschutz stehende *Hofpfahl* (648 m), ein riffartig ausgewitterter Quarzgang, über den auch der Pfahl-Wanderweg verläuft. – Auf der B 85 kommen Sie wieder nach *Viechtach* zurück.

# Route 4:
# In Nationalpark um Rachel und Lusen

**Zwiesel – Frauenau – Spiegelau – St. Oswald – Waldhäuser – Neuschönau – Mauth – Grafenau – Zwiesel**

### Der Nationalpark Bayerischer Wald

Er wurde als erster deutscher Nationalpark am 1. Oktober 1970 eröffnet. Das 130 km² große Gebiet (20 km lang und 6-10 km breit) mit den Hauptbergen *Rachel* (1452 m) und *Lusen* (1373 m) umfaßt die ursprüngliche Landschaft zwischen Flanitz und Reschbach bis zum Gebirgskamm entlang der Grenze zur Tschechischen Republik. Die anschließenden großflächigen Waldgebiete, wegen der Grenznähe seit Jahrzehnten weitgehendst naturbelassen, gehören zum geplanten tschechischen Nationalpark Šumava (Böhmerwald), der sich als 20 km breiter Streifen von der Höhe bei Bayerisch Eisenstein bis zum Moldaustausee erstrecken soll, so daß die aneinandergrenzenden Nationalparks auf bayerischer und böhmischer Seite „das grüne Dach Europas" bilden werden.

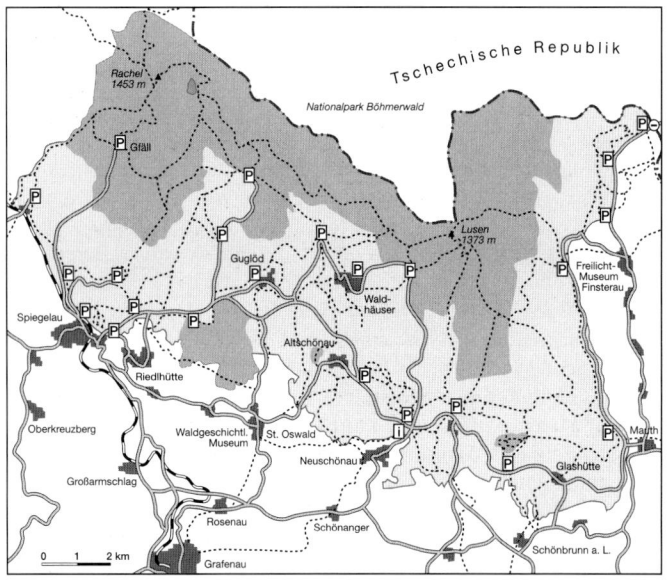

Eingangspforten in den Nationalpark Bayerischer Wald sind die Orte Klingenbrunn, Spiegelau, St. Oswald, Neuschönau, Mauth und Finsterau. Der frei zugängliche Nationalpark ist mit Ausnahme kleiner Enklaven wie Waldhäuser und Guglöd Eigentum des Freistaates Bayern. Von der UNESCO wurde es als erstes deutsches Biosphärenreservat ausgewiesen.

Naturschutz und Forschung, Information und Bildung, aber auch Fremdenverkehr und Erholung sind Hauptaufgaben des *Nationalparkamtes* mit Sitz in Grafenau. Der Schwerpunkt des Naturschutzes liegt in den Hochlagen. Hier soll die Urlandschaft erhalten oder in naturnahen Zustand zurückgeführt werden, so daß auch die vielfältigen Zusammenhänge im Naturhaushalt erforscht werden können. Die weiten Hanglagen dienen als Ruhe- und Wanderzone. In den Tallagen längs der öffentlichen Straßen bestehen die speziellen Einrichtungen für den Fremdenverkehr: Großgehege, Waldlehrpfade, Kutsch- und Schlittenwege, Liegewiesen und Spielplätze.

Charakteristisch sind die geschlossenen *Bergmischwälder* aus Fichte, Weißtanne und Rotbuche; in geschützten Hanglagen treten noch Bergahorn, Bergulme, Esche und Wildkirsche, mitunter auch die seltene Eibe hinzu. In den kalten Talgründen dominiert der mit Birke und Erle durchsetzte *Aufichtenwald.* Üppig ist die Welt der Bodenpflanzen mit Alpenmilchlattich, Waldgeißbart, Berghahnenfuß und Pestwurz. In den rauhen Hochlagen ab 1100 m trotzt der *Bergfichtenwald* mit tiefbeasteten Fichten und widerstandsfähigen Vogelbeerbäumen gegen Sturm und Schnee. Hier oben gedeihen neben vielfältigen Moosen und Farnen auch Bärlapp, Siebenstern, Blauer Eisenhut und als Frühblüher die Soldanelle (Bergglöckchen), an versteckten Stellen auch der streng geschützte Ungarische Enzian und die Bärwurz, aus deren Wurzel der beliebte Schnaps gebrannt wird. Landschaftlich reizvoll sind die verstreuten *Hochmoore,* auch Filze genannt, mit Moorbirken, Latschen, Bergkiefern und artenreichen Bodenpflanzen.

Die *Tierwelt* findet gute Lebensbedingungen. Zwar sind die großen einst freilebenden Raubtiere Bär, Wolf und Wildkatze seit Mitte des 19. Jahrhunderts ausgerottet, doch hat der bedrohte Fischotter hier seine letzte Zuflucht, auch einige Luchse haben sich wieder eingefunden. Zahlreich sind Hase, Fuchs, Dachs, Marder, Iltis und Wiesel. Rot- und Rehwild haben sich wegen Fehlens natürlicher Feinde so stark vermehrt, daß durch Wildverbiß das Nachwachsen des Bergmischwaldes gefährdet ist. Nicht weniger als hundert Vogelarten sind zu beobachten, darunter seltene Eulen (Sperling- und Raufußkauz), Spechte

Das Nationalpark-Haus ist ein vorbildliches
Informationszentrum am Ortsrand von Neuschönau.

(Dreizehen- und Weißrückenspecht), Singvögel (Ringdrossel, Birkenzeisig und Zwergschnäpper) und Waldhühner (Auer-, Birk- und Haselhuhn). Erste Anlaufstelle auch für Autofahrer (Großparkplatz, Bushaltestelle), ist das

**Nationalpark-Haus,** genannt Dr.-Hans-Eisenmann-Haus, in Neuschönau (Böhmstr. 35, Telefon 08558-1300), mit seinen Ausstellungs-, Film- und Bibliotheksräumen ein vorbildliches Informationszentrum. Auf einer großen Reliefkarte können Sie sich über Wanderwege, Lehrpfade, Gehegebereiche und botanisch oder zoologisch interessante Gebiete informieren. Im Sommer und Winter werden besondere Veranstaltungen durchgeführt wie Gehegeführungen, naturkundliche Exkursionen, Halbtageswanderungen, abendliche und nächtliche Exkursionen, Rotwild-Schaufütterungen und Skiwanderungen. Vor dem Gebäude steht ein Bronze-Luchs des Waldhäuser Künstlers Heinz Theuerjahr. In der Nähe befindet sich ein botanisches und geologisches Freigelände. Hauptattraktion ist die

**Gehegezone.** Als Ausgangspunkt empfiehlt sich das Nationalpark-Haus, in dem auch Karten, Pläne und Führer erhältlich sind. Der Eintritt ist kostenlos. In großräumigen, unauffällig in die Landschaft eingebetteten Gehegen und Volieren befinden sich charakteristische Tierarten, die im Bayerischen Wald heimisch sind oder einmal waren wie Wisent, Braunbär, Hirsch, Wildschwein, Luchs, Wolf, Fischotter, Biber, Fuchs, Dachs, Uhu, Habichtskauz, Kolkrabe und Auerhuhn. Die Größe der Gatter ermöglicht den Tieren ein weitgehend natürliches Verhalten, zumal sie sich zeitweise den Blicken der Besucher ent-

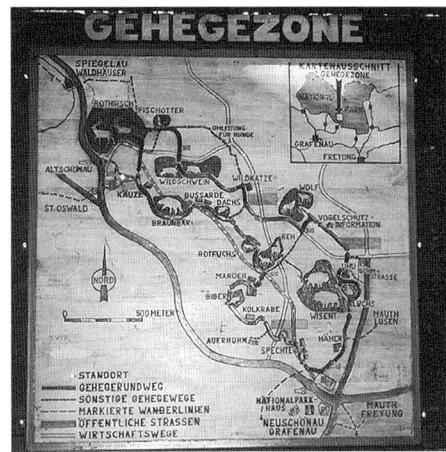

**Attraktion ist die großzügige Gehegezone mit zahlreichen Tierarten.**

ziehen können. Trotzdem müssen sie aber regelmäßig gefüttert werden, da sie sich ihre Nahrung nur zum Teil selbst suchen können. Manche Stunde am Tag, besonders in der warmen Mittagszeit, verbringen die Tiere ruhend, so daß man beim Beobachten und Fotografieren schon etwas Geduld haben muß. Günstig sind die frühen Vormittags- und späten Nachmittagsstunden. Der ausgeschilderte, rund 5 km lange Haupt-Rundkurs berührt auf bequemen Wegen, die bei Schnee geräumt sind, sämtliche Tiergehege. Er führt vorbei an Bächen, Sümpfen und Felsen durch Bergmischwald, Au-Fichtenwald und Waldwiesen und kann immer wieder abgekürzt werden. Orientierungskarten befinden sich an allen Weggabelungen. – Am nordöstlichen Ortsrand von Spiegelau liegt der

**Waldspielpark** mit Spielplätzen, Lehrpfaden und „Grünem Klassenzimmer" (Waldschule). Das 37 Hektar große Gelände bietet Betätigung für alle Altersstufen. Das 1974 eröffnete

**Jugendwaldheim** nördlich von Schönbrunn gibt Schulklassen und Jugendgruppen Gelegenheit zu mehrwöchigem Aufenthalt. Außerdem stehen für Jugendgruppen auch *Zeltplätze* zur Verfügung. Nähere Informationen im Nationalpark-Haus.

**Wanderwege**

Ein Netz von rund 200 km gut markierter Wanderwege zieht kreuz und quer durch den Nationalpark. Rundwanderwege sind mit Tiersymbolen auf gelbem Grund, Wanderlinien mit Pflanzensymbolen auf weißem Grund gekennzeichnet.

**1.** Die **Hauptwanderlinie Ahornblatt** führt ab Bahnhof Klingenbrunn 40 km lang über alle wichtigen Besuchereinrichtungen der Nationalparks nach Finsterau.

**2.** Der **Waldlehrpfad Tanzboden** bei Neuschönau erläutert Pflege und Entwicklung des Bergmischwaldes. Rundwanderweg 1-2 Std.

**3.** Der **Urwald-Eiszeit-Lehrpfad** führt in 2 Std. von der Racheldiensthütte zum Rachelsee und über die Felsenkanzel zurück.

**4.** Die **Felswanderzone,** zu erreichen von mehreren Parkplätzen an der Straße Neuschönau-Mauth, besteht aus einem urwaldartigen Gebiet mit bizarren Felsgebilden und herrlichen Ausblicken. Höchster Punkt ist die Kleine Kanzel (1011 m). Rundwanderwege 2-3 Std.

**5.** Das **Waldgeschichtliche Wandergebiet** nördlich von Finsterau bis zur tschechischen Grenze befaßt sich mit der Besiedlung des Bayerischen Waldes. Triftkanäle, Klausen (Stauweiher) und zahlreiche Hinweistafeln demonstrieren eindrucksvoll die Geschichte der Holzwirtschaft seit 1700. Mehrere Rundwanderwege 1-4 Std.

**Die Anfahrt mit dem Auto**

**1. Nationalparkstraße Spiegelau-Nationalpark-Haus-Mauth**
Basisstraße mit Abzweigungen in den Nationalpark. Wanderparkplätze zu den Tiergehegen (Altschönau, Nationalpark-Haus und Böhmstraße) und zur Felswanderzone (zwischen Sagwassersäge und Mauth).

**2. Schwarzachstraße Spiegelau-Gfällparkplatz**
Zufahrt zum Gfällparkplatz (1000 m), Ausgangspunkt für den kürzesten Aufstieg zum Rachelgipfel über das Waldschmidthaus in 2. Std.

**3. Racheldiensthütten-Straße**
Abzweigung von der Nationalparkstraße zur zeitweilig bewirtschafteten Racheldiensthütte (Wanderparkplatz) und Ausgangspunkt für den längeren und beschwerlichen Aufstieg zum Rachelgipfel über die Rachelkapelle in gut 2½ Std.

**4. Straße Graupsäge – Waldhäuser – Lusenparkplatz und Böhmstraße Neuschönau – Lusenparkplatz – Waldhäuser**
Zufahrtsstraßen zur Ortschaft Waldhäuser und zum Lusenparkplatz mit kürzestem Aufstieg zum Lusen in ¾ Std.

**5. Reschbachstraße westlich der Straße Mauth-Finsterau**
Führt durch das reizvolle Reschbachtal. Wanderparkplätze mit Rundwanderwegen in den Nationalpark.

**6. Sandstraße Finsterau – Buchwald**
Führt bis zur tschechischen Staatsgrenze. Übergang nur für Fußgänger und Radfahrer im Rahmen des kleinen Grenzverkehrs. Von den Wanderparkplätzen führen Rundwege in das waldgeschichtliche Wandergebiet.

---

**Der Große Rachel** (1452 m)
Er ist nach dem Großen Arber der zweithöchste Berg des Bayerischen Waldes. Mit seiner breiten, flach gewölbten Gneiskuppe bietet er einen großartigen Anblick. Der Name wird vom keltischen „rachia" (= rauh, felsig) abgeleitet. Dichter Wald reicht bis kurz unterhalb des Gipfels, der ein Kruzifix trägt und umfassende Rundschau von einer Stelle aus spendet. Gegen Südosten erstreckt sich die Bergkette mit *Plattenhausriegel* (1376 m), *Großem Spitzberg* (1350 m), *Kleinem Spitzberg* (1233 m) bis hin zur weithin sichtbaren kahlen Kuppe des *Lusen* (1373 m). Südlich und westlich unter dem Gipfel breiten sich die Rachelwiesen aus, auf denen die seltene Bärwurz heimisch ist. Auf der kleinen Rachelwiese 10 Minuten südwestlich des Gipfels das Rachelschutzhaus, genannt *Waldschmidthaus*

(1370 m, bewirtschaftet Mai-Oktober, Übernachtungen nach Voranmeldung). Das ganze Rachelgebiet steht unter Natur-schutz und ist Teil des Nationalparks. Es besteht ein Wege-gebot: Die markierten Wege dürfen nicht verlassen werden. 10 Minuten nordwestlich erhebt sich der

**Kleine Rachel** (1399 m) mit seinem bewaldeten Gipfel. Höchst gelegener Bergsee des Bayerischen Waldes ist der 3,7 Hektar große

**Rachelsee** (1071 m), umrahmt von uralten Fichten und Buchen. Wurzeln vermodernder Baumstümpfe ragen gespen-stisch empor. Der Rachelsee stammt noch aus der Eiszeit. Sein bis zu 14 m tiefes, moorbraunes Wasser ist schwefelhaltig und enthält daher so gut wie keine Vegetation. Den Abfluß bildet die Große Ohe, auf der früher Holzstämme ins Vorland getriftet wurden. Hoch über dem Rachelsee die

**Rachelkapelle** (1212 m) auf knappem Felsvorsprung der Seewand, eine offene Blockhütte, deren Dachreiter mit einem Kreuz geziert ist. Fast senkrecht schaut man hinunter auf die dunkle Fläche des Sees. Zu erreichen ist sie über einen Steig längs des Ostufers des Rachelsees zum Rachelgipfel. 1972 ab-gebrannt, wurde die Kapelle inzwischen wieder neu errichtet. Der Überlieferung nach soll einst ein Forstmeister in dichtem Nebel hierher geraten sein. Kurz vor der steil abfallenden See-wand blieb sein Pferd stehen und war nicht mehr zu bewegen, noch einen Schritt vorwärts zu tun, bis endlich der Reiters-

Der waldumsäumte Rachelsee stammt noch aus der Eiszeit.

Der Große Rachel bietet eine herrliche Rundsicht.

mann die drohende Gefahr erkannte. Der sichere Instinkt des Tieres rettete auch ihn vor dem Abgrund. Aus Dankbarkeit stiftete er an dieser Stelle eine Schutzhütte. – Südöstlich liegt die **Racheldiensthütte** (876 m), früher Oswalder Diensthütte, die man noch mit dem Wagen erreichen kann (Wanderparkplatz). Die kleine zeitweise bewirtschaftete Waldgaststätte ist guter Ausgangspunkt für Wanderungen zum Rachelsee (1 Std.) und zum Großen Rachel (2½ Std.). Oberhalb die aussichtsreiche *Felsenkanzel* (1150 m) mit Schutzhütte.

### Wanderwege zum Großen Rachel

**1.** Von **Frauenau\*** in 3 Std.: In ½ Std. nach Oberfrauenau; auf dem **Rachelsteig** zur Poschinger Hütte; den Kleinen Rachel links liegen lassen und über die Große Rachelwiese rechts zum Waldschmidthaus und in 10 Minuten steil aufwärts zum Gipfel.

**2.** Vom **Bahnhof Klingenbrunn** in 2 Std.: Auf der geraden Forststraße in ½ Std. zur Flanitzschwelle. Weiter auf dem **Klingenbrunner Rachelsteig,** teils sehr steil, den **Holzschuhriegel** (1099 m) rechts liegen lassend und auf dem von Spiegelau heranführenden Weg über Waldschmidthaus zum Gipfel.

**3. a)** Von **Spiegelau** mit dem Wagen bis zum **Gfällparkplatz** (1000 m) 7 km nördlich. Von dort in 2 Std. über Waldschmidthaus zum Gipfel. Abstieg über Rachelkapelle und Rachelsee; nun südwestlich über den **Roßstall** (993 m) zum Parkplatz zurück.

**b)** Vom Wanderparkplatz **Jägerfleck,** 2 km nördlich, in 3½ Std. Durch das Hochmoor **Föhrauer Filz,** das früher von einem Knüppeldamm („Ochsenklavier") überbrückt wurde (heute fester Pfad). Am nördlichen Ende eine Wegteilung. Rechts in 1 Std. zur **Racheldiensthütte.** Geradeaus in 1¼ Std. zum **Rachelsee** und weiter in 1¼ Std. steil aufwärts über die **Rachelkapelle** zum Gipfel.

**c)** Vom Wanderparkplatz **Racheldiensthütte,** 7 km nordöstlich in 2½ Std. über die **Felsenkanzel** (1150 m, Unterstellhütte) zum **Rachelsee** und steil aufwärts über die **Rachelkapelle** zum Gipfel. Zurück über Rachelsee und Roßstall (993 m).

### Vom Rachel zum Lusen

**1.** In 4 Std.: Abstieg über die Rachelkapelle und zum **Rachelsee,** weiter links auf einem Steig erst fast eben und dann langsam steigend zur **Felsenkanzel** (1150 m); von dort abwärts durch die Mühlbucethänge und in gleichbleibender Höhe über das **Bärenloch** zum **Teufelsloch** (unter Granitblöcken rauscht hörbar die Kleine Ohe). Der Steig kreuzt bald am Böhmweg den rechts von Waldhäuser heranführenden Weg und führt auf der Aufstiegsschneise **Zwölferlinie** (Sommerweg) und auf der **Himmelsleiter** (Steintreppe) zum Lusen-Gipfel.

**2.** In 4½ Std.: Abstieg zum Rachelsee und weiter auf dem unteren Weg zur **Racheldiensthütte.** Von dort über **Waldhäuser, Waldhäuserriegel** (1151 m) und **Zwölferlinie** zum Gipfel.

**Vom Rachel zum Falkenstein**
In ca.7 Std. umgekehrt wie S. 62.

---

**Der Lusen** (1373 m)
Er ist mit seiner weithin sichtbaren, kahlen Kuppe von wirr durcheinandergeworfenen, kantigen Granitfelsbrocken bedeckt, auf denen sich eine gelblich-grüne Schwefelflechte ausbreitet. Während der Eiszeit haben ständiger Wechsel zwischen rascher Erwärmung und Abkühlung den Granitfels des Gipfels auseinanderbrechen lassen. An der höchsten Stelle, 400 m von der tschechischen Grenze entfernt thront das Gipfelkreuz. Ähnlich wie beim Rachel prachtvoller Rundblick nach allen Seiten. Südlich, 5 Minuten unterhalb, das bewirtschaftete *Lusenschutzhaus* des Bayerischen Waldvereins (Übernachtung, im Winter zeitweise geschlossen).

Die Sage weiß zu berichten, daß einst der Teufel den Weg zur Hölle mit diesen wuchtigen Granitsteinen bepflastern wollte: Die Menschen sollten es einfacher haben, dorthin zu gelangen. Als er mit seiner mächtigen Steinfuhre gerade auf dem Lusengipfel ankam, überraschte ihn ein frommer Einsiedler und schleuderte ihm voller Zorn den Fluch Gottes entgegen. Da begann sich selbst der Teufel zu fürchten und suchte sein Heil in der Flucht. Seine Steinfuhre stürzte unter lautem Getöse um und – seitdem ist der Lusengipfel mit Granitblöcken übersät.

---

**Wanderwege zum Lusen**
**1.** Vom **Lusenparkplatz** 1½ km östlich vom **Waldhäuser\*** (Schutzhütte, Bushaltestelle); Anfahrt von **Spiegelau\*, Grafenau\*, Freyung\*** über **St. Oswald\*** oder **Neuschönau\*:** Kürzester Aufstieg in ¾ Std. auf dem **Winterweg** zum Gipfel. Zurück zum Parkplatz auch als Rundwanderweg abwärts auf der **Himmelsleiter** (Steintreppe) und auf der **Zwölferlinie** (Sommerweg).

**2.** Von **Waldhäuser\*** in 1½ Std.:
**a)** Erst auf der Straße aufwärts, dann rechts ab über **Waldhäuserriegel** (1151 m) zum **Lusenparkplatz,** weiter wie 1.
**b)** Über die **Martinsklause** (974 m, eine für die Holztrift aufgestaute Wasserfläche) durch das **Teufelsloch** (Felsschlucht, in der unter Granitblöcken hörbar die Kleine Ohe fließt) und den Böhmweg überquerend auf der **Zwölferlinie** zum Gipfel.

**3.** Von **Neuschönau\*** in 2½ Std.: Durch das **Sagwassertal** und über den **Finsterauer Weg** zum Gipfel.

**4.** Von **Finsterau** in 2½ Std.: Westl. ½ Std. zum Parkplatz **Oberes Reschbachtal.** Von dort nordwestl. den Kleinen Schwarzbach überquerend und aufwärts auf dem **Finsterauer Lusensteig,** später scharf diesseits der Landesgrenze über den Südhang zum Gipfel.

**5.** Von **Mauth\*** in 3 Std.: Westlich zum Reschbach und nordwestlich am Steinbach aufwärts zur **Steinbachklause** (zur Holztrift angestaute Wasserfläche). Von dort zum **Tummelplatz** (1139 m, Weidefläche mit Forschungsaußenstelle der Nationalparkverwaltung). Nahe südlich der Aussichtsfelsen **Großalmeyerschloß** (1196 m). Nun nordwestlich durch schönen Hochwald zum Lusenschutzhaus und zum Gipfel.

**Zwiesel\*** ist auch guter Auftakt für Ausflüge in das Nationalparkgebiet.

**Frauenau\*** entwickelte sich aus der 1324 gegründeten Einsiedelei des Eremiten Hermann, an dessen Wirkungsstätte sich heute die barocke Pfarrkirche Mariä Himmelfahrt von 1767 erhebt. Traditionsreich auch hier die Glasindustrie, deren Glashütten und Glasschleifen werktags besichtigt werden können. Eine besondere Note verdient das Glasmuseum im Museumspark, das sowohl Glasgeschichte als auch moderne Glaskunst zeigt und außerdem noch über die Technologie dieses Werkstoffes informiert. Über den Ortsteil *Oberfrauenau* gelangt man zur 1984 vollendeten höchstgelegenen und größten Trinkwassertalsperre des Bayerischen Waldes mit 90 Hektar Seefläche.

**Klingenbrunn** (820 m), heute Ortsteil von Spiegelau, war schon Ferienquartier für den großen Philosophen Friedrich Nietzsche, der 1876 auf der Rückfahrt von den Richard-Wagner-Festspielen in Bayreuth im Gasthaus zum Ludwigstein Station machte. Vom 2 km entfernten Bahnhof Klingenbrunn führt ein markierter Wanderweg in 2 Std. auf den Gipfel des Großen Rachel (1452 m).

**Spiegelau\*** am Zusammenfluß der Schwarzach mit der Großen Ohe verdankt seine Entstehung der seit 1530 nachgewiesenen Kristallglashütte, die man besichtigen kann. Im Nordosten befindet sich ein 37 Hektar große Waldspielpark und das unter Naturschutz stehende *Hochmoor Föhrauer Filz,* durch das ein Knüppelweg, genannt Ochsenklavier, verläuft.

**Riedlhütte** (760 m), jetzt Ortsteil von St. Oswald, wurde schon 1503 als Standort einer Glashütte des Hüttenmeisters Georg Riedl genannt. Heute setzen die Nachtmann-Bleikristallglaswerke die Tradition fort; Besucher können von einer Tribüne die Arbeit der Glasbläser beobachten.

**St. Oswald\*** unmittelbar am Nationalpark entwickelte sich aus einem 1396 gegründeten Paulanerkloster, das 1581-1803 in eine Benediktinerpropstei umgewandelt wurde. Die neubarocke Pfarrkirche von 1882 enthält Teile der ehemaligen Propsteikirche. Interessant ist das Waldgeschichtliche Museum mit den Themen Holzeinschlag und Glasmacher.

**Waldhäuser\*** liegt als Streusiedlung 1000 m hoch mitten im Nationalpark am Südwesthang des Lusen, heute Ortsteil von Neuschönau. In der Dorfkapelle von 1928 ein Altarblatt des Malers Reinhold Koeppel, der bis zu seinem Tod 1950 lange Zeit in Waldhäuser wohnte. Jahrzehnte wirkte hier auch der aus Stolp in Pommern stammende Bildhauer Heinz Theuerjahr (1913–1991). Vom Lusenparkplatz Waldhausreibe (1120 m) erfolgt der knapp einstündige Aufstieg zum Gipfel des Lusen (1373 m).

**Neuschönau\*** anerkannter Erholungsort direkt am Nationalpark Bayerischer Wald. Nordöstlich vom Ortskern befindet sich am Großparkplatz Kreuzstraße (Linienbusse von den Bahnstationen Spiegelau und Grafenau) das *Nationalpark-Informationshaus,* genannt Dr.-Hans-Eisenmann-Haus, mit Ausstellungs-, Film- und Bibliotheksräumen; vor dem Gebäude ein Bronze-Luchs des Waldhäuser Künstlers Heinz Theuerjahr. Von hier aus kommt man am besten zu der bis zum Ortsteil *Altschönau* reichenden Gehegezone mit Luchs-, Wiesent-, Wolf-, Wildschwein-, Otter- und Hirschgehegen, in denen die Tiere in natürlicher Umgebung beobachtet und fotografiert werden können.

**Mauth\*,** Erholungsort am Ostrand des Nationalparks, entstand als Zollstätte (Mauth = Zoll) am Goldenen Steig; erhalten ist noch das Mauthaus aus dem 17. Jahrhundert. Eingemeindet wurde der 5 km nördlich hoch gelegene Ort *Finsterau* (1000 m). Seit 1980 entstand dort das Freilichtmuseum Bayerischer Wald mit historischen Waldlerhäusern verschiedenster Haustypen einschließlich Straßenwirtshaus „Ehrn"; eine ständige Trachtenausstellung sowie volks- und heimatkundliche Veranstaltungen ergänzen das Angebot. – Parallel führt die Reschbachstraße wieder nach Mauth zurück. Südlich haben Sie Anschluß nach *Freyung\*,* diese Route verläuft über *Schönau* nach

**Hohenau** (812 m), einem reizvollen Angerdorf in aussichtsreicher Höhenlage mit gotisch-barocker Pfarrkirche und Seelenkapelle von 1782. Bemerkenswert ist der große Dorfplatz. Tradition hat das Romantik-Hotel Bierhütte in einem historischen Glashütten- und fürstbischöflichen Brauerei-Gebäude.

**Grafenau\*,** Luftkurort und Wintersportplatz mit Wellen-Freibad und Hallenbad, ist vielbesuchtes Fremdenverkehrszentrum am Nationalpark. Gegründet im 11. Jahrhundert, entwickelte sich der Salz-Handelsplatz, an den das Salzsäumerfest im August erinnert. Trotz mehrerer Großbrände sind am Stadtplatz noch stattliche Bürgerhäuser im Inntalbaustil erhalten, deren Straßengiebel oben einen geraden Mauerabschluß bilden. Das ehemalige Spital gegenüber dem Postamt beherbergt das Stadt- und Schnupftabakmuseum; am Kurpark befindet sich das Bauernmöbelmuseum. – Über *Spiegelau* und *Frauenau* kommen Sie wieder nach *Zwiesel* zurück.

# Route 5:
# Neue Welt am Dreisessel

**Freyung – Waldkirchen – Hauzenberg – Breitenberg –
Wegscheid – Neureichenau – Haidmühle – Philippsreut –
Freyung**

### Das Dreisesselgebirge

Es erstreckt sich als langer Granitfelsrücken im Südosten des Bayerischen Waldes und ist bis zur Kammhöhe mit herrlichem Fichtenhochwald bedeckt. Verwitterungserscheinungen haben seine Granitkuppen zu merkwürdigen Felsgruppen geformt. Höchste Erhebungen sind *Hochstein* (1332 m), *Dreisesselstein* (1312 m) und *Bayerischer Plöckenstein* (1362 m); jenseits der Grenze der *Böhmische Plöckenstein* (1378 m). Es ist die Landschaft, die Adalbert Stifter in seinen Erzählungen „Der Hochwald" (1842) und „Aus dem bairischen Walde" (1868) so unvergleichlich geschildert hat. *Neue Welt* heißt das Siedlungsgebiet südlich des Dreisesselmassivs zwischen Breitenberg und Altreichenau, weil diese Gegend erst im 17. Jahrhundert unter dem Passauer Fürstbischof Wenzel von Thun besiedelt wurde. Markanteste Erhebung ist der

**Dreisesselstein** (1312 m). Seine drei 25 m hohen Felssäulen bestehen aus abgerundeten Granitblöcken, die wie Mehlsäcke aufeinandergeschichtet sind. Eingeschlagene Steinstufen führen zum Gipfel mit einer Plattform, in deren nischenförmigen

Markanteste Erhebung im Dreisesselgebirge ist der 1312 m hohe Dreisesselstein.

Steinsesseln der Sage nach die Könige von den drei angren-
zenden Ländern Böhmen, Österreich und Bayern einst über
Grenzstreitigkeiten beraten haben sollen. Adalbert Stifter war
von der Aussicht so begeistert, daß er in den Gipfelfelsen einen
bequemen Sitz schlagen lassen wollte, „um die Schau auf die
Alpenkette in Ruhe genießen zu können". Allerdings bietet sich
gute Fernsicht nur nach Westen und Südwesten. Neben dem
Dreisesselstein das *Dreisesselhaus* des Bayerischen Waldvereins (1312 m, bewirtschaftet, Übernachtung). Wie ein Keil
verläuft hier spitzwinklig die tschechische Grenze über den
freien Platz vor dem Dreisesselhaus. Mit dem Wagen können
Sie von der Abzweigung Haidmühle-Frauenberg bis zum
Parkplatz 15 Minuten unterhalb des Dreisesselsteins fahren.
Nur den im Dreisesselhaus übernachtenden Gästen ist die Weiterfahrt gestattet. ¼ Std. nördlich erhebt sich der

**Hochstein** (1332 m) mit 8 m hohem Gipfelkreuz. Er bietet
eine umfassendere Fernsicht mit Ausblicken nach Böhmen, zur
Donau und zum Inn. Östlich vom Dreisessel der

**Bayerische Plöckenstein** (1362 m) mit guter Sicht nach
Süden, zu erreichen in 1 Std. auf dem *Stiftersteig.* An seinem
Südhang das *Steinerne Meer,* eine durch Verwitterung entstandene, mit Granitfelsblöcken übersäte Felslandschaft. ¼ Std.
weiter östlich das *Dreiländereck* mit der

**Dreiecksmark** (1320 m). An dem auf einem mächtigen Gra-
nitsockel ruhenden Grenzstein mit der Beschriftung CS/B/Ö
stoßen seit 1765 die Grenzen von Böhmen, Bayern und Österreich zusammen. Von hier aus wieder zugänglich ist der ½ Std.
östlich auf tschechischem Gebiet gelegene

**Böhmische Plöckenstein** (Plechý, 1378 m), höchster Gipfel
des Plöckenstein-Dreisessel-Gebirgsstocks. Unterhalb nördlich
erhebt sich auf einer Felsenkanzel über der 220 m abfallenden
Seewand das

**Adalbert-Stifter-Denkmal** (Stifteruv pomnik, 1310 m), errichtet 1876/77 in Form eines 13 m hohen Obelisks aus Granitquadern. Tief unten liegt der

**Plöckensteinsee** (Plesné jezero, 1090 m, 6 ha groß, 18 m
tief, Wanderzeit vom Dreisesselhaus etwa 2 ½ Std.), den Adalbert Stifter in seinem *Hochwald* so unvergleichlich verherrlicht
hat:

„Ein Gefühl der tiefen Einsamkeit überkam mich jedesmal
unbesieglich, so oft und gern ich zu dem märchenhaften See
emporstieg… Man kann hier tagelang weilen und sinnen, und
kein Laut stört die durch das Gemüt ziehenden Gedanken als
etwa der Fall einer Tannenfrucht oder der kurze Schrei eines
Geiers. Oft entstieg mir ein und derselbe Gedanke, wenn ich an
diesen Gestaden saß: Als sei es ein unheimlich Naturauge, das

mich hier ansehe, tiefschwarz, überragt von der Stirn und Braue der Felsen, gesäumt von der Wimper dunkler Tannen, drin das Wasser regungslos wie eine versteinerte Träne."

Autofahrer gelangen vom Grenzübergang Philippsreut über Lenora, Volary (Wallern), Zelnavá (Salnau) nach Nová Peč (Neuofen), von wo ein Pendelbus nach Jelení (Hirschbergen) verkehrt. Von dort führt ein bequemer Weg aufwärts zum 5 km entfernten Plöckensteinsee (→ S. 131).

Vom Fußgänger-Grenzübergang Haidmühle kann man in wenigen Minunten den Bahnhof Nové Údolí erreichen und mit dem Zug bis Nová Peč (Neuofen) fahren oder aber auch in knapp 1 Std. bis Horní Planá (Oberplan) mit Geburtshaus Adalbert Stifters (Museum).

Reizvoll ist auch die Autofahrt über Lackenhäuser oder Breitenberg nach Österreich und über Ulrichsberg nach Schöneben (Gasthaus mit Parkplatz). Von dort gelangen Sie zum Aussichtsturm Moldaublick nahe der österreichisch-tschechischen Grenze mit Blick auf den Moldau-Stausee (40 km lang), Hornì Planá (Oberplan; Geburtsort von Adalbert Stifter) und Ruine Wittinghausen (das „Witikohaus" in Stifters „Witiko").

Von der Dreiecksmark führt der *Witikosteig* in 1 Std. durch das *Steinerne Meer* zum

**Rosenbergergut** (810 m) oberhalb von Lackenhäuser*. In dem schloßähnlichen Gebäude, heute Jugendherberge, weilte Adalbert Stifter oft zu Gast. Im 1. Stock des Nebenflügels befin-

Im Rosenbergergut, heute Jugendherberge,
schrieb Adalbert Stifter den historischen Roman „Witiko".

det sich ein kleines Adalbert-Stifter-Museum. Bauherr war der wohlhabende Kaufmann Matthias Rosenberger, der das Gut 1818 errichten ließ. Man erzählt sich von ihm, er sei der Führer einer Schmugglerbande gewesen und habe die Kellerräume seines großen Hauses als Lager für Schmuggelwaren benutzt. Er führte Webstühle ein, errichtete eine Glashütte bei Schwarzenberg und erwarb eine Graphitgrube in Böhmen. Sein Sohn, Franz Xaver Rosenberger, mit dem Stifter eine herzliche Freundschaft verband, erbaute neben dem Gut ein Gasthaus und eine Kapelle, wurde Mitglied des Deutschen Reichstags und starb 1895 als Kommerzienrat in Passau. Nach seinem Tode ging das Rosenbergergut in den Besitz des Bayerischen Staates über, der es zunächst als Wohngebäude für Grenzbeamte verwendete. Gedenktafel am Eingang der heutigen Jugendherberge: „Hier weilte der Dichter des Hochwaldes Adalbert Stifter wiederholt zur Erholung, hier schrieb er seinen Witiko 1855-1866." Während seiner verschiedenen Aufenthalte wohnte Stifter stets im „Ladenstöcklein", dem ersten Stock des Nebenflügels. Dort sind seinem Andenken zwei Räume gewidmet mit Erstausgaben seiner Bücher, Reproduktionen seiner Gemälde, mit Handschriften und einer Kopie seiner Totenmaske. Zum letzten Mal weilte Stifter 1866 im Rosenbergergut. Seine Abreise wurde wochenlang durch die stärksten Schneefälle seit Menschengedenken verzögert, bis man ihn aus der Schneewüste befreien konnte.

**Wanderwege zum Dreisesselstein**
**1.** Vom **Berghotel Adalbert-Stifter-Haus** bei Frauenberg: 1 Std. östlich.
**2.** Von **Frauenberg** in 1½ Std. südöstlich.
**3.** Von **Haidmühle\*** in 2½ Std.: Vorbei am Westhang des **Steinbergs** (1038 m, Naturschutz) über die **Kreuzbachklause** (ehem. Holztriftkanal von 1863) zum Gipfel.
**4.** Von **Lackenhäuser\*** in 2 Std. über Rosenbergergut auf dem Witikosteig zum Dreisesselhaus und zum Gipfel.
**5.** Von **Altreichenau\*** in 2¼ Std. östlich.

**Freyung\*,** Luftkurort und höchstgelegene Stadt des Bayerischen Waldes mit Sitz der Kreisverwaltung am historischen Goldenen Steig von Passau nach Böhmen, hat seinen Namen von den Freieren Rechten früherer Bürger. Hoch über dem Saußbach thront das Renaissance-Schloß Wolfstein, heute Ostbayerische Kunstgalerie sowie Jagd- und Fischereimuseum. Südlich erstreckt sich der Ferienpark Geyersberg mit Appartementanlage und Gesundheitszentrum. Auf direktem Weg oder über *Grainet,* einer alten Säumerstation am Goldenen Steig, geht es nach
   **Waldkirchen\*,** Luftkurort über dem Erlautal in reizvoller Wald- und Berglandschaft. Schon von weitem sieht man den 67 m hohen Spitzturm der aus Granit erbauten neugotischen Pfarrkirche

St. Peter und Paul. Die jüngst renovierte Ringmauer von 1460 umgab mit Wehrtürmen einst den ganzen Ort. Beliebt ist das Bäderzentrum mit Frei-, Hallen- und Solebad (Mediterraneum), und in *Reutmühle* befindet sich ein öffentlicher Golfplatz. Sportliche Bestätigung bietet auch der Erlaustausee.

**Hauzenberg\*** ist bekannt durch die Granitindustrie. In der Umgebung wird vor allem der „Blaue Granit" abgebaut. Im Ortsteil *Kropfmühl* liegt das einzige Graphitbergwerk Deutschlands: Einen stillgelegten Teil kann man über eine Grubenfahrt in 45 m Tiefe erkunden. Feriengäste schätzen den idyllisch gelegenen 7 Hektar großen Freudensee.

**Sonnen** (796 m) erstreckt sich in aussichtsreicher Höhenlage. Die neugotische Pfarrkirche stammt aus dem Jahr 1861. Hier beginnt die sogenannte „Neue Welt", ein Siedlungsgebiet südlich des Dreisesselmassivs, das erst unter den letzten Passauer Fürstbischöfen bis 1800 erschlossen wurde. Mittelpunkt der „Neuen Welt" ist an der Grenze nach Österreich

**Breitenberg\*.** Früher hieß der Ort Wenzelsreut nach dem Passauer Fürstbischof Wenzel von Thun, der im 17. Jahrhundert die Kolonisation dieser Region förderte. Beliebt ist das Freizeitzentrum mit Badesee. Die Matten-Skisprung-Schanze gehört zu den größten ihrer Art. Der Ortsteil *Gegenbach* beherbergt das Weberei-Museum in einem alten Bauernhof aus dem Jahre 1600.

---

**Abstecher**
Südlich gelangt man vorbei am *Friedrichsberg* (935 m) mit Aussichtsturm nach

**Wegscheid\*,** seit altersher Zentrum der Leinenweberei. Der Name des 1130 bekundeten Ortes stammt von der Gabelung alter Handelsstraßen. Bis zur Landkreisreform 1972 war Wegscheid Sitz des Landratsamtes. Besondere Attraktion ist der 20 Hektar große *Rannastausee,* der teilweise auf österreichischem Gebiet liegt (Baden, Surfen, Segeln, Tretboote). Ein schöner 1½ Std. Spaziergang führt um den Stausee herum. Der Ortsteil *Wildenranna* gefällt besonders durch seinen prächtigen Blumenschmuck.

---

**Lackenhäuser\*** ist eine Mitte des 18. Jahrhunderts durch Rodung entstandene Streusiedlung am Fuß des Dreisessel. Oberhalb steht das Rosenbergergut von 1818, heute Jugendherberge, zwischen 1855 und 1866 wiederholt Erholungsaufenthalt von Adalbert Stifter. Im 1. Stock des Nebengebäudes, jetzt kleines Adalbert-Stifter-Museum, schrieb er das 930seitige geschichtliche Romanepos Witiko. Und auf dem Witikosteig gelangt man vom Rosenbergergut in 1½ Std. zum Dreisesselstein (1312 m) mit bewirtschaftetem Unterkunftshaus.

**Neureichenau\*,** Erholungsort nahe dem Dreisessel über Michelbachtal, wurde als ursprünglicher Glashüttenstandort nach dem 30-jährigen Krieg von den Passauer Fürstbischöfen neu gegründet.

**Altreichenau\*** entwickelte sich im 18. Jahrhundert ebenfalls aus einer Glasmachersiedlung. Bis 1765 gehörte der Ort zu den sieben königlichen Dörfern der österreichischen Herrschaft Rannariedl. Heute bestimmen die Appartement-Hotels das Ortsbild. Im Ferienpark befindet sich ein modernes Hallenwellenbad. Südwestlich auf dem Weg nach Waldkirchen liegt

**Jandelsbrunn** (658 m). Als „Jarlaßbrunnen" im 13. Jahrhundert gegründet, war es später fürstbischöflicher Amtssitz. Am Ortsrand erfreut eine schöne alte Lindengruppe mit Kapelle und lebensgroße Nepomuk-Steinfigur von 1736. Auf dem Wollaberg (736 m) erhebt sich die neugotische Pfarrkirche von 1844.

**Frauenberg** (920 m) gehörte bis 1765 zur österreichischen Herrschaft Rannariedl und ist heute Ortsteil von Haidmühle. Eine gute Adresse ist das Adalbert-Stifter-Hotel. Ein schöner 1½-stündiger Wanderweg führt zum Dreisesselstein. Wintersportler schätzen den Dreisessel-Skilift. Mit dem Wagen können Sie von der Straße nach Haidmühle über eine Abzweigung bis zum Parkplatz unterhalb des ganzjährig bewirtschafteten Dreisesselhauses fahren, das neben dem Dreisesselstein steht.

**Haidmühle\*** liegt unmittelbar an der tschechischen Grenze. Der anerkannte Erholungsort entstand erst 1770 durch Gründung eines Eisenhammerwerkes an der Kalten Moldau. Die früher hierher führende Bahnlinie wurde stillgelegt.

**Bischofsreut** (1000 m), heute Ortsteil von Haidmühle, erstreckt sich in hübscher Hanglage an der tschechischen Grenze. 1705 wurde der hochgelegene Ort am Goldenen Steig gegründet. Die neuromanische Pfarrkirche entstand 1872. Sehenswert ist das Bauern- und Waldmuseum. – Südwestlich liegt *Leopoldsreut* (1108 m), ein 1618 gegründetes Walddorf, das bis 1962 wegen seiner unwirtlichen Höhenlage wieder absiedelte.

**Philippsreut\*,** hochgelegener Ferienort auf der Wasserscheide zwischen Donau und Elbe, liegt an der B 12 mit Grenzübergang in die Tschechische Republik. Das Wintersportgebiet vom Ortsteil *Mitterfirmiansreut* am Fuße des Almberges (1139 m) gilt als besonders schneesicher. – Die B 12 führt Sie wieder nach *Freyung* zurück.

# Route 6:
# Das Passauer Land

Alexander von Humboldt, der berühmte Weltreisende und Naturforscher, soll **Passau\*** zu den sieben schönsten Städten der Welt gezählt haben. Mag dieser Lobspruch auch etwas umstritten sein, so kennzeichnet er doch die einzigartige Lage der Stadt am Zusammenfluß von Donau, Inn und Ilz. Neben seiner schönen Lage hat Passau auch noch den Vorzug, Tor zu einem abwechslungsreichen Ausflugsgebiet zu sein. Die folgenden drei Routen erschließen die Umgebung von Passau.

## Das Donautal zwischen Passau und Osterhofen

**Passau\*** verlassen Sie über die moderne *Schanzl-Donaubrücke* und fahren dann links durch den Ortsteil *Hacklberg* am nördlichen Donau-Ufer aufwärts. Das ehemalige fürstbischöfliche Sommerschloß von 1690 dient heute als Brauerei. Im Bräustüberl gibt es als Spezialität das unfiltrierte Zwickelbier vom Faß. Ein lohnender Umweg führt nordwestlich hoch zur *Wallfahrtskirche St. Korona,* einem achteckigen Zentralbau von 1640 mit Darstellung der Namenspatronin am Altarblatt. Durch das Gaißatal (oberhalb die vielbesuchte Gaißa-Mühle) kommt man wieder ins Donautal. – Nach Hacklberg folgt das

**Großkraftwerk Kachlet,** erbaut 1922-1927 mit einer Wehranlage, die den Donaustrom bis Vilshofen aufstaut. Dadurch wird der Wasserspiegel gehoben, so daß die Schiffe gefahrlos die zahlreichen Felsenklippen im „G'hachelt", einer rund 20 km langen Flußstrecke, passieren können: In zwei Schleusenkammern von je 230 x 24 m werden sie um 9,10 m gehoben oder gesenkt. Das Kraftwerk produziert jährlich 250 Millionen Kilowatt Strom. Der Stausee ist Schauplatz der internationalen Donauregatta. Von der B 8 jenseits der Donau ist die Anlage besser zugänglich (Besucherparkplatz). – Nach der Gaißa-Einmündung unterqueren Sie die hohe Autobahnbrücke bei *Schalding*. Etwas abseits über dem Donauhang der hochgelegene alte Markt

**Otterskirchen.** Sehenswert ist die Michaeliskirche mit romanischem Mauerwerk, barocker Kirchturmkuppel und interessanter Akanthus-Hochaltar von 1712. Weiter nördlich jenseits der Autobahn der *Ebersberg* (560 m) mit 27 m hohem Aussichtsturm, am 20. Juli Schauplatz des traditionellen Jacobifests.

**Windorf,** anerkannter Erholungsort an der Donau, soll seinen Namen von einwandernden Wenden im 8. Jahrhundert erhalten haben. Die ursprünglich spätgotische Pfarrkirche St. Jakob wurde 1964-65 durch einen Neubau ersetzt. Im 19. Jahrhundert war Windorf ein bekanntes Schifferdorf, in dem das erste bayerische Donaudampfschiff gebaut wurde. Die unter Naturschutz stehende

2½ km lange Flußinsel in der Donau ist die größte Deutschlands. Bald sehen Sie am jenseitigen Ufer *Vilshofen* mit der doppeltürmigen Benediktinerabtei Schweiklberg hoch über der Stadt. In **Hilgartsberg,** früher Hildegartsberg genannt, empfiehlt sich die Auffahrt zur Burgruine, die malerisch über dem Donautal thront. Bereits 1010 genannt und im 14./15. Jahrhundert ausgebaut, wurde sie 1742 durch Panduren zerstört. Erhalten ist die romanisch-gotische Schloßkapelle. Türme, Tore, Zwinger und Wohnbauten sind noch als Reste zu erkennen. Im Burgkeller befindet sich eine Ausflugsgaststätte.

**Hofkirchen** war einst agilolfingische Hofmark und ehemaliger Schifferort. Die spätgotische Pfarrkirche von 1498 mit 68 m hohem Spitzturm wurde 1962 harmonisch umgestaltet. Über dem Donautal liegt Bayerns größter Soldatenfriedhof mit 2782 Gefallenen aus dem Zweiten Weltkrieg in 36 Gräberreihen, die um eine monumentale Rundkapelle angelegt wurden.

**Winzer** betrieb im Mittelalter Weinbau. Auf schroffem Höhenvorsprung thront die Burgruine Hochwinzer, 1005 genannt und 1744 von den Österreichern gesprengt, mit Gebäuderesten der einst dreiflügeligen Anlage. – Donauaufwärts geht es weiter über *Niederalteich\** mit bedeutendem Benediktinerkloster nach *Deggendorf\*,* diese Route aber führt über die 1976 erbaute Donaubrücke in die 600jährige ehemalige Herzogstadt

**Osterhofen** (313 m, 11 000 Einw.). Der Stadtplatz bietet mit seinen stattlichen Bürgerhäusern im Inntalbaustil mit Fassadengiebeln das Bild einer typischen niederbayerischen Kleinstadt.

Vor Windorf an der Donau liegt mit 2 ½ km Länge
die größte Flußinsel Deutschlands.

Sehenswert ist das Heimatmuseum mit vorgeschichtlichen Funden, handwerklichen Zeugnissen und bäuerlichen Geräten. Im Ortsteil *Altenmarkt* befand sich im 9. Jahrhundert eine Königspfalz. Um 1000 entstand ein Chorherrenstift, das 1128 von Prämonstratensern übernommen wurde, 1783 an das Münchener Damenstift St. Anna und 1858 an die Englischen Fräulein von Altötting kam. Die Damenstiftskirche, jetzt Basilika St. Margaretha, gehört zu den prunkvollsten barocken Kirchenbauten Bayerns, erbaut 1727-40 anstelle der mittelalterlichen Vorgängerin von Johann Michael Fischer. Stuckdekorationen und Altäre schuf Egid Quirin Asam, die Fresken Cosmas Damian Asam (Selbstporträt als reumütiger Zöllner an der Decke neben der Tür). In der Nähe die Frauenkapelle des 17. Jahrhunderts; östlich am Angerbergl die Martinskirche aus der Zeit um 1300. – Der 12 km südlich Vilstal gelegene Ortsteil *Gergweis* ist als „Dackeldorf" bekannt. Jeder zweite Dackel auf der Welt stammt aus hiesiger Zucht. Donauabwärts folgt

**Künzing** mit Römerbad Quintana und römischen Kastellresten. Die alte Siedlung wurde als Limeskastell Quintana im 1. Jahrhundert von den Römern gegründet, die auch die jod- und schwefelhaltige Heilquelle faßten.

**Pleinting** wurde 748 urkundlich genannt und erhielt im 14. Jahrhundert Marktrecht. 1968 entstand ein großes Wärmekraftwerk. Die Donau tritt nun in ihr Durchbruchstal zwischen den Gneis- und Granithöhen des Waldgebirges. Straße und Bahn verlaufen jetzt unmittelbar am Ufer entlang. Vom jenseitigen Ufer grüßt die *Burgruine Hilgartsberg,* und bald passieren Sie auf einem Hochwasser-Damm

**Vilshofen\*** an der Einmündung der Vils in die Donau. Die schön gelegene Stadt entstand als römische Brückenstation Pons rensibus und wurde bereits 776 urkundlich erwähnt. Wahrzeichen ist der Renaissance-Stadtturm von 1642 am Stadtplatz, der von interessanten alten Häusern teils mit Blendfassaden und Laubenhöfen umgeben ist. Niederbayerische Spezialitäten gibt es im „Wolferstetter Keller", der durch die Veranstaltungen des „Politischen Aschermittwochs" bekannt geworden ist. Oberhalb der Stadt liegt aussichtsreich die 1905 gegründete Benediktinerabtei Schweiklberg (Herstellungsort des Schweiklberger Geistes) mit der zweitürmigen Abteikirche.

### Abstecher

Eine reizvolle Strecke führt durch abwechslungsreiche niederbayerische Wald- und Hügellandschaft über Aldersbach, Ortenburg und Fürstenzell mit bedeutenden Kunstwerken nach Passau. Durch das Vilstal kommen Sie zuerst nach

**Aldersbach.** Der Ort entwickelte sich aus dem Kloster, das 1123 als Chorherrenstift gegründet und 1146 von Zisterziensern übernommen wurde, die 1803 der Säkularisation weichen mußten. Fast 200 Jahre nach Stillegung des Klosters zogen 1989 wieder Zisterziensermönche ein. Die Klosterkirche Mariae Himmelfahrt wurde anstelle ihrer romanischen Vorgängerin errichtet; 1617 war der Chorbau, 1720 das Langhaus vollendet. Mit ihrer opulenten, einheitlichen Ausstattung gehört sie zu der hervorragendsten Schöpfung des bayerischen Rokoko. Glanzpunkte sind die überaus prächtigen Stukkaturen und Deckengemälde der Brüder Asam. Den Hochaltar schuf der Passauer Meister J.M. Götz. Im renovierten Klostergebäude beeindruckt der Bibliothekensaal von 1760 des Asam-Schülers Matth. Günther. – Interessant ist ein Besuch des anschließenden Brauereimuseums der Aldersbacher Brauerei. Niederbayerische Wirtshaus-Tradition mit guter heimischer Küche bietet der Gasthof Mayerhofen in der Ritter-Tuschl-Straße 2. – Der 1000jährige Marktflecken

**Aidenbach,** anerkannter Erholungsort mit Kur- und Hallenbad, ist historisch bekannt durch die blutige erfolglose „Aidenbacher Bauernschlacht" von 1706 gegen die Österreicher mit Denkmälern auf dem Handlberg, dem Kleeberg und in Reschendobl. – Nebenstraßen führen über *Beutelsbach* nach

**Sammarai** mit der originellen barocken Wallfahrtskirche von 1621, deren Chorraum eine schindelgedeckte Holzkapelle von 1521 umschließt, die bei einem Brand unversehrt blieb und mit über tausend Votivtafeln behängt ist. Der seltsame Name ist aus Sankt Maria entstanden. – Im Wolfachtal liegt

**Ortenburg\*** mit der Stammburg der Reichsgrafen von Ortenburg, lange Zeit evangelische Enklave im katholischen Land. Das umgestaltete Renaissance-Schloß mit kostbarer Kassettendecke ist als Museum zugänglich.

**Fürstenzell** (358 m, 7000 Einw.) liegt reizvoll im waldreichen Hügelland zwischen Donau und Inn. Die doppeltürmige Klosterkirche Mariae Himmelfahrt, wegen ihrer Größe auch „Dom des Rottals" genannt, ist ein eindrucksvoller Rokokobau, den 1740-48 Johann Michael Fischer anstelle der ehemaligen Zisterzienserklosterkirche aus dem 13. Jahrhundert neu errichtete. Die prächtige Rokokoausstattung schufen bedeutende Künstler: J.B. Straub den Hochaltar; J.B. Modler Stukkaturen und Kanzel; J. Zeiller Deckenfresken und Altarbild. Von 1272 bis 1803 Zisterzienserabtei, befinden sich die barocken Klostergebäude seit 1930 im Besitz des Marienordens. Der Bibliothekensaal im Ostflügel ist mit den Schnitzereien des Passauer Künstlers Joseph Deutschmann wieder eine ganz besondere Kostbarkeit des bayerischen Rokoko. – Südlich liegt der eingemeindete Ortsteil *Bad Höhenstadt* mit klassizistischem Kurhaus, das Leo von Klenze 1842 erbaute (heute Alters- und Pflegeheim). Das stillgelegte Bad soll in Zukunft wieder aktiviert werden. Im benachbarten *Pilzweg* werden Schwefel-, Moor- und Kneippbäder verabreicht. Nordöstlich folgt

**Altenmarkt,** Ausgangspunkt zahlreicher Wanderwege in den 63 m² großen Neuburger Wald, der sich zwischen Donau und Inn erstreckt. In der Nähe erhebt sich die *Platte* (499 m) mit einem Aussichtsturm. Nach Überquerung der Autobahn kommen Sie nach *Passau.*

Etwa 12 km hinter *Vilshofen* erinnert die imposante *Löwenwand* mit dem Granitdenkmal eines ruhenden Löwen an die Felssprengungen für den Straßenbau von 1823; danach unterqueren Sie die Donau-Autobahnbrücke und kommen nach

**Heining.** Auf dem Friedhof befindet sich das Grab des Dichterarztes Hans Carossa, der zuletzt bis zu seinem Tod 1956 im nahen Rittsteig wohnte. Bald passieren Sie wieder das *Kachlet-Kraftwerk,* jetzt von der anderen Seite (Besucherparkplatz) und sind nach kurzer Zeit in *Passau.*

### Das Donautal zwischen Passau und Obernzell

**Passau** verlassen Sie wieder über die Schanzl-Donaubrücke und fahren dann rechts die Donaustraße entlang, die sich zwischen Berg und Strom drängt. Rechts haben Sie einen prächtigen Blick auf die Stadt. Bald geht es durch einen Felsentunnel zwischen den Vesten *Niederhaus* und *Oberhaus* hindurch und an der *Salvatorkirche* vorbei rechts über die *Ilzbrücke* und dann gleich wieder rechts

Obernzell, ein schön gelegener Erholungsort an der Donau

(links geht es nach Freyung!) am nördlichen Donauufer stromabwärts. Der Autoverkehr nimmt spürbar ab. Das hier besonders
schöne Donautal wird von hohen Waldbergen umrahmt. Bis
Jochenstein ist die Donau zugleich Landesgrenze nach Österreich.
Nach einer Eisenbahnunterführung (1 km vorher malerischer
Rückblick auf die „schwimmende Stadt" Passau) folgt links eine
Abzweigung nach *Thyrnau* mit Zisterzienserinnenkloster im ehemaligen fürstbischöflichen Jagdschloß und eine weitere zum Luftkurort *Kellberg** mit staatlich anerkanntem Heilquellenkurbetrieb.

**Erlau** an der Mündung der Erlau in die Donau gehört heute zur
Gemeinde Obernzell. Lohnend ist die einstündige Wanderung
durch das urtümliche Erlautal aufwärts bis Schaibing. Vom jenseitigen Ufer schaut die kleine, sagenumwobene *Burg Krempelstein*
herüber, die ursprünglich 1337 als fürstbischöfliche Mautstätte erbaut wurde und im Volksmund auch „Schneiderschlößl" genannt
wird. Die Burg war eine Zeitlang von einem Schneider bewohnt.
Der Sage nach soll er bei dem Versuch, seine tote Ziege über die
Burgmauer in die Donau zu werfen, selbst ums Leben gekommen
sein. Das veranlaßte den Dichter August Graf von Platen (1796-
1835) zu einigen Versen, deren letzte Strophe lautet: „Doch als er
sie schleudern will hinein, verwickelt, o Todespein, ihr Horn sich
ihm in die Kleider. Nun liegen Zieg' und Schneider tief unter dem
Krempelstein."

**Obernzell** hat mit seinen alten Bürgerhäusern, dem ehemaligen fürstbischöflichen Schloß und der doppeltürmigen Pfarrkirche
das ursprüngliche Ortsbild noch weitgehend bewahren können.
Von der schönen Uferpromenade kann man den Schiffsverkehr
beobachten. Zum österreichischen Ufer verkehrt eine Autofähre.
Die breite Donau ist hier ein Dorado für Wassersportler. Nach
8 km folgt das

**Kraftwerk Jochenstein.** Es wurde 1956 in deutsch-östereichi-
scher Gemeinschaftsarbeit fertiggestellt und erzeugt jährlich rund
1 Milliarde Kilowattstunden Strom. Die Donau wird durch eine
500 m lange Mauer aufgestaut, zwei Kammerschleusen regeln
den Schiffsverkehr. Fußgänger können über die Kraftwerkbrücke
das österreichische Ufer erreichen (Grenzpapiere!). Im Strom der
*Jochensteinfelsen* mit Kapelle des 18. Jahrhunderts und einer fast
2 m hohen granitenen *Nepomukstatue.* Eine aussichtsreiche Ser-
pentinenstraße führt zum hochgelegenen Pfarrdorf

**Gottsdorf** mit dem bekannten Ferienzentrum Bayerwald
(Camping und Bungalows), das auch ein modernes Freibad mit
Schwimmhalle besitzt.

**Untergriesbach** entwickelte sich aus einer Burganlage des
10. Jahrhunderts. Der Marktplatz ist von historischen Bürgerhäusern umsäumt. Die dreiteilige Prangersäule von 1590 erinnert mit
ihrer achteckigen Plattform an ehemalige Gerichtsbarkeit. – Kur-

venreich geht es wieder hinunter ins Donautal nach *Obernzell.* Nun entweder die gleiche Strecke zurück oder mit der Autofähre zum österreichischen Ufer und dort auf der sogenannten Nibelungenstraße nach *Passau.*

## Das Inntal zwischen Passau und Bad Füssing

**Passau** verlassen Sie von der Nibelungenhalle auf der B 12 Richtung Neuburg und kommen über *Kohlbruck* durch die herrlichen Mischwälder des *Neuburger Waldes.* Dieses ausgedehnte Waldgebiet diente einst den Passauer Fürstbischöfen als Jagdrevier. 1702 verschanzten sich hier die bayerischen Truppen gegen den österreichischen General Reventlow, 1945 Wehrmachtssoldaten für die Verteidigung von Passau. Heute ist der 63 km$^2$ große Neuburger Wald mit seinen zahlreichen Rundwanderwegen ein beliebtes Ausflugsziel. Über *Dommelstadl* mit Rokopofarrkirche von 1751 (interessante Dreikonchenanlage mit Stuck von Joh. Bapt. d'Aglio) auf aussichtsreichem Höhenrücken kommen Sie nach

**Neuburg am Inn\*.** Malerisch liegt das mächtige Schloß aus dem 11 Jahrhundert, einst Wehrburg der Grafen von Vornbach und 1525 in ein Renaissanceschloß umgestaltet, über dem Ufer des Inn. Die Straße führt weiter auf dem Hochufer des Inn mit Ausblicken auf das auf österreichischer Seite gelegene *Wernstein.* Bald erscheint am Inn, der hier ein Engtal passiert, die im 11. Jahrhundert durch die Grafen von Vornbach gegründete ehemalige Benediktinerabtei

**Vornbach** mit der zweitürmigen ehemaligen Klosterkirche Mariae Himmelfahrt. Der heutige Barockbau entstand 1630-37 auf Mauerteilen der romanischen Vorgängerin. 1733 erfolgte die Ausstattung im Rokostil. Der einschiffige Kirchenraum beeindruckt durch den prächtigen Hochaltar mit Darstellung „Mariae Himmelfahrt". In den Kapellen befinden sich bedeutende Plastiken. Berühmt ist die „Vornbacher Bibel" von 1421 des Propstes Heinrich, heute in der Passauer Hochschulbibliothek. – Nächste Station ist

**Neuhaus am Inn\*** mit einem Barockschloß auf einer Flußinsel vor der Uferpromenade, das heute ein Institut der Englischen Fräulein beherbergt. 1963 wurde das Innkraftwerk in Betrieb genommen. Zwei Innbrücken führen in die gegenüberliegende österreichische Grenzstadt *Schärding.*

**Abstecher**

Von Neuhaus am Inn führt die B 12 nach *Pocking,* Mittelpunkt des „Rottaler Bäderdreiecks" und bekannt durch seine Viehmärkte. Bei **Ruhstorf** grüßt vom höchsten Punkt der Pockinger

Heide in **Rotthof** Europas einzige Wallfahrtskirche zu den hl. Siebenschläfern (15. Jh.) mit prächtigen Rokokoplastiken und originellem Siebenschläfer-Altar von 1757.

Das „Rottaler Bäderdreieck" bietet mit seinen warmen fluoridhaltigen Natrium-Hydrogencarbonat-Chlorid-Thermen ideale Voraussetzungen für die Therapie von rheumatischen Beschwerden und Wirbelsäulenerkrankungen:

**1. Bad Griesbach,** anerkannter Luftkurort und seit 1985 „Bad". Das außerhalb auf einer Höhe im Stil niederbayerischer Dorfanger neu entstandene Kurzentrum mit Thermalhallen- und Thermalfreibädern bildet einen reizvollen Kontrast zum 900 Jahre alten Städtchen Griesbach, das sich 3 km entfernt hinter dem Kurwald erstreckt. Attraktion ist das „für jedermann" konzipierte Golfzentrum mit mehreren Plätzen.

**2. Bad Birnbach,** anerkannter Erholungsort und jüngstes „Bad" seit 1987 in reizvoller Hügellandschaft. Das bewußt ländlich konzipierte Bad der 100jährigen Hofmark Birnbach verfügt über ein attraktives Thermalbadezentrum in Hallen und im Freien mit einer Wasserfläche von über 1000 m². Das besonders weiche und gut verträgliche Heilwasser kommt mit 70° C aus 1618 m Tiefe.

**3. Bad Füssing,** größtes bayerisches Heil- und Thermalbad (→ S. 168).

**Schärding** (6000 Einwohner) war ursprünglich bayerisch. Nach wechselvoller Geschichte wurde die Stadt 1779 österreichisch und zwischen 1809 und 1815 wieder bayerisch. Am Stadtplatz schöne Barockgiebel und der Georgsbrunnen von 1605. Die barocke Stadtpfarrkirche wurde auf gotischen Resten 1720-1727 von Johann Michael Fischer erbaut. Am Schloßpark befinden sich noch Reste der im 18. Jahrhundert zerstörten mittelalterlichen Burg. Von der Stadtbefestigung des 15. Jahrhunderts sind noch Mauern, Türme und drei Tore erhalten. Sehenswert ist das Stadtmuseum mit heimatgeschichtlichen Sammlungen. Gemütliche Gasthöfe laden zum Verweilen ein. Die Straße zurück nach Passau führt auf österreichischer Seite nach

**Zwickledt,** früher Wohnsitz des Zeichners Alfred Kubin (1877-1959), heute Künstlerstiftung. Westlich liegt *Wernstein* am Inn mit Burgruine des 11./16. Jahrhunderts, am Innufer die Mariensäule von 1667, gegenüber *Schloß Neuburg* (Fährverbindung). Auf der Weiterfahrt nach Passau lohnt ein Abstecher zum *Aussichtsturm auf dem Frohnberg* (589 m) bei Schardenberg.

# Route 7:
# Dreiburgenland und Sonnenwald

**Schönberg – Saldenburg – Tittling – Englburg –
Fürstenstein – Aicha vorm Wald – Eging am See –
Lalling – Schönberg**

Drei Burgen gaben der reizvollen Berglandschaft nordwestlich
von Passau ihren Namen: *Fürstenstein, Englburg* und *Saldenburg.* Hauptort ist der alte Markt *Tittling* an der Ostmarkstraße.
Meteorologen verheißen hier die meisten Sonnentage der Region, begünstigt durch das milde Klima im Donautal, geschützt
durch die Bergketten des Vorderen und Hinteren Bayerischen
Waldes. Nicht ohne Grund heißt der anschließende Teil
**Sonnenwald,** der sich rund um seine höchste Erhebung, den
*Brotjacklriegel* (1016 m) und den benachbarten *Bichlstein*
(862 m) erstreckt.

## Der Brotjacklriegel (1016 m)

Er ist schon von weitem durch seinen 100 m hohen UKW- und
Fernsehsendeturm sichtbar; daneben gibt es noch einen 30 m
hohen Aussichtsturm, ohne den vom baumbestandenen Gipfel
keine Rundschau möglich wäre. Das Institut für Meteorologie
der Forstlichen Forschungsanstalt München hat am Brotjacklriegel im Rahmen umfangreicher Luftmessungen im Gegensatz
zu manch anderen deutschen Landschaften absolut staubfreie,
reine Luft festgestellt. Der seltsame Name hat sich im Laufe der
Zeit aus „broater" (breiter) Jägerriegel entwickelt. *Jägerriegel*
heißt auch der kleinere Bruder ½ Std. nördlich. Böse Zungen
behaupten, einem Vermessungsbeamten sei früher dieser fast
unverzeihliche Schreibfehler unterlaufen. Die Sage weiß von
dem Boten Jackl zu berichten, der im 30jährigen Krieg Brot in
den Felshöhlen versteckte, um es an die Armen zu verteilen.

### Wanderwege zum Brotjacklriegel

**1.** Vom **Parkplatz Obersteinberg** in ½ Std.: Mit dem Wagen von **Schöfweg** über **Oberlangfurth** oder von **Schöllnach** bis **Obersteinberg** (Straßengabelung). Auf dem von Lalling kommenden Weg östlich zum Gipfel.
**2.** Von **Schöfweg** über den Jägerriegel in 1 Std. südlich.
**3.** Vom **Feriendorf Sonnenwald** in ½ Std. östlich.
**4.** Von **Lalling\*** in 2½ Std. südöstlich.
**5.** Von **Zenting** in 1¼ Std. nach *Daxstein* und von dort ½ Std. nordwestlich.

## Der Bichlstein (862 m)

Dieser Berg mit Gipfelkreuz, der auch Büchlstein genannt wird,
liegt eine knappe Wanderstunde vom Brotjacklriegel südwestlich und bietet gute Sicht besonders nach Süden. Bei einem

Bergfest 1847 erfand die Wirtin Auguste Winkler aus dem nahen *Grattersdorf* das nach diesem Berg benannte „Pichlsteiner" Eintopfgericht. Sie hatte den Auftrag, ein schmackhaftes Essen zuzubereiten, das sich ohne große Umstände auf den Gipfel befördern ließ. Die Wirtin schnitt dreierlei Fleisch in kleine Würfel, dazu Kartoffeln und verschiedene Gemüsesorten, würzte kräftig und dünstete alles in Töpfen, die auf den Berg gebracht und am offenen Feuer nachgewärmt wurden. Selbst ein Sohn Bismarcks soll während einer Reise durch den Bayerischen Wald und zum Bichlstein von dem Eintopfgericht so angetan gewesen sein, daß das Rezept über die fürstliche Speisekarte seines Vaters auch in Norddeutschland Eingang fand. Das Pichlsteiner Bergfest wird noch heute an jedem 1. August-sonntag auf dem Bichlstein gefeiert. Außerdem gibt es noch ein Pichlsteinerfest am letzten Juli-Wochenende in der Kreisstadt Regen.

**Wanderwege zum Bichlstein**
**1.** Vom Weiler **Oberaign** in ½ Std. südlich.
**2.** Vom **Berggasthof Kerschbaum** ½ Std. westlich.
**3.** Vom **Feriendorf Sonnenwald** in ¾ Std. südwestlich über Oberaign.
**4.** Von **Grattersdorf** in 1 Std. nordöstlich.
**5.** Von **Lalling\*** in 1 ¾ Std. südöstlich.

**Schönberg\*,** gelegen an der von *Regen* kommenden Ostmark-straße (B 85), ist Auftakt dieser Route. Wegen seiner klimatisch günstigen Lage wird der anerkannte Luftkurort oft als „Meran des Bayerischen Waldes" bezeichnet. Am Marktplatz mit Nepomuk-statue von 1737 gefallen die stattlichen Häuser im Inntalbaustil. Vom Reinsberger Kurpark hat man einen besonders schönen Panoramablick. Etwas abseits der Ostmarkstraße liegt

**Saldenburg** (550 m, 1800 Einw.). Seinen Namen hat der Ort von der Burg, die wegen ihres viergeschossigen, fast quadratischen Wohnturms im Volksmund „Waldlaterne" genannt wird. Sie ist Rest einer Burganlage des 14. Jahrhunderts, die im österreichischen Erbfolgekrieg 1742 zerstört wurde. Bauherr war 1368 Ritter Heinrich Tuschl von Säldenau (althochdeutsch saelde = Glück). Doch Glück war ihm nicht beschieden: Nachdem ihn seine dritte Frau verlassen hatte, zog er sich mit dem Ausspruch „Ich Tuschl bleib allein" resigniert in seine Burg zurück. Fortan nannte er sich nur noch „Ritter Allein", und auch in seinem Wappen ist diese Bezeichnung zu finden. Ihm gehörten auch die benachbarten Burgen Ranfels, Dießenstein und Fürsteneck; letztere bestimmte er als Wohnsitz für seine von ihm getrennt lebende Frau Elisabeth. Ein-

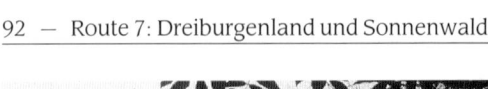

Die viergeschossige Saldenburg
heißt im Volksmund „Waldlaterne"
und dient heute als Jugendherberge.

sam starb er 1376. Durch ein großzügiges Testament ermöglichte er die Gründung des Chorherrenstifts Vilshofen. Die Saldenburg aber dient seit 1928 – zum Glück vieler junger Menschen – als romantische Jugendherberge. Im ersten Stock befindet sich der frühbarocke Rittersaal (jetzt Speise- und Aufenthaltsraum) mit Deckengemälde „Triumphzug des Kaisers" von Henrico Zuccali (1682), im zweiten Stock ein stilreiner gotischer Saal und die frühbarocke Burgkapelle (Zutritt nur für Jugendherbergsgäste, keine öffentliche Besichtigung). – Am *Saldenburger See* bestehen viele Sport- und Freizeitmöglichkeiten.

**Preying,** 3 km südöstlich von Saldenburg, lohnt einen Besuch wegen der stilvollen spätgotischen Pfarrkirche St. Brigida aus dem 15. Jahrhundert mit reicher Innenausstattung, darunter auch die Holzfigur der Namenspatronin um 1520. ½ Wanderstunde östlich thront auf schroffem Fels über der Ilz die *Burgruine Dießenstein,* erbaut um 1345 unter Ludwig dem Bayern zur Sicherung des Ilzüberganges, zerstört 1742 durch den Pandurenoberst Trenck, der bei Durchsuchung der Burg mit seiner Fackel an ein Pulverfaß geriet, das explodierte und ihn mit starken Brandwunden zum Fenster hinausschleuderte. In der Nähe liegt der Erholungsort *Perlesreut*,* einst Sitz eines fürstbischöflichen Perlenamtes, das die früher reichen Perlmuschelbestände in der Ilz überwachte. Von der *Dießensteiner Leithe* führt der 50 km lange *Ilztalwanderweg* abwärts nach *Passau.*

**Tittling*,** Mittelpunkt des Dreiburgenlandes mit bedeutender Granitindustrie, wurde schon im Jahre 1000 urkundlich erwähnt. Anstelle des Gasthofes Post stand früher ein Schloß, an das noch die Barockfassade des dahinter liegenden Grafenschlößls erinnert. Der nahe *Blümersberg* (570 m) bietet eine großartige Rundsicht. Nordwestlich liegt der waldumsäumte

**Dreiburgensee** (auch Rothauer See) mit Freizeitzentrum, Strandbad, Campingplatz und Ferienhotel Dreiburgensee. Attraktion ist das *Museumsdorf Bayerischer Wald* mit zahlreichen Waldlerhäusern vom 15.-19. Jahrhundert, darunter die Rothaumühle von 1430, ein Schulhaus von 1164, ein Handwerker- und Mühlenmuseum, ein Dorfkirchlein und das Wirtshaus „Mühlhiasl" von 1793. An der Straße nach *Thurmansbang** liegt kurz vor Eggenreuth rechts die Kapelle *Maria Bründl* von 1712 mit der von einem originellen Zwiebeltürmchen gekrönten Quelle.

**Schloß Englburg,** westlich von Tittling auf einem 583 m hohen Bergrücken, ist eine Gründung der Grafen von Hals aus dem späten 13. Jahrhundert Von der alten Burganlage blieben jedoch nur noch Turmreste und überbaute Teile der Ringmauer erhalten. Im 17./18. Jahrhundert erfolgte die Umwandlung in ein Schloß, heute im Besitz der Englischen Fräulein (Erholungsstätte). Der Heimat-

Zwischen Tittling und Thurmansbang
erhebt sich über eine Quelle
die Kapelle Maria Bründl.

dichter Max Peinkofer (1891-1963) aus dem benachbarten Tittling schrieb das „Büchlein von der Englburg". Leider ist die Burg öffentlich nicht zugänglich. Zu einiger Berühmtheit gelangte die Tochter des letzten gräflichen Schloßherrn von Englburg, die Komtessa Isabella von Taufkirchen und spätere polnische Gräfin Kwilecky: Bayernkönig Ludwig I. war von ihrer außergewöhnlichen Schönheit so beeindruckt, daß er sie 1828 porträtieren und in seine „Schönheitsgalerie" aufnehmen ließ; in der Galerie des Münchner Schlosses Nymphenburg können Sie die Dame noch heute bewundern.

**Fürstenstein** (576 m, 3300 Einw.) wird von dem weithin sichtbaren Schloß überragt, eine Gründung der Grafen von Hals aus dem 11. Jahrhundert, nach einem Brand 1386 wieder aufgebaut und seit 1860 im Besitz der Englischen Fräulein, die ein Knabeninternat unterhalten (Besichtigung nur vom Schloßhof). Die alte Schloßkapelle von 1629 nach Altöttinger Vorbild, einst vielbesuchte Wallfahrtsstätte, wurde 1956 bis auf das Oktogon abgerissen und als Pfarrkirche mit moderner Innenausstattung neu errichtet. Westlich des Schlosses liegt in einem Naturpark der *Hohe Stein*, eine eigenartig geformte Granitfelsschichtung.

**Aicha vorm Wald** (600 m, 2000 Einw.), 1000jährige Hofmark am Talhang über der Großen Ohe, besitzt ein ehemaliges Wasserschloß mit dreigeschossigem Arkadenhof aus der Zeit um 1600, heute teils Museum. Die barocke Pfarrkirche (1726) wurde von Carlone-Schülern mit Stuck dekoriert. Sehenswert auch der barocke Pfarrhof von 1730. In der Nähe befindet sich die größte geschlossene Eichenwaldung Niederbayerns. – Südöstlich liegt *Haselbach* mit einem aus dem 11. Jahrhundert stammenden Schloß mit Wehrturm, südwestlich jenseits der Autobahn *Rathsmannsdorf* mit einem ehemaligen fürstbischöflichen Jagdschloß.

**Eging am See\*** ist Kneipp-Erholungsort mit gut ausgestattetem Kurhaus. Sportliche Betätigung findet man nicht nur im Hallenwellenbad und Freibad, sondern auch im 15 Hektar großen Rohrbachstausee mit Badestrand und Bootsverleih.

**Schöllnach\*** liegt im Sonnenwaldgebiet südlich von Brotjacklriegel und Bichlstein im Tal der Kleinen Ohe. In *Iggensbach* nahe der Autobahn befindet sich Deutschlands älteste Kirchenglocke von 1144. Nördlich führt die Straße kurvenreich über den Sattel von *Kerschbaum* (739 m) mit Berggasthof und *Langfurth* (865 m) nach

**Schöfweg** (770 m, 1200 Einw.). Der früher zum Hochstift Passau gehörende Ort wurde 1250 erstmals urkundlich genannt. Der Ortsname wird von „Weg zu den Schiffen (an der Donau)" abgeleitet. Hausberg ist der Brotjacklriegel (1016 m), zu dem ein einstündiger Wanderweg hinaufführt. In der Nähe wartet das Feriendorf

**Aicha vorm Wald beherbergt ein ehemaliges Wasserschloß aus der Zeit um 1600.**

Sonnenwald am Südhang des Steinbergs (894 m) mit vielen Sport- und Freizeiteinrichtungen und dem Kur- und Sporthotel Sonnenwald auf. – Westlich liegt

**Lalling\*,** Mittelpunkt des klimatisch begünstigten „Lallinger Winkels" mit bedeutendem Obstanbau (Blüte im Mai). Die barocke Pfarrkirche auf einer Bergkuppe im Ortskern steht unter Denkmalschutz und soll schon im 11. Jahrhundert gegründet worden sein.

**Innernzell** (636 m, 1400 Einw.) ist ein kleiner Ferienort mit bäuerlicher Umgebung. Die Pfarrkirche St. Nikolaus von 1836 überrascht durch ihren für den Bayerischen Wald ungewöhnlichen klassizistischen Stil. – Bald erreichen Sie die Ostmarkstraße (B 85), die Sie wieder nach *Schönberg* zurückbringt.

# Route 8:
# Finale im Donauwaldgau

**Deggendorf – Rusel – Bischofsmais – Gotteszell –
St. Englmar – Mitterfels – Bogen – Straubing – Metten –
Deggendorf**

Hinter diesem wohlklingenden Namen verbirgt sich das Bergland des Vorderen Bayerischen Waldes, etwa zwischen *Straubing* und *Deggendorf* nördlich der Donau bis zum Quarzgang des Pfahls an der Ostmarkstraße – ein vielseitiges, lohnendes Wandergebiet. Die Berge sind nicht ganz so hoch und mächtig wie im eigentlichen Grenzgebirge, doch überschreiten auch *Pröller, Predigtstuhl, Hirschenstein, Vogelsang, Breitenauriegel* und noch einige andere die 1000 m-Grenze.

## Die Oberbreitenau

Westlich von Bischofsmais erstreckt sich das ausgedehnte, über 1000 m hoch gelegene, teils moorige Plateau mit artenreicher Pflanzenwelt zwischen der nördlichen Zweiergruppe *Einödriegel* (1121 m) und *Geißkopf* (1097 m, Aussichtsturm, Liftstation) und der südlichen Dreiergruppe *Breitenauriegel* (1114 m, lohnender Aussichtsberg), *Dreitannenriegel* (1092 m, Gipfelkreuz) und *Geißriegel* (1043 m). Im 14. Jahrhundert lebte hier oben der hl. Degenhard als Eremit, ein Benediktinermönch aus Niederalteich, dessen Klause mit Kapelle im 30jährigen Krieg zerstört wurde. 1585 gründeten die Ritter von Degenberg, damals Eigentümer der Burg Weißenstein bei Regen, eine kleine Siedlung. Das rauhe Höhenklima und die kurze Wachstumsperiode ermöglichten jedoch nur eine kümmerliche Landwirtschaft, so daß die neun Gehöfte bis 1956 wieder absiedelten und das Gelände an die Forstverwaltung verkauften. Erhalten blieb nur der ehemalige Greilhof, heute das *Landshuter Haus* (1012 m), das nach einem Brand wieder aufgebaut wurde und als Jugendherberge dient. 1992 wurden die Grundmauern des Bergbauerndorfes freigelegt, so daß die ehemalige Siedlung in ihren Konturen wieder sichtbar ist. Unterhalb zwischen Bischofsmais und Habischried liegt
*Unterbreitenau* (839 m). Der ehemalige Glashüttenort ist ebenfalls eine Gründung der Degenberger. Heute befindet sich hier die Talstation der *Geißkopf-Sesselbahn* (Länge 1242 m).

**Wanderwege zur Oberbreitenau (Landshuter Haus)**
**1.** Von der **Bergstation der Geißkopfbahn** ½ Std. südlich
**2.** Von **Bischofsmais\*** über St. Hermann, 1¼ Std. westlich. Zurück über Hotel Wastlsäge.
**3.** Von **Rusel** über Oberried, 1½ Std. nordwestl. Zurück über Breitenauriegel, Hirschenkopf und Ruselabsatz.

Die Rißlochfälle bei Bodenmais
stehen unter Naturschutz.

oben: Das Hochmoorgebiet Großer Filz
bei Riedlhütte wird von einem Knüppelweg durchquert.

unten: Totenbretter am Großen Falkentein
zeugen von altem Brauchtum.

Das hochgelegene Landshuter Haus auf der Oberbreitenau bei Bischofmais dient heute als Jungendherberge.

**4.** Von **Gotteszell\*-Bahnhof** über Köckersried, 2½ Std. südöstlich.
**5.** Von **Deggendorf\*** über Ulrichsberg, 3 Std. nordöstlich.
**6.** Vom **Naturfreunde-Haus Loderhart** (930 m), ¾ Std. östlich.

---

**Der Vogelsang** (1022 m)
Er ist von der Oberbreitenau durch das von Süden nach Norden ziehende Graflinger Tal getrennt, in dem auch die Bahnlinie Deggendorf-Bayerisch Eisenstein verläuft. Seinen Namen soll der Berg von Mönchen der ehemaligen Zisterzienserabtei *Gotteszell\** nach dem Trillern der Feldlerchen erhalten haben, als die inzwischen bewaldete Hochfläche dem Kloster noch als Weideland diente. Höchster Punkt des Vogelsangplateaus ist der bewaldete, nur begrenzt Aussicht spendende *Klosterstein* (1022 m, Gipfelkreuz); südwestlich der aussichtsreichere *Regensburger Stein* (937 m) mit Blick auf das Donautal.

---

**Wanderwege zum Vogelsang (Klosterstein)**
**1.** Vom **Berggasthof Kalteck** (750 m) an der Straße **Metten-Achslach** 1 Std. südöstlich.
**2.** Von **Gotteszell\*** 1½ Std. südwestlich.
**3.** Von **Deggendorf\*** in 3½ Std. nördlich.

---

**Der Hirschenstein** (1095 m)
Er erhebt sich vom Berggasthof Kalteck nordwestlich; man braucht über den *Rauhen Kulm* (1050 m) etwa 2 Stunden. Seine Kuppe ist mit Wald zugewachsen, doch vom Aussichtsturm können Sie weit über die Donauebene schauen. Einst soll sich hier ein kapitaler Hirsch der Jagd seiner Verfolger durch einen verzweifelten Todessprung in die Tiefe entzogen haben.

**Wanderwege zum Hirschenstein**
**1.** Von **Rettenbach** bei **St. Englmar\*:** Über Berggasthof Schmelmerhof und die **Hirschensteiner Hütte** (nicht bewirtschaftet) aufwärts zum Scheitelpunkt des Kammes und auf dem von Ödwies kommenden Weg durch schönen Buchenwald in 1½ Std. zum Gipfel. Abstieg südlich steil abwärts durch Wald zu einer Forststraße, diese bald südwestlich verlassend zum „Schuhfleck" und vorbei an der Rettenbacher Mühle zum Ausgangspunkt zurück.
**2.** Von **Achslach** über Odwies 1¼ Std. westlich.
**3.** Von **Bernried** 1¾ Std. nördlich.
**4.** Von **Schwarzach\*** 2 Std. nordöstlich.

---

**Der Predigtstuhl** (1024 m)
Dieser erhebt sich nordwestlich vom Hirschenstein, mit dem er durch einen schönen, fast ebenen 1½ stündigen Höhenweg über den *Knogl* (1056 m) und das idyllisch auf einer Bergwiese gelegene *Forsthaus Ödwies* (1029 m) verbunden ist.

**Wanderwege zum Predigtstuhl**
Von **St. Englmar\*** über Zipfelwiese, ¾ Std. östlich. Abstieg über Tannenhof.

---

**Der Pröller** (1048 m)
Er ist wie der benachbarte Predigtstuhl Hausberg von St. Englmar. Nördlich unter dem Gipfel die bewirtschaftete *Viechtacher Skihütte* (960 m), am letzten Faschingssonntag Schauplatz des traditionellen Skifaschings. Im Winter sind die schneesicheren Hänge um Pröller und Predigtstuhl ein Paradies für Skiläufer bis in den März hinein, mehrere Skilifts erleichtern den Aufstieg. Attraktion ist die 4000 m lange Rodelbahn vom Pröller über Hinterwies nach Klinglbach.

**Wanderwege zum Pröller**
**1.** Von **St. Englmar\*** über Pröllerhaus, Hinterwies, Viechtacher Hütte, ¾ Std. nördl. Abstieg über Hügelhof.
**2.** Von **Elisabethszell** über Klinglbach, 2 Std. östlich.
**3.** Von **Viechtach\*** über Kollnburg und Münchshöfen, 2½ Std. südwestlich.

Der große Falkenstein erhebt sich
aus einem mächtigen Gneismassiv
mit urwaldähnlichem Baumbestand.

Das Museumsdorf bayerischer Wald bei Tittling
bewahrt originalgetreu wiederaufgebaute Waldlerhäuser.

**Deggendorf***, Kreisstadt an der Donau, ist südliches Eingangstor in den Bayerischen Wald und durch die Autobahnen Regensburg-Passau und München-Landshut-Deggendorf hervorragend erschlossen. Mittelpunkt der typisch wittelsbachischen Altstadt ist das freistehende Rathaus mit Treppengiebel und Stadtturm. Der weit in den Stadtplatz drängende Glockenturm der Gnadenkirche zum Heiligen Grab gilt als schönster Barockturm Niederbayerns.

> Von Deggendorf führen mehrere Straßen in den Bayerischen Wald. Ein besonderes Erlebnis aber ist eine Fahrt mit der 1877 vollendeten Bayerwaldbahn, kurz Waldbahn genannt, die mit ihren zahlreichen Serpentinen, Schleifen, Dämmen, Tunneln und Viadukten neben der Schwarzwaldbahn zu den großartigsten deutschen Gebirgsbahnen zählt. Sie verläuft vom Bahnhof Deggendorf (312 m) ansteigend über Bh. Ulrichsberg (424 m), Bh. Grafling (488 m) zum Bh. Gotteszell (551 m; Ausgangspunkt der Regentalbahn nach Viechtach und Lam) und weiter über Bh. Regen (547 m), Bh. Zwiesel (577 m) zum Grenzbahnhof Bayerisch Eisenstein (690 m), um auf der tschechischen Anschlußlinie ihren Kulminationspunkt von 833 m zu erreichen.
>
> Die B 11 führt von Deggendorf parallel zur Bahnlinie durch das Graflinger Tal (Kollbachtal) zum idyllisch auf einer Höhenterrasse gelegenen Ferienort *Grafling* (433 m), das durch seinen Obstanbau bekannt ist und am Beginn des Serpentinenanstiegs der Bayerwaldbahn liegt. Vorbei an *Gotteszell* mit ehemaliger Zisterzienser-Klosterkirche und *Ruhmannsfelden* verläuft die B 11 weiter nach *Patersdorf* mit Anschluß an die Ostmarkstraße.

Reizvoll aber ist auch die Fahrt von Deggendorf über *Mietraching* auf der Ruselbergstraße mit einer mittleren Steigung von 8 % (maximal bis 15 %) durch das Höllbachtal aufwärts nach

**Rusel** (856 m), Dorf mit Berghotel auf der Paßhöhe der gleichnamigen Bergkuppe am Nordhang des Haussteins (917 m), bis 1803 Forstgut der Abtei Niederalteich, 1867 Ferienquartier des Philosophen Friedrich Nietzsche. Als Kurzwanderung empfiehlt sich vom Wanderparkplatz der halbstündige Weg zum *Hausstein* (916 m); in der Nähe unterhalb der aussichtsreiche *Geßingerstein* mit Blick in die Donauebene und der *Königstein* zur Erinnerung an den Besuch des bayerischen Königs Maximilian II. Lohnend sind die Kammwanderwege zur Oberbreitenau (1020 m) und zum Brotjacklriegel (1016 m). Im Winter ist das Ruselgebiet ein Dorado für Skifahrer. 2 km nordöstlich liegt das *Waldferiendorf Dürrwies* mit wieder aufgebauten Bayerwald-Holzhäusern. – Die Straße führt weiter nach *Regen*\*, die Route jedoch zweigt in *Hochbruck* (630 m) ab nach

Nordwestlich von Bischofsmais befindet sich der Teufelsstich,
eine merkwürdige Granitblockaufschichtung, die nacher Überlieferung
dem Teufel als Tisch gedient haben soll.

Der 1071 m hoch gelegene Rachelsee
wird von uralten Fichten und Buchen eingerahmt.

**Bischofsmais\***, anerkannter Erholungsort am Fuße der Oberbreitenau. Seine Entstehung verdankt der Ort den Passauer Bischöfen, die dieses Gebiet im 11. Jahrhundert besiedeln ließen (maissen = roden). Sehenswert ist die Wallfahrtsstätte St. Hermann, die auf den gleichnamigen Eremiten zurückgeht, der sich hier 1322 niederließ. Angenehmen Aufenthalt bietet das komfortable Hotel Wastlsäge mit angeschlossenem Gesundheitscenter. Von *Unterbreitenau* führt ein Sessellift zum Geißkopf (1097 m) mit Aussichtsturm empor. – Über *Habischried* und *March,* Ortsteil von *Regen\**, kommen Sie nach

**Ruhmannsfelden\***. Der schön im Tal der Teisnach gelegene Ort hat Tradition durch die Herstellung handbedruckter Webwaren. Reizvoll ist der Marktplatz mit seinen historischen Giebelhäusern, bemerkenswert die Pfarrkirche von 1828 in ihrem rein klassizistischen Baustil. Im Ortsteil *Vorderdietzberg* beherbergt der Krausenhof von 1721 ein sehenswertes Bauernhofmuseum. Weit bekannt ist die „Ruhmannsfeldner Blaskapelle".

**Gotteszell\*** entstand aus einem 1285 gegründeten Zisterzienserkloster, das 1803 säkularisiert wurde. Die ehemalige Abteikirche bewahrt Fresken von Cosmas Damian Asam. Der 1½ km außerhalb gelegene Bahnhof ist Endstation der Regentalbahn von Viechtach und Lam.

**Achslach** (592 m) im Teisnachtal mit Pfarrkirche von 1833 ist beliebter Ausgangspunkt für Wanderungen auf den Hirschenstein (1095 m) mit Aussichtsturm. – Auf landschaftlich reizvollen Nebenstraßen geht es weiter nach

**Kollnburg\*** nahe der Stadt Viechtach, entstanden im 12. Jahrhundert als Stammburg der Kallenberger, die im 30jährigen Krieg zerstört wurde. Erhalten blieb der runde Bergfried mit herrlichem Ausblick auf das Regental und die Grenzberge.

**St. Englmar\***, mit 850 m höchstgelegenes Kirchdorf im Bayerischen Wald, hat seinen Namen von dem frommen Einsiedler St. Englmar, der hier wirkte und um das Jahr 1120 von einem Knecht ermordet wurde. Über seiner Ruhestätte erhebt sich die heutige Pfarrkirche, die nach ihrer Zerstörung im 30jährigen Krieg 1656 neu entstand und 1901 vergrößert wurde. Mit dem Kur- und Sporthotel St. Englmar, dem ruhig gelegenen Kurhotel Gut Schmelmerhof und zwei großen Appartement-Hotels verfügt der Luftkurort und Wintersportplatz über ein vielseitiges Unterkunftsangebot. Wanderungen führen auf die Hausberge Pröller (1048 m) und Predigtstuhl (1024 m). Über die Ortsteile Grün und Maibrunn kommen Sie nach

**Elisabethszell** (635 m) am Fuß des Hadriwa (922 m). Entstanden 1346 als Propstei des Benediktinerklosters Oberalteich, wurde der Ort 1978 mit der Nachbargemeinde Haibach vereint. Die Pfarrkirche von 1837 ist der hl. Elisabeth von Thüringen geweiht. Über *Haibach* mit Burgruine aus dem 12. Jahrhundert geht es nach

**Mitterfels\*.** Der anerkannte Luftkurort über dem Perlbachtal ist eine Gründung der Grafen von Bogen mit einer Burg aus dem 12. Jahrhundert, heute Halbruine mit mächtigen Ringmauern. Sehenswert ist das Heimatmuseum im ehemaligen Gefängnistrakt der Burg. Westlich liegt *Falkenfels\** mit einer Gästeburg aus dem 12. Jahrhundert. – Über *Hunderdorf* kommen Sie nach

**Windberg** (496 m) mit einem Prämonstratenserkloster (1142-1803 und ab 1923). Die sehenswerte Klosterkirche, eine kreuzförmige romanische Pfeilerbasilika (1140-1220) erhielt nach 1755 die Rokokoausstattung mit Stuck und Seitenaltären von Mathias Obermayer und Deckenfresken von Felix Hölzl. In der Sakristei befinden sich spätbarocke Intarsienschränke von 1723. Die Klostergebäude stammen aus dem 16.-18. Jahrhundert mit Resten des romanischen Kreuzgangs. Die Friedhofskapelle von 1421 wurde 1725 barock verändert.

**Bogen\*,** schon im 8. Jahrhundert urkundlich erwähnt, liegt am Fuß des seit der Bronzezeit besiedelten Bogenberges, dessen legendär bis 1104 zurückgehende Kirche als älteste bayerische Wallfahrtsstätte gilt. Bis 1242 residierten auf dem Berg die mächtigen Grafen von Bogen, deren weißblaue Rauten noch heute Kern des bayerischen Wappens sind. Westlich 3 km liegt die ehemalige Benediktinerabtei *Oberalteich* mit der beeindruckenden doppeltürmigen ehemaligen Klosterkirche, einem dreischiffigen Hallenbau aus dem 17. Jahrhundert mit reicher Barock- und Rokokoausstattung (→ S. 150).

**Straubing\*,** traditionsreiche Hauptstadt des niederbayerischen Gäubodens, ist mit seiner schönen Altstadt und den sehenswerten Kirchen unbedingt einen Abstecher wert. Agnes Bernauer, die unstandesgemäße Gattin Albrechts III. und deshalb 1435 in der Donau ertränkt, ist immer noch allgegenwärtig, besonders bei den Agnes-Bernauer-Festspielen im Hof des Herzogschlosses. Im gemütlichen Café Krönner unweit des Stadtturms kann man die Agnes-Bernauer-Torte probieren, ein Genuß aus Mandel-Nuß-Baiser-Masse, gefüllt mit Mokka-Buttercreme, auch für jene, die nicht gerade Tortenfans sind. Eindrucksvolle Schätze aus römischer Zeit birgt das Gäubodenmuseum. Das Gäubodenvolksfest Mitte August ist nach dem Münchner Oktoberfest der größte Jahrmarkt in Bayern.

**Schwarzach\*,** anerkannter Erholungsort, wurde 1129 erstmals urkundlich genannt und 1602 nach dem Aussterben des Edelgeschlechts der Degenberger Sitz eines bayerischen Pflegeamts. Erhalten ist das ehemalige kurfürstliche Weißbier-Brauhaus aus dem 17. Jahrhundert, Ursprung des Münchener Hofbräuhauses. Die Landgemeinde umfaßt 65 Ortschaften, Weiler und Einöden.

Der Luftkurort Falkenstein liegt
am Fuß der gleichnamigen Burg.

Wahrzeichen von Vilshofen ist
der Stadttorturm von 1642
als Abschluß der Hauptstraße.

**Bernried** (380-433 m) liegt geschützt im Talbecken des obstrei-
chen Bernrieder Winkels. Interessant ist das Bauernhausmuseum
im historischen Getreidespeicher Troadstadl, viel besucht der
Hirschpark Buchet mit rund 500 Tieren in großen Gehegen. Westlich thront auf einem Bergkegel die Burgruine Pitzen aus dem
12. Jahrhundert. Südlich nahe der Autobahn liegt *Offenberg* mit einer großzügigen barocken Schloßanlage aus dem späten 17. Jahrhundert (Privatbesitz, keine Besichtigung möglich). – Es folgt das
malerisch auf einem flachen Hügel gelegene
**Schloß Egg,** ursprünglich Burg der Herren von Egg aus dem
12. Jahrhundert, im 19. Jahrhundert romantisch-neugotisch umgebaut mit Hungerturm, Rittersaal und Schloßkapelle (im Sommer
Führungen). Sehenswert auch das Asiatische Kunstmuseum im
Schloß. Ein Teil der Anlage dient als Schloßhotel.
**Metten\*** unweit der Donau entwickelte sich aus der Gründung
einer schon 766 gestifteten Benediktinerabtei. Die doppeltürmige
barocke Abteikirche besitzt ein Altarbild von Cosmas Damian
Asam. Berühmt aber ist der barocke Bibliothekssaal von etwa
1720 mit herkulischen Gewölbeträgern und überreichen Stukka-
turen. Vorgewölbte, maßgeschreinerte Bücherregale mit vielen
Schnitzereien bewahren kostbare Beispiele der mittelalterlichen
Buchmalschule von Metten (Führungen von der Klosterpforte). –
Auf dem Rückweg nach *Deggendorf* sehen Sie von der Straße aus
jenseits der Donau den geologisch interessanten *Natternberg*
(384 m), ein sagenumwobener isoliert aufragender Bergkegel mit
Resten einer Burg aus dem 12. Jahrhundert

Auf dem 120 m über der Donau aufragenden Bogenberg
residierten einst die mächtigen Grafen von Bogen.

# Blick über die Grenze

## Tief drin im Böhmerwald

„Tief drin im Böhmerwald, da ist mein Heimatort, es ist gar lang schon her, daß ich von dort bin fort…" lautet ein bekanntes Heimatlied, das der böhmische Glasmacher Andreas Hartauer um 1870 schuf. Sein Gedenkstein, ein Obelisk aus dunklem Granit, steht in Lenora (Eleonorenhain) nahe der bayerisch-böhmischen Grenze bei Philippsreut. Seit der Grenzöffnung im November 1989 ist wieder eine problemlose Einreise möglich. 1993 teilte sich die Tschechoslowakei in die beiden selbständigen Staaten Tschechische Republik (mit Böhmen und Mähren) und Slowakische Republik. Ursprünglich wurde die Tschechoslowakei nach Beendigung des Ersten Weltkriegs 1918 gegründet – davor gehörte das Land zur Donaumonarchie Österreich-Ungarn. Der Name Böhmerwald stammt von den keltischen Bojern, die im 4. Jahrhundert das Gebiet besetzten. Erst im 13. Jahrhundert bürgerte sich der Name Silva Bohemica = Böhmerwald ein, und zwar für den rund 140 km langen Streifen beiderseits der heutigen bayerisch-böhmischen Landesgrenze. Tschechisch heißt dieses Gebiet, in dem 1991 ein Nationalpark gegründet wurde, Šumava = der Rauschende. Der Begriff Bayerischer Wald für den bayerischen Anteil diesseits der Grenze entstand erst im 19. Jahrhundert, hat sich aber heute durchgesetzt.

Viele örtliche Busveranstalter bieten Ausflugsfahrten in die Tschechische Republik bis nach Prag an. Es genügen Personalausweis oder Reisepaß, ein Pflichtumtausch in tschechische Kronen ist nicht mehr erforderlich. Ein besonderes und noch dazu preiswertes Erlebnis sind Fahrten mit den Nahverkehrszügen, da die Tschechei noch über ein flächendeckendes Bahnnetz verfügt. Häufig winden sich die Strecken abseits der Autostraßen quer durch den Böhmerwald, wobei die einzelnen Stationen oft nur wenige Kilometer auseinanderliegen. Als besonders gute Einstiegsmöglichkeit bietet sich der Grenzbahnhof Bayerisch Eisenstein an, von dem am 2. Juni 1991 nach 46 Jahren Unterbrechung der Schienenverkehr nach Pilsen wieder aufgenommen wurde.

Rejštejn (Unterreichenstein) mit schindelgedeckter
Zwiebelturm-Kirche war einst
ein blühendes königlich freies Bergbaustädtchen.

Die Grenzstadt Furth im Wald mit imposantem Rathaus
ist ein guter Stützpunkt
für Ausflüge in die Tschechische Republik.

# Route 1:
## Durch das Chodenland zum Teufelssee
**Furth im Wald – Domažlice (Taus) – Abstecher nach Plzeň
(Pilsen) – Kdyně (Neugedein) – Nýrsko (Neuern) –
Železná Ruda (Böhmisch Eisenstein) – Bayerisch Eisenstein
(ohne Abstecher 80 km)**

**Furth im Wald,** stark frequentierter Grenzübergang, ist Ausgangspunkt der Fahrt durch das böhmische Grenzland, in dieser Region seit Jahrhunderten Heimat der slawischen Choden, deren Aufgabe die Sicherung der Grenzen nach Westen war. Weil die Choden (choditi = gehen) auf ihren Grenzgängen von großen Hunden begleitet wurden, führten sie einen Hundekopf im Wappen. Der König gewährte zahlreiche Privilegien wie eine eigene Verfassung und Gerichtsbarkeit, so daß sich ein selbstbewußter Volksstamm entwickelte, der sein Brauchtum mit eigenständiger Tracht, Musik und Mundart bis heute weitgehend erhalten konnte. Auch Kunst und Architektur wurden individuell beeinflußt. – Nach dem bayerischen Zollamt Schafberg folgt die tschechische Grenzabfertigung

**Folmava** (Vollmau). Danach kommt der eigentliche Grenzort Folmava, der nur aus wenigen Häusern besteht. Die Straße führt weiter nach

**Babylon,** einem vielbesuchten Ausflugsort mit Badesee, Ruderbootverleih und Campingplatz. Zahlreiche Wanderwege führen in den Böhmerwald. Das Drei-Sterne-Hotel Praha bietet regionale Küche und hausgemachte Backwaren. Weiter geht es auf der von schönen Alleebäumen begrenzten alten Handelsstraße nach

**Domažlice** (Taus, 428 m, 11 500 Einw.). Die historisch bedeutende Grenzstadt, nur 14 km vom Further Grenzübergang entfernt, ist kulturelles Zentrum des Chodenlandes. Der Ort wurde 1261 unter König Ottokar II. als Zollstation an der Handelsstraße von Pilsen nach Regensburg gegründet. Der längliche Marktplatz, ein verbreiteter Straßenzug mit Wehrtoren an den Ausgängen, zeigt sich als geschlossenes Ensemble bürgerlicher Baukunst durch Jahrhunderte mit dekorativen Arkadengängen und Giebeln zu beiden Seiten. Wahrzeichen ist der 59 m hohe gotische Stadtturm mit Aussichtsrundgang, zu dem 194 Stufen emporführen. Daneben die Stadtpfarrkirche Mariä Geburt, ursprünglich aus dem 13. Jahrhundert und Mitte des 18. Jahrhunderts von Ignaz Dientzenhofer barockisiert. Am oberen Ende des Stadtplatzes erhebt sich die 1288 von König Wenzel II. gestiftete Klosterkirche, hinter der Stadtmauer die Allerheiligen-Kirche aus dem frühen 14. Jahrhundert. Lohnend ist ein Besuch der ehemaligen Königsburg aus dem 13. Jahrhundert, die heute das ethnographische Museum des

Die historisch bedeutende Grenzstadt Domažlice (Taus)
ist kulturelles Zentrum des Chodenlandes.

Am Marktplatz von Klatovy (Klattau)
erhebt sich die schön gegliederte Jesuitenkirche von 1654.

oben: Domažlice (Taus) beeindruckt durch den geräumigen Stadtplatz mit seinen malerischen Rundbogenarkaden.

unten: Český Krumlov (Krumau) an der Moldau steht mit den zahlreichen historischen Baudenkmälern unter Denkmalschutz.

Chodenlandes beherbergt. Viel Tradition hat das Chodenfest im August, folkloristischer Höhepunkt auch der unterliegenden Chodendörfer, von denen vor allem *Újezd* mit seinen Blockhäusern und dem Gehöft des 1695 hingerichteten Chodenführers Jan Sladky-Kozina (Gedenkstätte) sowie *Kolovĕc* mit Herstellung traditioneller Choden-Keramik sehenswert sind. Als Zwischenpause empfiehlt es sich, in einem der kleinen Cafés, die sich unter den Arkaden am Marktplatz von Domažlice verstecken, einen türkischen Mokka zu probieren – ganz schwarz und mit Satz serviert.

---

**Abstecher**

**Horšovský Týn** (Bischofteinitz, 376 m, 3000 Einw.), 10 km nördlich, 800jähriges Städtchen beiderseits des Flusses Radbusa. Der quadratische Marktplatz mit seinen zahlreichen Barock- und Renaissancehäusern steht unter Denkmalschutz. Unübersehbar das repräsentative Renaissance-Schloß mit schmiedeeisernem Eingangsportal, entstanden aus einer frühgotischen Bischofsburg des 13. Jahrhunderts, einst Sitz eines bischöflichen Verwaltungsamtes. Die sehenswerten Innenräume mit wertvollem Mobiliar können im Rahmen einer Führung besichtigt werden. Am St.-Anna-Tag (26. Juli) findet ein traditionsreiches Folklorefest statt. – Die Hauptstraße Nr. 26 mündet nach 40 km in die Bezirksstadt

**Plzeň** (Pilsen, 311 m, 170 000 Einw.), weltbekannt durch die Pilsener-Urquell-Brauerei. Kein Wunder, daß in der Gaststätte des Brauhauses mit frisch gezapftem *Prazdroj* und böhmischen Gerichten wie Gulasch, Knödel und Strudel stets dichtes Gedränge herrscht. Die um 1295 von König Wenzel II. gegründete Stadt ist heute vor allem Industriestadt und Heimat der inzwischen zum VW-Konzern gehörenden Skoda-Werke. So gibt es auch hier die für die ehemaligen Ostblockländer typischen tristen Vorstädte mit Häusern aus genormten Plattenbauteilen im Einheitsstil. Die Innenstadt hat ihren ursprünglich gotischen schachbrettartigen Grundriß bewahrt mit teilweise schon wieder restaurierten Häusern von der Gotik bis zum 19. Jahrhundert. Bedeutendstes Renaissance-Bauwerk ist das repräsentative Rathaus aus dem 16. Jahrhundert mit reich gezierter Attikafront am Hauptplatz (Náměstî Republiky). Davor steht die barocke, goldglänzende Pestsäule von 1681. Gegenüber die gotische Hallenkirche St. Bartholomäus aus den Jahren 1300-1444 mit 103 m hohem Turm (der höchste Kirchturm in Böhmen) und kostbarer Innenausstattung, darunter die Pilsener Madonna aus dem 14. Jahrhundert. In der Františkova ulice interessiert das ursprünglich gotische, im Barockstil umgebaute Franziskanerkloster mit seiner Kirche aus dem 13./14. Jahrhundert, heute Teil des Westböhmischen Museums.

Von Domažlice führt die Route 10 km südöstlich nach
**Kdyně** (Neugedein, 5000 Einw.). Das kleine Städtchen mit Textilindustrie ist im Sommer wegen seiner waldreichen Umgebung ein
gern besuchter Ausflugsort. Von der Burgruine Rýzmberk grüßt
der Aussichtsturm weit ins Land. Zur Kreisstadt Klatovy (Klattau
→ S. 123) sind es nur noch 22 km, diese Route jedoch zweigt bald
südöstlich ab nach

**Nýrsko** (Neuern, 3400 Einw.). Zu den Sehenswürdigkeiten gehören die gotische Kirche aus dem 14. Jahrhundert, das barocke
Rathaus von 1684 und der 1430 angelegte jüdische Friedhof. Südlich thront die Burgruine Pajrek. Vorbei am Stausee Neuern geht
es weiter über *Zelená Lhota* (Grün) nach

**Hojsova Stráž** (Eisenstraß). Der 900 m hoch gelegene Erholungsort ist guter Ausgangspunkt für eine Kammwanderung
über den Prenet (1071 m) nach *Zelená Lhota* (Grün) oder über den
Pancíř (1214 m) nach *Zelezná Ruda* (Böhmisch Eisenstein).

**Špicák** (Spitzberg) liegt 1000 m hoch am Fuß des gleichnamigen Berges (1199 m). Ein Sessellift führt über Hofmanky auf den
Pancíř (Panzer, 1214 m). Vom nahen Železná Ruda durchquert die
Eisenbahn am Spitzberg einen großen Tunnel und windet sich
dann kurvenreich durch den Böhmerwald nach Nýrsko (Neuern).
Nordwestlich, etwa 5 km vom Sattel in Špicák, erstreckt sich in
einem ausgedehnten Naturschutzgebiet nahe der böhmisch-bay-
erischen Landesgrenze der

**Schwarze See** (Cerné jezero, 18 ha, 40 m tief). Seinen Namen
hat er von dem scheinbar schwarzen Wasser, dessen Färbung
jedoch durch die Spiegelung der dunklen Wälder erfolgt. Benachbart der

**Teufelssee** (Čertovo jezero, 10,3 ha, 37 m tief). Beide Seen sind
eiszeitlichen Ursprungs und weisen in der Tiefe eine konstante
Temperatur von 4-5 Grad auf. Eine Rundwanderung um beide
Seen vom Parkplatz am Spitzberg dauert knapp 4 Std; in der Som-
mersaison gibt es einen Buspendelverkehr vom Parkplatz zum
Wegenetz zwischen Teufelssee und Schwarzem See.

**Železná Ruda** (Böhmisch Eisenstein, auch Markt Eisenstein
genannt, 744 m, 37 m, 1700 Einw.) wurde im 13. Jahrhundert ge-
gründet und grenzt unmittelbar an den auf deutschem Gebiet liegenden Ort Bayerisch Eisenstein. 1809 trat Bayern diesen Ort an
Österreich ab, der nun in der Tschechischen Republik liegt. Seinen
Namen verdankt Eisenstein einer im 16. Jahrhundert gegründeten
Eisenhütte, aus der im 17. Jahrhundert eine Glashütte entstand.
Wahrzeichen ist inmitten des Ortes die fotogene Barockkirche
Mariahilf von 1727-32 mit doppeltem Zwiebelturmdach. Sie be-
wahrt ein Altarbild der Madonna mit Kind von Lukas Cranach, bei
dem es sich aber wahrscheinlich um eine Kopie des Innsbrucker
Originals handelt. Sehenswert ist auch das Böhmerwaldmuseum

**Wahrzeichen von Železná Ruda (Böhmisch Eisenstein) ist
die barocke Mariahilf-Kirche mit doppeltem Zwiebelturmdach.**

mit der Abele-Glassammlung. Vom nahen Kalvarienberg hat man
eine gute Sicht auf die bayerischen Berge Arber und Rachel. Beliebte Ausflugsziele sind Schwarzer See und Teufelssee, die beide
7 bzw. 5 km entfernt sind. Im Winter ist die Region ein vielbesuchtes Skigebiet mit rund 20 Liften.

# Route 2:
# Im Herzen des Böhmerwaldes

**Bayerisch Eisenstein – Železná Ruda (Böhmisch Eisenstein) – Klatovy (Klattau) – Horažd'ovice (Horaschdowitz) – Sušice (Schüttenhofen) – Kašperské Hory (Bergreichenstein) – Vimperk (Winterberg) – Horní Vltavice (Obermoldau) – Philippsreut (ohne Abstecher 150 km)**

**Bayerisch Eisenstein** ist Ausgangspunkt dieser Route. Der Grenzbahnhof, über Jahrzehnte Symbol der Trennung, ist seit Juni 1991 wieder für den Bahnverkehr über Klatovy (Klattau) nach Plzeň (Pilsen) in Betrieb. Die beiden Grenzabfertigungen am Straßenübergang sind nur wenige Meter auseinander.

**Železná Ruda** (Böhmisch Eisenstein, 774 m, 1700 Einw. →  S. 121), bis 1809 zu Bayern gehörig, folgt nach 2,5 Kilometern. Das kleine Städtchen mit der fotogenen zwiebeltürmigen Barockkirche zählt zu den meistbesuchten böhmischen Sommer- und Wintererholungsorten und ist beliebtes Standquartier für Ausflüge zum Teufelssee und Schwarzen See. – Kurvenreich windet sich die Straße Nr. 27 mit vielen Serpentinen durch den Böhmerwald nach

**Javorná.** Die kleine Ortschaft erstreckt sich an einem Berghang mit zwiebeltürmiger Kirche und Friedhof mit schmiedeeisernen Grabkreuzen. Bald folgt

**Čachrov** (Tschachrau) mit barock umgestalteter gotischer Kirche und verfallenem gotischen Wehrturm aus dem 14. Jahrhundert. Über das Dorf *Běšiny (Beschin)* kommen Sie zur Kreisstadt

**Klatovy** (Klattau, 405 m, 22 000 Einw.), von Bayerisch Eisenstein 42 km entfernt. Die durch ihre traditionsreiche Nelkenzucht bekannte und kunstgeschichtlich interessante Stadt wurde Mitte des 15. Jahrhunderts an dem Straßenkreuz Deggendorf – Pilsen und Taus – Strakonitz gegründet. Der schachbrettartige Grundriß ist von einem ovalen Befestigungsgürtel aus dem 14. und 15. Jahrhundert umschlossen, von dem noch große Teile erhalten sind. Am quadratischen Marktplatz erhebt sich das Renaissance-Rathaus mit dem Schwarzen Turm von 1547-1557, der als Wachtturm diente und prächtige Rundsicht bietet. Rechtwinklig dazu die zweitürmige Jesuitenkirche St. Marien und Ignatius von 1654 mit schöngegliederter Fassade und überaus prächtiger Innenausstattung sowie zugänglichen Katakomben, in denen 200 mumifizierte Mönche ruhen. Ziel frommer Wallfahrer ist die Dekanatskirche Mariä Geburt aus dem 13./16. Jahrhundert mit dem Wunderbild der Madonna auf dem Hauptaltar. Am Marktplatz interessiert noch die barocke Apotheke „Zum weißen Einhorn" mit ihrer Einrichtung aus dem 18. Jahrhundert. Sehenswert ist auch das Stadtmuseum.

Kaltovy (Klattau): Neben der zweitürmigen Jesuitenkirche
erhebt sich der schwarze Turm, einst Wachtturm der Stadt.

**Abstecher**
**Švihov** (Schwihau, 2000 Einw.), 10 km nördlich an der Straße nach Pilsen am Flusse Uhlava (Angel), beeindruckt durch die spätgotische Wasserburg (1480-1510), die einst den Zugang zum weiten Pilsener Becken schützte und mit Führung zugänglich ist. Von dort kommen Sie 12 km weiter nördlich nach **Přeštice** (Prestitz, 5000 Einw.). Schon von weitem grüßt die imposante Barockkirche Mariä Himmelfahrt. Sie wurde 1748-1775 von Kilian Ignaz Dientzenhofer errichtet und gehört zu seinen bedeutendsten Werken. Ein Denkmal erinnert an den hier geborenen Komponisten Jan Ryba (1765-1815), Schöpfer der „Böhmischen Weihnachtsmesse"). Nach 20 km folgt **Plzeň** (Pilsen → S. 120).

Von Klatovy führt die Route östlich Richtung České Budějovice (Budweis), rechts stets mit Blick auf den Böhmerwald, bis
**Horažďovice** (Horaschdowitz, 5000 Einw.). Am Marktplatz der alten Goldwäscherstadt gefallen die schönen Fassaden der Bürgerhäuser aus Barock, Rokoko und Klassizismus. Die Kirche St. Peter und Paul mit wertvoller Innenausstattung stammt aus dem 13. Jahrhundert. Das aus einer kleinen Burg entstandene Barockschloß ist öffentlich nicht zugänglich. Durch das Tal der Otava (Wottawa), die bei Modrava (Mader) unterhalb des Lusen entspringt und in die Moldau mündet, geht es aufwärts nach Südwesten. Bald erscheint am Horizont die mächtige
**Burgruine Rabi,** an deren Fuße sich der gleichnamige Ort erstreckt. Die aus dem frühen 14. Jahrhundert stammende stark befestigte Burg wurde berühmt, als sie 1420 und 1421 der zweimaligen hussitischen Belagerung durch den Feldherrn Jan Žiška widerstand, der hierbei sein zweites Auge verlor. Erst nach einer Feuersbrunst im 18. Jahrhundert verfiel die Burg, deren Anlagen heute als nationales Kulturdenkmal sorgfältig gepflegt werden. Vom Wehrumgang des Turmes hat man eine prächtige Aussicht auf das Otavatal und den Böhmerwald. Sehenswert ist auch die ehemalige Burgkapelle und das Burgmuseum in der Bastion.
**Sušice** (Schüttenhofen, 12 000 Einw.) an der Otava (Wottawa) ist eine alte Siedlung, die Johann von Luxemburg zur Stadt erhob und 1322 befestigen ließ. Schöne Bürgerhäuser aus Gotik und Renaissance umgeben den großen Stadtplatz. Vom ursprünglichen Rathaus ist nur noch das Renaissance-Portal erhalten. Das Woprchowsky-Haus am östlichen Stadtplatz mit prachtvoller Renaissance-Fassade beherbergt das Böhmerwaldmuseum mit dem Streichholzmuseum, das an die traditionsreiche Zündholzherstellung in Schüttenhofen erinnert. Sehenswert ist auch der jüdische Friedhof von 1626. Hoch über der Stadt thront die ursprünglich barocke Wallfahrtskirche zum heiligen Schutzengel

Kašperské Hory (Bergreichenstein): Am Stadtplatz
gefällt das barockisierte Renaissance-Rathaus.

von 1683, die nach einem Brand Ende des 19. Jahrhunderts originalgetreu wieder aufgebaut und um einen laubenartigen Kreuzgang erweitert wurde. Ein Wanderweg führt westlich in ¾ Std. auf
den bewaldeten Berg *Svatabor* (840 m) mit Aussichtsturm und bewirtschaftetem Berghaus. Südöstlich kommen Sie auf Nebenstraßen über *Albrechtice* (Albrechtsried) mit romanischer Kirche von
1178 direkt nach

**Kašperské Hory** (Bergreichenstein, 739 m), früher Endstation
eines der Steige (Salzhandelswege) durch den Böhmerwald. Über
den Höhen ragen die beiden Türme der *Karlsburg* (Kašperk) empor, die Karl IV. 1356-1361 zum Schutz der hochgelegenen Gold-
bergbaustadt Bergreichenstein erbauen ließ, die im Tschechischen den Namen der Burg annahm. Heute ist der Ort beliebter
Ausgangspunkt für Böhmerwaldwanderungen. Am Stadtplatz ge-

fällt das barockisierte Renaissance-Rathaus mit seiner schönen Stuckfassade, die drei Häuser zusammenschließt und von einem Türmchen bekrönt wird. Die gotische Dekanatskirche St. Margareta ist ein dreischiffiger Bau aus dem 14. Jahrhundert mit barocker Einrichtung. Älter ist die von Bergleuten um 1330 erbaute St. Nikolaus-Kirche 1 km westlich inmitten eines großen Friedhofs mit zahlreichen deutschen Gräbern. Lohnend ist ein Besuch des Böhmerwaldmuseums mit umfangreichen Sammlungen alter und neuer Kunst.

### Nebenstrecke über Mader nach Philippsreut

Von Bergreichenstein führt westlich eine 3 km lange Allee vorbei an der zweitürmigen *Wallfahrtskirche Maria Schnee* (bei einer Wallfahrt im August soll einmal Schnee gefallen sein) nach

**Rejštejn** (Unterreichenstein, 568 m) an der Mündung der Losenice (Losnitz) in die Otava (Wottawa). Das ehemals königlich freie Bergbaustädtchen, in dem Gold gewonnen wurde, war auch wegen seiner Perlenfischerei bekannt. Vorbei am Rathaus mit Stadtwappen gelangt man zur Kirche mit schindelgedecktem Zwiebelturm. Hier und in vielen Dörfern der Umgebung ist der sogenannte Bauernbarock heimisch, eine interessante Volksarchitektur des 19. Jahrhunderts, zu deren Gestaltungselementen u.a. Schindelbedachung und Glockentürmchen auf den Giebeln gehören. – Südlich folgt

**Srní** (Rehberg). Der 855 m hoch am Fuße des Brentenberges gelegene kleine Ort mit holzvertäfelter Kirche ist ein beliebter Wanderstützpunkt. Gegenüber dem Hotel-Restaurant Šumava führt ein Weg zum architektonisch interessanten Klostermann-Haus, ein Böhmerwaldhaus mit Glockentürmchen. Nächster Stützpunkt ist der

**Antýglhof** (Antigelhof) an der romantischen Vydraschlucht. Der einstige Hof künischer (königlicher) Freibauern, die bis Mitte des 19. Jahrhunderts unmittelbar dem König unterstellt waren, ist heute Raststätte mit Kiosk, Gartenbetrieb und Campingplatz. Entlang der mit Steinen durchsetzten Vydra (Widra, Quellfluß der Wottawa), kommen Sie nach

**Modrava** (Mader). Die kleine Siedlung, 980 m hoch auf einem Plateau mit Torfsümpfen (Filzen) gelegen, gehörte über 40 Jahre lang zum absoluten militärischen Sperrgebiet. Einkehr bietet das Hotel-Restaurant „Zum goldenen Steig". Wanderwege führen in jeweils 3½ Std. entweder zur 300 m vom Lusengipfel (1373 m) entfernten Landesgrenze oder zum Fuße des Rachel (1452 m). Es gibt hier jedoch keine Grenzübergänge, so daß die Grenzmarkierungen nicht überschritten werden dür-

Der Antyglhof (Antigelhof) am Vydrafluß
war einst ein Hof Künischer Freibauern.

fen. Östlich geht es über die 1110 m hoch gelegene Streusiedlung *Filipova Hut* (Philippshütte) mit alten Böhmerwaldhäusern nach

**Kvilda** (Außergefild, 1110 m). Der hochgelegene Ort am Zusammenfluß von Schwarzbach und Seebach zur Warmen Moldau war im 19. Jahrhundert durch kunstvolle Hinterglasbilder „Außergefilder Schule" bekannt. Die holzgetäfelte St. Stephanuskirche stammt aus der 2. Hälfte des 19. Jahrhunderts. Südlich führt eine kleine Straße über *Bučina* (Buchwald) zum bayerischen Grenzübergang *Finsterau,* der jedoch nur für Fußgänger und Radfahrer geöffnet ist. Entlang der Warmen Moldau gelangen Sie über das Böhmerwalddorf *Borová Lada* (Ferchenhaid) nach

**Horní Vltavice** (Obermoldau, 800 m, → S. 129). Hier haben Sie Anschluß an die Hauptroute und zum 13 km entfernten Grenzübergang Philippsreut.

Südöstlich von Kašperské Hory (Bergreichenstein) folgt nach 20 km

**Vimperk** (Winterberg 696 m, 4200 Einw.), früher ein bedeutender Umschlagplatz für den Handel auf dem „Goldenen Steig". Traditionsreich ist die schon seit 1484 ansässige Buchdruckerkunst (Kalender, Devotionsdrucke, Korandrucke). Am ansteigenden Stadtplatz erhebt sich die ursprünglich frühgotische Pfarrkirche Mariä Heimsuchung, deren berühmte Madonna mit dem Kinde um 1400 sich heute in der Prager National-Galerie befindet. Da-

Der steile Stadtplatz von Vimperk (Winterberg)
ist von alten Häusern aus dem 17./18. Jahrhundert umgeben.

neben der spätgotische Stadtglockenturm aus der Zeit um 1500. Über der Stadt thront ein mächtiges Schloß, das im 18. Jahrhundert aus einer 1251 gegründeten Burg entstand und heute ein kleines Museum mit Galerie beherbergt. Südlich liegt

**Kubuvá Hut'** (Kubohütten) 993 m hoch am Kubosattel, vom bayerisch-böhmischen Grenzübergang bei Philippsreut nur 15 km entfernt und höchstgelegene Bahnstation Böhmens. Von hier erfolgt der bequemste Aufstieg in 1 Std. östlich zum *Boubín* (Kubany, 1362 m), einem der schönsten Gipfel des Böhmerwaldes, dessen Urwaldbestände an der Südostseite seit 1858 unter Naturschutz stehen.

**Horní Vltavice** (Obermoldau, 800 m, 500 Einw.) ist ein kleiner Ort an der Warmen Moldau, die ihren Ursprung aus mehreren Quellbächen 15 km westlich nahe der bayerischen Grenze im Lusengebiet bei Kvilda (Außergefild) hat, während die Kalte Moldau noch auf bayerischem Gebiet bei Haidmühle entspringt, um dann in Böhmen in die Warme Moldau zu münden. Die Moldau (Vltava) ist mit 440 km der längste Fluß Böhmens; bei Mělník mündet sie in die Elbe. – Auf der Straße Nr. 4 geht es Richtung Grenze nach

**Strážný** (Kuschwarda), letzte Station vor dem Grenzübergang bei Philippsreut. Seinen deutschen Namen hat der erst 1672 gegründete Ort nach der ehemaligen Burg Kunzwart auf dem nahen Schlösselberg, von der aber nur noch wenige Reste vorhanden sind. Der einst blühende Grenzort verfiel nach dem Zweiten Weltkrieg. Viele Häuser wurden abgebrochen, so auch 1964 die Kirche, deren Altarstein in der neuen Tusset-Kapelle in Philippsreut ihren Platz gefunden hat.

## Route 3:
## Auf den Spuren Adalbert Stifters

**Philippsreut — Lenora (Eleonorenhain) — Volary (Wallern) —
Želnava (Salnau) — Plešné jezero (Plöckensteinsee) —
Horní Planá (Oberplan) — Vyšší Brod (Hohenfurth) —
Český Krumlov (Krumau) — Abstecher nach České
Budějovice (Budweis) — Prachatice (Prachatitz) —
Volary (Wallern) — Philippsreut (ohne Abstecher 150 km)**

Philippsreut ist Ausgangspunkt dieser Route. Vom bayerisch-böhmischen Grenzübergang geht es nach *Strážný* (Kuschwarda, →
S. 129). Bei der kleinen Ortschaft *Rasnice* (Pumperle) zweigt die
Route rechts ab nach

**Lenora** (Eleonorenhain, 800 m, 800 Einw.) an der Warmen Moldau, beliebter Stützpunkt für Ausflüge zum nördlich gelegenen
*Boubín* (Kubany, 1362 m), der mit seinem ausgedehnten Urwaldgelände seit 1858 unter Naturschutz steht. Eleonorenhain entstand erst 1834 nach Gründung einer Glashütte. Eigentümer des
Waldgebietes war der Fürst von Schwarzenberg, der dem jungen
Ort nach seiner Frau Eleonore den Namen Eleonorenhain gab.
Noch heute ist die Bleikristall produzierende Glashütte größter Arbeitgeber der Region. Interessant ist das Glasmuseum, dem ein
Verkaufsraum mit Glaserzeugnissen direkt ab Fabrik angegliedert
ist. Jenseits des Bahnübergangs erinnert auf einer Anhöhe ein
Obelisk mit deutscher Inschrift an Andreas Hartauer, Schöpfer des
Liedes „Tief drin im Böhmerwald".

Andreas-Hartauer-Denkmal
in Lenora

### Abstecher
Zwischen Lenora (Eleonorenhain) und Volary (Wallern) führt südlich eine Straße über die Warme Moldau
nach
**České Žleby** (Böhmisch
Röhren), einst wichtige Station am Goldenen Steig von
Passau nach Prachatitz,
heute nur eine kleine Ortschaft mit wenigen Häusern
und ehemals deutschem
Friedhof. Südöstlich gelangt
man nach
**Stožek** (Tusset) an der
Kalten Moldau, knapp 5 km
vom bayerischen Grenzübergang *Haidmühle* (nur

Fußgänger und Radfahrer) entfernt. Von Tusset führt ein halb-stündiger Wanderweg nördlich zum aussichtsreichen *Tussetfel-sen* (Stožecká skála, 974 m) und zur nahen über einer heilkräf-tigen Quelle errichteten *Tusset-Kapelle,* deren Tradition bis ins 17. Jahrhundert zurückgeht. Früher beliebtes Wallfahrtsziel der Bevölkerung aus dem Böhmer- und Bayerwald, verfiel die Kapelle nach dem Zweiten Weltkrieg und konnte erst 1990 wieder hergestellt werden. Nordöstlich erhebt sich der schwer zugängliche *Tussetberg* (1065 m) mit urwaldartigen Baum-beständen.

**Volary** (Wallern, 757 m, 2800 Einw.) war früher bekannt durch die vielen Holzhäuser, deren Baustil von der Alpenregion beein-flußt war. Heute erinnern nur noch wenige Häuser an die alte Tra-dition. In einem alten Böhmerwaldhaus befindet sich das Heimat-museum. Die Route zweigt von der nach *Prachatice* (Prachatitz, → S. 136) führenden Straße rechts ab Richtung *Horní Planá* (Ober-plan). Nach 13 km folgt der kleine Ort

**Želnava** (Salnau), Ausgangspunkt eines lohnenden Ausflugs zum *Plöckensteinsee,* der nach dem Zweiten Weltkrieg jahrzehnte-lang nicht zugänglich war. Sehenswert ist der Friedhof an der Kir-che mit seinen schmiedeeisernen Grabkreuzen.

**Abstecher**
Von *Želnava* (Salnau) führt südwestlich eine Straße über die Moldau 5 km weit nach *Nová Peč* (Neuofen). Die Weiterfahrt ist nur mit einem Pendelbus möglich bis *Jelení* (Hirschbergen). Eine technische Sehenswürdigkeit ist hier der 419 m lange Tunnel des einst für die Holztrift genutzten Schwarzenberg-Schwemmkanals aus dem 19. Jahrhundert, dessen Trasse die Wasserscheide von Donau und Moldau überwindet. Von Jelení führt ein 5 km langer Fußweg zum
**Plöckensteinsee** (Plesné jezero, 1090 m, 6 ha groß, 18 m tief), den der deutsch-böhmische Dichter Adalbert Stifter in sei-nem *Hochwald* verherrlicht hat: „Ein Gefühl der tiefen Einsam-keit überkam mich jedesmal unbesieglich, so oft und gern ich zu dem märchenhaften See emporstieg... (→ S. 77). Ein mar-kierter Wanderweg führt in ½ Std. empor zum
**Adalbert-Stifter-Denkmal** (1310 m). Es wurde 1876/77 auf der Felsenkanzel der hier 220 m abfallenden Seewand in Form eines 13 m hohen schlanken Obelisks aus Granitquadern er-richtet. Die Seiten tragen die Inschriften „A. Stifter, dem Dichter des Hochwald" und „Auf diesem Anger, an diesem Wasser ist der Herzschlag des Waldes" sowie „Lieg in hohes Gras ge-streckt, schaue sehend nach der Felswand". Darüber erhebt sich der

**Böhmische Plöckenstein** (Plechý, 1378 m), Grenzberg zwischen Böhmen und Österreich. Der Kammweg zum 1½ Std. entfernten benachbarten bayerischen Grenzberg Dreisessel ist wieder zugänglich und ausgeschildert. Der im 14. Jahrhundert als Plechenstein bezeichnete Name wird auf das Wort blecken = schimmern zurückgeführt. Adalbert Stifter schreibt in seinem *Hochwald:* „An sonnigen Tagen zeigt der Hinabblick in all das blaue Dämmern und Weben der hinuntersteigenden Wälder entgegen dem einfarbigen Himmelsblau etwas so zauberhaft düster Holdseliges, daß manche Gemüter davon mächtiger erfaßt werden als von der Pracht des Blickes von den Sesseln aus".

**Horní Planá** (Oberplan, 770 m, 1800 Einw., ab Grenze 40 km) am nördlichen Ufer des Lipno-(Moldau-)Stausees, 1332 erstmals urkundlich genannt, ist Geburtsort des Dichters Adalbert Stifter, der am 23. Oktober 1805 im Haus Nr. 21 am Ansbach geboren wurde (gestorben am 27. Januar 1868 in Linz). Hier verbrachte er seine Jugend und kehrte auch als Student oft zurück. Seine böhmische Heimat hat er eindrucksvoll in seinen Werken *Der Hochwald, Die Mappe meines Urgroßvaters, Bunte Steine, Nachsommer* und *Witiko* geschildert. Das Geburtshaus fast am Ortsrand an der Straße nach Černá v Pošumaví, 1934 abgebrannt und wieder originalgetreu aufgebaut, wurde nach Verfall in der Nachkriegszeit

Horní Planá (Oberplan): Das Geburtshaus von Adalbert Stifter ist heute Gedenkstätte und Museum.

1960 wieder zu einer Gedenkstätte mit Museum umgewandelt, das nach der Beschreibung „Die Mappe meines Urgroßvaters" eingerichtet wurde. Sollte das Museum geschlossen sein, so ist der Betreuer im gegenüberliegenden Café zu erreichen. Oberhalb auf einem Felsrücken steht das 1906 errichtete Stifterdenkmal mit Blick auf den Moldau-Stausee, den es zu Stifters Zeiten noch nicht gab (Zufahrt vom Geburtshaus bergauf bis zum Parkplatz am Friedhof, von dort 5 Minuten entlang der Friedhofsmauer). Oberhalb vom Stifterdenkmal erhebt sich die Gutwasserkapelle. – Ein Damm führt über die Ausbuchtung des Moldau-Stausees nach

**Černá v Pošumaví** (Schwarzbach), einem beliebten Badeort mit Bootsverleih am *Moldau-Stausee* (Lipno Stausee, Lipenská Přehrada). Die Moldau ist auf einer Länge von 40 km mit 4650 ha Wasserfläche aufgestaut; die breiteste Stelle mißt 16 km. Ganze Dörfer mit ihren Kirchen verschwanden beim Bau Mitte der 50er Jahre in den Fluten. Das moorhaltige schwarze Wasser der jungen Moldau ist hier noch sauber und daher bei Schwimmern, Anglern und Wassersportlern sehr geschätzt.

**Frymburk** (Friedberg) ist als Badeort mit unmittelbar am Moldau-Stausee liegenden Campingplätzen ebenfalls bekannt. Hier hatte Adalbert Stifter als Student vergeblich um die aus wohlhabender Familie stammende Fanny Greipl geworben. An der Außenmauer der Kirche befinden sich Grabsteine der Familie Greipl. Von Frymburk führt eine Fähre zum südlichen See-Ufer. Von dort erreicht man die über dem Schloßwald thronende *Burgruine Wittinghausen* (Vitkuv Hradek). Adalbert Stifter hat oft von dort oben über das Moldautal geschaut und der Ruine in seinem Roman *Witiko* ein literarisches Denkmal gesetzt.

**Lipno** (Lippen) liegt am südlichen Ende des Stausees, der von diesem Ort seinen Namen trägt. Zu den Attraktionen gehören die Motorboot-Rundfahrten auf dem See. Hier befindet sich der 300 m lange und 25 m hohe Staudamm, über den man das andere Ufer der Moldau erreichen kann, die nun unterirdisch in ein Elektrizitätswerk geleitet wird und erst nach 3,5 km wieder ihr altes Flußbett erreicht, so daß der obere Bereich fast ohne Wasser ist. Unterhalb der Staumauer erstreckt sich das geologisch interessante Naturschutzgebiet *Čertova steňa* (Teufelsmauer). Es folgt

**Vyšší Brod** (Hohenfurth) mit ehemaligem Zisterzienserstift, das zu den größten Rodungsklöstern des südlichen Böhmerwalds gehörte und bis 1950 bestand. Es wurde 1259 von den Herren Rosenberg aus dem Geschlecht der Witigonen gegründet, einer mächtigen Familie, die bis 1602 größter Landeigentümer im südlichen Böhmen war und jahrhundertelang mit den böhmischen Königen um Macht und Einfluß stritt. Ihre Grabdenkmäler mit dem fünfblättrigen Rosenwappen befinden sich in der gotischen

Stiftskirche Mariä Himmelfahrt. Kirche, Sakristei, Kapitelsaal und Kreuzgang zeugen eindrucksvoll von der gotischen Baukunst der Zisterzienser. Ein barockes Kleinod ist die Klosterbibliothek mit kostbaren Handschriften und Büchern. Berühmt ist der Bilderzyklus des Meisters von Hohenfurth aus der Zeit um 1350 mit Darstellung der Geburt Christi auf neun Bildtafeln, die sich heute in der Prager Nationalgalerie befinden. – Die Route folgt der Moldau, die sich bald rechtwinklig nach Norden wendet und ein landschaftlich besonders schönes Tal bildet. Nach einer Schleife erscheint

**Rosžmberk** (Rosenberg). Einst gehörte der Ort zum Herrschaftsbereich der mächtigen Rosenberger. Der erhaltene runde Turm auf einem Fels über der Moldau kündet noch von der Burg, die in der ersten Hälfte des 13. Jahrhunderts gegründet wurde. Nach einer Sage, die auch Adalbert Stifter aufgriff, soll Witiko von Přic sie erbaut haben. Nach 1330 entstand in der Nähe als neue Anlage die „Untere Burg". Im 16. Jahrhundert zu einem Renaissance-Schloß umgebaut und im 19. Jahrhundert neugotisch verändert, beherbergt sie heute ein Museum. Das Ortszentrum liegt am anderen Ufer. Dort erhebt sich die ursprünglich frühgotische und 1488-1583 stilvoll umgebaute Marienkirche, eine dreischiffige Hallenkirche mit spätgotischen Netzrippengewölben. Die Wappen im Chor mit der Rose erinnern an die Rosenberger. – Die Straße führt in vielen Windungen am Ufer entlang zu der malerischen Kreisstadt

**Český Krumlov** (Krumau, 246 m, 14 000 Einw.). Die von der Moldau dreimal durchflossene „Krumme Au" steht mit ihren zahlreichen historischen Bauten aus Gotik, Renaissance und Barock unter Denkmalschutz. Die erforderliche Restaurierung wird auch von der UNESCO unterstützt. Beherrschend über der Stadt erhebt sich die mächtige Burg, nach dem Prager Hradschin die größte im Land, gegründet um 1250 von dem mächtigen Geschlecht der Witigonen, Die sich später Rosenberg nannten. Ihr Wappen mit der fünfblättrigen Rose auf silbernem Grund prägte weithin die Region, bis im 17. Jahrhundert die Schwarzenberger das Erbe übernahmen und die Burg im Zweiten Weltkrieg aufgeben mußten. Heute ist die weitläufige Anlage mit aussichtsreichem Schloßgarten, einzigartigem Barocktheater und prunkvollen Innenräumen, darunter der jüngst renovierte Maskensaal von 1748, eine vielbesuchte Touristenattraktion. Unten steht am quadratischen Stadtplatz das ursprünglich gotische, in der Renaissance umgestaltete Rathaus. Eine schmale Gasse führt hinauf zu der über dem Hochufer der Moldau thronenden Pfarrkirche St. Veit, die 1407-1439 anstelle einer älteren Vorgängerin als dreischiffige Hallenkirche errichtet wurde. Daneben das ehemalige Jesuitenkolleg, jetzt Hotel Rose mit Terrasse über der Moldau, in dessen Nähe sich das sehenswerte Stadtmuseum befindet. Nördlich vom Stadtzentrum, über eine Brücke zu erreichen, liegt der älteste Stadtteil Latrán unterhalb der Burg, zu der man von hier aus über eine Treppe emporsteigen kann.

**Abstecher**

Lohnend ist ein Ausflug nordöstlich nach České Budějovice (Böhmisch Budweis, 22 km). Auf dem Weg dorthin liegt nach 5 km links etwas abseits von der Straße abgeschieden im Wiesengrund des Moldautales das ehemalige Zisterzienserkloster **Zlatá Koruna** (Goldenkron), eine Gründung von König Ottokar II. aus dem Jahre 1261. Kreuzgang und Kapitelsaal sind Meisterwerke zisterzienserischer Gotik. Die Klosterräume beherbergen eine ständige Ausstellung der wissenschaftlichen Bibliothek von Budweis. Die frühgotische Klosterkirche Mariä Himmelfahrt (vor 1300-1370), nach dem 30jährigen Krieg barockisiert, bewahrt eine Kopie des gotischen Tafelbildes der Goldenkron-Madonna aus der Zeit um 1400, dessen Original sich in der Prager Nationalgalerie befindet. – 9 km nordwestlich kommt man über *Holubov* nach *Krasetín,* von wo eine Seilbahn auf den Gipfel des *Klet'* (Schöninger, 1084 m) führt, dessen im neugotischen Stil errichteter Aussichtsturm einen weiten Rundblick über den Böhmerwald ermöglicht. Von der bewirtschafteten Berghütte führen Wanderwege durch das Schutzgebiet Plansker Wald mit ursprünglichem Bergmischwald.

**České Budějovice** (Böhmisch Budweis, 384 m, 100 000 Einw.), Bezirkshauptstadt und Bischofssitz, ist wirtschaftliche und kulturelle Metropole Südböhmens mit Pädagogischer, Philosophischer und Theologischer Fakultät sowie Landwirtschaftlicher Hochschule. Gegründet 1265 als planmäßig angelegte königliche Stadt gegen die Expansionsbestrebungen des südböhmischen Adels, entwickelte sich Budweis bald zu einem bedeutenden Umschlagplatz für den Handel zwischen Österreich und Böhmen mit zeitweilig eigener Münzstätte. 1832 verkehrte die erste Pferdebahn Europas zwischen Budweis und Linz auf hölzernen Schienen. Heute dominieren besonders die Elektroindustrie und der Maschinenbau. Berühmt ist das Budweiser Bier „Budvar" der Böhmischen Actienbrauerei, das in alle Welt exportiert wird. Das Stadtzentrum ist nur für Fahrzeuge mit Sondergenehmigung zugelassen, so daß die ausgewiesenen großen Parkplätze benutzt werden müssen. – Mittelpunkt der Stadt ist der riesengroße quadratische Stadtplatz, der von historischen Häusern mit Laubengängen umgeben ist. Mitten auf dem Platz befindet sich der Samson-Brunnen von 1727, mit 17 m Durchmesser der größte des Landes. In der Südwestecke steht das ursprünglich im Renaissance-Stil errichtete, dann barock umgebaute Rathaus von 1727-

1730. Guter Orientierungspunkt ist in der Nordostecke der im Unterbau gotische 72 m hohe Schwarze Turm von 1749-1578, von dem sich ein herrlicher Blick auf die Stadt und ihr Umland ergibt. Daneben die St.-Nikolaus-Kirche aus dem 13. Jahrhundert, nach dem Stadtbrand von 1641 barockisiert. Im Nordwesten unweit des Platzes steht die Baugruppe des ehemaligen Dominikanerklosters aus dem 13. Jahrhundert mit Kreuzgang, Kirche und dem benachbarten Salzstadel. Von der Stadtbefestigung des 14. Jahrhunderts ist noch der nördliche Turm Rabenštejnská věž und der südliche Burgturm Železná panna mit Wehrgang erhalten. Originell sind die aus dem Jahre 1554 stammenden Fleischläden, in denen sich heute ein vielbesuchtes Restaurant mit Bierstube befindet.

Von Česky Krumlov (Krumau) führt die Hauptroute nordwestlich über *Chvalšiny* (Kalsching) und *Smědeč* (Zmietsch) nach 35 km in die alte Kreisstadt

**Prachatice** (Prachatitz, 561 m, 12 000 Einw.). 1088 erstmals in Zusammenhang mit dem Mautrecht auf dem Salzweg von Passau genannt, war es Endstation des Goldenen Steigs, der den Bürgern besonders zwischen dem 15. und 17. Jahrhundert zum Wohlstand verhalf. Aus dieser Zeit stammt das heutige Stadtbild. – Am mittelalterlichen Stadtplatz mit Brunnen und Standbild der Gerechtigkeit dominiert der Rathaus-Komplex: Das Alte Rathaus, ein Renaissancebau von 1570/71 anstelle des durch Brand zerstörten Rosenbergischen Stadtschlosses, und das unmittelbar angrenzende Neue Rathaus mit Turm, 1902/03 errichtet im Neorenaissancestil. Beide Gebäude sind mit Fresken geschmückt. Gegenüber beeindrucken schöne Renaissance-Häuser mit bemalten Sgrafitti-fassaden. Bemerkenswert auch der Salzstadel von 1537, heute Restaurant „Zum Goldenen Steig". Neben dem doppelten Unteren Tor von 1323 steht noch die sgrafittigeschmückte Literatenschule, die einst auch der Reformator Jan Hus aus dem nahen Husinec besuchte. Überragt wird die Altstadt von der mächtigen St. Jacobskirche, einer spätgotischen Hallenkirche des 14. Jahrhunderts mit ungewöhnlich hohem Dachstuhl und reich gegliedertem Turm.

**Abstecher**
**Husinec** (Husinetz), 5 km nordwestlich von Prachatice, ist Geburtsort von Jan Hus (1372-1415) mit Geburtshaus (kann besichtigt werden) und Denkmal. Jan Hus war Rektor der Prager Universität und bekämpfte als Führer der Reformbewegung in Böhmen die verweltlichte Kirche. Er wandte sich gegen verschiedene Dogmen und den Ablaß und wurde trotz Zusage freien Geleits auf dem Konzil in Konstanz als Ketzer auf dem Scheiterhaufen verbrannt.

Das Rathaus von Prachatice (Prachatitz)
ist mit vielen Fresken geschmückt.

Von Prachatice (Prachatitz) führt die Route südwestlich zurück Richtung Volary (Wallern). Die Straße windet sich kurvenreich bergauf und erreicht nach 5 km die kleine Ortschaft

**Libínské-Sedlo** (Pfefferschlag). Von hier führt eine Abzweigung östlich zum Gipfel des *Libín* (1091 m), dessen 27 m hoher Aussichtsturm einen prächtigen Rundblick über den Böhmerwald bietet. Daneben steht die bewirtschaftete *Berghütte Libín* mit Übernachtungsmöglichkeit. In

**Volary** (Wallern) stoßen Sie wieder auf den Anfang dieser Route und kommen über Lenora (Eleonorenhain) wieder nach Philippsreut zurück.

# STÄDTE- UND ORTS-BESCHREIBUNGEN VON A-Z

## Altreichenau

(Kreis Freyung-Grafenau, 832 m, 1300 Einw.), anerkannter Erholungsort am Fuße des Dreisessel, entstand im 17. Jahrhundert aus einer Glasmachersiedlung; in den Glashütten „Oberreichenau" und „Duschlberg" wurden Glasperlen und Trinkgeschirr hergestellt. Bis 1765 gehörte Altreichenau zu den sieben königlichen Dörfern der österreichischen Herrschaft Rannariedl. Heute bestimmen die Neubauten der Appartement-Hotels das Ortsbild.

**Auskunft:** Verkehrsverein 94089 Altreichenau
**Verkehr:** Busverbindung nach Passau, Breitenberg, Freyung, Haidmühle
**Hobby und Sport:** Hallen-Wellenbad mit Sauna, Solarium, Kneippanlage im Ferienpark. In Frauenberg 4 km Talstation des Dreisessel-Skischlepplifts.

**Wanderungen:**
**1.** Über die **Michelklause** (Stauweiher für die Holztrift) zum **Dreisesselstein,** 2½ Std. östl.
**2.** Erst östl. Richtung Dreisessel und dann südl. am Großen Michelbach entlang nach **Neureichenau*,** 1¼ Std.
**3.** Über Hinterfreundorf, Gschwendet nach **Grainet** am Fuße des Haidel, 2¼ Std. nordwestl.

## Arnbruck

(Kreis Regen, 612 m, 2000 Einw.) ist anerkannter Erholungsort im waldreichen Zellertal am Fuße des Kaitersberg-Arber-Massivs. Als Pfarrei schon 1209 urkundlich genannt, war Arnbruck im 13. Jahrhundert Hofmark des Klosters Niederalteich.

Die barocke **St.-Bartholomäus-Pfarrkirche** stammt von 1643; Turm und Chor sind noch gotisch, das Langhaus wurde 1905 verlängert. In der Dorfmitte die **St.-Veit-Kapelle** von 1668. Am südlichen Ortsrand die **Frauenkapelle** von 1644, 1952 erneuert, mit hölzerner Madonnenstatue des 14. Jahrhunderts, deren dreiteilig gespaltene böhmische Krone an die einst enge Verbindung zum benachbarten Böhmen erinnert.

**Auskunft:** Verkehrsamt 93471 Arnbruck
**Verkehr:** Busverbindung nach Regen, Bodenmais, Kötzting, Viechtach, Cham, Passau; nächste Bahnstation in Kötzting, Viechtach und Bodenmais; Flugplatz

**Hobby und Sport:** Freibad, Freizeit-Zentrum mit Hallenbad, Sauna und Haus des Gastes mit Fernseh- und Leseräumen, Angeln, Ferienfahrschule, Rundflüge, Segelflugschule, Sommer-Skispringen, Skischule, Skisprungschanze, Skilift

**Besichtigungen:** Glaskunstwerkstätten Weinfurtner mit Glashütte, Glasveredelungswerkstätten, Kristallkronleuchter-Fabrikation sowie Verkaufsausstellung mit Werken junger Glaskünstler der „Weinfurtner Künstlergilde"

**Wanderungen:**

**1.** Über **Berggasthof Eck** zum **Großen Riedelstein** (1132 m) mit Waldschmidtdenkmal und schöner Aussicht, 1½ Std. nordwestlich.

**2.** Über **Schmiedau** und den Arnbrucker Steig zum **Berggasthaus Schareben** (1002 m), 1¼ Std. östlich (auch mit Wagen zu erreichen).

**3.** Zum aussichtsreichen **Mühlriegel** (1080 m), 1 Std. nördlich.

**4.** Über das Steinerne Gaßl zum **Waldwiesmarterl** (1165 m), 1½ Std. nordöstlich. Dort Anschluß an die Kaitersberg-Arber-Hochtour oder Abstieg nach Lam.


# Arrach

(Kreis Cham, 520 m, 2700 Einw.), anerkannter Erholungsort im Tal des Weißen Regen mit den Ortsteilen *Haibühl* und *Ottenzell*. Bemerkenswert die Rokokokapelle von 1750 mit Totenbrettern.

**Auskunft:** Verkehrsamt 93474 Arrach

**Verkehr:** Busverbindung nach Lam, Kötzting; Bahnstation

**Hobby und Sport:** Reiten (Reitschule), Waldlehrpfad, Tier- und Wildgehege, Eisstockschießen

**Wanderungen:**

**1.** Zum **Großen Riedelstein** (1132 m), 1½ Std. südlich.

**2.** Mit dem Wagen 5 km südlich zum **Ecker Sattel** (844 m) mit Berggasthof. Von dort Wanderungen ins **Kaitersberg-** und **Arbergebiet** (→ Kötzting*).

**3.** Über Haibühl und Frahels oder Engelshütt nach **Lam\*,** 1¼ Std. östlich.

**4.** Über **Kolmsteiner Kirchl** zur **Höllhöhe** (736 m) mit Gasthaus Waldschlößl, 1½ Std. nordwestlich.


# Bayerisch Eisenstein

(Kreis Regen, 724 m, 1700 Einw.), Luftkurort und Wintersportplatz am Großen Regen und am Fuß des Großen Arber; Straßen- und Bahnübergang in die Tschechische Republik. Neben dem 1788 gegründeten Ortsteil *Bayerisch Häusl* umfaßt die Gemeinde noch die Siedlungen *Arberhütte, Brennes, Grafhütte, Neuhütte, Regenhütte, Steinhütte* und *Seebachschleife.* Im Jahre 1809 trat Bayern Markt Eisenstein an Österreich ab, so daß dieser Ort als Železná Ruda heute in der Tschechischen Republik liegt. Die Landesgrenze verläuft mitten durch den Bahnhof, der über Jahrzehnte als Symbol der Trennung galt. Die Schienen waren abgebaut und alle Verbindungen unterbrochen. Am 2. Juni 1991 wurde der Bahnverkehr von und nach der Tschechei nach 46 Jahren wieder aufgenommen.

**Auskunft:** Verkehrsamt 94252 Bayerisch Eisenstein
**Verkehr:** Busverbindung nach Passau, Furth, Brennes, Arbersee; Grenzübergang in die Tschechische Republik, Grenzbahnhof
**Hobby und Sport:** Beheiztes Freibad, Wellenhallenbad, Sauna, Minigolf, Leseraum, Tier- und Wildgehege, Angeln, Tennis, Kutschfahrten; Skischule, Eislaufplatz, Pferdeschlittenfahrten. – Haus des Gastes mit Lese- und Fernsehraum im Arber-Wellenhallenbad am Grenzübergang
**Sammlungen:** Lokalbahnmuseum, Tiermuseum in Regenhütte, Glashüttenmuseum in der Kristallglasfabrik Regenhütte
**Kureinrichtungen:** Medizinische Bäderabteilung

**Wanderungen:**
**1.** Auf die **Ludwigshöhe** am Hang des Hochberges, ¼ Std. südlich.
**2.** Über Hintersteinhütte zum **Brennes-Sattel** (1030 m), 1 Std. nordwestlich. Von dort zum **Kleinen Arbersee,** ¾ Std.
**3.** Über Arberhütte zum **Großen Arbersee,** 1½ Std. südwestlich.
**4.** Auf den **Großen Arber** (1456 m) entweder über den Brennes-Sattel oder den Großen Arbersee oder mit dem Arber-Sessellift von der an der Straße Brennes – Großer Arbersee gelegenen Talstation.
**5.** Hochwaldrundwanderung über den **Hohen Fels** (858 m), den **Hochberg** (941 m) und das **Naturschutzgebiet Johannisruh** mit romantischen Felspartien, 1¼ Std.
**6.** Rundwanderweg **Bayerisch Häusl – Steinhütte – Arberhütte – Bayerisch Eisenstein,** 2 Std.
**7.** Nach **Zwieslerwaldhaus** über den **Hochberg-Drahberg-Sattel,** durch das Naturschutzgebiet **Hans-Watzlik-Hain** mit uraltem Baumbestand und über den Großen Deffernik-Triftkanal, 1½ Std. südöstlich. Aufstieg zum **Großen Falkenstein** (1312 m), ca. 2 Std. Rückweg über Gasthaus Schwellhäusl am Schmalzbach-Schwellteich oder südlich ¾ Std. zum Bahnhof Ludwigsthal und mit der Bahn zurück.

# Bischofsmais

(Kreis Regen, 700 m, 1500 Einw.), anerkannter Erholungsort mit den Ortsteilen *Habischried, Hochbruck* und *Hochdorf* am Fuß der Oberbreitenau (1035 m), verdankt seinen Namen den Passauer Bischöfen, die den Ort im 11. Jahrhundert durch Rodung oder Maißung des Urwaldes gründeten. Nach einer Brandkatastrophe wurde 1848-51 die jetzige **Pfarrkirche** auf den Mauern der Vorgängerin errichtet. Südlich 4 km liegt das *Feriendorf Dürrwies* mit wieder aufgestellten alten Waldlerhäusern, westlich 1 km die *Wallfahrtsstätte St. Hermann.*

Westlich von Bischofsmais liegt die Wallfahrtsstätte
St. Hermann mit drei Waldheiligtümern.

**Die Wallfahrt St. Hermann**

1322 ließ sich in der Nähe von Bischofsmais der Laienbruder St. Hermann aus dem Kloster Niederalteich als Einsiedler nieder. Später schuf er in den Urwäldern am Rachel eine neue Einsiedelei. Dort starb er 1326 und wurde nach seinem Wunsch am Eingang der Propsteikirche Rinchnach bestattet.

Drei Sakralbauten bilden eine originelle Gruppierung: Die hölzerne **Einsiedeleikapelle,** 1690 neu errichtet an der Wirkungsstätte des St. Hermann mit schwerer Hermann-Holzfigur in einer Gitternische und vielen hundert hölzernen Gliedmaßen-Opfergaben, die runde **Brunnenkapelle** von 1611 über einer heilkräftigen Quelle und die spätbarocke **Wallfahrtskirche** von 1656. In allen drei Waldheiligtümern befinden sich zahlreiche Erinnerungen an St. Hermann und viele Votivtafeln ab 1646.

Ein seltsamer Brauch ist das **Hirmonshopsen:** Die in der Einsiedeleikapelle stehende Holzfigur des seligen Hermann oder Hirmon, wie er im Volksmund genannt wird, kann man anheben oder hopsen. Nickt der Heilige, geht der Wunsch des Hopsenden in Erfüllung. Da Hirmon bei Mädchen als Heiratsorakel gilt, ist sein Nicken ein Zeichen dafür, daß die Glückliche bald heiraten wird. Ganz Schlaue fassen die Figur ziemlich weit unten an, denn der Kopf hat Übergewicht, so daß er sich beim Hopsen nach vorne neigt.

Zu den großen Wallfahrtsfesten am 10. August (St. Laurentius) und 24. August (St. Bartholomäus) kommen alljährlich viele Besucher nach St. Hermann zur großen „Hirmonskirwa" mit allerlei Lustbarkeiten, Bierbuden und Krämerständen.

**Auskunft:** Gemeindeverwaltung 94253 Bischofsmais
**Verkehr:** Busverbindung nach Regen, Deggendorf; nächste Bahnstation in Triefenried oder Regen
**Hobby und Sport:** Beheiztes Freibad, Hallenbad, Minigolf, Tennis, Bocciabahn, Angeln, Reiten; Skischule, Eislaufplatz
**Bergbahn:** Geißkopf-Sessellift Unterbreitenau. Talstation 830 m, Bergstation 1097 m
**Kureinrichtungen:** Reha-Maßnahmen, Vorbeugungs- und Genesungskuren bei Herz- und Kreislauferkrankungen, Medizinische Bäder

**Wanderungen:**
**1.** Über Hotel Wastlsäge zum **Teufelstisch** (901 m), einer Granitfelsanhäufung, die der Sage nach dem Teufel als Tisch gedient haben soll, ¾ Std. nordwestlich.
**2.** Über **St. Hermann** auf die **Oberbreitenau** zum **Landshuter Haus,** 1 ½ Std. westlich. Zurück über Wastlsäge.

**3.** Über Wastlsäge zum **Forsthaus Unterbreitenau,** 1 Std. nordwestl. Talstation der Geißkopfbahn. Mit Bahn oder zu Fuß (1 Std.) auf den **Geißkopf** (1097 m) mit Aussichtsturm. Von dort ½ Std. südlich zum **Landshuter Haus.**

**4.** Zum Berghotel **Rusel** (Wanderparkplatz), 1½ Std. südöstl.

**5.** Über Fahrnbach nach **Regen\*,** 2 Std. nordöstlich.

Auf dem 1097 m hohen Geißkopf
erhebt sich ein Aussichtsturm.

## Blaibach

(Kreis Cham, 380 m, 1800 Einw.), anerkannter Erholungsort unterhalb von Kötzting nahe dem Zusammenfluß von Schwarzem und
Weißen Regen. Inmitten des Ortes die **Spätrokokokirche St. Elisabeth** von 1779 mit laternengeschmücktem Zwiebelturm und
das ehemalige **Hofmarkschloß** von 1604 mit steilem Treppengiebel, heute Gasthaus. Südöstlich der **Blaibacher See,** zu dem
der Schwarze Regen mit dem anschließenden Höllensteinsee aufgestaut ist.

**Auskunft:** Verkehrsamt 93476 Blaibach
**Verkehr:** Busverbindung mit Cham, Passau; Bahnstation
**Hobby und Sport:** Beheiztes Freibad, Angeln, Minigolf, Tennis, Wasser-
sport am Blaibacher See, Bootsverleih

**Wanderungen:**
**1.** Nach **Weißenregen** mit sehenswerter Fischerkanzel in der Wallfahrtskirche, 1 Std. östl. Zurück über Lernbechermühle.
**2.** Über Kreuzbach und Kraftwerk Pulling zum **Blaibacher See,** ½ Std. südöstlich.
**3.** Über Kreuzbach, Hetzenberg (120 m lange pfeilerlose Eisenbahnbrücke
von 1927 überspannt den Regen), Wimbach, Lehen, Ahrain zum **Kraftwerk
Höllensteinsee** und zur **Staumauer,** 2 Std. südöstl. Der Schwarze Regen
ist nordwestl. zum Blaibacher See, südöstl. zum Höllensteinsee aufgestaut.
Zurück auf dem östl. Uferweg des Blaibacher Sees.
**4.** Über Hochfeld zum **Weißen Felsen** (562 m) und über den **Roßbergriegel** (630 m) zur **Roßberghütte** (667 m; genannt Böhmerwald-Fensterl),
1¾ Std. nordwestl.
**5.** Über Reckendorf und **Ried** mit Wolframslinde auf den **Haidstein**
(743 m), 2½ Std. nördl. Zurück über Lederdorn und Kolmberg.
**6.** Über Kreuzbach, Höhenried, Sendestation Hochberg (587 m), Anzen-
berg, Kötzinger Berg (590 m), Nepomuk-Kapelle auf den **Hirschpertberg**
(647 m), 2 Std. südl. Zurück über Ober- und Untergschaidt.
**7.** Am nördl. Regen-Ufer entlang nach **Miltach** mit 1982 restaurierten
Schloß des 17. Jahrhunderts, 1 Std. westl. Zurück am Südufer über Kreuzbach.

## Bodenmais

(Kreis Regen, 700 m, 3500 Einw.), heilklimatischer Kurort und
Wintersportplatz am Südfuß des Großen Arber, umgeben von
Hochwäldern und Naturschutzgebieten. Wegen seiner klimatisch
begünstigten Lage und vorzüglichen Fremdenverkehreinrichtun-
gen mit vielseitigem Sport-, Unterhaltungs- und Gastronomie-
angebot entwickelte sich Bodenmais zum meistbesuchten Kurort
des Bayerischen Waldes.

Die Geschichte des im 12. Jahrhundert entstandenen Ortes ist
eng mit dem 500 Jahre alten, 1962 stillgelegten Erzbergwerk im
Silberberg verbunden, der rund 60 Mineralien barg, darunter auch
Silber. 1522 wurde Bodenmais zusammen mit Lam zur „vollkom-
men gefreiten Bergstatt" erhoben. Zuletzt wurden besonders
Schwefel- und Magnetkies für die Herstellung von Polierrot abge-

baut, einem Schleifmittel für die Glasindustrie, das als „Bodenmaiser Potée" weite Verbreitung fand. Durch die in der Umgebung seit dem 15. Jahrhundert heimische Glashüttentradition ist Bodenmais heute führendes Glasveredelungszentrum mit großem Angebot an Bleikristallerzeugnissen.

Am Marktplatz die Pfarrkirche **Maria Himmelfahrt** mit 32 m hohem Turm, eine barock-klassizistische Anlage von 1805/06, die 1956 durch ein Oktogon erweitert wurde. Eigentümlich ist sie zum Silberberg ausgerichtet, so daß der Hochaltar mit barocker Nachbildung des Gnadenbildes von Loretto nicht wie üblich im Osten, sondern im Westen steht.

Nördlich das **Naturschutzgebiet Rißloch,** in dem der Arber- und Wildauerbach etwa 200 m als Rißlochfälle eine felsige Waldschlucht herabstürzen.

Die Rißlochwasserfälle bei Bodenmais stehen unter Naturschutz.

**Auskunft:** Verkehrsamt 94249 Bodenmais, Bahnhofstr. 56
**Verkehr:** Busverbindung mit Regen, Kötzting, Brennes, Arbersee, Deggendorf; Endstation der Nebenbahn von Zwiesel, dort Kurswagen von Dortmund und Hamburg
**Hobby und Sport:** Kurhaus mit med. Bäderabteilung, Fernseh- und Leseräumen; beheiztes Freibad, Hallenbad, Sauna, Solarium, Minigolf, Tenniscenter Riederin mit Tennishalle, Reithalle, Bauerntheater, Wildgehege, Waldlehrpfad, Pirschgänge, Pferdekutschfahrten, Fahrradverleih, Sommer-Eisstockschießen, Heimatabende; Hobbykurse für Bauernmalerei, Hinterglasmalerei und Holzschnitzerei; Skischule, Eisstockschießen. – An der Arbersee-/Barbarastraße Talstation des Doppelsessellifts mit 800 m Länge und 160 m Höhenunterschied auf den Silberberg (955 m). Von der Mittelstation eine 550 m lange Sommerrodelbahn – Skilanglaufzentrum Bretterschachten.
**Besichtigungen:** Erzbergwerk im Silberberg, Waldglashütte, Glasveredelungsbetriebe, Holzbildhauer-Werkstätten, Gemäldegalerien, Museum Bodenmais (Edelsteine, Mineralien, Fossilien)
**Kureinrichtungen:** Erholungs-Kuren bei nervösen Erschöpfungszuständen, Schlaflosigkeit, Rekonvaleszenz nach Operationen und schwerer Erkrankung, Stoffwechselkrankheiten, Zucker- und Hilusdrüsenerkrankungen; Klimakterium, Hilusdrüsenerkrankungen bei Kindern, Asthmoide Kinderkrankheiten. Stollentherapie für Asthmakranke in einem Seitenstollen des Silberbergwerks
**Veranstaltungen:** Benno Volksfest am Sonntag nach dem 16. Juni mit Umzug der Bergknappen zur Erinnerung an die Überführung des Gnadenmutterbildes von Maisried nach Bodenmais im Jahre 1705.

**Wanderungen:**
**1.** Auf den **Silberberg** mit doppelgipfliger Bischofshaube (955 m und 933 m) ¾ Std. südöstl., Auffahrt auch mit Sessellift möglich. Rundweg um den Silberberg 1½ Std., Abstieg zum Barbarastollen (Grubenschänke). Besichtigung des stillgelegten Bergwerks (Führungen im Sommer täglich).
**2.** Zum aussichtsreichen **Riederinfelsen** (823 m), ¾ Std. südl. Weiter ¾ Std. zum **Kronberg** (982 m) mit Aussicht auf Arber und Rachel.
**3.** Über Glashütte und Waldkapelle zum **Harlachberg** (913 m), 1¼ Std. südl. Weiter 1½ Std. westlich über Maisried nach **Böbrach\*** oder zurück über Obersteinhaus und **Märchenalm.**
**4.** Über Unterlohwies und Mais zum **Berggasthof Riedlberg,** 1¼ Std. nordwestl. Zurück über Geißhänge, Scharebenstraße und **Hochfall** (Waldschlucht des Moosbaches).
**5.** Über Oberlohwies zum **Hochfall** und weiter auf dem Tausenderweg über den **Hochstein** (1134 m) zum **Berggasthaus Schareben** (1002 m), 2½ Std. nordwestl. Anfahrt auch mit dem Wagen möglich. Anschluß an die Kaitersberg-Arber-Höhentour (→ S. 186).
**6.** Über Hotel Waldhaus am Rißbach entlang vorbei an der Sprungschanze zu den **Rißlochfällen;** 1 Std. nördl. Weiter zum **Großen Arber** oder zurück auf dem Rundweg durch die **Rißlochschlucht** und über den Aussichtspunkt **Schweiklruhe.**
**7.** Auf dem Chamer Hüttenweg vorbei an der Steigerfelskapelle und über die Buchhüttenschachten zur **Arber-Jugendherberge** und zum **Kleinen Arber** 2½ Std. nördl. Zurück über die Rißlochfälle oder von der Jugendherberge weiter nördlich ¾ Std. zum **Kleinen Arbersee** (Gasthof Seehäusl) und ¾ Std. nordöstlich zum **Brennes-Sattel.** Von dort mit dem Bus nach Bodenmais.

Der Berggasthof Schareben liegt in 1002 m Höhe.

**8.** Auf dem Waldlehrpfad und weiter parallel zur Arberseestraße zur **Schönebene** (902 m; Wanderparkplatz), ¾ Std. östl. Weiter auf der Kiesstraße über Quarzbach, **Hennenkobel** (965 m) nach **Rabenstein** 1¾ Std. südöstl. oder auf halbem Wege links ab über Schachtenbach nach **Regenhütte** (Kristallglas-Hütte), 1¾ Std. nordöstl. Nach dem Quarzbruch Abzweigung rechts über **Brandten,** Kohlplatz und Böhmhof zurück nach Bodenmais (2¾ Std. ab Schönebene).
**9.** Über Kothinghammer und Maisried nach **Böbrach\*,** 1½ Std. südwestlich. Zurück über den **Sternknöckel** (818 m), Felsgrat mit Blick auf das Arbermassiv.

# Böbrach

(Kreis Regen, 664 m, 1500 Einw.), anerkannter Erholungsort in geschützter Südhanglage über dem Tal des Schwarzen Regen. Der 1029 erstmals genannte Ort besitzt eine moderne **Pfarrkirche** von 1962 mit Turm von 1886. Nahe östlich liegt *Maisried* mit gotischem Kirchlein und Bungalow-Feriendorf.
**Auskunft:** Verkehrsamt 94255 Böbrach
**Verkehr:** Busverbindung nach Teisnach, Viechtach, Bodenmais, Deggendorf
**Hobby und Sport:** Minigolf, Angeln, Reiten; Skilauf, Eisstockschießen. – Frei- und Hallenbad in Bodenmais 5 km

**Wanderungen:**
**1.** Über die **Wolfgangskapelle** zur **Platte** (876 m), ¾ Std. nordwestlich. Weiter nordwestl. ¾ Std. zum **Gutsgasthof Frath.** Zurück über **Asbach** mit Bergkirchlein und Berggasthof.

**2.** Über Maisried und Kothinghammer nach **Bodenmais\***, 1½ Std. nordöst-lich. Zurück über den **Sternknöckel** (818 m).
**3.** Über Maisried zum **Harlachberg** (913 m), 1½ Std. östlich. Von dort nach **Bodenmais\*** 1 Std. nordöstlich oder zurück über **Märchenalm Obersteinhaus.**
**4.** Über Hotel Ödhof nach **Teisnach\*** im Tal des Schwarzen Regen, 1 Std. südwestlich.
**5.** Vorbei am Rothbachhof und über den Rothbach nach **Auerkiel** mit Einkehrmöglichkeit. 1¼ Std. südöstlich.

# Bogen

(Kreis Straubing-Bogen, 312 m, 9000 Einw.), historisch bedeutender Ort an der Mündung des Bogenbaches in die Donau, überragt vom aussichtsreichen *Bogenberg* (412 m). Bereits 741 als „villa pogana" urkundlich genannt und 1341 Bannmarkt mit eigenen Rechtsfreiheiten, wurde Bogen erst 1952 zur Stadt erhoben. Vom 11.-13 Jahrhundert stand auf dem Bogenberg die Stammburg der mächtigen Grafen von Bogen, deren Herrschaftsbereich sich bis nach Böhmen ausdehnte. Nach ihrem Aussterben 1242 fiel durch Heirat neben dem Besitztum auch das Wappen der Adelsfamilie an die Wittelsbacher, dessen weißblaue Rauten noch heute Kern des bayerischen Staatswappens sind. – Eingemeindet wurden die Ortschaften *Bogenberg, Degernbach, Oberalteich* und *Pfeiling.*

Häufige Brände haben das mittelalterliche Ortsbild zerstört. Die zum **Marktplatz** erweiterte Hauptstraße, gesäumt von Bürgerhäusern mit Blendgiebeln, läßt noch die altbayerische Anlage erkennen. Die **Pfarrkirche St. Florian** ist gotischen Ursprungs. Südöstlich der 120 m über der Donau aufragende **Bogenberg,** vom Marktplatz auf einem Kreuzweg oder auch über eine Autostraße zu erreichen. Das Bergplateau gehört mit seinen noch erkennbaren Wallanlagen aus der Bronze- und Keltenzeit zu den ältesten Siedlungsstätten Bayerns und steht mit seiner eigenartigen südländischen Vegetation unter Naturschutz. Vermutlich anstelle eines germanischen Kultheiligtums erhebt sich als älteste Marienwallfahrtskirche Bayerns die um 1100 begründete, 1463 als spätgotischer Hallenbau neu errichtete **Pfarr- und Wallfahrtskirche Hl. Kreuz und Mariä Himmelfahrt.** Auf dem Gnadenaltar steht die verehrte Muttergottesstatue in der Hoffnung („Maria Gravida"), eine seltene Darstellung aus der Zeit um 1400: In der steinernen Frauenfigur ist das Jesuskind im Mutterleib hinter einer Glasscheibe plastisch sichtbar. Vermutlich war aber die romanische thronende Muttergottes aus Stein um 1250 über der Sakristeinordwand das ursprüngliche Gnadenbild. – Im Pfarrhof neben der Kirche das *Kreis- und Heimatmuseum* mit vorgeschichtlichen Funden religiöser Kunst und bäuerlichem Hausrat. – Unterhalb der Kirche steht die *Salvatorkapelle* von 1463

mit Rokokoeinrichtung, für deren Bau eine auf dem Boden gefalle-
ne Hostie Anlaß wurde. Daneben die 1640 gegründete ehemalige
*Einsiedlerklause* „St. Salvator am Hölzl".

## Die Pfingstwallfahrt auf den Bogenberg

1492 bedrohten schwere Hagelstürme und der gefürchtete Bor-
kenkäfer die Ernte der Bauern von Holzkirchen bei Vilshofen.
In dieser Not gelobte man, alljährlich zu Pfingsten eine 13 m
lange Holzstange, mit Wachs überzogen wie eine Kerze, zur
wundertätigen Maria auf den Bogenberg zu tragen. Die Statue
„Maria in der Hoffnung" soll der Legende nach 1104 die Donau
heraufgeschwommen sein. Seitdem wurde dieses Gelübde
ohne Unterbrechung erfüllt.

Der 60 km lange Fußmarsch beginnt schon am Samstag frühmorgens. Zunächst wird der Stamm waagerecht transportiert.
Die Mittagsrast erfolgt in der Stiftsbrauerei Niederaltaich, die
Übernachtung in Deggendorf, während die Kerze in der Heiliggrabkirche verbleibt. Am Pfingstsonntag dann der Aufstieg
zum steilen Bogenberg, wobei die 125 Pfund schwere Kerze
nach altem Brauch abwechselnd von nur einem Träger auf-
recht getragen werden muß.

Kerzenwallfahrt zur wundertätigen Madonna
auf dem Bogenberg.

## Sehenswert in der Umgebung

**Oberalteich,** 3 km westlich. Schon von weitem grüßt die doppeltürmige ehemalige *Klosterkirche* der ehemaligen *Benediktinerabtei Oberalteich* (von Altaha = Altwasser) am linken Donauufer, eine Stiftung der Grafen von Bogen aus der Zeit um 1090 und nach wechselvollem Schicksal 1803 säkularisiert. Erhalten blieb die heutige Pfarrkirche St. Peter und Paul, 1621-30 anstelle der romanischen Vorgängerin errichtet. Der dreischiffige Hallenraum beeindruckt durch seine elegante Barock- und Rokokoausstattung mit prächtigem Hochaltar von 1693, siebzehn Nebenaltären, Deckenfresken von J.A. März, Gemälde von C.D. Asam und Tabernakel von 1759. Im südlichen Seitenschiff zeigt eine Rotmarmorplatte von 1418 Graf Friedrich von Bogen und seinen Onkel Aswin mit den Kirchenmodellen von Oberalteich, Bogen und Aiterhofen.

**Windberg,** 9 km nordöstlich. *Prämonstratenserkloster* (1140 durch Graf Albert von Bogen gegründet, 1803 aufgehoben, 1923 wieder eingerichtet) mit Jugendbildungsstätte. Sehenswert ist die romanische *Klosterkirche St. Maria,* eine dreischiffige Pfeilerbasilika des 12. Jahrhunderts in hirsauischem Stil mit romanischen Portalen, spätromanischem Taufbecken und Steinmadonna von 1451. Der Innenraum wurde 1720 reizvoll barockisiert. Die gotische *Friedhofskapelle,* wurde 1725 barock verändert. Hangaufwärts die *Wallfahrtskirche Heiligkreuz* von 1695.

Aus dem nahen Dorf **Apoig** stammt der als Waldprophet bekannt gewordene Mühl-Hiasl (1753-1806); viele seiner Weissagungen sind Wirklichkeit geworden.

**Auskunft:** Stadtverwaltung 94327 Bogen
**Verkehr:** Autobahnanschluß (Regensburg-Passau); Busverbindung nach Straubing, Viechtach, Rattenberg; Bahnstation, Schiffsanlegestelle
**Hobby und Sport:** Beheiztes Freibad, Hallenbad, Angeln, Tennis, Naturkundliche Exkursionen, Sommer-Eisstockschießen, Pirschgänge; Skilauf
**Sammlungen:** Kreis- und Heimatmuseum auf dem Bogenberg
**Veranstaltungen:** Kerzenwallfahrt auf den Bogenberg am Pfingstsonntag. Stefani-Ritt am 2. Weihnachtsfeiertag im Stadtteil Degernbach.

**Wanderungen:**
**1.** Vom Stadtplatz über den Pilgerweg auf den **Bogenberg** mit herrlicher Aussicht, ½ Std. südöstlich. Auch Auffahrt mit dem Wagen über die Donauumgehungsstraße möglich. König Ludwig I. von Bayern war von der Aussicht so begeistert, daß er erwog, die Walhalla nicht bei Donaustauf, sondern hier erbauen zu lassen.
**2.** Zum **Kloster Windberg,** 2 Std. nordöstlich.
**3.** Über Lintach nach **Mitterfels\*,** 2½ Std. nordwestlich.

Oberalteich: Grabmal der Grafen von Bogen

# Breitenberg

(Kreis Passau, 700 m, 2000 Einw.), verstreutes Pfarrdorf und Mittelpunkt der im 17. Jahrhundert besiedelten „Neuen Welt" zwischen Wegscheid und Dreisessel mit Verbindung nach Österreich. Früher hieß es Wenzelsreut nach dem Passauer Fürstbischof Wenzel von Thun, der sich für die Kolonisation hier einsetzte.

Die **Pfarrkirche** von 1727, erweitert 1843, besitzt außer einem prachtvollen barocken Hochaltar einen bemerkenswerten Tabernakel im Stil des Frührokoko mit Ansicht des Wallfahrtsortes Maria Plaim bei Salzburg. Das läßt auf erste Besiedlung aus dem Salzburger Land schließen, wovon auch der Dialekt zeugt. In der angebauten Totenkapelle befindet sich der Grabstein des 1848 verstorbenen Kaufmanns Matthias Rosenberger vom Rosenbergergut (→ S. 78) bei Lackenhäuser. – Interessant ist die 200jährige **Hammerschmiede** am Michelbach.

**Auskunft:** Gemeindeverwaltung 94139 Breitenberg
**Verkehr:** Busverbindung nach Passau und Waldkirchen
**Hobby und Sport:** Freizeitzentrum mit Badeweiher, Eislaufplatz, Skilift, große Matten-Skisprung-Schanzenanlage, Langlaufloipen, Eislaufplatz
**Sammlungen:** Weberei-Museum im Ortsteil Gegenbach in einem aus dem Jahre 1600 stammenden Bauernhof.

**Wanderungen:**
**1.** Markierter **Rundweg** um Breitenberg, 2 Std.
**2.** Über **Lackenhäuser** zum **Rosenbergergut** mit kleinem Adalbert-Stifter-Museum, 1½ Std. nördl.
**3.** Über Gollnerberg und Kohlstatt zum **Friedrichsberg** (935 m) mit Aussichtsturm, 1½ Std. südl. Zurück über Gasthaus Thaler.

# Büchlberg

(Kreis Passau, 540 m, 3000 Einw.), anerkannter Erholungsort in reizvoller Hanglage im Unteren Bayerischen Wald und ehemalige Handelsstation am Goldenen Steig. In der Umgebung befinden sich mehrere Granitsteinbrüche. Die **Pfarrkirche St. Ulrich** von 1726 (im 19. Jh. verändert) mit spätgotischem Chor bewahrt das Wallfahrtsbild „Böhmische Madonna".

**Auskunft:** Gemeindeverwaltung 94124 Büchlberg
**Verkehr:** Busverbindung mit Passau, Hauzenberg, Waldkirchen, Huthturm. Nächste Bahnstation Passau.
**Hobby und Sport:** Beheiztes Freibad, Angeln, Reiten, Wildgehege

**Wanderungen:**
**1.** Zur **Wolfschädl-Mühle** an der Erlau, ¾ Std. östl. Von dort östl. 1¼ Std. über Lichtenau auf den **Steinberg** (830 m) mit Aussichtsturm.
**2.** Über **Leoprechting** (Schloß) und **Hötzdorf** mit Rokokokirchlein von 1739 in das **Ilztal,** 1½ Std. westl. Anschluß an den **Ilztal-Wanderweg.** Zurück im nördl. Bogen über **Hutthurm\*** mit Barockpfarrkirche St. Martin von 1750, deren 51 m hoher Turm noch von 1483 stammt.
**3.** Über Raßberg und Lichtenau zum **Steinberg** (830 m) mit Aussichtsturm, 2 Std. östlich.

# Cham

(Kreis Cham, 450 m, 17 000 Einw.), oberpfälzische Kreisstadt im Talbecken des Regen am Hang des Kalvarien- und Katzberges, ist wirtschaftlicher Mittelpunkt eines weiten Umlandes mit Elektro-, Holz-, Textil-, Leder-, Metall-, Bettwaren-, Ziegel- und Granit-industrie. Eingemeindet wurden *Altenmarkt-Michelsdorf, Chammünster, Haderstadtl, Loibling-Katzbach, Schachendorf, Thierlstein-Untertraubenbach, Vilzing* und *Windischbergerdorf-Kothmaißling.* Die *Cham-Further-Senke* trennt geographisch den Bayerischen Wald vom Oberpfälzer Wald.

## Blick in die Geschichte

Gegründet im 8. Jahrhundert durch Agilolfingerherzog Odilo, ge-hört Cham zu den ältesten Orten des Bayerischen Waldes. Auf dem östlich gelegenen Galgenberg bestand vom 10.-12 Jahrhun-dert eine starke Reichsburg, deren Wall- und Grabenring noch heute sichtbar sind. „Chambriche" wurde unter den Markgrafen von Vohburg-Cham Mittelpunkt einer Markgrafenschaft, die 1204 in den Besitz der Wittelsbacher kam. Herzog Ludwig der Kelhei-mer gründete um 1220 die Neustadt nördlich des älteren, schon 1135 bezeugten Marktes „Altenmarkt" unterhalb des Burgberges. Im Böckleraufstand 1466 versuchten die Ritter vergeblich, sich ge-gen Herzog Albrecht IV. aufzulehnen. Durch rege Holzflößerei war Cham bis zum 19. Jahrhundert ein bedeutender Stapelplatz. Bei den großen Bränden 1873 und 1877 wurde viele historische Bauten vernichtet.

Durch eine Gebietsreform wurden 1972 der oberpfälzische Landkreis Waldmünchen und der niederbayerische Landkreis Kötzting zu einem großen oberpfälzischen Landkreis Cham zu-sammengefaßt.

Prominentester Sohn der Stadt ist *Graf Nikolaus von Luckner* (Gedenktafel am Haus Straubinger Str. 2). Geboren 1722 als Gasthofsbesitzersohn, 1784 in den dänischen Grafenstand er-hoben, 1791 zum Marschall von Frankreich ernannt, wid-mete ihm Rouget de Lisle die Marseillaise. Als Opfer der Französischen Revolution starb er 1794 unter der Guillo-tine. Nicht weniger berühmt sein Nachkomme *Graf Felix von Luckner* (1881-1966), be-kannt durch seine Kaperfahr-ten auf den Weltmeeren des Ersten Weltkrieges.

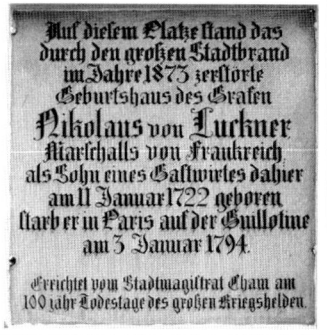

Auf diesem Platze stand das durch den großen Stadtbrand im Jahre 1873 zerstörte Geburtshaus des Grafen **Nikolaus von Luckner** Marschalls von Frankreich, als Sohn eines Gastwirtes dahier am 11 Januar 1722 geboren starb er in Paris auf der Guillotine am 5 Januar 1794.

Errichtet vom Stadtmagistrat Cham am 100 jähr Todestage des großen Kriegshelden.

Cham: Der Zwiebelturm der Stadtpfarrkirche St. Jakob

## Sehenswürdigkeiten

Am Marktplatz die zwiebelgekrönte **Stadtpfarrkirche St. Jakob** aus dem 13. Jahrhundert, Chor aus dem 14. Jahrhundert, 1894 nach Westen erweitert. Um 1750 entstanden Stukkaturen und Bemalung. Aus der barocken Einrichtung ist ein geschnitztes Tabernakel um 1760 erhalten. Die übrige Ausstattung ist neubarock. Daneben das spätgotische

**Rathaus** mit Treppengiebel, Erker und Tierkreiszeichenuhr, ursprünglich aus dem 15. Jahrhundert, in der Folgezeit oft verändert und 1875 neugotisch erweitert. Am Marktplatz ebenfalls das gotische

**Haus zur Krone** aus der ersten Hälfte des 15. Jahrhunderts, eine ehemalige Fürstenherberge (Gedenktafel „Kurfürst Friedrich V. wohnte hier und manche Fürsten und Herren stiegen hier ab"). Es ist mit seiner Zinnenbekrönung und dem wuchtigen Erker das architektonisch interessanteste Wohnhaus der Stadt (heute Café), in dem 1489 Ritter des Nordgaues den Löwlerbund zur Wahrung ihrer Rechte gegenüber Herzog Albrecht IV. gründeten. In der Propsteistraße 46 das

**Cordonhaus,** ein restaurierter Renaissance-Bau des 16. Jahrhunderts, Rest einer Benediktinerpropstei, mit schönem Arkadenhof; im Erdgeschoß das Heimatmuseum mit vor- und frühgeschichtlichen Funden und volkskundlicher Sammlung, im Obergeschoß wechselnde Kunstausstellungen. Am Nordostrand der Altstadt steht die spätgotische

**Spitalkirche Hl. Geist** von 1514. Sie wurde im 18. Jahrhundert barockisiert und teilweise verändert. Im Nordwesten oberhalb der Ludwigstraße auf einer Anhöhe die

**Redemptoristen-Kirche Maria Hilf,** ein dreischiffiger, monumentaler Backsteinbau von 1908 in neuromanischem Stil mit zwei spitzen Türmen. Das Innere beeindruckt durch goldglitzernde Fresken im Nazarenerstil, die Ordensbruder Max Schmalzl schuf. Angebaut sind Kloster und Exerzitienhaus des Ordens.

Von der *Stadtbefestigung* sind noch Teile erhalten: Der viereckige **Straubinger Turm** (14. Jh.), einst das Gefängnis der Stadt. Am Regenfluß das Burgtor, im Volksmund **Biertor** genannt (14. Jh.), mit zwei mächtigen Rundtürmen. Im anschließenden umgebauten ehemaligen *Amtsschloß* befindet sich heute eine Brauerei; daneben der **Spatzenturm,** ein ehemaliger Wehrturm.

## Sehenswert in der Umgebung

**Chammünster,** 3 km südöstlich am linken Ufer des Regen. Mönche des Regensburger Klosters St. Emmeram gründeten 739 ein Benediktinerkloster für die Kolonisation des Umlandes, das bis zum 10. Jahrhundert bestand. Die doppeltürmige jetzige Pfarrkirche Maria Himmelfahrt mit Nordturm und Chorwänden vom Vorgängerbau aus dem 13. Jahrhundert, dreischiffigem Langhaus aus dem 15. Jahrhundert und erst 1877 vollendetem Chorturm besitzt zwei romanische Taufbecken, spätgotische Fresken und Grabdenkmäler aus dem 15.-17. Jahrhundert. Auf dem Kirchof die spätgotische Friedhofskapelle St. Anna, barock verändert, und das Untergeschoß eines Karners aus dem 12. Jahrhundert mit rund 5000 Schädeln und Gebeinen.

**Auskunft:** Tourist-Information 93413 Cham, Propsteistr. 46 (Cordonhaus)
**Verkehr:** Busverbindung nach Regensburg, Straubing, Passau, Kötzting, Neunburg, Waldmünchen; Bahnstation
**Hobby und Sport:** Beheiztes Wellen-Freibad, Hallenbad, Minigolf, Angeln, Reiten, Wildgehege, Tennis, Segelfliegen; Skilauf, Eislaufbahn. – In Loifling (Richtung Straubing) Churpfalzpark mit Vogelschau, Rosarium, Märchengarten und Bayerns größter Wasserorgel (860 Fontänen).
**Veranstaltungen:** Chamer Volksfest Ende Juli/Anfang August
**Sammlungen:** Heimatmuseum im Cordonhaus, Propsteistr. 46. – Schulmuseum in Fronau (ältestes Schulhaus der Oberpfalz von 1797).
**Kureinrichtungen:** Kurklinik in Windischbergerdorf; kardiologische, gastroenterologische und enkologische sowie Stoffwechsel-Erkrankungen

**Wanderungen:**
**1.** Über den **Kalvarienberg** (464 m) mit neugotischer Kirche von 1886 auf die **Luitpoldhöhe** (494 m), Aussichtsturm, ½ Std. nördlich. Unterhalb westlich in **Katzberg** die romanische Schloßkapelle mit der „Trenck-Orgel", der Überlieferung nach eine Stiftung des berüchtigten Pandurengenerals als Buße für grausame Brandschatzungen. Vom eigentlichen Schloß nur noch wenige Reste, darunter Schrazlöcher – unterirdische Gänge, die den Bewohnern früher als Versteck oder Fluchtweg dienten.
**2.** Über Altenstadt auf den **Galgenberg** (451 m), ½ Std. östlich. An seinem Südhang zeugen heute noch Wälle an der alten „Böhmstraße" vom Platz der einstigen Reichsburg Cham.
**3.** Über Altenstadt zum Stadtteil **Windischbergerdorf** (anerkannter Erholungsort) am rechten Ufer der Chamb; 1 Std. nordöstl. Ausgangspunkt eines Waldlehrpfades in ½ Std. Westlich auf den **Buchberg** (530 m) mit Resten der ehemaligen Puchberger Burg. Mehrere Rundwanderwege. Zurück nach Cham über Zifling.
**4.** Über Altenstadt nach **Chammünster** mit gotischer Basilika und romanischem Karner, ½ Std. südöstlich. Von dort 1 Std. südöstlich über den 22 m hohen **Ödenturm,** Rest der Burg Chameregg, auf den **Lamberg** (601 m) mit der Wallfahrtskirche St. Walpurga von 1833 (Votivtafeln und Reliquien) und einem Berggasthof (Wildgehege).
**5.** Über Michelsdorf vorbei am **Rötelsee** (Wasservögel, Naturschutzgebiet) zur **Burg Thierlstein** hoch über dem Regental auf einem mächtigen Quarzfelsen des Pfahls, einer alten Grenzfeste aus dem 9. Jahrhundert, mehrfach umgebaut, mit aussichtsreichem Bergfried, Burgmuseum und schönem Park, 1½ Std. westlich.
**6.** Über Loibling nach **Pemfling** mit sehenswerter Dorfkirche von 1736 in prunkvoller Frührokokoausstattung), 1½ Std. nordwestl., Ausgangspunkt für Wanderungen zum **Rabenberg** (617 m) im Norden und **Kürnberg** (571 m) mit Burgruine bei Stamsried im Westen (→ Goldstadt-Reiseführer Oberpfalz).

# Deggendorf

(Kreis Deggendorf, 312 m, 31 000 Einw.), alte Wittelsbacher- und rege Handelsstadt am linken Ufer der Donau nahe der Isarmündung, ist eigentliches Tor zum Bayerischen Wald und besitzt einen bedeutenden Donauhafen mit Reederei und Werft.

## Blick in die Geschichte

Gegründet im 6. Jahrhundert als bajuwarische Siedlung, 868 urkundlich als Tekkinesdorf und 1039 als Oppidulum (kleine Stadt) bezeichnet, gelangte der Ort 1242 aus dem Besitz der Grafen von Bogen an die bayerischen Herzöge, die eine befestigte Stadt anlegen ließen. Die typisch altbayerische Anlage mit dem großen Stadtplatz ist bis heute erhalten. Reste der alten Stadtbefestigung des 13. Jahrhunderts mit Wehrgang befindet sich noch im Westen der Stadt „Am Graben". Bis 1340 war Deggendorf Residenzstadt der Wittelsbacher. Nach 1800 wurde die Stadtbefestigung abgetragen. Deggendorf ist Geburtsort des „Hotelkönigs" Albert Steigenberger (1889-1958).

## Sehenswürdigkeiten

Beherrschender Mittelpunkt des langgezogenen Stadtplatzes (Luitpoldplatz) ist das freistehende

**Rathaus** mit Treppengiebel und kantigem, von einer offenen Laterne gekröntem Uhrenturm. Am ältesten ist der Nordteil, in dem sich eine bereits 1292 urkundlich erwähnte Kapelle befand, die 1803 profaniert und in Büroräume der Stadtverwaltung umgewandelt wurde. Zweiter Bauteil ist der Rathausturm von 1350, der im 15. Jahrhundert aufgestockt wurde. Seine sieben Stockwerke können mit der historischen Türmerwohnung besichtigt werden. Schon im 15. Jahrhundert hatte der Turm eine Uhr mit Zifferblättern an allen vier Seiten. Jüngster Bauteil ist das im Süden an den Turm angebaute spätgotische Rathaus von 1535. An der Stirnseite befinden sich zwei mittelalterliche Steinkugeln, im Volksmund „Deggendorfer Knödel" genannt. An der Südseite des Platzes die

**Heiliggrabkirche,** eine gotische Basilika, erbaut 1337-1360 als Sühnekirche für eine durch Juden begangene Hostienschändung. Johann Michael Fischer gab ihr 1727 den schlanken, reich gegliederten *Glockenturm,* der weit in den Straßenplatz drängt und als schönster Barockturm Niederbayerns gilt. Unter der Orgelempore der Juden- oder Gruftaltar, darunter eine Grube mit den barocken Figuren der Hostienschänder. Bis zur Jahrhundertwende galt die alljährliche Pilgerwoche „Deggendorfer Gnad" als „Wallfahrt zur wundertätigen Hostie"; die Hostienschändung führte 1337 zur Judenausrottung. – Daneben anstelle des ehemaligen Redemptoristenklosters das *City-Center* mit Einkaufszentrum und Zentralhotel; in der obersten Etage das neue Domizil für die Redemptoristenpatres. Unterhalb die

Deggendorf zwischen Donau und Wald
war einst Residenzstadt der Wittelsbacher.

**Spitalkirche St. Katharina** des 18. Jahrhunderts mit gotischer Madonna und die zu einem Kriegerdenkmal umgestaltete *Oswaldkapelle* aus dem 15./18. Jahrhundert. In der Unteren Vorstadt nahe der 416 m langen Donaubrücke die aus einer romanischen Anlage hervorgegangene

**Pfarrkirche Mariae Himmelfahrt,** eine mehrfach umgestaltete dreischiffige barocke Pfeilerbasilika von 1655. Prunkstück ist der 12 m hohe marmorne Baldachin-Hochaltar, ursprünglich für den Eichstätter Dom bestimmt. Daneben die

**Wasserkapelle,** ein Zentralbau aus dem 15. Jahrhundert, vermutlich ein ehemaliger Karner (Beinhaus). An der Nordwand wurde das romanische Tympanonrelief (13. Jh.) der alten Pfarrkirche eingelassen. Auf dem von einem Naturpark umgebenen *Geiersberg* (379 m) die spätgotische

**Wallfahrtskirche Mariae Schmerzen** von 1486. Der schlichte, mit Netzrippengewölben überspannte Raum besitzt einen neugotischen Altar mit gotischem Vesperbild um 1400 sowie zahlreiche Votivtafeln. Im Norden der Stadt die moderne

**Pfarrkirche St. Martin,** erbaut 1951-53 von Otto Weinert (München), mit einem bemerkenswerten Schnitzaltar von 1624, der aus Schaching hierher übertragen wurde.

**Auskunft:** Kultur- und Verkehrsamt 94469 Deggendorf, Oberer Stadtplatz
**Verkehr:** Autobahnanschluß (Regensburg – Passau und Landshut – München); Busverbindung nach Grafenau, Bernried, Lalling, Bischofsmais; Bahnstation; Schiffsverbindung mit Regensburg und Passau; Flugplatz
**Hobby und Sport:** Freibad, Hallenbad, Minigolf, Reitschule, Angeln, Ferienfahrschule, Motorbootkurse, Wasserski, Kunsteisstadion, Rundflüge, Motor- und Segelflugschule, Tennis; Skischule. Veranstaltungen im Kulturtreff Kapuzinerstadl. – Golfplatz auf der Rusel beim Berggasthof.
**Sammlungen:** Stadtmuseum (Stadtgeschichte, Vor- und Frühgeschichte, sakrale Kunst und Volksfrömmigkeit mit reicher Sammlung von Hinterglasbildern), Östlicher Stadtgraben 28 – Handwerksmuseum (Arbeitsweise des traditionellen und modernen Handwerks), Maria-Ward-Platz 1
**Veranstaltungen:** Deggendorfer Volksfest Anfang August

**Wanderungen:**
**1.** Durch gepflegte Naturparkanlagen auf den aussichtsreichen **Geiersberg** (379 m) mit Wallfahrtskirche, 20 Min. östlich. Von dort 1½ Std. südöstlich nach **Seebach** mit Barockpfarrkirche von 1737. Zurück mit Bus; nach 1 km folgt **Halbmeile** mit Redemptoristenkloster und hübscher Rokokokirche von 1785.
**2.** Über Fischerdorf in das Naturschutzgebiet **Untere Isar** im Mündungsgebiet der Isar, ein botanisch und ornithologisch reiches Auwaldgebiet, 1 Std. südlich.
**3.** Auf den aussichtsreichen **Ulrichsberg** (633 m) mit schindelgedeckter **Bergkirche** (einst Burgkapelle der früheren Altenburg aus dem 12. Jh., im 17. Jh. barock verändert) und Ausflugsgaststätte 1½ Std. nordöstlich. Westlich 15 Min. der Bahnhof Ulrichsberg. Weiter nordöstl. in 2 Std. auf die **Oberbreitenau.**

**4.** Über Niederkandlbach vorbei am 10 Minuten westlich gelegenen Dorf **Berg** mit sehenswerter barock veränderter gotischer Kirche zum **Schloß Egg** 2 Std. nordwestl.

**5.** Über Haslach auf die aussichtsreiche **Kanzel** (729 m), 1½ Std. nordöstlich. Von dort über Ringelwies in 1½ Std. nordöstlich zum **Hausstein** (917 m) mit Aussichtsfelsen Geßingerstein und Gedenksäule Königstein zur Erinnerung an den Besuch von König Max II.; weiter in ½ Std. nach **Rusel** (856 m), hochgelegenes Dorf auf der gleichnamigen Bergkuppe, bis 1803 Forstgut des Klosters Niederalteich, 1867 Ferienquartier von Friedrich Nietzsche. Am Ruselabsatz Wanderparkplatz. Busverbindung mit Deggendorf.

**6.** Mit dem Wagen nach **Grafling** (Bahnstation), 8 km nördl., Mittelpunkt des lieblichen **Graflinger Tales** (Obstanbaugebiet), das von bis zu 1000 m ansteigenden Bergen umsäumt ist. Beliebte Ferienziele in dem langgestreckten Tal sind die kleinen Dörfer **Datting, Eidsberg, Hirschberg** und **Wühn.**

**7.** Auf dem **Böhmweg** über **Regen** nach Bayerisch Eisenstein, 60 km nordöstl. (→ Weitwanderwege S. 309).

# Donaustauf

(Kreis Regensburg, 328 m, 3000 Einw.), Ausflugsort am linken Donauufer am Rand des Vorwaldes. Auf dem parkbestandenen Burgberg thront die mächtige **Burgruine der Feste Stauf** (422 m). Die ausgedehnte Anlage mit fünf Vorbauten hintereinander und Resten einer Burgkapelle aus dem 11. Jahrhundert war einst Burgsitz der Regensburger Bischöfe und wurde 1634 von Schweden zerstört. Interessant auch die gotische **Wallfahrtskirche St. Salvator** aus dem 15. Jahrhundert, später barockisiert und 1843 im Auftrag König Ludwig I. von Leo von Klenze der Walhalla angepaßt.

Stromabwärts auf dem aussichtsreichen Breuberg (409 m) die weithin sichtbare **Walhalla** (Fußweg 20 Min., zur Freitreppe an der Straße nach Wörth 10 Min., Auffahrt 1½ km).

Die **Walhalla** ist wie die Befreiungshalle bei Kelheim eine Stiftung des Bayernkönigs Ludwig I. und wurde 1830-1842 durch Leo von Klenze nach dem Vorbild des Parthenon in Athen erbaut mit fast den gleichen Ausmaßen: 67 m lang, 32 m breit, 20 m hoch, umgeben von 52 dorischen Marmorsäulen. Der Tempel ruht auf einem gewaltigen, 37 m hohen Unterbau, von dem eine breite Freitreppe mit 366 Stufen zum Donauufer hinunterführt. Gegenüber dem Eingang das marmorne Sitzbildnis des Stifters Ludwig I.

Der in ionischem Stil gehaltene Innenraum ist aus feinstem Marmor mit Mosaikfußboden und Kassettendecke, 14 Karyatiden tragen das Gebälk, von oben dringt gedämpftes Licht herein. An den Wänden befinden sich die Namen und Büsten berühmter deutscher Männer und Frauen, „die durch ihr Wirken zum Ruhme Deutschlands beigetragen haben". Ludwig I.

Bei Donaustauf erhebt sich auf dem aussichtsreichen Breuberg
die weithin sichtbare Walhalla.

bestimmte, daß ein „Genosse Walhalls" nur werden kann, „wer
teutscher Zunge sey". Die Erstauswahl der Walhalla-Genossen
erfolgte durch Ludwig I. persönlich, heute wird über Neuauf-
nahme vom Freistaat Bayern entschieden. Von Bach bis
Mozart, Schiller, Maria Theresia, Bismarck und Katharina der
Großen ist unter den mehr als 100 Büsten und den vielen Ge-
denktafeln vertreten, was Rang und Namen hat – nach 1945
kamen u.a. Adalbert Stifter und Max Reger hinzu. An den Giebeln in Erz gegossene Reliefdarstellungen aus germanischer
Sagenwelt und deutscher Frühgeschichte.

**Auskunft:** Verkehrsverein 93093 Donaustauf
**Verkehr:** Bus- und Schiffsverbindung nach Regensburg
**Hobby und Sport:** Freibad, Angeln, Golfplatz, Tiergehege

**Wanderungen:**
**1.** Über den **Hohen Markstein** (510 m) durch den Donaustaufer Forst mit
vielen Rundwanderwegen nach **Wenzenbach,** 1½ Std. nördlich.
**2.** Von der Walhalla-Auffahrt über Reiflding vorbei an zwei Flußspatwerken
zur **Hammermühle** im Otterbachtal zum **Thiergarten** der Fürsten von
Thurn und Taxis, 1 Std. nordöstlich.
**3.** Ab **Wallfahrtskirche St. Salvator** durch das Reifelsbachtal und über
Silberweiher nach **Bernhardswald** mit ehemaligem Schloß des 18. Jahrhunderts, 2 Std. nordöstlich.

## Drachselsried

(Kreis Regen, 530 m, 2200 Einw.), anerkannter Erholungsort im Zellertal zwischen Kötzting und Bodenmais am Fuße des Kaitersberg-Arber-Höhenzuges und am Zusammenfluß mehrerer Quellbäche zum Asbach, wurde 1184 erstmals erwähnt. Die **Pfarrkirche St. Ägidius** mit gotischen Teilen wurde 1848 errichtet und nach dem Zweiten Weltkrieg originell ausgemalt. In der Umgebung befinden sich stattliche Bergbauernhöfe und noch viele Totenbretter. Beliebte Ferienziele sind auch die Ortsteile *Asbach, Bergen, Blachendorf, Frath/Frathau, Grafenried, Haberbühl, Oberried, Rehberg, Riedlberg* und *Unterried.*

**Auskunft:** Verkehrsamt 94256 Drachselsried
**Verkehr:** Busverbindung nach Kötzting, Viechtach, Bodenmais, Regen; nächste Bahnstation Gumpenried oder Bodenmais
**Hobby und Sport:** Freibad und Hallenbad in Arnbruck 3 km; Angeln, Reiten, Wildgehege, Tennis, Kneippbecken; Skischule, Eisstockschießen
**Veranstaltungen:** Altbayerische Kirwa im August, Wolfsausläuten am Martinitag (11. Nov.)
**Sammlungen:** Glaskunstsammlung, Poschingerstr. 12

**Wanderungen:**
**1.** Zum hochgelegenen Berggasthof **Schareben** (1002 m), 1½ Std. nordöstl. Dort Anschluß an die **Kaitersberg-Arber-Höhentour** (→ S. 186).
**2.** Über Café Vogl und Wieskirchl nach **Arnbruck\***, ¾ Std. nordwestl. Zurück über Poschinger Hütte.
**3.** Über Brennersried zur **Burgruine Neunußberg** aus dem 14. Jahrhundert mit Wohnturm und gotische Kapelle 2 Std. südwestl.
**4.** Über Grafenried nach **Asbach** (580 m) mit Berggasthof, 1 Std. südlich.
**5.** Über Haufenmühle und Frather Knögerl nach **Frath** (700 m, Gaststätte), 1 Std. südöstlich.

## Eging am See

(Kreis Passau, 426 m, 3000 Einw.), anerkannter Erholungsort im Dreiburgenland am Rohrbachstausee mit Granit- und Textilindustrie. Die gotische **Pfarrkirche** mit Seelenkapelle wurde 1903 und 1955 erweitert.

**Auskunft:** Verkehrsamt 94535 Eging am See
**Verkehr:** Autobahnanschluß (Regensburg-Passau); Busverbindung nach Passau, Vilshofen, Deggendorf
**Hobby und Sport:** Wellenhallenbad, Freibad, Kurpark, Minigolf, Tennis, Angeln. Stausee (15 ha) mit Badestrand, Bootsverleih, Segeln
**Kureinrichtungen:** Kurhaus mit Kneipp-Becken, Bewegungsbecken, Dampfbad und Solarien

**Wanderungen:**
**1.** Zum **Rohrbachstausee** mit Strand-Café und Bootsverleih, ¼ Std. nördlich. Rundweg um den See mit Waldlehrpfad.
**2.** Nach **Aicha vorm Wald** mit Schloß-Museum, 2 Std. südöstl.
**3.** Über Gaststätte Waldesruh zur **Kroißenmühle** an der Großen Ohe, 1 Std. westlich. Zurück über Loipfering.
**4.** Über Harmering zur **Burg Fürstenstein**, 1½ Std. nordöstlich. Von dort über **Englburg** zur **Saldenburg**, 2½ Std. nordöstlich.

# Falkenfels

(Kreis Straubing-Bogen, 550 m, 800 Einw.), Ferienort im Donau-waldgau 18 km nördlich von Straubing, wird überragt vom mächtigen viereckigen Bergfried (13. Jh.) der ehemaligen Burg der Grafen von Bogen aus dem 12. Jahrhundert, die nach mehreren Brandzerstörungen oft verändert wurde und heute als Burghotel und Schloßgaststätte dient.

Auf der benachbarten **Saulburg** 4 km südwestlich, malerisch auf einem Höhenvorsprung 80 m über dem Auenzeller Bach gelegen, traf sich oft heimlich Herzog Albrecht III. mit seiner Gemahlin, der Baderstochter Agnes Bernauer, die sein Vater 1435 als Hexe bei Straubing ertränken ließ. Die im 11. Jahrhundert gegründete Burg wurde häufig verändert: Aus der Zeit um 1560 stammen die Renaissance-Doppelarkaden im Schloßhof; 1754 erbaute Johann Michael Fischer die elegante Rokoko-Schloß-kapelle.

**Auskunft:** Gemeindeverwaltung 94350 Falkenfels
**Verkehr:** Busverbindung nach Straubing, Bahnstation Mitterfels
**Hobby und Sport:** Freibad, Tontaubenschießen

**Wanderungen:**
**1.** Über Geßmannszell zur **Saulburg** mit Schloßwirtschaft, 1 Std. sw.
**2.** Über die Waldkapelle **St. Johann** (um 1700) nach **Münster,** 1½ Std. südlich. Das im 8. Jahrhundert unter Herzog Tassilo III. gegründete Kloster Pfaffmünster war von 1157-1581 ein Augustiner-Chorherrenstift. Die ehemalige **Stiftskirche** und die daneben stehende **Martinskirche** sind Zeugnisse romanischer Baukunst des 12. Jahrhunderts.
**3.** Über Rothmühle zum **Büscherl** (740 m). 1½ Std. nordwestlich.
**4.** Über Riederszell zum **Pilgramsberg** (618 m) mit barocker Wallfahrtskirche, 1½ Std. nördlich.
**5.** Nach **Ascha** mit Barockpfarrkirche von 1720, 1 Std. östlich, die Kirche birgt zahlreiche Grabsteine Falkenfelser Schloßherren. Nördlich davon liegt **Rattiszell** mit barocker Dorfkirche von 1697 (Turm noch spätgotisch).

# Falkenstein

(Kreis Cham, 628 m, 2000 Einw.), anerkannter Luftkurort im Vorwald, überragt von einer Burg des 11. Jahrhunderts. Die 60 m hoch über dem Ort auf einem Granitkegel thronende **Burg Falkenstein** wurde 1074 von dem Regensburger Bischof Tuto gegründet. 1332 gelangte sie in den Besitz der Wittelsbacher, behauptete sich im frühen 15. Jahrhundert gegen die Hussiten („Weiberwehr"), 1641 gegen die Schweden und befindet sich heute in Gemeindebesitz. Die Halbruine gehört mit ihrem quadratischen, aussichtsreichen Bergfried, der von einer Barockkugel gekrönten Burgkapelle des 17. Jahrhunderts und dem malerischen Arkadenhof zu den reizvollsten Burganlagen. Sie ist umgeben von einem 12 ha großen Naturfelsenpark mit urwaldartigem Baumbestand. In der Burganlage befindet sich das Haus des Gastes.

**Auskunft:** Verkehrsamt 93167 Falkenstein

**Verkehr:** Busverbindung nach Straubing, Roding, Regensburg, Cham

**Hobby und Sport:** Beheiztes Freibad, Angeln, Haus des Gastes, Jagdmuseum, Tennis; Skischule, Rodeln

**Veranstaltungen:** Burghofspiele von Mitte Juni bis ca. 10. August

**Sammlungen:** Jagdmuseum in der Burg

**Wanderungen:**

**1.** Rundweg nordöstlich hinab in das Mietnachtal zur Schellmühle und nördlich über Ettmannsdorf und Hagenau zur **Burgruine Sengersberg** auf bewaldeter, von Granitblöcken übersäter Bergkuppe (615 m), im 13. Jahrhundert Sitz der Herren von Segensperch, im 16. Jahrhundert zerstört, 1¾ Std. Weiter über das Mietnachtal zur Rokoko-Wallfahrtskapelle **Marienstein** des 18. Jahrhunderts mit geschnitzter Marienfigur des 16. Jahrhunderts, ½ Std. Zurück über den Lauberberg mit vorgeschichtlichen Kulturdenkmälern (Schalensteine), 1 Std.

**2.** Über den Lauberberg und Mantelberg nach **Unterzell** und zur **Burgruine Lobenstein** (10. Jh.) mit Resten eines mächtigen Wohnturms, 2¼ Std. nordwestlich oder über den Tannenfelsen nach **Hetzenbach** mit barocker Wallfahrtskirche von 1764, 3 Std. nordwestlich.

**3.** Zu der idyllischen **Wallfahrtskapelle Tannerl** (1727/1949), ½ Std. südwestlich. Von dort westlich ¾ Std. über Ruderszell und Postfelden zur **Hölle,** einer unter Naturschutz stehenden Felsenwirrnis, durch die tosend der Höllbach stürzt; oder südlich ¾ Std. über die aussichtsreiche **Käsplatte** (672 m) nach **Aumbach.** Von dort über Elend, Bierschneidermühle und durch das Perlbachtal nach **Wörth\*,** 1½ Std. südwestl.

**4.** Im östl. Bogen über die **Arracher Höhe** mit aussichtsreichem **Hohen Kreuz** nach **Arrach** mit Rokokokirche von 1750 (Chor gotisch), 1 Std. In der Nähe westlich **Ferienzentrum** beim Gasthaus Holzmühlklause sowie der **Höllenbachstausee.**

**5.** Mit dem Wagen 6 km nordöstlich nach **Michelsneukirchen** (Rokokokirche von 1711) und **St. Quer** (gotische Kirche, altes Mauthäusl, Ausblick).

# Frauenau

(Kreis Regen, 700 m, 3000 Einw.), anerkannter Erholungsort am Fuß des Rachel mit traditionsreicher Glasindustrie. Die heutige Freiherr von Poschinger'sche Krystallglasfabrik Frauenau, gegründet zwischen 1345 und 1440, gilt als älteste Glasfabrik der Welt und ist seit 1605 ununterbrochen im Besitz der Familie Poschinger. Der Ort entstand schon 1324 als „Siedlung zur Lieben Frau" aus einer Einsiedelei des Eremiten Hermann vom Kloster Niederalteich. An seiner Wirkungsstätte erhebt sich die

**Pfarrkirche „Zu unserer lieben Frau",** 1759-67 anstelle einer alten Steinkirche neu errichtet und 1927 erweitert. Bewunderung findet der schöne Rokokoraum mit Deckenmalereien von Asam-Schüler Franz Rauscher und Stukkaturen von Melchior Modler aus Passau. Am Hochaltar ein spätgotisches Gnadenbild von 1480. – Bei *Oberfrauenau* die

**Trinkwassertalsperre Frauenau,** 1984 vollendet, höchstgelegene (767 m) und größte (90 Hektar, 67 m Tiefe, 640 m lang, 86 m

Frauenau mit traditionsreicher Glasindustrie entstand
1324 als „Siedlung zur Lieben Frau".

hoher Hauptdamm) Trinkwassertalsperre des Bayerischen Waldes, gespeist vom Kleinen Regen und Hirschbach.

**Auskunft:** Verkehrsamt 94258 Frauenau
**Verkehr:** Busverbindung mit Cham, Passau; Bahnstation
**Hobby und Sport:** Beheiztes Freibad, Tennis, Angeln, Ferienfahrschule,
Leseraum, Zimmerstutzenschießen; Skiunterricht, Eislaufplatz, Eisstock-
schießen, Pferdeschlittenfahrten
**Besichtigungen:** Glasmuseum, Am Museumspark 1 (besonders sehens-
wert). – Führungen durch die einheimischen Glashütten. In Zwieselau
(Richtung Zwiesel, Hinweis an der Straße) die Köhlerei Häusler.
**Veranstaltungen:** „Rauhnacht", Maskenfest am Faschingssamstag, das
größte und mit den dämonischen Kostümen eindrucksvollste Maskentrei-
ben im Bayerischen Wald
„Auerer Kirwa", viertägiges Volksfest Mitte August

**Wanderungen:**
**1.** Entlang der Flanitz zum **Bahnhof Klingenbrunn;** Ausgangspunkt von
Rundwegen in den Nationalpark, 2 Std. südöstlich. Zurück über Altposchin-
gerhütte.
**2.** Über **Oberfrauenau** auf dem Rachelsteig zum **Großen Rachel**
(1452 m) mit Waldschmidthaus, 3½ Std. östlich. Abstieg entweder südwestlich auf dem Klingenbrunner Rachelsteig zum **Bahnhof Klingenbrunn**
(2 Std.) oder zum **Rachelsee** und südwestlich durch das mit einem Knüppeldamm abgedeckte **Föhrauer Filz** („Ochsenklavier") nach **Spiegelau***
(4 Std.) Mit Bahn oder Bus zurück.
**3.** Über Oberfrauenau zur **Trinkwassertalsperre,** 1 Std. nordöstlich.
**4.** Über Dörfl zum Ferienort **Buchenau,** 1½ Std. nörlich.
**5.** Über Dörfl, Oberzwieselau zur **Köhlerei,** ältester Kohlenmeiler Bayerns,
1½ Std. nordwestlich. Zurück über Flanitz und Flanitzmühle.
**6.** Über Flanitz nach **Zwiesel***, 2 Std. nordwestlich. Zurück über Glasberg.
**7.** Über Griesbacher Tafelbaum und Zimmerau nach **Rinchnach***, 2½ Std.
südwestlich.

# Freyung

(Kreis Freyung-Grafenau, 658 m, 7000 Einw.), anerkannter Luft-kurort und Kreisverwaltungssitz am „Goldenen Steig" von Passau nach Böhmen, erhielt seinen Namen im 14. Jahrhundert, als die Siedler in diesem entlegenen Teil des Fürstbistums Passau für je-weils eine bestimmte Zeit von Abgaben „frei" waren. 1872 zer-störte ein Brand den alten Ortskern. Seit 1953 ist Freyung Stadt und damit höchstgelegene Stadt des Bayerischen Waldes. In der Nähe schaffen Sauß- und Reschbach, die sich zur Wolfsteiner Ohe vereinen, das Naturdenkmal der Wildbachklamm „Buchberger Leite", an der sich ein Carbitwerk für synthetische Edelsteinerzeu-gung befindet.

Die nach dem Brand wiedererrichtete neugotische **Pfarrkirche Mariae Himmelfahrt** von 1874/77 bewahrt noch aus dem frühe-ren Gotteshaus ein Holzkruzifix um 1730 und einen barocken Sebastian. Der unter Denkmalschutz stehende **Pfarrhof** von 1732 beherbergte einst Passauer Fürstbischöfe, deren Porträts das Treppenhaus schmücken. An der Straße nach Oberndorf steht die **Dreifaltigkeitskapelle** von 1735.

Nördlich thront 37 m über dem Saußbach auf einem Pfahl-Quarzriff das **Schloß Wolfstein,** gegründet um 1200 durch den Passauer Bischof Wolfker von Ellenbrechtskirchen zum Schutz des Goldenen Steigs. Es wurde 1590 im Renaissancestil erneuert. Seit 1806 diente es als Sitz verschiedener Behörden und beher-bergt heute eine Galerie mit Werken von Künstlern aus der ost-bayerischen Region. Das neue Landratsamt befindet sich im „Königsfeld" des Schloßberges.

**Auskunft:** Direktion für Tourismus 94078 Freyung, Rathaus
**Verkehr:** Busverbindung mit Mauth, Finsterau, Haidmühle, Grafenau, Lak-kenhäuser, Passau, nächste Bahnstationen Passau und Grafenau
**Hobby und Sport:** Beheiztes Freibad, Ozon-Hallenbad, Minigolf, Angeln, Tier- und Wildgehege; Tennis, Hallentennis, Squash, Reiten; Skischule, Ski-langlaufzentrum Kreuzberg, Kunsteishalle im Freizeitpark Solla, Eisstock-schießen; Hobbykurse für Bauern- und Hinterglasmalerei sowie Wachskur-se. – Kurhaus mit Kursaal, Café, Kino, Bibliothek und Ferienkindergarten.
**Sammlungen:** Wolfsteiner Heimatmuseum im historischen Schramlhaus, Abteistraße 8 (ältestes erhaltenes bäuerliches Anwesen um 1700) – Jagd- und Fischereimuseum mit Galerie im Schloß Wolfstein – Heimatsammlung „Stadt Winterberg" (böhmische Partnerstadt) im Rathaus
**Besichtigungen:** Bergglashütte der Firma Weinfurtner im Ortsteil Geyers-berg mit traditionellen Handwerksprodukten und modernen Glasunikaten der „Weinfurtner Künstlergilde"
**Kureinrichtungen:** Dialyse-Zentrum; Bäder, Massagen, Elektrotherapie, Kneippanwendungen

**Wanderungen:**
**1.** Auf den **Geyersberg** (798 m), ½ Std. südlich. An seinen Hängen Ferien-park Geyersberg (Appartementanlage mit Gesundheitszentrum), Klinik

Freyung: Das Schloß Wolfstein thront
auf einer Felskuppe des Großen Pfahls.

Wolfstein, Ferienpark Herrmannsau und Solla-Ferienhäuser. Vom Geyersberg einstündiger Rundweg über Baderstein und Marterberg.

**2.** Über Hammermühle am rechten Ufer des Saußbaches entlang vorbei am Klärwerk und Stausee in die **Buchberger Leite** (schönste Wildbachklamm im Bayerischen Wald) und vorbei am Saußbachwerk zur **Schere** (Vereinigung von Sauß- und Reschbach zur Wolfsteiner Ohe); weiter am rechten Ufer der Wolfsteiner Ohe unterhalb schroffer Felswände und zuletzt durch einen Felsstollen zur ehemaligen **Buchbergmühle** (Carbidwerk seit 1914, Gaststätte), von Freyung 1½ Std. westl. Oberhalb das hochgelegene Dorf **Buchberg** (621 m) mit gotisch-barocker Erasmuskapelle der zerfallenen Burg Wildenstein und Burgruine Neuenbuchberg. Zurück über Aigenstadl, Köppenreut, Marchzipf (Landgasthof) und Geyersberg oder weiter am linken Ufer der Wolfsteiner Ohe in 1 Std. nach **Ringelai\*.**

**3.** Durch die **Buchberger Leite** bis zur Schere und weiter am Reschbach entlang nach **Bierhütte,** 1½ Std. nordwestlich. Weiter nördlich der **Reschbach-Stausee.** Zurück über den aussichtsreich auf einer Kuppe liegenden alten Wallfahrtsort **Kreuzberg** (819 m) mit spätgotischer Pfarrkirche, Bründlkapelle von 1744 und Veitkapelle von 1599.

**4.** Zum **Nationalpark Bayerischer Wald** (→ S. 66): Anfahrt mit Bus oder Wagen zum Nationalpark-Haus bei Neuschönau, 15 km nordwestl. Der Parkplatz ist Ausgangspunkt markierter Wanderwege.

# Füssing, Bad

(Kreis Passau, 324 m, 6300 Einw.), anerkanntes Heilbad im Inntal südlich von Passau mit drei schwefelhaltigen Thermal-Mineral-quellen (56° Celsius). Bad Füssing liegt in einer der niederschlags-ärmsten Gegenden Bayerns. Die ländliche Umgebung bildet einen reizvollen Kontrast zu dem funktionell-modernen Kurort, dessen Geburtsstunde 1937 schlug, als Bohrfachleute auf der Suche nach Erdöl im heutigen Ortsteil Safferstetten in 1000 m Tiefe auf schwe-felhaltiges Thermalwasser stießen.

**Auskunft:** Verkehrsamt 94072 Bad Füssing, Kurallee 15
**Verkehr:** Busverbindung mit Passau, Pocking, Griesbach, Altötting, Mün-chen; nächste Bahnstation Pocking mit Kurswagen von Dortmund und Hamburg
**Heilanzeigen:** Rheumatische Erkrankungen, Wirbelsäulenschäden, Läh-mungen, chirurgische Nachbehandlungen, Durchblutungs- und Kreislauf-störungen, Frauenkrankheiten, chronische Krankheiten des Zahnfleisches
**Kurmittel:** Schwefelhaltige Natrium-Hydrogencarbonat-Chlorid-Therme. Drei moderne Kurmittelzentren mit temperaturgestuften Thermalhallen-und -freibädern. Ferner Wannenbäder, Luftsprudelbäder, Bindegewebs-massagen, Trockenmassagen, Unterwassermassagen, Unterwassergymna-stik, Inhalationen
**Hobby und Sport:** Zwei Kurhäuser mit Kino, Fernseh- und Leseräumen. Beheiztes Freibad, Tennis mit Unterricht, Angeln, Minigolf, Reiten, Kurkon-zerte, Theatergastspiele; schöner Kurpark mit Heilkräutergarten und Bau-ernhausmuseum. Freizeitpark mit harmonischem Übergang in die umge-benden Wälder und Innauen.
**Außerdem interessant:** Der Haslinger Hof im Ortsteil Kirchham mit Hotel, Wirtshaus, Töpferei, Brotbackhaus, Schlaf- und Tiermuseum teils in reno-vierten alten Holzhäusern.

## Wanderungen:

**1.** Rund um **Bad Füssing,** nordwestlich vorbei am Sportbad und den Ten-nisplätzen nach Steinreuth und Dürnöd; zurück auf dem Wiesenweg, insge-samt 1½ Std.
**2.** Auf schönem Waldweg zum Johannesbad und weiter nach **Würding,** ¾ Std. östlich. Von dort ½ nordöstlich nach **Gögging.**
**3.** Nach **Aigen am Inn** mit sehenswerter Wallfahrtskirche Maria Himmel-fahrt zu St. Leonhard und ehemaligem bischöflichem Kastenhaus aus Tuff-stein,
1½ Std. südwestl. Aigener Leonhardifest am Sonntag vor dem 6. November mit Reiterfestzug.
**4.** Radwanderweg durch die Pockinger Heide nach **Pocking,** bedeutender Zuchtviehmarkt mit guter Gastronomie und vielseitigen Sportmöglichkei-ten, 7 km nördlich.

Bad Füssing besitzt einen schönen Kurpark.

## Furth im Wald

(Kreis Cham, 410 m, 10 000 Einw.), anerkannter Erholungsort im Chambtal nahe der böhmischen Grenze. Offizieller Straßen- und Bahnübergang in die Tschechische Republik.

Die Cham-Further Senke, der tiefste Einschnitt im ostbayerischen Grenzgebirge, war schon in vorgeschichtlicher Zeit besiedelt und trennt geographisch den Bayerischen Wald vom Oberpfälzer Wald. Im Jahr 1086 unterstellte Kaiser Heinrich IV. den Ort „Vurte" als strategisch wichtigen Grenzort den Grafen von Bogen, die hier eine Burg als Bollwerk gegen Böhmen errichteten. Durch Kriege und Brände wurde Furth, das schon 1332 Stadtrecht erhielt, im Laufe seiner Geschichte immer wieder zerstört.

Einziger Rest des 1863 beim Stadtbrand vernichteten Schlosses ist der viereckige *Lärmenturm* im ehemaligen Schloßhof (jetzt

Furth im Wald: Der Stadtturm von 1866 erhebt sich anstelle des alten Schloßturmes.

Wohngebäude). Der heutige **Stadtturm** entstand 1866 anstelle des Schloßturmes. Die mehrfach umgebaute **Stadtpfarrkirche** von 1727 bewahrt reichverzierte Grabsteine der fürstlichen Burgpfleger. Auf dem Stadtplatz die Statue des Brückenheiligen **St. Nepomuk** von 1767. Reizvoll ist das 1980 geschaffene **Glokkenspiel** am Erker des Amtsgerichts mit 23 Glocken. – An der Straße nach Eschlkam die **Leonhardikapelle** des 18. Jahrhunderts, am Ostermontag Mittelpunkt des **Leonhardiritts,** bei dem die Bauern den Segen für die Pferde erbitten.

Auf dem Stadtplatz wird alljährlich vom 2. bis 3. Augustsonntag der berühmte **Drachenstich** aufgeführt, ein über 500 Jahre altes Grenzlandspiel und damit ältestes Volksschauspiel Deutschlands. Hintergrund ist die Schlacht von Taus am 2. Augustsonntag 1431, als das kaiserliche Heer von den Hussiten besiegt wurde.

Furth im Wald: Glockenspiel am Erker des Amtsgerichts.

## Der Drachenstich

In den Notzeiten des Hussitenkrieges empfanden die Menschen das furchtbare Elend wie einen schrecklichen Drachen. In ihrer Bedrängnis erflehten sie Hilfe vom Nothelfer St. Georg und verwoben dessen Legende zu einem heiligen Spiel. Früher wurde der Drache in der Fronleichnamsprozession mitgeführt. Seit 1879 wird der Drachenstich als weltliches Spiel im Freien auf dem Stadtplatz veranstaltet.

Ganz Furth ist auf den Beinen, wenn wieder einmal der „Drack g'stocha" wird. Höhepunkt des Spiels ist der Augenblick, in dem der tapfere Ritter Udo hoch zu Roß auf den feuerspeienden Drachen zusprengt und ihm mit kühnem Wurf den tödlichen Lanzenstich versetzt, so daß er röchelnd verblutet.

Der heutige Text des Schauspiels stammt von Josef Martin Bauer. Der technisch perfekt ausgestattete Kunststoff-Drache mit modernster Elektronik und Hydraulik ist 16 m lang und 5 m hoch. Drei Techniker steuern das Ungeheuer im Innern. Der Drachen kann auch außerhalb des Festes in einer Halle des Landestormuseums besichtigt werden.

An die erste Drachenstich-Aufführung schließen sich die traditionellen Hofrechte mit Huldigungen für Ritter und Ritterin an. Beim großen Festumzug wirken mehr als 1000 Teilnehmer in historischen Kostümen mit.

**Auskunft:** Verkehrsbüro 93437 Furth i. Wald
**Verkehr:** Busverbindung mit Neukirchen b. Hl. Blut, Bayerisch Eisenstein, Waldmünchen; Bahnstation – Grenzübergang in die Tschechische Republik

Das Landestormuseum zeigt Sammlungen aus der Stadtgeschichte.

**Hobby und Sport:** Beheiztes Freibad, Hallenbad, Minigolf, Tennisunterricht, Reitschule, Reithalle, Ponyreiten für Kinder, Tier- und Wildgehege, Pirschgänge, Skischule, Eisstockschießen; auf der Waldbühne am Stadtrand von Juni bis August reichhaltiges Spielprogramm; Omnibusfahrten nach Prag, Karlsbad und Marienbad – Golfplatz in Voithenberg

**Sammlungen:** Landestormuseum, Schloßplatz 4 – Waldmuseum im Ortsteil Sengenbühl – Hammerschmiede Voithenberghütte 17

**Wanderungen:**
**1.** Auf den **Dachsriegel** mit nicht bewirtschafteter Berghütte (826 m), 1¾ Std. westlich.
**2.** Auf den **Dieberg** mit Aussichtsturm (639 m), ¾ Std. nordöstlich.

**3.** Über Wutzmühle zum **Deschlberg** (450 m) mit Felspartien und Blick auf die Stadt vom „Göttersitz", ½ Std. südlich.
**4.** Zum Gasthaus **Voithenberghütte** mit Waldbad, ¾ Std. nordwestl.
**5.** Über **Voithenberg** (Schloß des 19. Jh.) vorbei am **Reiseck** (901 m, lohnender Aufstieg) zum **Gibacht** (938 m), 2 Std. nordwestlich. Der Gibacht wird auch Riegelbaum genannt; vom Gipfelkreuz herrliche Aussicht. Jenseits der Grenze die Schwarzkoppe (Cerkov), 1039 m hoch. Nördlich ¼ Std. von Gibacht entfernt an der Grenze der **Dreiwappenfelsen** (917 m) mit eingemeißelten Hoheitswappen: Seit 1766 Grenzpunkt zwischen Bayern, Böhmen und Kurpfalz.
**6.** Zum **Hohen Bogen,** 3 Std. südöstlich: Über Oberrappendorf und Oberdörfl steil aufwärts zum Burgstall (976 m) und ½ Std. weiter zur **Diensthütte am Hohen Bogen** (901 m).
**7. Rundweg** insges. 2½ Std. südlich über Oberrappendorf nach **Sengenbühl** mit Waldmuseum, Waldgaststätte, Wildgehege und Weiher in einem aufgelassenen Steinbruch.

# Gleißenberg
(Kreis Cham, 422 m, 800 Einw.), anerkannter Erholungsort zwischen Furth im Wald und Waldmünchen in einem nach Süden offenen Talkessel.
**Auskunft:** Fremdenverkehrsverein 93477 Gleißenberg
**Verkehr:** Busverbindung mit Furth im Wald und Waldmünchen
**Hobby und Sport:** Beheiztes Freibad, Hallenbad, Reiten
**Wanderungen:**
**1.** Nach **Roßhof** am Hinteren Hiener (768 m), 1 Std. nordwestlich.
**2.** Auf den **Klammerfels** (848 m), 1½ Std. nördlich.
**3.** Über den **Burgstallfelsen** (672 m, Reste einer Burg) und Althütte auf den Gibacht (938 m), 1 Std. nordöstlich.
**4.** Über Gschwand vorbei am **Reiseck** (901 m) und **Dachsriegel** (826 m) nach **Voithenberg** (Schloß 19. Jh.), 2 Std. östlich.

# Gotteszell
(Kreis Regen, 568 m, 1200 Einw.), waldumgebener Ferienort 15 km nördlich von Deggendorf, entstand aus einem 1285 von Aldersbacher Mönchen gegründeten und 1803 säkularisierten Zisterzienserkloster. Sehenswert die ehemalige **Abteikirche St. Anna,** jetzt Pfarrkirche, eine dreischiffige Basilika von 1339. Die Brüder Asam barockisierten sie 1729. Erhalten ist nur noch ein Fresko von C.D. Asam an der Chorapsiswand.
**Auskunft:** Gemeindeverwaltung 94239 Gotteszell
**Verkehr:** Busverbindung mit Viechtach, Deggendorf; Bahnstation Gotteszell 1½ km südöstlich. Ausgangspunkt der Regentalbahn
**Hobby und Sport:** Wintersportgelände in Achslach und beim Berggasthof Kalteck mit Skilift sowie auf der Oberbreitenau
**Sammlungen:** Brauereimuseum

**Wanderungen:**
**1.** Über Weihmannsried und Vogelsanghof auf den **Vogelsang** (1022 m), 2 Std. südwestlich, von dort 15 Min. südlich zum Aussichtsfelsen **Regensburger Stein** (950 m).
**2.** Über Tafertsried nach **Achslach,** ¾ Std. nordwestlich. Von dort westlich aufwärts zur Waldwiese **Ödwies** mit Forsthaus und südlich zum **Hirschenstein** (1095 m) mit Aussichtsturm, 2 Std.
**3.** Über Bahnhof Gottesell (¼ Std.), Köckersried und Wühnried zum **Landshuter Haus** (1020 m) auf der Oberbreitenau, 2½ Std. südöstlich.
**4.** Über Bahnhof Gottesell und Grub zum **Naturfreundehaus Loderhard** (930 m), 2 Std. südöstlich. Abstieg nach **Grafling,** einer kleinen Sommerfrische im geschützten Graflinger Winkel, 1 Std., zurück mit Bus oder Bahn.

# Gottsdorf

(Kreis Passau, 630 m, 700 Einw.), anerkannter Erholungsort nahe der österreichischen Grenze, ist als Pfarrei seit 1075 bezeugt und gehört heute zur Gemeindeverwaltung *Untergriesbach*. Die spätgotische **Pfarrkirche St. Jakob,** ein einschiffiger Gewölbebau aus dem 15. Jahrhundert mit Turm von 1721 besitzt eine Barokkausstattung.

Am Ortsrand das *AZUR-Ferienzentrum Bayerwald* mit Campingplatz, Ferienbungalows und vielfältigen Spiel- und Sportanlagen für Erwachsene und Kinder, u.a. modernes Freibad mit 33-m-Bekken und Schwimmhalle mit beheiztem 25-m-Becken. Im Winter Skikurse (Skilift). Freibad auch in Lämmersdorf, 2 km westlich.

**Auskunft:** Fremdenverkehrsamt 8391 Untergriesbach
**Verkehr:** Busverbindung mit Passau, Wegscheid, Untergriesbach; nächste Bahnstation Obernzell
**Hobby und Sport:** Freizeiteinrichtungen im Ferienzentrum, Freibad auch in Lämmersdorf, 2 km westlich

**Wanderungen:**
**1.** Zur **Waldkapelle Kaltenbrunn** (1841) mit durchfließender Quelle, ¼ Std. nördl.
**2.** Zum aussichtsreichen **Höhenberg** (759 m), ½ Std. nordwestlich.
**3.** Nach **Riedl,** ½ Std. südlich. Von dort ¼ Std. westlich zur **Ebensteiner Aussichtsplatte** (320 m über dem Donautal) oder ¼ Std. südöstlich über die **Burgruine Neujochenstein** (13. Jh., 270 m über der Donau) zur **Burgruine Altjochenstein** (12. Jh., 180 m über der Donau). Abstieg ½ Std. westlich zum **Kraftwerk Jochenstein** mit Donaustausee.
**4.** Mit dem Wagen über die österreichische Landesgrenze nach **Neustift** (10 km) und zur **Rannatalsperre,** vollendet 1950, 4 km lang, Bogenstaumauer 45 m hoch. Abfluß über 3,5 km langen Druckstollen zum Rannakraftwerk bei Engelhartszell. Das Wasser wird tagsüber zur Energiegewinnung gesenkt und nachts aus der Donau wieder heraufgepumpt.

# Grafenau

(Kreis Freyung-Grafenau, 610 m, 8000 Einw.), ist anerkannter Luftkurort und Wintersportplatz in schöner Talhanglage an der Kleinen Ohe nahe beim Nationalpark. Eingemeindet wurden u.a. die Orte *Bärnstein, Haus i. Wald, Großarmschlag, Neudorf, Rosenau* und *Schlag*. Im 11. Jahrhundert durch die Grafen von Vornbach und Neuburg am Inn gegründet, entwickelte sich der Ort in der Grafen-Au durch seine Lage am Guldensteig nach Böhmen, einer Abzweigung des Goldenen Steigs, zu einem bedeutenden Salz-Handelsplatz. 1376 wurde Grafenau durch Kaiser Karl IV., König von Böhmen, zur Stadt erhoben. 1508 verlieh Pfalzgraf-Friedrich der Stadt das Wappen mit einem Bären. Enge Beziehungen bestanden zur benachbarten, im 12. Jahrhundert erbauten und 1742 von Panduren zerstörten Burg Bärnstein. Mehrere Brandkatastrophen haben auch historische Teile der Stadt vernichtet. Im 19. Jahrhundert wurde ein lebhafter Holzhandel betrieben. Die Faserplattenfabrik Elsenthal gehört zu den bedeutendsten Industriebetrieben im Bayerischen Wald. Heute ist auch der Fremdenverkehr ein wichtiger Wirtschaftszweig.

Am weitgespannten **Stadtplatz** mit alter Kastanienallee, barocker Nepomukstatue und Säumerbrunnen sieht man erstmals in dieser Region Bürgerhäuser im Inntalbaustil, deren Giebelseiten zur Straße oben einen geraden Mauerabschluß tragen, der die Häuser größer erscheinen läßt (wie auch im benachbarten Schönberg). Die ursprünglich gotische **Pfarrkirche Maria Himmelfahrt,** nach Bränden barock erneuert und 1905-07 erweitert, besitzt einen prächtigen Hochaltar von 1730. Zu den Besonderheiten

Grafenau ist anerkannter Luftkurort
mit schönen Kurpark-Anlagen.

der **Spitalkirche Hl. Dreifaltigkeit,** 1759-60 anstelle einer älteren Vorgängerin erbaut, gehören die mit Öl auf Blech gemalten Kreuzstationen aus der Mitte des 18. Jahrhunderts.

## Das Salzsäumerfest

Seit der 600-Jahr-Feier der Stadt Grafenau im Jahr 1976 feiert man alljährlich am 1. Samstag im August das Salzsäumerfest. Damit wird die Erinnerung an den einst bedeutenden Umschlagsplatz am alten Salzhandelsteig von Passau nach Böhmen wieder lebendig, von dem noch ein restaurierter Salzstadel Zeugnis gibt. Nach historischen Vorbildern gekleidet, ziehen die Säumer mit Pferden und Planwagen auf dem Salzweg von Haus im Wald nach Grafenau. Ihre Ankunft ist Auftakt für ein reges Markttreiben.

**Auskunft:** Verkehrsamt 94481 Grafenau, Rathausgasse 1

**Verkehr:** Busverbindung nach Passau, Deggendorf, Waldhäuser, Freyung, Neuschönau, Schönberg, Schöfweg, Zenting, Fürsteneck, Haidmühle; Bahnstation (reizvolle Strecke Zwiesel-Frauenau-Spiegelau-Grafenau); Flugplatz in Elsenthal

**Hobby und Sport:** Beheiztes Wellenfreibad, Hallenbad, Minigolf, Angeln im Großarmschlager-Stausee, Sommerrodelbahn, Reiten, Rollschuhbahn, Tennishalle; Kurpark mit Seen; Skischule, Skibob, Eisstockschießen, überdachte Kunsteisbahn. Geplant ist die Säumertherme, größtes Erlebnisbad des Bayerischen Waldes mit Wildbächen, Dampfgrotten und großzügiger Saunalandschaft

**Kureinrichtungen:** Medizinische Bäder und Fangopackungen

**Veranstaltungen:** Salzsäumerfest am ersten August-Wochenende

**Sammlungen:** Bauernmöbelmuseum im Kurpark, Parkweg, Stadt- und Schnupftabakmuseum im ehemaligen Spital gegenüber der Post, Spitalstr. 4

**Wanderungen:**

**1.** Über die **Wallfahrtskapelle Brudersbrunn** von 1841 mit Votivgaben und Hinterglasbildern auf den **Frauenberg,** ¾ Std. südwestl.

**2.** Entlang der Kleinen Ohe zur **Kleblmühle,** ¾ Std. östl. Zurück im nordwestlichen Bogen über Rosenau und dem **Schwaimberg** (705 m; nördlich das Berliner Familienferiendorf).

**3.** Zur **Bärnsteiner Leite** (Elsenthaler Leite), ½ Std. südwestlich, einer Felsenschlucht, die von der Kleinen Ohe durchflossen wird. Seitdem das Wasser jedoch größtenteils durch ein Druckrohr geleitet wird, hat die Schlucht viel von ihrem früheren Reiz verloren.

**4.** Über Voitschlag oder Grüb auf den **Hohen Sachsen** (742 m, lat. saxum = Fels), dessen Inneres vom Pfahl durchzogen wird, ¾ Std. westlich. Weiter ½ Std. westlich zum **Hartmannsreiter Stausee** (gebildet aus der Großen Ohe). Zurück über **Grafenhütt,** früher Standort einer Glashütte.

**5.** Über Lichteneck zum **Geistlichen Stein** (800 m), früher Grenze des Hochstifts Passau, 1½ Std. südöstlich. Von dort ¾ Std. südöstl. nach **Ringelai\*.**

**6.** Über Rosenau nach **St. Oswald\*** 1½ Std. nordöstlich.

**7.** Über Grüb und **Großarmschlag,** vorbei am **Großarmschlager Stausee** (dessen von der Großen Ohe gespeistes Wasser zum tiefer gelegenen Harmannsreiter Stausee abgeleitet wird) nach **Spiegelau\*,** 2 Std. nördl.

# Grafenwiesen

(Kreis Cham, 509 m, 1400 Einw.), anerkannter Erholungsort im reizvollen Tal des Weißen Regen zwischen Hohem Bogen und Kaitersberg mit ehemaligem Schloß von 1620 (heute Brauerei) und bedeutender Zündholzfabrik.

**Auskunft:** Verkehrsamt 93479 Grafenwiesen

**Verkehr:** Busverbindung mit Kötzting, Lam, Neukirchen b. hl. Blut; Bahnstation

**Hobby und Sport:** Beheiztes Freibad, Hallenbad mit Sauna, Angeln, Reithalle, Ponyreiten für Kinder, Kutschfahrten; Eislaufplatz

**Wanderungen:**

**1.** Über **Schönbuchen** mit Wallfahrtskirche von 1692 und Reitenberg auf den felsigen Höhenzug des **Kaitersberges** und zur bewirtschafteten **Kötzinger Hütte** am **Mittagstein** (1034 m), 2 Std. südöstl.

**2.** Über **Englmühle, Ramsried** auf den **Haidstein** (743 m), 2 Std. nordwestl. Zurück über Wolframslinde, Ried, Ammermühle.

**3.** Über Watzlhof zur **Diensthütte am Hohen Bogen** (915 m), 2 Std. nordwestl.

**4.** Nach **Rimbach\*,** 1 Std. nördl.; nahe die **Ruine Lichteneck.**

# Haibach

(Kreis Straubing-Bogen, 500 m, 2000 Einw.), anerkannter Erholungsort im Donauwaldgau. Die **Pfarrkirche** von 1871 besitzt noch einen gotischen Turm aus dem 13. Jahrhundert. Südlich auf einer Anhöhe (520 m) die **Burgruine Haibach** aus dem 12. Jahrhundert. Eingemeindet wurde der höher gelegene Ortsteil *Elisabethszell* (635 m), entstanden 1346 als Propstei des Benediktinerklosters Oberalteich; die **Pfarrkirche** von 1837 ist der hl. Elisabeth von Thüringen geweiht.

**Auskunft:** Verkehrsamt 94353 Haibach

**Verkehr:** Busverbindung nach Straubing und Bogen; Bahnstation

**Hobby und Sport:** Beheiztes Freibad, Sport- und Freizeitzentrum

**Wanderungen:**

**1.** Nach **Elisabethszell,** ¾ Std. östl. Von dort zum **Naturfreundehaus Kreuzhaus** (807 m), 1 Std. nördl. oder über Maibrunn nach **St. Englmar\*,** 2 Std. südöstlich.

**2.** Zum Luftkurort **Mitterfels\*,** 1½ Std. südwestlich.

**3.** Über **Prünstfehlburg** (Abstecher zur Kapelle beim Langen Herrgott, 18. Jh.) auf den **Gallnerberg** (709 m), 1½ Std. nordwestl.

# Haidmühle

(Kreis Freyung-Grafenau, 830 m, 2000 Einw.), anerkannter Erholungsort nahe der Grenze zur Tschechischen Republik, entstand 1770 durch Gründung eines Eisenhammers an der Kalten Moldau. Der Ortsteil *Frauenberg* (920 m) gehörte bis 1765 zur österreichischen Herrschaft Rannariedl. Der Ortsteil *Bischofsreut* (1000 m) entstand 1705 an der Salz- und Handelsstraße „Goldener Steig".

Neben dem Dreisesselstein steht das Dreisesselberghaus.

**Auskunft:** Gemeindeverwaltung 94145 Haidmühle
**Verkehr:** Busverbindung mit Passau, Waldkirchen, Freyung; nächste Bahnstation Waldkirchen – Grenzübergang in die Tschechische Republik nur für Fußgänger, Radler und Mopedfahrer
**Hobby und Sport:** Hallenbad, Reithalle, Waldmusem, Märchenwald Bischofsreut – Skilift Frauenau zum Dreisessel, Skischule, Eisstockschießen
**Sammlungen:** Bauern- und Waldmuseum in Bischofsreut

**Wanderungen:**
**1.** Zum **Dreisessel,** 2½ Std.: Vorbei am **Steinberg** (1083 m, Urwaldschutzgebiet mit Felspartien) über die idyllische **Kreuzbachklause** (930 m; der 1863 angelegte Kreuzbachkanal diente früher der Holztrift) nahe der Dreisesselstraße, 1 Std. südöstlich. Von dort zum Dreisesselberghaus und zum Gipfel.
**2.** Am Mirasatbach entlang nach **Frauenberg** 1 Std. südlich. Von dort schönster Aufstieg zum **Dreisessel,** 1½ Std. östlich.
**3.** Über **Auersperg** (Hotel-Restaurant) nach **Bischofsreut,** 1 Std. nordwestl.
**4.** Auf der Rotbachstraße (Forstweg) und über die **Kreuzfichte** auf den **Haidelberg** (1167 m) mit Fernseh- und Aussichtsturm, 2 Std. westl. Von dort 2 Std. nordöstl. über **Leopoldsreut** (1108 m), Rest des 1618 gegründeten und 1962 wegen unwirtlicher Höhenlage wieder abgesiedelten Dorfes (erhalten blieb nur noch die St.-Nepomuk-Kirche und das Schulhaus) auf dem ehemaligen Handelsweg „Goldener Steig" nach **Bischofsreut.**
**5.** Vom Ortsteil **Frauenberg** über Buschlberg, Gschwendet, Reut (Schwedenschanze) nach **Grainet,** 1256 als Säumerstation am Goldenen Steig erwähnt, mit barocker Dreifaltigkeitskirche von 1756 und spätgotischer St.-Nikolaus-Kapelle, 2 Std. westl. Zurück über **Obergrainet** und den **Hackelberg** (1049 m).
**6.** Zu Fuß über den Grenzübergang und in wenigen Minuten zum Bahnhof Nofé Údolí (Neuthal). Von dort oder vom 4 km entfernten Bahnhof Stočrk (Tusset, → S. 130) mit dem Zug entweder in knapp 1 Std. nach **Horní Planá** (Oberplan) mit Geburtshaus Adalbert Stifters (Museum) oder nach Nová Peč (Neuofen) und weiter mit dem Pendelbus nach Jeleni (Hirschbergen), von wo ein bequemer Aufstieg zum 5 km entfernten **Plöckensteinsee** möglich ist (Abfahrtszeiten am Grenzübergang erfragen).

# Hauzenberg

(Kreis Passau, 556 m, 12 000 Einw.), anerkannter Erholungsort nordöstlich von Passau in waldreicher Umgebung über dem Staffelbachtal. Die Endsilbe -berg deutet auf eine Gründung um das Jahr 1000. Das Gebiet am Hauzenberg kam 1010 durch eine Schenkung Kaiser Heinrich II. an das Passauer Kloster Niedernburg und damit zum sogenannten „Abteyland". 1130 erfolgte die erste urkundliche Erwähnung. Als wirtschaftlicher Mittelpunkt der Region mit Granit-, Bau-, Holz-, Textil- und Elektroindustrie wurde Hauzenberg 1978 zur Stadt erhoben.

Bemerkenswert ist die kath. **Pfarrkirche St. Veit,** ein 1972 erneuerter Bau unter Einfügung des spätgotischen Chores der alten Kirche von 1470 mit spätgotischem „Freudenseer Flügelaltar" von 1490. Auf dem Marktplatz steht der marmorne **Marienbrunnen,** eine Salzburger Arbeit von 1667. An die Granitindustrie erinnern das **Kriegerdenkmal** (18 Tonnen schweres Granitkreuz) und die **Säule des Königs** im Pausenhof der Hauptschule, 1844 auf Geheiß König Ludwig II. für die Befreiungshalle bei Kelheim gebrochen (800 Zentner, 6,70 m), die aber wegen ihres Gewichtes nicht zur Donau transportiert werden konnte.

Nordöstlich am Fuße des kegelförmigen **Staffelbergs** (793 m) der idyllische **Freudensee** mit Ruine eines ehemaligen fürstbischöflichen Jagdschlosses aus dem 15. Jahrhundert, um 1870 teilweise verändert.

Südöstlich 5 km das **Graphitbergwerk Kropfmühl,** einziges seiner Art in der Bundesrepublik, dessen stillgelegter Teil Besuchern zugänglich ist und die Einfahrt in den Berg auf 45 m Tiefe gestattet.

**Auskunft:** Verkehrsamt 94051 Hauzenberg
**Verkehr:** Busverbindung mit Passau, Obernzell, Untergriesbach, Wegscheid, Breitenberg, nächste Bahnstation Passau 20 km
**Hobby und Sport:** Strandbäder am Freudensee (7 ha) und Furthweiher (2,5 ha), Hallenbad, Angeln, Reithalle, Ruderbootverleih, Asphaltstockbahnen; Eislaufplatz, Rodeln, Skigelände, öffentlicher Golfplatz in Reuthmühle
**Sammlungen:** Tiermuseum, Passauer Str. 1; Steinzeitfunde (Pflug, Speerspitze, Reibstein) im Rathaus, Graphit-Besucherbergwerk in Kropfmühl, Schnapsmuseum in Jahrdorf
**Veranstaltungen:** Kulturwoche in der Woche um Christi Himmelfahrt mit internationalen Chören und Instrumentalgruppen – Volksfest im August

**Wanderungen:**
**1.** Vorbei am **Freudensee** (20 Min.) und über Raßreuth nach **Oberfrauenwald** (948 m), ehemaliger Besitz des Passauer Nonnenstifts Niedernburg, mit Aussicht auf das Dreisesselgebiet, 1½ Std. nördlich.
**2.** Über Bauzing nach **Oberlichtenau** (830 m) mit Aussichtsturm und Gaststätte am Steinberg, 2 Std. nordwestlich.
**3.** Auf den **Staffelberg** (793 m), ¾ Std. östlich.
**4.** Durch das Staffelbachtal nach **Haag** mit spätgotischer Kirche und 500jähriger Dorflinde, 1½ Std. südlich.

## Hengersberg

(Kreis Deggendorf, 312 m, 6000 Einw.), anerkannter Erholungsort im Donautal am Ufer der Hengersberger Ohe zwischen zwei aussichtsreichen Kirchhügeln, ist Sitz der Verwaltungsgemeinde Hengersberg und Auerbach. Hengersberg wurde 857 erstmals genannt. Abt Godehard erwirkte 1009 das Marktrecht für den damals noch am Hauptarm der Donau liegenden Ort. Mittelpunkt ist der Marktplatz mit seinen stattlichen niederbayerischen Bürgerhäusern.

Auf dem *Rohrberg* erhebt sich anstelle einer im 13. Jahrhundert abgetragenen Burg die **Michaelskirche** von 1590 mit barocker Mater dolorosa. Auf dem benachbarten *Frauenberg* die **Kirche Mariae Himmelfahrt,** ursprünglich romanisch, aber mehrfach verändert.

In der Urpfarrei *Schwarzach* jenseits der Hengersberger Ohe steht die spätgotische Pfarrkirche aus dem 15. Jahrhundert. In *Auerbach* 5 km nordöstlich bewahrt die Barockpfarrkirche des 18. Jahrhunderts die originellen Figuren der Heiligen Notburga und Isidor eines unbekannten Meisters.

**Auskunft:** Verkehrsamt 8355 Hengersberg
**Verkehr:** Autobahnanschluß (Regensburg-Passau), Busverbindung nach Deggendorf, Passau, Lalling, Grattersdorf; Bahnstation
**Hobby und Sport:** Freizeitzentrum Ohe Wies'n mit Ozon-Hallenbad, Sauna, Solarium und beheiztes Wellen-Freibad, Angeln, Minigolf, Wasserski bei Winzer; Tennis; Eisstockschießen

**Wanderungen:**
**1.** Nach **Niederalteich\*** mit sehenswerter Benediktiner-Klosterkirche, ⅓ Std. südwestl.
**2.** Über Altenufer nach **Winzer** mit Burgruine, 1½ Std. südöstl.
**3.** Nach **Reichersdorf** zum **Godlhof,** 1¼ Std. südöstlich: Geburtshaus des hl. Godehard (960-1038), Abt von Niederalteich und Gründer von Hengersberg, 1022 Bischof von Hildesheim. Nach ihm wurde der St.-Gotthard-Paß in der Schweiz benannt. Im **St.-Godehard-Zimmer** alte Erinnerungen, in der Nähe die neugotische **Godehardkapelle** mit Quelle.

## Hohenwarth

(Kreis Cham, 550 m, 2200 Einw.), schön gelegener Ferienort im Tal des Weißen Regen zwischen dem Hohen Bogen im Norden und dem Kaitersberg im Süden, wurde im 12. Jahrhundert durch das Kloster Rott am Inn besiedelt und war im 13. Jahrhundert Sitz der Edlen von Hohenwarth. Anstelle des im 17. Jahrhundert abgebrannten Schlosses wurde 1673 ein neues **Schloß** errichtet, das in Teilen erhalten heute als Brauerei dient. Die spitztürmige neugotische **Johanneskirche** stammt von 1861.

**Auskunft:** Fremdenverkehrsverein 93480 Hohenwarth
**Verkehr:** Busverbindung mit Lam, Furth im Wald, Bayerisch Eisenstein, Passau; Bahnstation

**Hobby und Sport:** Freibadestellen am Weißen Regen, Hallenbad, Minigolf, Angeln, Reitschule in Kummersdorf; Eisstockschießen

**Wanderungen:**
**1.** Über Ribenzing zur **Diensthütte auf dem Hohen Bogen,** 1¾ Std. nordwestlich.
**2.** Über Ansdorf zur **Höllhöhe** mit Gasthaus Waldschlößl, 1½ Std. nordöstlich. Weiter ¾ Std. östlich nach **Kolmstein** mit Wallfahrtskapelle; zurück über Kummersdorf und Simpering.
**3.** Über Rosenau und Hudlach zur **Kötztinger Hütte** (Kaitersberg), 1½ Std. südl. Kammwanderung zum Gasthaus **Reitenberg.** Zurück über Haselbachtal.

# Hutthurm

(Kreis Passau, 532 m, 5300 Einw.) ist ein alter Markt in freier Höhenlage nördlich von Passau. Der schon 1076 genannte Ort diente lange Zeit zur Sicherung des Goldenen Steigs, der Salzstraße nach Böhmen. Zur Gemeinde gehören auch *Kalteneck* sowie *München* und *Prag,* zwei kleine Dörfer mit großen Namen. Die barocke **Pfarrkirche St. Martin** von 1750 besitzt noch einen spätgotischen 51 m hohen Turm von 1483, einst Wehrturm für die Bewohner; im Inneren Grabsteine der Geschlechter Leoprechting und Watzmannsdorf. Am Nordende von Hutthurm steht eine *Pestsäule* von 1593.

**Auskunft:** Verkehrsamt 94116 Hutthurm
**Verkehr:** Busverbindung mit Passau und Tittling
**Hobby und Sport:** Sommerstockbahn; Rudern und Kanufahrten auf der Ilz

**Wanderungen:**
**1.** Nach **Hötzdorf** mit Rokokokirche St. Magdalena von 1739, ½ Std. südlich.
**2.** Über Lebersberg nach **Kalteneck** mit Anschluß an den Ilztal-Wanderweg (→ S. 232), ¾ Std. nordwestl.
**3.** Durch den **Dachsbergwald** nach **Lenzingerberg;** ¾ Std. nördl.
**4.** Über Kringell und Gutwiesen nach **Büchlberg;** 1 Std. östl.

# Kellberg-Thyrnau

(Kreis Passau, 482-520 m, 3600 Einw.), Ferienorte auf waldreicher Höhe über dem Donautal 10 km östlich von Passau: *Thyrnau,* Sitz der Gemeindeverwaltung, und der anerkannte Luftkurort *Kellberg* bilden seit 1978 eine Gemeinde.

**Kellberg** besaß bis 1680 ein Eisenbergwerk, das unter den Passauer Fürstbischöfen im Tagbau betrieben wurde. 1838 entdeckte man in der Nähe des Bergwerks eine eisenhaltige Quelle, die zur Gründung des Bades Kellberg führte. Schwerpunkt des heutigen staatlich anerkannten Heilquellenkurbetriebes ist die medizinische Altersvorsorge mit Boron-, Kneipp- und Moorkuren. Sehenswert ist die **Pfarrkirche St. Blasius,** ein interessanter spätgotischer Bau um 1450 mit ehemaligem Wehrturm.

**Thyrnau** war im 18. Jahrhundert Lieblingssitz der Passauer Fürstbischöfe. Das ehemalige fürstbischöfliche **Jagdschloß** von 1718 ist seit 1902 Zisterzienserkloster mit Paramentenstickerei (kirchliche Gewänder, Fahnen, Standarten) und Ferienheim; die Klosterkirche wurde 1914 errichtet. In der Nähe die **Loretto-Kapelle** von 1630 mit einer Kopie der Schwarzen Madonna von Loretto. Die barocke **Pfarrkirche St. Franz Xaver** stammt von 1769. Am Ortsrand die **Kirche St. Christoph,** um 1370 entstandene Hofmark- und Wallfahrtskirche mit thronender Madonna aus Stein um 1480 („die Thyrnauerin") und hölzernem Christopherus um 1400.

**Auskunft:** Fremdenverkehrsamt 94136 Thyrnau
**Verkehr:** Busverbindung mit Passau; nächste Bahnstation Passau
**Hobby und Sport:** Naturfreibad, Angeln, Reiten, Minigolf, Waldlehrpfad; Eisstockschießen. – Golfplatz (18-Loch), Golfschule
**Kureinrichtungen:** Herz- und Kreislaufleiden, Rheuma-, Nerven- und Stoffwechselerkrankungen. – Moderne Kurklinik, Schrothkuren Kneipp-anwendungen
**Veranstaltungen:** Leonhardi-Umritt mit über 100 Pferden am 2. Sonntag im Oktober
**Außerdem interessant:** Deutschlands erster Radiästhesie-Lehrpfad (Orten von Wasseradern mit Wünschelrute und Pendel)
**Wanderungen:**
**1.** Von **Kellberg** zur aussichtsreichen **König-Max-Höhe** (521 m), ½ Std. südlich (Rundweg), mit Gedenkstein an den Besuch König Max II. von Bayern 1852. „Ich habe nicht gewußt, daß mein Bayernland so schön ist", soll er gesagt haben, als er von der Anhöhe über das Donautal schaute.
**2.** Von **Kellberg** über Bahnhof Schaibing durch das **Erlautal** (Landschaftsschutzgebiet, Waldlehrpfad) zur Mündung in die Donau bei **Erlau,** 2 Std. südlich. Zurück über Gasthof Eisenbahn, Schörgendorf und Wolfersdorf.
**3.** Von **Kellberg** zur **Kernmühle,** Gasthaus im Donautal, 1 Std. südwestlich.
**4.** Von **Kellberg** über Eggersdorf nach **Thyrnau,** 1 Std. nordwestlich.
**5.** Von **Thyrnau** über Grubweg nach **Passau\*,** 2 Std. südwestlich.

# Kirchberg im Wald

(Kreis Regen, 730 m, 3500 Einw.), anerkannter Erholungsort am Südhang des gleichnamigen Bergkegels. Zur Gemeinde gehören auch *Raindorf, Untermitterdorf* und *Zell.* Die hochgelegene **Pfarrkirche St. Gotthard,** schon 1148 erwähnt und nach einem Brand 1744 erneuert, beeindruckt durch ihren mächtigen Viereckturm mit Spitzhelmdach. 1890 wurde in Kirchberg der Tondichter Ferdinand Neumaier („Mir san vom Wald dahoam") geboren.

**Auskunft:** Gemeindeverwaltung 94259 Kirchberg im Wald
**Verkehr:** Busverbindung mit Regen und Deggendorf
**Hobby und Sport:** Hallenbad, Angeln, Reiten
**Veranstaltungen:** Gotthardsfest am 1. Juli-Wochenende

**Wanderungen:**
1. Über Unternaglbach und Widdersdorf nach **Rinchnach\***, 2 Std. nördlich.
2. Über Obernaglbach und Großloitzenried zur **Burgruine Weißenstein,** 2 Std. nordöstlich.
3. Über Reichersried in das **Hochmoorgebiet Tote Au** 1¼ südwestlich. Zurück über Höllmannsried und Unterneumais oder weiter in 1 Std. südöstlich nach **Lalling\***.


# Kirchdorf im Wald

(Kreis Regen, 680 m, 2000 Einw.), Sommerfrische an der Ostmarkstraße am Fuß des Eschenbergs (1042 m). Sehenswert ist die schon 1140 erwähnte, im 18. Jahrhundert barock umgestaltete **Pfarrkirche Maria Unbefleckte Empfängnis,** eine der schönsten Barockkirchen des Bayerischen Waldes; der prächtige Rokoko-Hochaltar mit Säulen und Muschelwerk bewahrt eine 150 m hohe Madonnenstatue aus der Zeit um 1480.

**Auskunft:** Gemeindeverwaltung 94261 Kirchdorf im Wald
**Verkehr:** Busverbindung mit Regen und Passau
**Hobby und Sport:** Freibäder in Regen und Schönberg
**Wanderungen:** Nördl. in den Rinchnacher Wald, nordöstlich in den Nationalpark

**Wanderungen:**
1. Über den **Hessenstein** (878 m) nach **Klingenbrunn,** Kreuzungspunkt mehrerer Wanderwege, 1 Std. nordöstlich.
2. Über den **Gsenget** (951 m) und Gehmannsberg nach **Rinchnach\***, 2 Std. nordwestlich.
3. Über Grünbach und Lungdorf nach **Innernzell,** 2 Std. südlich.


# Kötzting

(Kreis Cham, 410 m, 6800 Einw.), anerkannter Luftkurort im Talwinkel des Weißen und Schwarzen Regen am Fuße des Kaitersberg-Arber-Massivs.

## Blick in die Geschichte

Vermutlich schon in agilolfingischer Zeit entstanden und 1073 erstmals genannt, kam „Koesdingen" in den Besitz des um 1081 gegründeten Klosters Rott am Inn. Durch die 1326 eingerichtete Zollstraße nach Böhmen entwickelte sich der Ort zu einem regen Handelsplatz, dem Kaiser Ludwig der Bayer 1344 Marktrecht verlieh. Kriege und Brände vernichteten viele mittelalterliche Gebäude. Im 19. Jahrhundert waren Holzflößerei und Eisengießerei wichtige Erwerbszweige. 1953 zur Stadt erhoben, verlor Kötzting 1972 mit der bayerischen Gebietsreform den Rang einer Kreisstadt und gelangte an die Oberpfalz. Mit der 1986 erteilten staatlichen Anerkennung als Luftkurort begann ein neuer Abschnitt im Fremdenverkehr.

## Sehenswürdigkeiten

In der Unterstadt die historische Baugruppe der **Kirchenburg,** eine Wehranlage mit der im 12. Jahrhundert gegründeten, im 18. Jahrhundert erweiterten und barockisierten *Pfarrkirche* (im Inneren romanischer Taufstein, schöner Rokoko-Hochaltar, wappengezierte Grabsteine), dem dreigeschossigen ehemaligen *Pflegeamtsschloß* aus dem 15. Jahrhundert (jetzt Pfarr- und Forstamt) und der *St. Annakapelle* aus dem 17. Jahrhundert (Hochaltar von 1664 mit spätgotischer Anna Selbdritt von 1526) auf dem befestigten Friedhof.

Das mittelalterliche, 1940 umgebaute **Rathaus** mit schlankem Zwiebelturm (Glockenspiel mit Figurenumlauf) und Fassadeninschriften, die sich auf die Gründung des Ortes beziehen, bewahrt ein Fahnenblatt vom Kötztinger Pfingstritt aus der Zeit um 1780. Im *Postamt* befinden sich Fresken, die den Pfingstritt darstellen.

In der Oberstadt bildet die **St.-Veit-Kirche** (17. Jh.) den oberen Abschluß der Marktstraße. Von der außen errichteten Altaranlage (1696) beginnt nach einer feierlichen Feldmesse alljährlich am Pfingstmontag der traditionsreiche *Pfingstritt* ins Zellertal nach Steinbühl: „Aufs Roß, trabt an! Pfingstgaul, hühott! Es zieht mit uns der liebe Gott!"

---

### Der Kötztinger Pfingstritt

ist eine Reiterprozession mit mehreren hundert Teilnehmern, die sich bis in das Jahr 1412 zurückverfolgen läßt. Damals wurde der Kötztinger Pfarrer mitten in der Nacht zu einem Todkranken in das 6 km entfernte Dörfchen Steinbühl gerufen, zu jener Zeit ein gefährlicher Weg, der von Räubern unsicher gemacht wurde. Aus Dankbarkeit über den guten Ausgang gelobten Pfarrer und Begleiter, den Ritt noch einmal als Wallfahrt zu wiederholen.

Seitdem treffen sich alljährlich frühmorgens am Pfingstmontag die aus der ganzen Umgebung kommenden berittenen Teilnehmer der Prozession in Kötzting. Sie tragen die alten Trachten, die Pferde sind mit bunten Hauben und Halsgehängen geschmückt. Reiter, Roß und Flur werden gesegnet. Gegen 8.00 Uhr setzt sich der Zug Richtung Zellertal in Bewegung. Nach etwa 1½ Stunden erreicht der Zug Steinbühl. Nach einem Gottesdienst in der Nikolaus-Kirche folgt ein kleiner Imbiß. Dann geht es wieder zurück. Gegen 13.00 Uhr werden die Heimkehrer in Kötzting mit Glocken und Fanfaren begrüßt und von einem Festzug zum Marktplatz geleitet. Es folgt der Burschen- und Brautzug mit der traditionellen „Pfingsthochzeit". Der Pferdemarkt und ein Kulturprogramm umrahmen das Volksfest.

Wallfahrtskirche Weißenregen: Originell ist die Schiffskanzel
mit der plastischen Darstellung des Fischzugs Petri.

Südwestlich 2 km über dem Zusammenfluß vom Schwarzen
und Weißen Regen die **Wallfahrtskirche Weißenregen** von
1765 in reicher Rokokoausstattung mit der originellen Schiffskanzel des Kötztinger Bildhauers Joh. Paulus Hager von 1758: Vom
Boot (Kanzel) bergen Petrus und zwei Apostel den Fischfang, darüber prächtiges Schnitzwerk mit Engeln und Madonna, Am Aufgang der vom Walfisch verschlungene Jona. Am Hochaltar von
1755 ein Gnadenbild aus dem 14. Jahrhundert.

**Auskunft:** Verkehrsamt 93444 Kötzting
**Verkehr:** Busverbindung mit Bodenmais, Viechtach, Cham, Neukirchen
b. hl. Blut, Lam; Bahnstation
**Hobby und Sport:** Wellenfreibad, Ozon-Hallenbad mit Sauna und Kneippeinrichtungen, Wassersport am Blaibacher See (3 km südwestlich), Minigolf, Angeln, Tennis, Waldlehrpfad, Eisstockschießen, Skilauf. – Haus des
Gastes. – Großer Erholungs- und Kurpark in den Auwiesen des Weißen Regen am Rande der Altstadt mit Rosen- und Staudengärten, Weiher, Wassertretbecken und Veranstaltungspavillon.
**Außerdem interessant:** Die Satelliten-Beobachtungsstation in Wettzell
**Veranstaltungen:** Kötztinger Pfingstritt am Pfingstmontag. Gleichzeitig ab
Pfingstsamstag Festwoche mit Volksfest und kulturellen Veranstaltungen.
Am Samstag, Sonntag und Montag Aufführung des von Eugen Hubrich verfaßten Festspiels „Pfingstrittehr".

**Kureinrichtungen:** Bewegungstherapie nach Unfallverletzungen, Massagen, Wirbelsäulenstreckbehandlungen, Elektrotherapie, Lymphdrainagen, Klinik für „Traditionelle Chinesische Medizin" zur Behandlung chronischer Erkrankungen

**Wanderungen:**
1. Zum Naturpark **Ludwigsberg** (505 m) mit Waldlehrpfad und Aussichtsturm ¼ Std. südlich.
2. Zur Wallfahrtskirche **Weißenregen,** ½ Std. südwestlich. Von dort zum **Blaibacher See,** ½ Std. südwestl.
3. Über den Ludwigsberg nach **Sackenried** mit alter Wehr- und Wallfahrtskirche, 1 Std. südl. Im Inneren spätgotische Schnitzgruppe der 14 Nothelfer, barocker Hochaltar und viele Votivtafeln. Von hier 2 km langer Kreuzweg östlich zum **Kalvarienberg** (in der Nähe die Satellitenstation). Weiter nach **Wettzell** mit Pfarrkirche aus dem 15./19. Jh.; vor der Friedhofsmauer ein Granitfindling mit Gedenktafel für Juliane Schikaneder, Mutter des Textdichters der Mozartoper „Die Zauberflöte". Von Sackenried südl. oder Wettzell südwestl. jeweils ½ Std. zum **Kraftwerk Höllensteinsee,** trennt den vom Schwarzen Regen gebildeten Höllensteinsee (1925 vollendet, erste Talsperre des Bay. Waldes) vom 1963 angestauten Blaibacher See. Direkt zurück oder in 2 Std. am Blaibacher See entlang und über Weißenregen.
4. Über Ried mit **Wolframslinde** (Bodenumfang 16 m) zum **Haidstein** (743 m) mit Wallfahrtskirche, 2 Std. nordwestlich.
5. Zum **Großen Roßberg** (667 m) mit Roßberghütte, 2 Std. westlich.

## Kaitersberg-Arber-Höhentour

Diese Höhentour gehört zu den schönsten Wanderungen im Bayerischen Wald. Im allgemeinen legt man die etwa 10 Stunden beanspruchende Wegstrecke von rund 30 km in zwei Tagen zurück und übernachtet einmal im Berggasthof Eck.

Sie können die Strecke auch in umgekehrter Richtung vom Großen Arber nach Kötzting begehen. Die Aufstiege sind dann nicht so steil, der Weg verläuft weniger beschwerlich, da Sie zum Arbergipfel den Sessellift benutzen können. Dadurch läßt sich die Wanderzeit verkürzen.

**Start:** Die Brücke über den Weißen Regen in **Kötzting.** Markierung: Weiß-grünes Dreieck. Zuerst in östlicher Richtung aufwärts über **Reitenstein** (550 m) nach **Reitenberg** (750 m), der letzten Talsiedlung vor dem Aufstieg zum Kaitersberg, von Kötzting 1 Stunde. Vorbei an den Felsabstürzen des Pfarrerstuhls weist bald eine Tafel zur **Räuber-Heiglhöhle,** einst Schlupfwinkel des Landstreichers Michael Heigl (→ S. 54). Danach teilweise sehr steil hinauf zum Kamm und ein Stück zurück zum **Kreuzfelsen** (999 m) mit Gipfelkreuz und lohnendem Rundblick.

Der Pfad führt nun am Kamm entlang zum **Mittagstein** (1034 m) mit einem Gefallenen-Ehrenmal und der **Kötztinger Hütte,** einem privaten Berghaus mit Übernachtungsmöglichkeit, von Kötzting 2½ Std. Weiter geht es durch die zerklüftete Felslandschaft der **Steinbühler Gesenke.** An den Steilabhängen des Kammes entlang zu den eigenartig geformten **Rauchröhren** (1044 m), zwei Felstürmen, zwischen denen der Steig hindurchführt. Vorbei an einer **kalten Quelle,** deren Wassertemperatur nie mehr als 6 Grad Celsius beträgt, erreichen Sie bei mäßigem Anstieg bald den **Riedelstein** (1133 m) mit dem nach dem Heimatdichter Maximilian Schmidt benannten **Waldschmidtdenkmal.** Großartig die Aussicht! Nun eine halbe Stunde Abstieg zum **Ecker Sattel** (844 m) und zum **Berggasthof Eck.** Von Kötzting: Etwa 4½ Std.

Das Arberschutzhaus am Osthang des Großen Arbers

Gipfelstürmer können auch die gesamte Strecke zum Arber an einem Tag bewältigen und von Eck aus gleich weitermarschieren. Am schönsten ist es jedoch, im Berggasthof Eck zu übernachten.

Am nächsten Morgen geht es nach einem kräftigen Frühstück weiter. Am **Mühlriegel** (1080 m) nahe dem Gipfelkreuz der angeblich goldhaltige Sattelbrunnen, etwas weiter die **Sattelhöhe** (1153 m).

Bald folgt eine Wegteilung: Rechts führt der Ecker Steig hinab zu einem Forstweg und auf diesem nach **Schareben** (1002 m), einem einfachen Berggasthof mit Unterkunftsmöglichkeit, der auch mit dem Wagen von Bodenmais und Arnbruck erreicht werden kann. Das ist der bequemere Weg, der später wieder beim **Heugstatt** (1261 m) auf den Kammweg einmündet.

Landschaftlich reizvoller ist der linke Weg. Teils sehr steil führt er aufwärts zum **Ödriegel** (1156 m) mit schönen Felspartien, aber keiner Aussicht. Der schmale Pfad verläuft nun bei einer durchschnittlichen Höhenlage von 1170 m den Kamm entlang, nimmt beim **Waldwiesmartel** die von Arnbruck und Lam heranführenden Wege auf und leitet dann steil aufwärts zum **Schwarzeck** (1238 m), einem langgestreckten Bergrücken mit guter Sicht in den Lamer Winkel.

Nun steil hinab zum **Reischfleck** (1142 m, Waldlichtung) und in einer Waldschneise hinauf zum **Heugstatt** (1261 m), einer freien, moorigen Hochfläche mit Ausblick zum Arber und Einmündung des von Schareben heranziehenden Weges. Weiter über den **Enzian** (1285 m, keine Aussicht) zum **Kleinen Arber** (1384 m) mit Aussicht auf den Arberstock und in den Lamer Winkel. Hinab zur Jugendherberge am Kleinen Arber, früher Chamer Hütte.

Auf der Einsattelung östlich weiter zum **Großen Arber** (1456 m) entweder über eine sehr steile Waldschneise (Himmelsleiter) oder auf einem bequemeren, aber etwas längeren Steig, der südlich am Arberstock zur Bodenmaiser Mulde und in dieser zum Gipfel hinaufführt.

Vom Gipfel den Osthang hinab zum **Arberschutzhaus** und zur **Bergstation des Arbersessellifts**. Von der Talstation Busverbindung.

Wanderzeit Eck-Großer Arber: Etwa 5½ Std.

Sollten Sie aber noch gut bei Kräften sein, lohnt der vielgerühmte **Abstieg** in 2¼ Std. nach **Bodenmais** über die **Rißloch-Wasserfälle:** Arberbach und Wildauer Bach vereinen sich zum Rißlochbach und stürzen über Felsen hinunter.

# Kollnburg

(Kreis Regen, 655 m, 2800 Einw.), anerkannter Erholungsort auf einem Bergrücken über dem Riedbachtal. Zur Gemeinde gehören auch die Ferienorte *Allersdorf, Kirchaitnach* und *Rechertsried*. Die ehemalige **Burg** derer von Kallenberg aus dem 12. Jahrhundert, Ministeriale der Grafen von Bogen, wurde im 30jährigen Krieg zur Ruine; erhalten blieb der runde Bergfried mit herrlicher Aussicht. In der **Barockpfarrkirche** von 1696 befindet sich ein spätgotisches Vesperbild. Ein Beispiel der Volkskunst ist das 1869 errichtete **Bauerndenkmal** beim Hotel Baierweg (Bauernfamilie in Stein).

**Auskunft:** Gemeindeverwaltung 94262 Kollnburg
**Verkehr:** Busverbindung mit Viechtach und Straubing
**Hobby und Sport:** Freibad, Angeln; Skigelände am Pröller

**Wanderungen:**
**1.** Über den **Kleinen Pfahl** mit Antoniuskapelle nach **Viechtach\***, 1¼ Std. nordöstl. Zurück durch das Riedbachtal.
**2.** Über Osterhofen zur **Viechtacher Hütte** (im Sommer bewirtschaftet) am **Distelberg** (768 m), 1½ Std. nordwestl.
**3.** Über Münchshöfen auf den **Pröller** (1048 m), 1½ Std. südwestl.
**4.** Über Münchshöfen zum **Berggasthof Kolmberg,** 1½ Std. südwestl. Zurück über die **Käsplatte** (979 m).

# Lackenhäuser

(Kreis Freyung-Grafenau, 750 m, 400 Einw.), eine in der Mitte des 18. Jahrhunderts durch Rodung des Urwaldes entstandene Streusiedlung am Fuß des Dreisessels mit Grenzübergang nach Österreich. Der Begriff „Lacken" heißt soviel wie Bäume fällen und das Land in Acker verwandeln. Oberhalb 1½ km das Rosenbergergut, heute Jugendherberge, früher Lieblingsaufenthalt von Adalbert Stifter: „Meine ganze Seele hängt an dieser Gegend. Wenn ich irgendwo völlig genese, so ist es dort."

**Auskunft:** Fremdenverkehrsver. 94089 Lackenhäuser, Post Neureichenau
**Verkehr:** Busverbindung mit Passau, Waldkirchen, Breitenberg
**Hobby und Sport:** Großer Komfort-Campingplatz mit Hallenbad, Sauna, beheiztem Freibad, Kneippanlage, Kur- und Fitnesszentrum, künstlichem See; Skischule, Eislaufplatz, Eisstockschießen, mehrere Skilifts
**Sammlungen:** Gedenkmuseum für Adalbert Stifter im „Ladenstöcklein" neben der Jugendherberge Rosenbergergut. Heimatmuseum im Haus des Gastes

**Wanderungen:**
**1.** Über **Rosenbergergut** und Witikosteig zum **Dreisesselstein** (1312 m) mit Unterkunftshaus und zum **Hochstein** (1332 m), 2½ Std. nördl. Weiter auf dem Stiftersteig südöstl. entlang dem böhmischen Grenzkamm durch das **Steinerne Meer** (Granittrümmerfeld) zum **Dreiländereck** (Dreiecksmark) am Böhmischen Plöckenstein. Eventuell Abstecher über die tschechische Grenze zum *Stifterdenkmal* und zum *Plöckensteinsee* (→ S. 131) oder südwestl. zurück.
**2.** Über das Ewigkeitsstraßl nach **Frauenberg,** 2 Std. nordwestl.
**3.** Nach **Schwarzenberg/Österreich,** ½ Std. östlich. Von dort zum Wirtshaus Holzschlag und auf dem Nordkammerweg über den Stingelfelsen zum **Hochficht** (1337 m), 2½ Std. östl. Zurück nordwestl. auf dem Nordkammweg, dann südwestl. über Oberschwarzenberg zur Grenze.

Vom Hochstein am Dreisessel schweift der Blick
weit über den Bayerischen Wald und Böhmerwald.

# Lalling

(Kreis Deggendorf, 470 m, 1200 Einw.), Ferienort im klimatisch begünstigten Lallinger Winkel, der von Bergen umschlossen ist und sich nur nach Süden zur Donauebene öffnet. Sehenswert ist die **Obstbaumblüte** im Mai mit Tausenden von Äpfel-, Birnen- und Kirschenbäumen sowie Pfirsichbüschen. Die unter Denkmalschutz stehende **Pfarrkirche** auf einer Bergkuppe im Ortskern soll schon im 11. Jahrhundert gegründet worden sein; 1722 wurde sie vergrößert und 1786 im Stil des Spätbarock ausgeschmückt. – Sehenswert sind die unverfälscht erhaltenen Bergdörfer **Datting** und **Gerholling.**

**Auskunft:** Verkehrsamt 94551 Lalling
**Verkehr:** Busverbindung mit Deggendorf; Bahnstation Deggendorf
**Hobby und Sport:** Angeln, Reiten, Drachenfliegen am Bichlstein. Waldlehrpfad, Skischule, Eislaufplatz, Eisstockschießen. – Golfplatz mit Golfschule auf der Rusel

**Wanderungen:**
**1.** Über Oberaign auf den **Bichlstein** (862 m), 2 Std. südöstl.
**2.** Über Hunding auf den **Brotjacklriegel** (1016 m), 2½ Std. südöstlich.
**3.** Über **Datting** (denkmalgeschütztes Bergdorf) nach **Rusel,** 2 Std. nordwestl. Zurück über Durchfurtherschuß; in der Nähe das Hochmoorgebiet **Tote Au.**

# Lam

(Kreis Cham, 520 m, 3000 Einw.), Luftkurort und Wintersportplatz im Tal des Weißen Regen inmitten des „Lamer Winkels" zwischen Arber und Osser.

Lam verdankt seine Gründung im 13. Jahrhundert der Rodungstätigkeit des Benediktinerklosters Rott am Inn nach einer Landschenkung durch den Regensburger Bischof Heinrich II. Die ersten Siedler kamen vermutlich aus St. Ulrich in Tirol, wo sich eine Niederlassung des Klosters befand. Vom 15. bis zum 18. Jahrhundert erfolgte reger Bergbau auf Eisen, Schwefelkies, Kupfer und Silber. 1522 wurde Lam zusammen mit Bodenmais „Gefreite Bergstatt". Das Mineralien-Museum belegt mit rund 10 000 Einzelstücken die Grubentätigkeit der am Osser gelegenen ehemaligen „Fürstenzeche". Vom 17. bis zum 19. Jahrhundert bildeten Glashütten sowie die Perlenfischerei wichtige Erwerbsquellen.

Mittelpunkt des Ortes ist die zwiebelgekrönte barocke **Pfarrkirche St. Ulrich,** die nach einem Brand 1699 wieder errichtet und 1905 nach Westen erweitert wurde. Im Turm hängt noch die Glocke von 1522 aus der früheren Kirche.

**Auskunft:** Verkehrsamt 93462 Lam
**Verkehr:** Busverbindung mit Bayerisch Eisenstein, Furth im Wald; Bahnstation

**Hobby und Sport:** Beheiztes Freibad, Hallenbäder in Hotels, Minigolf, Reitschule, Parkanlage Kirchenbuckel, Tier- und Wildgehege, Haus des Gastes; Eislaufplatz, Eisstockschießen, Skischule, Pferdeschlittenfahrten
**Sammlungen:** Mineralien-Museum, Osserstr./Ecke Daxenhöhe 1
**Außerdem interessant:** Märchen- und Gespensterhaus in Lambach in einer renovierten Glasherren-Villa
**Wanderungen:**
**1.** Zur aussichtsreichen **Wallfahrtskirche Mariahilf** (814 m) von 1752 (erweitert 1907) mit barockem Hinterglas-Gnadenbild, ½ Std. nördl. ziemlich steil aufwärts (814 m). Von dort
**a)** weiter nördlich hinunter in ½ Std. nach **Lambach** (686 m), einer idyllisch gelegenen kleinen Sommerfrische, oder
**b)** östlich mit geringer Steigung zum Waldplatz „Auf'm Sattel" (929 m) und über den Ossersattel zwischen den beiden Gipfeln entweder in jeweils 10 Min. zum **Kleinen Osser** (1266 m) mit Gipfelkreuz oder zum **Großen Osser** (1293 m) mit dem Osserschutzhaus, von Lam 2¼ Std. Abstieg über **Himmelreich** etwa 2 Std.
**2.** Mit dem Wagen zum Parkplatz „Auf'm Sattel", 5 km nordöstl. Von dort kürzester Aufstieg zum **Osser** in 1 Std.
**3.** Über Frahelsbruck und Ottmannszell zum **Ecker Sattel** (844 m), 1½ Std. südwestlich. Von dort zum **Kaitersberg.**
**4.** Über Hinterwaldeck aufwärts zum **Waldwiesmarterl,** 1½ Std. südlich. Weiter entweder über **Berghaus Schareben** oder kürzer über **Schwarzeck** (1238 m) und **Reischfleck** (1142 m) in 4 Std. zum **Großen Arber** (1456 m), → auch Kaitersberg-Arber-Hochtour S. 186.
**5.** Über Thürnstein, Silbersbach und Eggersberg nach **Lohberg\*,** 1¼ Std. südöstl.

# Langdorf
(Kreis Regen, 700 m, 1200 Einw.), anerkannter Erholungsort im Hochtal des Schwarzen Regen zwischen Zwiesel und Regen. Mittelpunkt ist die **Pfarrkirche** von 1924 mit ihrem 600 Jahre alten Zwiebelturm. Einige **Waldlerhäuser** stehen unter Denkmalschutz.
**Auskunft:** Verkehrsamt 94264 Langdorf
**Verkehr:** Busverbindung mit Regen, Kötzting, Cham, Passau; Bahnstation 1,5 km
**Hobby und Sport:** Angeln, Minigolf, Kneipppanlage; beheizte Freibäder in Zwiesel und Regen

**Wanderungen:**
**1.** Auf den **Kronberg** (982 m), 1½ Std. nordwestlich. Von dort nach **Bodenmais\*** in 1½ Std.
**2.** Über Brandten auf den **Hennenkobel** (965 m), 1½ Std. nordöstlich. Von dort Abstieg ½ Std. nach **Rabenstein.**
**3.** Über Klaffermühle zum **Regener See,** 1 Std. südlich.

# Lindberg

(Kreis Regen, 650 m, 2500 Einw.), anerkannter Erholungsort am Fuß des Großen Falkenstein in der Nähe von Zwiesel. Zum Gemeindebereich gehören die Ortschaften *Zwieslerwaldhaus, Ludwigsthal, Kreuzstraßl* und *Buchenau*. Bei Kreuzstraßl das *Feriendorf Lindbergmühle*. — Sehenswert in *Ludwigsthal* ist die historische **Glashütte** (Besichtigung) mit klassizistischem Herrenhaus (um 1830) und alten Glasmacherhäusern sowie die **Pfarrkirche Herz Jesu** von 1893/94 im neuromanisch-byzantinischen Stil mit Glasmosaiken.

**Auskunft:** Gemeindeamt 94227 Lindberg
**Verkehr:** Busverbindung mit Zwiesel; Bahnstation Ludwigsthal
**Hobby und Sport:** Minigolf, Tennis; → **Zwiesel\***
**Sammlungen:** Bauernhaus-Museum, Zwieseler Straße 4, mit Museumshaus, Wirtshaus und Kapelle (Totenbrettersammlung), Tiermuseum in der ehemaligen Farbglasfabrik Spiegelhütte
**Wanderungen:** In das Arber- und Falkensteingebiet

# Lohberg

(Kreis Regen, 700 m, 210 Einw.), anerkannter Erholungsort im Lamer Winkel zwischen Arber und Osser, wurde im 13. Jahrhundert gegründet. Schon 1554 ist eine Glashütte bezeugt. Das älteste Gasthaus im Ort ist aus einer im 17. Jahrhundert erbauten Kirche hervorgegangen. Die neuromanische **Walburgakirche** von 1880 wurde 1961 nach einem Brand wieder aufgebaut. Sehenswert ist der 5 ha große **Bayerwald-Wildpark** an der Bergstraße zum Großen Arber mit zahlreichen einheimischen Tieren in artgerechten Biotopgehegen. Zum Gemeindebereich gehören u.a. die Ortschaften *Altlohberghütte, Lohberghütte, Mosshütte, Oberhaiderberg, Schneiderberg, Schrenkenthal, Schwarzenbach, Silbersbach, Sommerau* und *Thürnstein*.

**Auskunft:** Verkehrsamt 93470 Lohberg
**Verkehr:** Busverbindung mit Lam, Furth i. W., Brennes, Bayerisch Eisenstein, Arbersee, Passau; Bahnstation Lam oder Bayerisch Eisenstein
**Hobby und Sport:** Freibad, Minigolf, Leseraum, Tier- und Wildgehege, Reitschule, Pirschgänge, Tennis, Kneipptretanlage, Trimm-Dich-Pfad; günstiges Skigelände, Skischule, Eisstockschießen, Pferdeschlittenfahrten

**Wanderungen:**
**1.** Durch den Lohberger Wald zum **Osser,** 1¾ Std. nördlich.
**2.** In ½ Std. nach **Oberhaiderberg.** Von dort nordöstlich in 1½ Std., die Scheibenstraße überquerend, auf das **Zwercheck** (1333 m) unmittelbar an der Landesgrenze. **Jenseits** der Grenze, überragt von der **Seewand** (1343 m, höchste Erhebung des Künischen Gebirges) nordöstlich der **Schwarze See** (18 ha, größter See im Böhmerwald) und südöstl. der **Teufelssee** (10 ha) → S. 121, beide vom Zwercheck nicht sichtbar.
**3.** Über (½ Std.) **Sommerau** und Gasthaus **Eben-Säge** zum **Brennes-Sattel** (1030 m), 1¾ Std. südöstlich. Weiter nach **Bayerisch Eisenstein\***, 1 Std.

**4.** Über **Sommerau** zum **Kleinen Arbersee,** 1¾ Std. südlich. Von dort
**a)** südöstlich in 1½ Std. über Sonnenfelsen und Arberebene zum **Großen Arber** (1456 m) oder
**b)** südlich in 1¼ Std. zum **Kleinen Arber** (1384 m).
**5.** Über **Schneiderberg** und am **Sollbach-Wasserfall** vorbei zum **Kleinen Arbersee,** 1¾ Std. südlich.
**6.** Über **Sommerau** direkt zum **Kleinen Arber,** knapp 3 Std. südlich.
**7.** Über **Lohberghütte** entlang dem Bramersbach zum **Reischflecksattel,** 2 Std. südwestlich. Hier Anschluß an die **Kaitersberg-Höhentour.**
**8.** Über Eggersberg, Silbersbach und Thürnstein nach **Lam\*,** 1¼ Std. nordwestlich.

# Mauth

(Kreis Freyung-Grafenau, 821-1000 m, 2700 Einw.), anerkannter Erholungsort am Ostrand des Nationalparks, entstand als Mautstätte am Goldenen Steig; das Mauthaus (Zollhaus) aus dem 17. Jahrhundert ist noch erhalten. Wegen des Schneereichtums gilt die Umgebung als attraktives Wintersportgebiet (Skilanglauf). Eingemeindet wurde der 5 km nördlich 1000 m hoch gelegene Ort *Finsterau.* Fußgänger und Radler können die tschechische Grenze zwischen Finsterau und Buchwald im Rahmen des kleinen Grenzverkehrs passieren.

**Auskunft:** Fremdenverkehrsverein 94151 Mauth
**Verkehr:** Busverbindung mit Freyung, Passau
**Hobby und Sport:** Badesee, Tennis, Reiten, Skischule, Eisstockschießen, Pferdeschlittenfahrten, Wildfütterungen
**Sammlungen:** Freilichtmuseum Bayerischer Wald in Finsterau mit original wiederaufgebauten historischen Waldlerhäusern, darunter die Tafernwirtschaft „Ehrn" mit alter Gaststube und Bauernmöbelsammlung, der Kapplhof mit Backofen und das „Sachl", Typus des kleinsten Bauernanwesens. Außerdem historische Trachten (Trachtenberatungsstelle).
**Veranstaltungen:** Waldfest am Goldenen Steig im Juli

**Wanderungen:**
**1.** Über den **Tummelplatz** (1139 m; ehem. Viehweide mit altem Forsthaus, jetzt Nationalpark-Forschungsstätte) auf den **Lusen** (1373 m), 3 Std. nordwestlich. Zurück auf dem Finsterauer Lusensteig.
**2.** Über Annathalmühle und Alpe zum **Almberg** (1139 m), 1½ Std. östl. Die Hochfläche mit Gasthaus und alten Holzhäusern ist ein ausgezeichnetes Skigebiet. Am Osthang der anerkannte Erholungsort **Mitterfirmiansreut.** Zurück über **Bärenbachklause** (Wanderparkplatz).
**3.** Zum Forsthaus **Bärenbachruh** am Zusammenfluß von Saußbach und Innerem und Äußerem Bärenbach, 1 Std. südöstlich.
**4.** Über **Sandriegel** (Rastplatz) im Reschbachtal und die **Große Kanzel** (1002 m), zur **Kleinen Kanzel** (1011 m), 1½ Std. westl. Zurück im nördlichen Bogen über die **Steinbachklause** (Stauweiher für die Holztrift).
**5.** Vom Ortsteil **Finsterau** durch das waldgeschichtliche Wandergebiet (Hinweistafeln informieren über die Geschichte der Holzwirtschaft seit 1700) über **Alte Klause** (abgebaute Stauanlage); **Reschbachklause** (großer Stauweiher für die Holztrift), zum **Siebensteinfelsen** (1263 m, Aussichtspunkt), 2 Std. nordwestl. Zurück im östlichen Bogen über **Teufelsbachklause** mit Staumauer, Jägerwiese und Finsterauer Filz.

# Metten

(Kreis Deggendorf, 330 m, 3900 Einw.), Markt am Mettenbach und am Fuß des Mettenwalds im Donautal, entwickelte sich aus dem um 770 gegründeten und durch Karl den Großen geförderten *Benediktinerkloster,* das bis auf kurze Unterbrechungen während der Ungarneinfälle (907) und der Säkularisation (1803; Neubegründung 1830 durch Bayernkönig Ludwig I.) noch heute besteht. Wie Niederalteich hatte es wesentlichen Anteil an der Erschließung des Bayerischen Waldes. Die Mettener Benediktiner betätigten sich vielfach auch künstlerisch, besonders auf dem Gebiet der Buchmalerei. Seit 1837 unterhalten sie ein bedeutendes Gymnasium mit dem größten klösterlichen Internat Bayerns. Die doppeltürmige

**Abteikirche St. Michael** ist ein barocker Neubau von 1712-1720 unter Einbezug des spätgotischen Chores. Ein reich verziertes Portal, flankiert von den Figuren des hl. Joseph und des hl. Christophorus, führt in die vierjochige Wandpfeileranlage. In der durch ein Rokoko-Gitter abgetrennten Vorhalle schildern Fresken die Klostergründung. Prächtig ist der Hochaltar mit den Figuren des hl. Benedikt und Karl dem Großen. Cosmas Damian Asam schuf das Altarbild „St. Michael stürzt Luzifer" und das Deckenfresko im Chor. Im Regularchor mit reich geschnitztem Gestühl um 1720 befindet sich der kostbare Uttostab. Auf dem ersten Seitenaltar rechts ruhen in einem goldenen Schrein die Gebeine des ersten Abts Utto († 829). – Im Klostergebäude aus dem 17. Jahrhundert befindet sich neben Refektorium und Kreuzgang der berühmte

Der Bibliothekssaal ist ein Juwel barocker Dekorationskunst.

**Bibliothekessaal,** ein Juwel barocker Dekorationskunst; erbaut und ausstaffiert 1706-1720 von Franz Jos. Holzinger. Mächtige Atlasfiguren tragen üppig stuckierte Gewölbe, farbenprächtige Deckenfresken von Innozenz Waräthi aus Sterzing veranschaulichen Themen aus Büchern, während die vorgewölbten Bücherregale mit ihren kunstvoll geschnitzten Bekrönungen nahtlos in den Stuck hinüberführen. Die Bibliothek enthält 160 000 Bücher, Handschriften und Wiegendrucke. Führungen erfolgen von der Klosterpforte aus. – Im

**Klosterhof** steht der *Karlsbrunnen* aus dem 18. Jahrhundert mit der Figur Karls des Großen. Dahinter erhebt sich der imposante *Festsaalbau* von 1734, dessen *Kaisersaal* (jetzt Schulaula) mit Rokokostuck von Math. Obermayer und Deckenfresko (Weltgericht) von Martin Speer geschmückt ist.

### Sehenswert in der Umgebung
**Schloß Egg,** 4 km nördlich. Das malerisch auf einem flachen Hügel thronende Schloß, ursprünglich Burg der Herren von Egg aus dem 12. Jahrhundert, wurde im 19. Jahrhundert im romantischen Stil der Neugotik umgebaut mit Ringmauer, Wartturm, Rittersaal, Kemenate und Verlies mit Hungerturm (im Sommer Führungen). Ein Teil der Anlage dient als nobles Schloß-Hotel, ein anderer beherbergt das Asiatische Kunstmuseum.

**Auskunft:** Marktverwaltung 94526 Metten
**Verkehr:** Autobahnanschluß (Regensburg-Passau); Busverbindung mit Deggendorf. – Bahnstation der Nebenstrecke Metten-Deggendorf-Plattling
**Hobby und Sport:** Beheiztes Freibad, Angeln, Wasserskifahren und Rudern auf der Donau, Windsurfen auf dem Hackerweiher

**Wanderungen:**
**1.** Zum **Himmelberg,** ehemaliges Sommerhaus des Klosters Metten (1755), Kapelle (1757) mit Deckengemälde von Martin Speer, 20 Min. westl.
**2.** Über **Uttobrunn** mit Wallfahrtskirche von 1701 nach **Deggendorf\*,** 1¼ Std. östlich. Zurück über **Breinreut.**
**3.** Über Finsing nach **Buchberg** mit Wallfahrtskirche, 1 Std. nordwestl.

# Mitterfels
(Kreis Straubing-Bogen, 410 m, 2100 Einw.), anerkannter Luftkurort im Donauwaldgau auf einem Bergrücken über dem Menachtal (Perlbachtal) mit **Barockpfarrkirche St. Georg** von 1733. Auf dem Schloßberg die ehem. **Lehensburg** der Grafen von Bogen, im 12. Jahrhundert Ministerialsitz der Herren von Mitterfels, ab 1242 unter der Krone Bayerns bedeutendes Pfleggericht bis zum 19. Jahrhundert; heute Halbruine mit gewaltigen Ringmauern, Teilen des Zwingers und breitem Burggraben. Rund um die Ruine ein *Waldlehrpfad.*

**Auskunft:** Verkehrsamt 94360 Mitterfels
**Verkehr:** Busverbindung mit Straubing, Haibach; Bahnstation
**Hobby und Sport:** Beheiztes Freibad, Hallenbad, Angeln, Minigolf, Reithalle mit Schule, Sommer-Eisstockschießen; Skilauf, Eisstockschießen
**Sammlungen:** Heimatmuseum im früheren Gefängnistrakt des Schlosses

**Wanderungen:**
**1.** Abwärts ins **Menach(Perlbach)tal** mit dem Teufelsfelsen, ¼ Std. südöstlich. Früher wurde in diesem Tal die Perlenfischerei betrieben. Weiter über Vorderbuchberg nach **Bogen\***, 2 Std.
**2.** Über Hunderdorf zum **Kloster Windberg** (→ S. 150), 2 Std. südöstlich.
**3.** Über Ascha nach Burg **Falkenfels\***, 2 Std. nordwestlich.
**4.** Über **Dachsberg** nach **Haselbach** (achteckige Firedhofskapelle um 1670 mit bemalter Kassettendecke, Totentanzdarstellung), 1½ Std. nördl.
**5.** Über **Dachsberg, Landasberg** (Bergkirche) nach **Haibach\***, 2 Std. nördl. Zurück im östlichen Bogen über **Elisabethszell.**

# Neuburg am Inn

(Kreis Passau, 400 m, 3300 Einw.), Ausflugsort 12 km südlich von Passau. Auf dem 100 m hohen Talhang das mächtige **Schloß Neuburg,** im 11. Jahrhundert von den Grafen von Vornbach und Neuburg als Wehrburg gegründet, im 12. Jahrhundert im Besitz der Grafen von Andechs und seit 1248 der Wittelsbacher, 1525 in ein Renaissanceschloß umgewandelt und nach Verfall im 19. Jahrhundert 1908 wiederhergestellt. Die Anlage besteht aus der Vorburg mit turmbewehrten Mauern und Wirtschaftsgebäuden und aus der Hauptburg mit Graben, Mauerring, Torturm und Zwinger. Die restaurierten Räume sind im Stil der Gotik bis zum Barock ausgestattet. Besonders eindrucksvoll sind die Renaissancesäle. Die gotische St.-Georgs-Kapelle besitzt einen schönen Barockaltar. Heute ist das jüngst renovierte Schloß wissenschaftliches Begegnungszentrum.

Vom Zwinger herrlicher Blick auf das Inntal mit der Vornbacher Enge, auf österreichischem Ufer Wernstein mit verwitterter Burgruine und das Schlößchen Zwickledt, einst Wohnsitz von Alfred Kubin (1877-1959), dem großen Magier der Zeichenfeder.

**Auskunft:** Gemeindeverwaltung 94127 Neuburg am Inn
**Verkehr:** Autobahnanschluß Passau-Süd (Regensburg-Passau-Linz); Busverbindung mit Passau und Bad Füssing; nächste Bahnstation Passau
**Hobby und Sport:** Klettergarten am Inn-Hochufer; Kletterkurse
**Sammlungen:** Schloßmuseum mit historischen Fundstücken und Kunstwerken

**Wanderungen:**
**1.** Nach **Dommelstadl** mit Rokokopfarrkirche von 1751 (Dreikonchenchor), ¼ Std. nordwestlich. Weiter in den **Neuburger Wald.**
**2.** Auf dem Künstlersteig durch die **Vornbacher Enge** (Naturschutzgebiet) nach **Vornbach** mit ehemaliger Benediktinerabtei und sehenswerter Barockkirche, ½ Std. südöstlich. Von dort in 1 Std. nach **Neuhaus am Inn\*.**
**3.** Über Leithen auf dem Innuferweg nach **Passau\***, 2½ Std. nördl.

# Neuhaus am Inn

(Kreis Passau, 310 m, 3100 Einw.), Grenzort an der Einmündung der Rott in den Inn, durch zwei Brücken verbunden mit der gegenüberliegenden österreichischen Stadt Schärding.

Schon 1320 errichtete Herzog Heinrich XV. auf der künstlich geschaffenen Flußinsel vor der Innpromenade die **Burg Neuhaus** als Brückenfels zum Schutz der nach Schärding führenden Alten Innbrücke. 1750-1752 wurde die Anlage von dem bekannten Baumeister Johann Michael Fischer zu einem spätbarocken Schloß umgebaut, das sich seit 1859 im Besitz der Englischen Fräulein befindet, die eine Real- und Hauswirtschaftsschule unterhalten. – Sehenswert ist auch das alte **Zollhaus** mit beeindruckenden Hochwassermarken, einst Brückenkopfbefestigung der bis 1779 zu Bayern gehörenden Barockstadt Schärding. Flußaufwärts 2 km das **Innkraftwerk Schärding-Neuhaus,** 1963 vollendet, mit 16 km langem, bis zu 300 m breitem Stausee.

**Auskunft:** Gemeindeverwaltung 94152 Neuhaus am Inn
**Verkehr:** Autobahnanschluß (Regensburg-Passau-Linz); Busverbindung mit Passau, Altötting, Bad Füssing, Berchtesgaden; nächste Bahnstation Sulzbach am Inn
**Hobby und Sport:** Naturbad an der Rottmündung, Hallenbad, Haus des Gastes, Minigolf, Angeln, Paddeln, Tennis

**Wanderungen:**
**1.** Auf dem Inntal-Wanderweg über **Vornbach** (ehem. Benediktinerklosterkirche) nach **Neuburg am Inn\*,** 1½ Std. nördl.
**2.** Über die Rottbrücke nach **Mittich** mit spätgotischer Kirche, ½ Std. südwestl.
**3.** Über die Rottbrücke und kleine Au auf dem Inntal-Wanderweg zum **Innkraftwerk Schärding-Neuhaus,** 1 Std. südl. Weiter durch die Innauen (Vogelschutzgebiet) über Gögging, Würding nach **Bad Füssing\*.**

Das turmbewehrte Schloß Neuburg ist eine
eindrucksvolle Anlage hoch über dem Talhang des Inn.

## Neukirchen-Haggn

(Kreis Straubing-Bogen, 400 m, 1500 Einw.), anerkannter Erholungsort im Donauwaldgau in einer Talmulde des Bogen- und Perlbaches, gehörte früher zum Prämonstatenserkloster Windberg und wurde 1126 erstmals erwähnt. Sehenswert ist die **Rokoko-Pfarrkirche** von 1758 (Turm mit Zwiebelkuppel 1898). Östlich das ehemalige **Wasserschloß Haggn** aus dem 17. Jahrhundert.

**Auskunft:** Verkehrsamt 94362 Neukirchen
**Verkehr:** Busverbindung mit Straubing, Bogen, Elisabethszell; nächste Bahnstation Steinburg
**Hobby und Sport:** → **Mitterfels\*** und **St. Englmar\***

**Wanderungen:**
**1.** Über Rimbach nach **Steinburg** mit Schloß des 13./19. Jahrhunderts, 1 Std. südwestlich. Weiter südlich **Au vorm Wald** mit Spätrenaissance-Schloß. Zurück über Birkhof.
**2.** Über Hungerszell und Hof nach **St. Englmar\*,** 2½ Std. nordöstl.
**3.** Durch das Bogenbachtal über Sparr nach **Pürgl** mit Barockkirche „Pauli Bekehrung", 1 Std. nördlich.
**4.** Über Prünst nach **Elisabethszell,** 2 Std. nördlich.
**5.** Über Wachsenberg nach **Mitterfels\*,** 2 Std. westlich.
**6.** Über Schickersgrub, einer alten Sägemühle am Perlbach, und Buchamühle nach **Obermühlbach** mit Hammerschmiede, 1½ Std. östlich.

## Neukirchen beim Heiligen Blut

(Kreis Cham, 500 m, 4300 Einw.), altbekannter Wallfahrtsort sowie Sommerfrische und Wintersportplatz am Nordhang des Hogen Bogen im Freibachtal. Zu den 20 Ortsteilen gehören auch *Rittsteig, Kolmstein* und *Vorderbuchberg.* Als Hausgewerbe ist hier noch heute die Fertigung von Rosenkränzen heimisch. „Neukirchen vor dem Böhmerwald" hieß der Ort bis zum 16. Jahrhundert. Der Legende nach soll um 1450 ein Hussit aus Übermut mit seinem Säbel das Haupt einer holzgeschnitzten Marienfigur gespalten haben, aus deren Wunde Blut geflossen sei. 1452 setzten die ersten Wallfahrten ein. Seit 1658 befindet sich hier ein Franziskanerkloster. Die **Pfarr- und Wallfahrtskirche Mariae Geburt** mit zwiebel- und laternengekröntem Turm aus dem 15. Jahrhundert entstand in ihrer heutigen Form 1718-1720. Angebaut wurde 1660 die **Franziskanerklosterkirche.** Beide Gotteshäuser bilden einen gemeinsamen Raum, der durch einen doppelten Hochaltar (Augsburger Goldschmiedearbeit von 1754) getrennt ist: Die Wallfahrtskirche ist nach Osten, die Klosterkirche nach Westen ausge-

Neukirchen beim Heiligen Blut: Die Barocke
Wallfahrtskirche vor dem Hintergrund des Hohen Bogens
bewahrt ein berühmtes Gnadenbild.

richtet. Am Hochaltar das Gnadenbild (holzgeschnitzte Maria mit
Kind und säbelschwingender Hussit), eine böhmische Arbeit aus
dem 15. Jahrhundert. Etwas außerhalb vom Ortskern die achteckige barocke **St.-Anna-Kapelle** (18. Jh.) über einer legendär heilkräftigen Quelle.

**Auskunft:** Verkehrsamt 8491 Neukirchen b. Hl. Blut
**Verkehr:** Busverbindung mit Furth im Wald, Bayerisch Eisenstein, Lam, Kötzting; Bahnstation Furth im Wald
**Bergbahn:** Hohen-Bogen-Bahn (Doppelsesselbahn), Talstation westlich von Vordermais 657 m, Bergstation am Ahornriegel 1050 m mit ganzjährig bewirtschaftetem Berghaus Hohen Bogen, Länge 1358 m
**Hobby und Sport:** Hallenbad im Ferienpark Mais-Kühberg, Minigolf, Angeln, Reiten, Skischule, Skigelände, Sommer-Rodelbahn (720 m lang) von der Mittel- zur Talstation der Hohen-Bogen-Bahn
**Sammlungen:** Wallfahrtsmuseum, Marktplatz 10
**Kureinrichtungen:** Massagen und Bäderpraxis, Hautklinik

**Wanderungen:**
**1.** Über Schicherhof nach **Rittsteig** (702 m) mit Barockpfarrkirche von 1723 (Turm 1808), 1½ Std. östlich.
**2.** Über Mais und Kager (Abstecher zur Felspartie Kagerstein, 793 m) zur **Höllhöhe** (630 m, Gasthof Waldschlößl), 1¼ Std. südlich. Von dort westlich auf dem Kammweg in 1¼ Std. zur **Diensthütte am Hohen Bogen,** zurück auf direktem Weg über den Schmidtriegel, oder östlich 1 Std. über **Kolmsteiner Kirchl** (altes Marienbild) zum **Rasthaus Tanneneck** (Bushaltestelle). – Auf- bzw. Abfahrt mit der **Hohen-Bogen-Bahn** möglich.
**3.** Über **Wallfahrtskirche Vorderbuchberg** nach **Jägershof** (Gasthof) mit Ausblick nach Böhmen, 2 Std. nordöstlich.
**4. Rundwanderweg** um den **Kühberg** (773 m) über Lamberg, Oberkaltenhof und Schicherhof, 2½ Std.

# Neukirchen vorm Wald

(Kreis Passau, 466 m, 2000 Einw.), ruhige Sommerfrische am Eingang zum Dreiburgenland, 17 km nordwestlich von Passau. Die ausgedehnte Landgemeinde umfaßt viele Ortschaften. In der gotischen, 1724 barockisierten **Pfarrkirche** befinden sich interessante Grabplatten derer von Taufkirchen und Schwarzenstein, einst Burgherren von Englburg und Fürstenstein.

Im Ortsteil *Feuerschwendt* liegt das komfortable Hotel Gut Giesel mit Ferienappartements.

**Auskunft:** Verkehrsverein 94154 Neukirchen vorm Wald
**Verkehr:** Busverbindung mit Passau, Tittling, Fürstenstein, Grafenau
**Hobby und Sport:** Freibad, Reithof, Reithalle, Pirschgänge

**Wanderungen:**
**1.** Über Neppersdorf und Hof zur kleinen **Barockkirche Kolomann,** ¾ Std. nördl.
**2.** Zur **Barockkapelle Kapfham** von 1726, ¾ Std. westlich.
**3.** Über Geiermühle, Fratzendorf und Sickenthal ins **Ilztal,** 1¼ Std. östl. Hier Anschluß an den Ilztal-Wanderweg (→ S. 232).

# Neureichenau

(Kreis Freyung-Grafenau, 670 m, 2500 Einw.), anerkannter Erholungsort nahe dem Dreisessel über dem Michelbachtal, verdankt seine Entstehung einer ehemaligen Glashütte, an die eine Glasperle im Ortswappen und das Gasthaus „Zum Hüttenmeister" erinnern. Nach dem 30jährigen Krieg wurde der Ort von den Passauer Fürstbischöfen neu gegründet. Die **Pfarrkirche Hl. Leonhard** von 1840 ist am 6. November Mittelpunkt des Leonhardiritts.

**Auskunft:** Fremdenverkehrsverein 94089 Neureichenau
**Verkehr:** Busverbindung mit Waldkirchen, Breitenberg, Freyung
**Hobby und Sport:** Naturbadesee, Angeln; Eislaufplatz. Hallenbad und Freibad in Lackenhäuser; Hallenwellenbad im Ferienpark Altreichenau
**Sammlungen:** Heimatmuseum in der Hochwaldhalle Lackenhäuser

**Wanderungen:**
**1.** Vorbei an Schimmelbach zum **Rosenbergergut,** 1¾ Std. östlich. Zurück über **Lackenhäuser\*,** Marxmühle und Riedelsbach.
**2.** Zum **Dreisesselstein** (1312 m) entlang dem Michelbach nördl. und auf dem von **Altreichenau\*** kommenden Weg östl. zum Gipfel 2¼ Std. Zurück über Rosenbergergut.
**3.** Über Fischergrün und Michelklause (Stauweiher für die Holztrift) mit Abstecher zum Aussichtsfelsen **Klausgupf** (929 m) zum **Berghotel Adalbert-Stifter-Haus** und nach **Frauenberg,** 2 Std. nördlich.

# Neuschönau

(Kreis Freyung-Grafenau, 750 m, 2000 Einw.), anerkannter Erholungsort am Eingang zum Nationalpark. Einzigartig ist das nordöstlich vom Ortskern am Großparkplatz Kreuzstraße gelegene Nationalpark-Haus (Böhmstr. 35), genannt Dr.-Hans-Eisenmann-Haus, mit Ausstellungs-, Film- und Bibliotheksräumen. Attraktion ist die von hier aus am besten zu erreichende Nationalpark-Gehegezone mit Luchs-, Wisent-, Wolf-, Wildschwein-, Otter- und Hirschgehegen. Zur Gemeinde gehören auch die Orte *Altschönau, Schönanger* und *Waldhäuser\*.*

**Auskunft:** Verkehrsamt 94556 Neuschönau
**Verkehr:** Busverbindung mit Spiegelau, Grafenau, Freyung, Passau; Bahnstation Grafenau
**Hobby und Sport:** Tiergehege sowie botanische und naturkundliche Exkursionen, Skischule, Eisstockschießen, geologisches Freigelände im Nationalpark

**Wanderungen:**
**1.** Vom **Nationalpark-Informationshaus** auf markierten Rundwanderwegen in die **Gehegezone,** etwa 2 Std.
**2.** Über **Sagwassersäge** (Wanderparkplatz) östl. in die **Felswanderzone,** einem urwaldartigen Waldgebiet mit imposanten Felsgebilden (Große Kanzel, 1002 m) und herrlichen Ausblicken, Rundwanderwege etwa 2-3 Std.
**3.** Über **Sagwassersäge** am Bach aufwärts zur **Sagwasserklause,** 1½ Std. nordöstl.

Am Ortsrand von Altschönau liegt idyllisch die Knotenbachklause.

**4.** Durch das **Sagwassertal** zum **Lusen** (1373 m), 3 Std. östl.

**5.** Über **Altschönau** (712 m, früher Standort einer Glashütte, gute Einkehr im Gasthof „Zur alten Kaiserhütte") vorbei an der **Knotenbachklause** nach **Waldhäuser\*,** 1½ Std. nordwestl.

**6.** Über Katzberg und Sägmühle nach **Hohenau** (812 m), einem reizvollen Angerdorf in aussichtsreicher Höhenlage mit gotisch-barocker Pfarrkirche und Seelenkapelle von 1782, 1 Std. südöstl.

## Niederalteich

(Kreis Deggendorf, 315 m, 1300 Einw.), Gemeinde am linken Ufer der Donau mit einem der ältesten Benediktinerklöster Bayerns.

731 gründete Agilolfingerherzog Odilo II. an der Donau zwischen Altwassern (alteich) das Benediktinerkloster und berief Mönche aus Reichenau/Bodensee, die es zu einem bedeutenden Kulturzentrum machten. Der Abt Eberswind war 743 Verfasser der „Lex Bajuvariorum", des ersten Bayerischen Gesetzwerkes.

Wesentlichen Anteil hatte das Kloster an der Kolonisation des Bayerischen Waldes. Zu den Äbten gehörte der hl. Godehard (960 bis 1038), später Bischof von Hildesheim. Nach ihm wurde der St.-Gotthard-Paß in der Schweiz benannt. Von Niederalteich bahnte sich der thüringische Grafensohn Mönch Gunther (955-1045) den „Gunthersteig" durch den Urwald und gründete 1011 mitten in der Wildnis eine Zelle in Rinchnach, die als Propstei Ausgangspunkt weiterer Rodungssiedlungen wurden. Insgesamt gingen aus dem Kloster Niederalteich über 50 Bischöfe und Äbte hervor. Nach der Säkularisation 1803 wurden Gebäude und Inneneinrichtung weitgehend zerstört. Erst 1918 konnte das Kloster mit Patres aus Metten wieder besetzt und zur Abtei erhoben werden.

Heute bemüht sich die Abtei besonders um die Verständigung zwischen Christen in Ost und West. Außer dem ökumenischen Institut befinden sich hier noch ein Gymnasium mit Internat, ein Diözesan-Bildungszentrum und eine Landvolkshochschule. – Der seit 1979 ansässige Konvent der Ursulinen bietet Frauen die Möglichkeit zum „Kloster auf Zeit". Die

**Klosterkirche St. Mauritius,** eine zweitürmige ursprünglich gotische Hallenkirche, wurde nach einem Brand 1718-27 auf dem Mauerkern von 1306 neu errichtet. Der Passauer Maurermeister Jakob Pawanger erbaute das Langhaus, nach einem Disput vollendete Johann Michael Fischer den Chor. Sie gilt mit ihrem 72 m langen Innenraum, den reichen Stukkaturen (B. und S. d'Aglio), den farbenfrohen Deckengemälden (W.A. Haindl aus Wels) und dem gewaltigen 19 m hohen Hochaltar (J. Schöpf aus Straubing, 1703) als eine der großartigen Kirchen Bayerns. Die berühmte *Sakristei* unter dem runden Chorabschluß mit geschnitzten Paramentenschränken bewahrt kunsthandwerkliche Arbeiten, darunter der Godehardstab mit elfenbeinerner Krümme aus dem 13 Jahrhundert (mit Führung zugänglich). – Die wuchtigen Zwillingstürme verloren 1813 durch Blitzschlag ihre barocken Hauben und erhielten dafür die spitzen Zeltdächer.

**Auskunft:** Gemeindeverwaltung 94557 Niederalteich
**Verkehr:** Busverbindung mit Hengersberg; Bahnstation Hengersberg
**Hobby, Sport und Wanderungen:** (→ Hengersberg*)


# Nittenau

(Kreis Schwandorf, 350 m, 7000 Einw.), kleine Stadt und Ferienort in einer breiten Talmulde des Regen, gelegen im „Naturpark Oberer Bayerischer Wald".

1007 urkundlich erwähnt, wurde Nittenau 1468 Markt und 1953 Stadt. Die moderne **Pfarrkirche Unsere Liebe Frau** besitzt noch einen gotischen Chor und einen Barockturm. Erhalten sind Reste mittelalterlicher Befestigungsanlagen mit dem gotischen **Storchenturm,** an dem vier eingemauerte Kanonenkugeln an ein Gefecht im Jahre 1809 zwischen Österreichern und Franzosen erinnern (Gedenktafel). 1812 übernachtete Napoleon auf seinem Rückzug aus Rußland in Nittenau.

**Auskunft:** Verkehrsverein 93149 Nittenau
**Verkehr:** Busverbindung mit Regensburg, Cham, Schwandorf, Waldmünchen; Bahnstation Regensburg und Bodenwöhr
**Hobby und Sport:** Beheiztes Freibad, Bootsverleih, Angeln, Minigolf im Freizeitpark, Tennis, Reitschule, Waldlehrpfad, Wildgehege, Pferdekutschfahrten; Haus des Gastes
**Sammlungen:** Stadtmuseum, Kirchplatz (Rückgebäude des Rathauses)

**Wanderungen:**
**1.** Auf den **Jugenberg** (613 m), wo einst die Burg Zangenfels thronte, 1½ Std. südwestlich. Weiter in ¾ Std. nördlich nach **Hof am Regen** mit stark veränderter Burg des 12. Jh. (romanischer Wohnturm mit profanierter Kapelle). Von dort ½ Std. westlich nach **Stefling** mit gut erhaltener Burg des 10. Jh. über dem Regental, heute Sitz der Grafen von der Mühle Eckart. Nun über die Regenbrücke und in ¾ Std. westlich zur sagenumwobenen **Burgruine Stockenfels** (13. Jh.), 120 m hoch über dem Regental, im Volksmund „Bierpantscher-Walhalla" genannt. Abstieg nach **Marienthal** (Gasthof), zuvor mit Kahnfähre über den Regen, zurück mit Bus).
**2.** Durch den Einsiedler Forst zum **Waldhaus Einsiedel,** mit Waldlehrpfad und Wildgehege, 2 Std. nordöstlich.
**3.** Über das ehem. Benediktinerkloster **Reichenbach** zum ehem. Zisterzienserkloster **Walderbach** (→ S. 000), 2 Std. östlich.
**4.** Über Thann nach **St. Hubertus** (Gasthof) in weiherreicher Umgebung, 1¼ Std. nördlich.
**5.** Über Trumling nach **Bodenstein** mit mittelalterlichem Schloß, 1 Std. südöstlich.

## Obernzell

(Kreis Passau, 295 m, 3600 Einw.), anerkannter Erholungsort an der Donau, 17 km östlich von Passau. Als Klostersiedlung schon vor dem 10. Jahrhundert bekannt, gelangte Obernzell 1220 an das Fürstbistum Passau und erhielt 1263 Marktrecht. Vom 13. Jahrhundert bis zum Jahre 1940 bestand die Fabrikation von feuerfesten Schmelztiegeln aus Graphit, Ton und Quarz, die im früheren „Hafnerzell" als „Passauer Tiegel" Weltruf erlangten. – Eingemeindet wurden die Orte *Erlau* (anerkannter Erholungsort), *Haar, Nottau* und *Rackling.*

Der langgezogene **Marktplatz** mit Marienbrunnen ist von alten Bürgerhäusern mit Fassaden der Inntalbauweise umsäumt. Die doppeltürmige **Marktkirche Mariae Himmelfahrt,** heute Pfarrkirche, ist ein kreuzförmiger Barockbau von 1740-45 mit schönen Altären und holzgeschnitzter Kanzel. Die oberhalb des Ortes gelegene spätgotische **Margarethenkirche** des 15. Jahrhunderts diente früher als Pfarrkirche. Am Ostende des Marktes das frühere fürstbischöfliche **Schloß,** ein mächtiger Bau mit Schopfwalmdach und Schauseite zur Donau. Im 15. Jahrhundert als „Veste in der Zell" gegründet, wurde es 1598 zu einem Renaissance-Schloß mit Graben, Mauer und Türmen. Heute beherbergt es das sehenswerte Keramikmuseum. In der Schloßkapelle wurden Wandmalereien aus der Zeit um 1420 freigelegt.

Enge, teils von Schwibbögen überwölbte Gassen führen zur reizvollen *Donaupromenade,* wo man den Fährenverkehr zum österreichischen Ufer beobachten kann. Der Rückstau des östlich gelegenen Kraftwerks Jochenstein ließ die Donau hier zu einem Dorado für Wassersportler werden. An der Straße nach Passau steht die **Kreuzsäulkapelle** von 1850 mit vielen Votivbildern.

Obernzell mit mächtigem Renaissance-Schloß
hat eine schöne Donaupromenade.

Westlich 6 km der Ortsteil *Erlau* am Einfluß der Erlau in die
Donau; gegenüber oberhalb des österreichischen Ufers die sagenumwobene *Burg Krempelstein*. Am Eingang zum Erlautal eine
Metallpulverfabrik, die Tonträger für Tonbänder produziert, gegründet von Dr. Hans Vogt, dem Erfinder des Tonfilms. Lohnend
ist die einstündige Wanderung durch das urtümliche *Erlautal*
(Waldlehrpfad) aufwärts bis Bahnhof Schaibing.

**Auskunft:** Verkehrsamt 94130 Obernzell

**Verkehr:** Busverbindung mit Passau, Wegscheid, Hauzenberg, Breitenberg; Bahnstation Passau; Schiffsstation Richtung Passau und Linz/Wien;
Autofähre zum österreichischen Ufer; Motorboothafen

**Hobby und Sport:** Schwimmbäder in Gottsdorf, Lämmersdorf und Passau,
Angeln, Minigolf (Erlau), Reitercamp, Ruderbootverleih, Motorbootführer-
scheinkurse, Wasserskischule, Asphalt-Stockbahn, Tennis, Tennisunterricht

**Sammlungen:** Keramikmuseum, Filiale des Bayerischen National-
museums München mit rund 1000 keramischen Exponaten von den Anfän-
gen bis zur Gegenwart im Schloß

**Wanderungen:**

1. Über die aussichtsreiche **Kanzel** (513 m) und durch das Griesenbachtal
nach **Untergriesbach\***, 1 Std. nordöstlich; zurück über Lindlmühle durch
das Hofleithen- und Eckerbachtal.

2. Über Matzenberg und Hötzmannsöd nach **Erlau,** 1¾ Std. westlich. Zurück auf dem Talweg nördl. der stillgelegten Bahnlinie.

3. Entlang der Donau-Uferpromenade zur Ausflugsgaststätte **Kohlbach-
mühle** mit Ufer-Terrasse, 1 Std. südöstlich. Von dort Wanderungen in das
**Kohlbachtal.**

4. **Rundwanderung** Niederhofer Kapelle, Niederhof, Eckerbachtalhang,
1½ Std. nordwestlich.

# Ortenburg

(Kreis Passau, 345 m, 6500 Einw.), Markt und anerkannter Erholungsort über dem Wolfachtal zwischen Donau und Inn mit
obstreicher Umgebung, 15 km südlich von Vilshofen. Der historisch trächtige Ort ist Stammsitz der schon im 11. Jahrhundert urkundlich genannten, später reichsunmittelbaren Grafen von
Ortenburg-Kraiburg, einem der bedeutendsten bayerischen
Adelsgeschlechter, deren Wappentier (Panther) sich noch heute
im bayerischen Staatswappen erhalten hat. 1563 führte Graf Joachim in seiner kleinen Reichsgrafschaft trotz unmittelbarer Nach-
barschaft zu den katholischen Territorien des Hochstifts Passau
und der Wittelsbacher die Reformation ein und wurde so einzige
evangelische Enklave in Niederbayern, die erst 1805 im Tausch
mit den oberfränkischen Herrschaften Tambach und Seßlach an
Bayern fiel. 1827 kauften die Grafen ihr Stammschloß zurück, das
seitdem wieder von der Familie bewohnt wird.

**Schloß Ortenburg,** Stammsitz der seit 1048 genannten Grafen
von Ortenburg, wurde 1567 nach Zerstörung im Landshuter Erbfolgekrieg als stattliches Renaissance-Schloß wieder aufgebaut
und ist heute als Museum zugänglich. Besonders sehenswert ist
die aus vielerlei Hölzern gefügte Renaissance-Kassettendecke,
eine der schönsten in Deutschland. Von den ursprünglich zwei
Burgen wurde eine im 18. Jahrhundert abgetragen, die andere
wurde mit einem Großteil des Mauerbestandes in das jetzige
Schloßgebäude einbezogen. Die schlichte

Das Renaissance-Schloß Ortenburg ist als Museum zugänglich.

**Evangelische Pfarrkirche** (Frauenkirche) aus dem 14. Jahrhundert, 1518 erneuert, seit Einführung der Reformation 1563 evangelisch, bewahrt zahlreiche Grabdenkmäler der Ortenburger vom 16. bis 18. Jahrhundert, darunter die Renaissance-Hochgräber für Graf Joachim und Sohn Anton.

**Auskunft:** Marktgemeinde 94496 Ortenburg, Rathaus
**Verkehr:** Busverbindung mit Passau, Vilshofen; Bahnstation Vilshofen
**Hobby und Sport:** Hallenbad und beheiztes Freibad im Freizeitzentrum Unteriglbach, Angeln, Minigolf, Tennis, Reiten – Natur- und Wildpark rund um Schloß Ortenburg. – Vogelpark Irgenöd 3 km nordöstlich auf 60 000 m$^2$ großem Gelände mit 2000 Vogelarten aus aller Welt. – Thermalbäder in Bad Griesbach und Bad Birnbach
**Veranstaltungen:** Blütenfest im Mai. – Volksfest Anfang August

**Wanderungen:**
**1.** Nach **Steinkirchen** mit romanisch-gotischer Kirche, ½ Std. südöstl. Weiter 1 Std. südl. über Würding zur ehemaligen Prämonstratenser-Klosterkirche **St. Salvator,** erbaut 1633 von B. Viscardi mit Fresken von F.A. Rauscher und Altären von J. Deutschmann.
**2.** Über die **St.-Koloman-Kapelle** zu der originellen Wallfahrtskirche **Sammarei** von 1631, (→ S. 85), 1½ Std. südwestlich.
**3.** Über Unteriglbach nach **Jaging,** 1½ Std. nordwest. Sehenswert ist das Aquarium mit rund 200 Arten von Tiefseefischen und niederen Tieren sowie die Krokodilhalle. Zurück über Oberiglbach, Ackersberg und St. Koloman.

# Passau

(Kreisfreie Stadt, 304 m, 51 000 Einw.), wirtschaftlich und kulturell bedeutende Grenzstadt am Zusammenfluß von Donau, Inn und Ilz; Bischofsresidenz und seit 1978 auch Sitz einer Universität. Alexander von Humboldt soll Passau zu den sieben schönsten Städten der Welt gezählt haben. Die vom kuppelgekrönten Dom beherrschte Altstadt schiebt sich auf weit vorgestreckter Landzunge zwischen Donau und Inn, überragt von der Veste Oberhaus und der Mariahilfkirche – ein überaus malerisches Stadtbild, das besonders beeindruckt, wenn Sie mit dem Wagen von Obernzell kommen.

Hochwasserkatastrophen und verheerende Brände haben im 16. und 17. Jahrhundert viele mittelalterliche Bauten vernichtet. Italienische Baumeister wurden von den Fürstbischöfen beauftragt, die Stadt im gerade aufkommenden Barockstil neu zu errichten. Daher ist auch heute noch in der Altstadt die italienisch-barocke Architektur mit Schwibbogengassen, Grabendächern und Blendfassaden am stärksten vertreten. Diese charakteristische Innstadtbauweise hat Passau den Beinamen „Bayerisches Venedig" eingebracht.

**Passau 1657. Kupferstich von Matthäus Merian.**

## Blick in die Geschichte

Schon um 450 v. Chr. erbauten die Kelten auf der Landzunge zwischen Donau und Inn, dem heutigen Domhügel, ihre Siedlung Bojodurum. Im 1. Jahrhundert n. Chr. errichteten die Römer am rechten Innufer das Kastell Boiotrum. Um die Mitte des 2. Jahrhunderts verstärkten die Römer ihre Grenzbefestigungen und stationierten ihre 9. Batavische Kohorte auf dem ursprünglichen Platz zwischen Donau und Inn. Vom Kastell der Bataver (Niederländer) erhielt Passau seinen Namen: Castra Batava = Bazzawa – Passau. In spätrömischer Zeit gründete der hl. Severin († 482) in der Innstadt eine der ersten germanischen christlichen Gemeinden; an seiner Wirkungsstätte die heutige Friedhofskirche St. Severin.

Als in der 1. Hälfte des 6. Jahrhunderts die Bajuwaren ins Land kamen, wurde Passau Hauptort des Rottachgaues und 739 agilolfingischer Herzogshof. Die Bedeutung der Stadt wuchs, als sie 739 durch Bonifatius zum ständigen Bischofssitz erklärt wurde. Das weite Gebiet von der Isarmündung über den Böhmerwald bis tief nach Ungarn hinein wurde von Passau aus erschlossen und christianisiert. Der Stephansdom in Wien und die Stephanskathedrale der alten ungarischen Königsresidenz Gran-Esztergom sind Tochterkirchen des Passauer Stephansdomes. Bald war Passau das größte Bistum im Heiligen Römischen Reich Deutscher Nation.

Im Laufe der Zeit ging die Regierungsgewalt immer mehr in die Hände der Passauer Bischöfe über, 999 erhielten sie Landeshoheit, 1217 wurden sie Reichsfürsten – nicht immer zur Freude der Bürgerschaft, die lieber die politische Unabhängigkeit einer „Freien Reichsstadt" wollte und sich nur nach heftigem Widerstand beugte: Erst 1431 wurden die Auflehnungsversuche endgültig niedergeworfen.

Doch Handel und Gewerbe blühten auf. Die Schiffahrt auf Donau und Inn brachte Reichtum in die Stadt, die „Passauer Wolfsklingen" gehörten im Mittelalter zu den besten Waffen der Welt.

Von großer Bedeutung war der Goldene Steig, eine der ältesten Wegverbindungen zwischen Bayern und Böhmen, der in Passau seinen Ausgang nahm. Auf ihm wurde das vielbegehrte Salz, das über den Inn nach Passau gelangte, weiter über Waldkirchen und Grainet nach Prachatitz verfrachtet. Das besorgten die „Säumer": Mit ihren kleinen Saumpferden, die links und rechts 1½ Zentner schwere Salzfässer (Kufen) trugen, zogen sie durch den unwegsamen Böhmerwald, von bewaffneten Reitknechten gegen Überfälle gesichert. In der Blütezeit um 1500 verkehrten auf dem schmalen Saumpfad wöchentlich rund 1300 Pferde. Erst 1692, als Kaiser Leopold I. den Salzhandel zum kaiserlichen Monopol bestimmte und Bayern den Export nach Böhmen untersagte, kam der Frachtverkehr über den Goldenen Steig zum Erliegen. Noch heute erinnern viele Flur- und Ortsnamen an die alte Salzstraße, auf der später auch Glas transportiert wurde und die heute durch einen Wanderweg erschlossen ist.

In der Reformationszeit schlossen evangelische und katholische Fürsten in der Donaustadt 1552 den „Passauer Vertrag" und legten damit den Grundstein zur freien Religionsausübung. Drei Jahre später wurde die Schlußregelung dieses Vertrages als „Augsburger Religionsfriede" verkündet. Nach dem Willen Napoleons fiel das Fürstbistum Passau 1803 an Bayern und verlor somit seine politische Vormachtstellung.

Von jeher war Passau eine Pflegestätte von Literatur und Kunst. Bischof Pilgrim gab im 10. Jahrhundert seinem Schreiber Konrad den Auftrag, die „Klage von der Nibelunge Not" aufzuzeichnen. Unter Fürstbischof Wolfker, der neben anderen Minnesängern auch Walther von der Vogelweide an seinen Hof rief, entstand um 1203 die endgültige Fassung des Nibelungenliedes. Unvergänglich die Bildwerke der Passauer Hofmaler Wolf Huber und Rueland Frueauf aus dem 16. Jahrhundert; die Hofkapellmeister Georg Muffat und Joseph Fribert schufen im 17./18. Jahrhundert meisterliche Fugen, Serenaden und Opern. Der Dichterarzt Hans Carossa (1878 – 1856) verbrachte den größten Teil seines Lebens in Passau und wohnte zuletzt in Rittsteig vor den Toren der Stadt.

Im Bildungsbereich hat die 1978 eröffnete Universität Passau eine große Bedeutung für die Region. An der Katholisch-Theologischen, Juristischen, Wirtschaftswissenschaftlichen, Philosophischen sowie der Fakultät für Mathematik und Informatik studieren über 6000 Studenten.

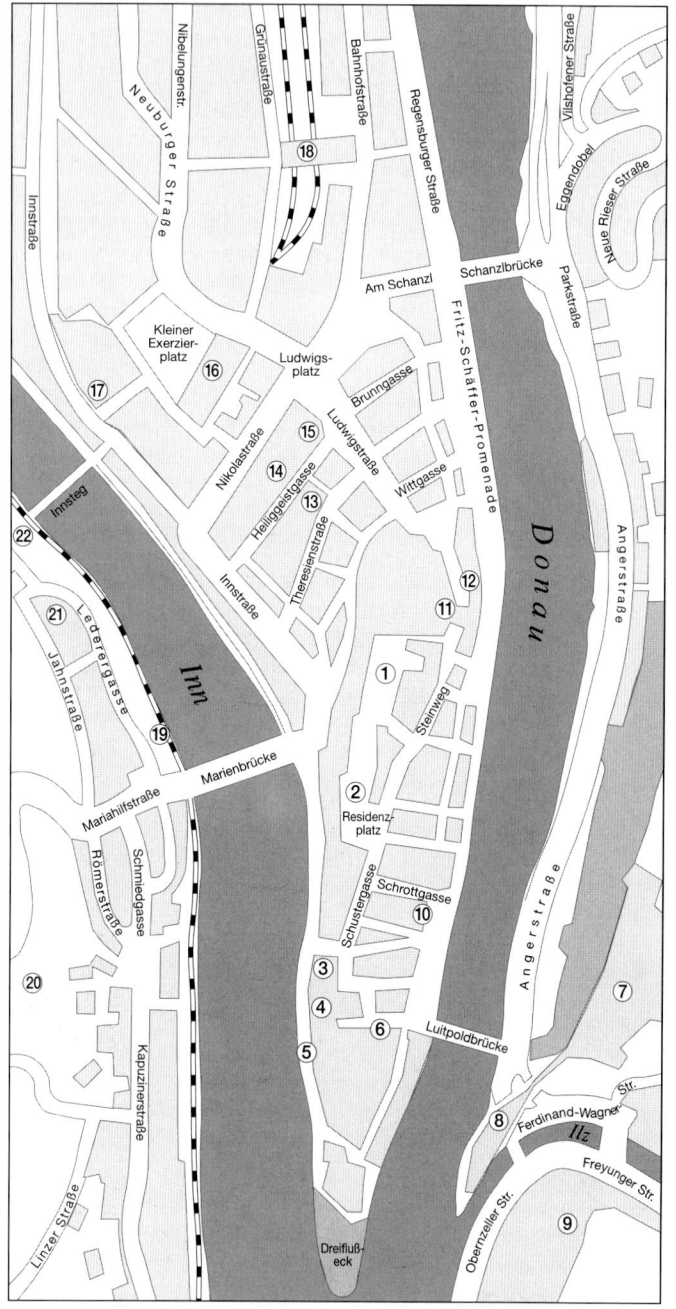

## Passau

1 Dom
2 Bischöfliche Residenz
3 Jesuitenkirche
4 Gymnasium Leopoldinum
5 Schaiblingsturm
6 Niedernburg-Kloster
7 Oberhaus
8 Niederhaus
9 St.-Bartholomäus-Kirche
10 Rathaus
11 St.-Paul-Pfarrkirche

12 St.-Johannes-Spitalkirche
13 Ev. Kirche
14 Heiliggeistkirche
15 Votivkirche
16 Nibelungenhalle
17 Universität mit Kirche St. Nikola
18 Hauptbahnhof
19 St.-Gertraud-Kirche
20 Wallfahrtskirche Mariahilf
21 Castell Boiotro (Röm. Museum)
22 Severinskirche

## Sehenswürdigkeiten

Das Stadtzentrum ist klein und überschaubar. Die Entfernung vom Hauptbahnhof zum Dom beträgt nur 1 km, zum Dreiflußeck 1,8 km. Auf dem *Altstadthügel,* dem heutigen Domberg, entstand in vorgeschichtlicher Zeit die keltische Ursiedlung Bojodurum. Später errichteten die Römer hier das Kastell Batavis und jenseits des Inn in der *Innstadt* die Kastelle Boiodurum und Boiotro.

In fürstbischöflicher Zeit bestand das Stadtgebiet aus der *Altstadt* zwischen Domberg und Dreiflußeck mit den bischöflichen (Dom, Residenz), klösterlichen (Niedernburg) und bürgerlichen (Rathaus) Bereichen, dem *Zentrum* mit Handel und Gewerbe rund um den Ludwigsplatz, der *Innstadt* mit dem Kloster Mariahilf, dem Fischerdorf *Ilzstadt* und der beherrschenden Burganlage *Veste Oberhaus.*

Ein Stadtrundgang beginnt am besten bei der Nibelungenhalle am *Kleinen Exerzierplatz,* der auch vom Hauptbahnhof über den Ludwigsplatz in wenigen Minuten zu erreichen ist und auch Parkmöglichkeiten bietet. Außerdem befindet sich in der Nähe ein Parkhaus. Sehr empfehlenswert ist der geräumige Parkplatz bei der Brauerei Hacklberg jenseits der Donau; von dort Stadtbus alle 20 Minuten oder zu Fuß in 15 Minuten zum Ludwigsplatz. – In der 1934/36 erbauten **Nibelungenhalle** finden alle Großveranstaltungen Ostbayerns statt. Die riesige Halle faßte früher 12 000 Personen, heute nach dem Einbau von Büroräumen 8000 Personen. Alljährlich ist sie Mittelpunkt der „Passauer Frühjahrsmesse". Der

**Kleine Exerzierplatz** (unter dem ein 160 m langer Bahntunnel hindurchführt) war einst Klostergarten des südlich vom Platz gelegenen, schon 1067 gegründeten ehemaligen Augustiner-Chorherrenstifts *St. Nikola,* dessen Gebäude nach der Säkularisation 1803 lange Zeit als Kaserne dienten. Heute befindet sich hier das Zentrum der neugegründeten *Universität.* Nahe dem Innufer steht die ehemals zum Augustiner-Chorherrenstift gehörende

**St. Nikola-Kirche.** Erbaut um 1070, ist sie eines der ältesten Denkmäler der Romanik. Allerdings überstand nur die romanische Krypta ein schweres Erdbeben von 1348. Die Wiederherstellung der mittelalterlichen Kirche erfolgte im 18. Jahrhundert durch den italienischen Architekten Carlone. Die dreischiffige Halle mit Seitenschiffen ist reich stukkiert. Die Ausmalung und die interessante Scheinarchitektur schuf W. A. Heindl.

Nach Überquerung des verkehrsreichen Ludwigsplatzes beginnt Passaus Hauptgeschäftsstraße, die Ludwigstraße, im weiteren Verlauf Fußgängerzone. Am Anfang rechts die

**Marianische Votivkirche,** erbaut 1613-19 als Franziskanerkirche und 1856-61 neuromanisch verändert. Dahinter führt die Heilig-Geist-Gasse vorbei an der für Kunstausstellungen genutzten *St.-Anna-Kapelle* zur

**Heilig-Geist-Kirche,** erbaut 1345, erweitert 1442 durch ein zweites Schiff mit Chor. An den Wänden befinden sich interessante alte Grabsteine, darunter auch der des Passauer Hofmalers Wolf Huber († 1553). Das *Heilig-Geist-Stift,* ein aus bürgerlichen Stiftungen im 14. Jahrhundert entstandene Altersheim, besitzt noch heute Weinberge in der Wachau. Die *Heilig-Geist-Stiftsschenke* (Haus Nr. 4) von 1358 wird mit ihren alten Gewölben gerühmt wegen ihrer vorzüglichen Gastronomie mit bayerisch-österreichischen Spezialitäten und erlesenen Weinen. In der parallelen Theresienstraße die *Evangelische Kirche* von 1859. Am Rindermarkt die

**Spitalkirche** aus dem 14. Jahrhundert des um 1200 gegründeten *St.-Johannes-Spitals.* Die dreischiffige, kreuzgewölbte Halle bewahrt Grabplatten vom 14.-17. Jahrhundert. Rechts die

**Römerwehr.** Die mittelalterlichen Mauerreste zum Schutz gegen Hochwasser wurden auf dem Sockel römischer Mauern erbaut – daher der Name. Den Abschluß des Rindermarktes bildet die hochaufragende rote Sandsteinfassade der eintürmigen.

**Pfarrkirche St. Paul,** zu der eine Freitreppe emporführt. Sie stammt ursprünglich aus dem 11. Jahrhundert; nach einem Brand entstand 1667/68 ein barocker Neubau nach italienischem Vorbild. Die Stukkaturen stammen aus dem 20. Jahrhundert, Hochaltar, Kanzel und Nebenaltäre aus der Erbauungszeit. Der an die Kirche anschließende *Paulusbogen* aus dem 13. Jahrhundert und seitdem mehrfach überbaut war früher der einzige Zugang zur

Altstadt. Links hat man einen schönen Blick auf die Donau. Geradeaus erinnert am Hause Steinweg Nr. 4 eine Gedenktafel an den *Aufenthalt Adalbert Stifters* bei seinem Freund Franz Xaver Rosenberger. Nach dem Paulusbogen führt rechts die Luragogasse zum weiträumigen

**Domplatz,** in dessen Mitte ein Standbild von Bayernkönig Maximilian I. steht, gegossen aus einer alten Bürgerkanone. Ringsum gruppieren sich ehemalige Domherrenhöfe. Zu den schönsten Bauten gehört das *Lambergpalais* (Nr. 6) mit spätbarocker Fassade; 1552 wurde hier zwischen König Ferdinand und Moritz von Sachsen der Passauer Religionsfriede geschlossen. Erwähnenswert auch die Dompropstei (Nr. 4) und das ehemalige fürstbischöfliche Gästehaus (Nr. 2), heute Postamt. Auf dem höchsten Punkt der Altstadt erhebt sich eindrucksvoll der

**Dom St. Stephan,** eine dreischiffige Basilika mit eingezogenem Querschiff, achteckiger Vierungskuppel und zwei 68 m hohen Türmen. Er ist der größte Barockbau des 17. Jahrhunderts nördlich der Alpen und bereits das fünfte Gotteshaus an dieser Stelle, denn schon unter dem Schutz römischer Soldaten stand hier eine kleine christliche Kirche.

Passau: Der Dom St. Stephan gilt als größter
Barockbau des 17. Jahrhunderts nördlich der Alpen.

Die Kirchenorgel im Passauer Dom umfaßt
231 klingende Register und 17 388 Pfeifen,
die zentral vom Generalspieltisch aus
bedient werden können.

Viele Jahrhunderte haben am Dom mitgebaut. Nach dem Stadtbrand von 1662, bei dem der gotische Dom bis auf den Ostchor
vernichtet wurde, errichtete der Prager Baumeister italienischer Herkunft Carlo Lurago († 1684 Passau) die mächtige Basilika 1668-83 im barocken Stil. Die beiden Westtürme mit den
achteckigen Obergeschossen wurden erst 1896 vollendet. Der
wie aus einem Guß wirkende große Innenraum wurde von dem
Italiener G.B. Carlone 1680-1686 prunkvoll stuckiert, assistiert
von seinem Schwager Paolo d'Aglio. Die Deckenfresken schufen bis 1688 Carpoforo Tencalla und Carlo Antonio Bussi, die
Marmor-Seitenportale 1693 Andrea Solari aus Como. Die vergoldete Kanzel von 1722 ist ein Meisterwerk des Wiener Hof-
schreiners J.G. Series; L. Högen schuf die kunstvollen Figuren
der Evangelisten. Bewunderung, aber auch Kritik findet der
1953 geschaffene Hochaltar des Münchener Bildhauers Prof.
Josef Henselmann, der in Form von Kolossalfiguren die Steini-
gung des hl. Stephanus darstellt und an die Stelle des klassizistischen Vorgängers trat. In den Seitenschiffen und im Chor
befinden sich zahlreiche marmorne Grabdenkmäler Passauer
Bischöfe, deren Gebeine in der Krypta ruhen.

Die *Domorgel* ist mit ihren heute 231 klingenden Registern
und 17 388 Pfeifen noch immer die größte Kirchenorgel der
Welt. Sie wurde 1924-28 von G. F. Steinmeyer erbaut und 1976-
80 von L. und W. Eisenbarth weitgehend erneuert. Die fünf
selbständigen Orgeln auf der Hauptempore, den beiden rück-
wärtigen Seitenemporen, der linken Seite des Chores und in
einem Schwellkasten auf dem Dachboden können zentral vom
Generalspieltisch aus bedient werden.

Vom ehemals gotischen, 1812 abgebrochenen *Domkreuzgang* an der Nordseite sind nur noch wenige Reste mit Portal,
Grabsteinen und vier Kapellen erhalten (Schlüssel beim Mesner in der Sakristei): Östlich die gotische *Ortenburgkapelle*
(1288) mit Rotmarmortumba aus der Zeit um 1430, anschließend die *Herrenkapelle* als hochgotischer Saalbau von etwa
1430, westlich die *Trenbachkapelle* von 1572 mit Marmorhoch-
grab aus dem 17. Jahrhundert, anschließend die *Lambergkapel-
le* von 1710.

Nun vom Dom in die Zengergasse mit dem *Zengerhof,* einem
Domherrengebäude. Daran anschließend die
**Alte Bischöfliche Residenz,** ursprünglich aus dem 12. Jahrhundert nach den Stadtbränden im 17. Jahrhundert barock wieder
errichtet (heute Landgericht). Nur am Bogen erkennt man noch
gotische Teile der Hauskapelle. Der imposante Bau beeindruckt
besonders von der Innseite, zu der die *Hofstiege* unter dem Palast

Die italienisch anmutenden schmalen Gassen der Passauer Altstadt
bilden einen reizvollen Kontrast zum mächtigen barocken Dom,
dessen Anfänge bis in die romanische Zeit zurückgehen.

hinunterführt. – Am schmucken *Residenzplatz* mit Bürgerhäusern des 17. Jahrhunderts im heimischen Inntalbaustil in reizvollem Kontrast zum spätgotischen Domchor die ⏐

**Neue Bischöfliche Residenz,** ein repräsentativer Barockbau von 1771 mit Balkonen, Balustrade und Hauptportal in harmonischer Eleganz. Kernstück ist das prächtige Rokoko-Treppenhaus mit herrlichem Rocaillestuck, 1768 von J.M. Modler errichtet. Der große Hofsaal und die ehemalige fürstbischöfliche Bibliothek beherbergen das *Domschatz-* und *Diözesanmuseum* (Zugang durch den Dom). – Auf dem Residenzplatz der

**Wittelsbacher Brunnen,** errichtet 1903 anläßlich der 100-Jahr-Feier der Vereinigung Passaus mit Bayern. Die Madonna als Patrona Bavariae krönt den Brunnen. Die drei Putten symbolisieren die drei Flüsse Donau, Inn und Ilz. – Über Innbrückgasse oder die Hofstiege unter der alten Residenz gelangt man zum *Innbrücktor* aus dem 13. Jahrhundert und zum

**Stadttheater** (Innstr. 4) mit 400 Plätzen, erbaut 1783 als fürstbischöfliches Opernhaus und wieder in den ursprünglichen Zustand versetzt. Es wird vom südostbayerischen Städtetheater bespielt. Daneben das *Redoutenhaus* mit klassizistischer Fassade von 1780, in deren Sälen heute Festveranstaltungen stattfinden; ein Teil beherbergt die Europabücherei. Gegenüber führt die Marienbrücke über den Inn.

## Die Innstadt

Sie ist wie ein Brückenkopf von österreichischem Gebiet umschlossen und mit der Altstadt durch die 200 m lange *Marienbrücke* (Innbrücke) und die 160 m lange *Fußgänger-Innsteg-Hängebrücke* verbunden. – Nach Überquerung der Marienbrücke steht rechts die

**Pfarrkirche St. Gertraud,** ein bescheidener klassizistischer Bau von 1815/16, hervorgegangen aus der ehemaligen Spitalkirche. Schräg gegenüber das *Kuchler-Haus,* ein altes Patrizierhaus mit schöner Stuckfassade. Innaufwärts in der Ledererergasse das

**Römermuseum** im restaurierten gotischen Gruber-Haus mit spätromanischen und mittelalterlichen Funden; seit 1982 sind auch die am Innufer freigelegten Grundmauern des *Römerkastells Boiotro* zu besichtigen, das hier rekonstruiert wurde. Anschließend das *Severintor* von 1412, ein Stadttor mit noch erhaltener Wehrmauer. Nahe der Innstegbrücke auf dem Friedhof die

**Kirche St. Severin,** Passaus ältestes Gotteshaus, hervorgegangen um 460 aus der Gebetsklause des heiligen Severin. Der heutige Bau stammt aus dem Mittelalter mit romanischen Elementen und spätgotischem Altarraum. Im Inneren der heutigen Friedhofs-

Passau: Auf dem höchsten Punkt der Altstadt
erhebt sich der mächtige Dom St. Stephan mit seinen
fast 70 m hohen Westtürmen. Im Inneren der barocken Basilika
erklingt die größte Kirchenorgel der Welt.

Passau: Blick vom Mariahilfberg
über die Innbrücke auf die Stadt.

kirche die „Severinsmadonna" um 1450 und ein römischer Grabstein als Weihwasserbecken. – In aussichtsreicher Höhenlage auf dem *Mariahilfberg* (358 m) die doppeltürmige
**Wallfahrtskirche Mariahilf,** 1627 vollendet von Francesco Garbanino, die heute dem benachbarten *Kapuzinerkloster* als Klosterkirche dient. Die Turmhelme mit den originellen Laternenkuppeln stammen von 1665. Im Inneren ein spätbarocker Hochaltar von 1729 mit der Kopie eines Gnadenbildes von Lucas Cranach d. Ä., dessen Original sich in der Pfarrkirche vom Innsbruck befindet. Im Mittelschiff die 1676 von Kaiser Leopold I. gestiftete „Kaiserampel", eine kostbare Augsburger Goldschmiedearbeit. Interessant sind die Votivtafeln sowie die türkischen Waffen, die von Passauer Soldaten im Türkenkrieg erbeutet wurden. Wallfahrer benutzen vom Kapuziner-Platz die 321 Stufen zählende überdeckte *Wallfahrtsstiege,* die nach altem Brauch von Stufe zu Stufe „abgebetet" wird und empor unmittelbar zur Kirche führt. Von der Höhe hat man einen herrlichen Tiefblick auf die Stadt mit den drei Flüssen, überragt von der Veste Oberhaus.

Von der Altstadt-Marienbrücke führt ein schöner Spaziergang auf dem Innkai innabwärts mit Blick auf den gegenüberliegenden Mariahilfberg und die doppeltürmige Wallfahrtskirche. Bald folgt links über dem Innufer die zweitürmige
**Studienkirche St. Michael.** Sie ist mit ihren prächtigen Stukkaturen nach dem Dom Passaus großartigste Barockkirche, nach dem Stadtbrand 1664-77 von der italienischen Künstlerfamilie

Carlone für das Jesuitenkolleg errichtet und ausgestattet; Hochaltar und Kanzel stammen aus dem frühen 18. Jahrhundert. An der Südwand die Franziskus-Xaverius-Kapelle in schönem Frührokoko. Daß die Türme nur bescheidene Pultdächer tragen, geht auf fürstbischöflichen Wunsch zurück, da der Anblick des Domes nicht beeinträchtigt werden sollte. Die Kollegiengebäude beherbergen heute ein Gymnasium und die Staatliche Bibliothek. Einen Häuserblock entfernt die zweitürmige

**Klosterkirche Hl. Kreuz** des 740 gegründeten *Frauenklosters Niedernburg*, im 11. Jahrhundert unter Kaiser Heinrich II. mächtige Reichsabtei, seit 1836 Institut der Englischen Fräulein mit Gymnasium und Realschule für Mädchen. Die im Kern romanische Pfeilerbasilika wurde nach dem Stadtbrand von 1662 im 17./18. Jahrhundert erneuert. In der Parzkapelle das Hochgrab der Ungarnkönigin Gisela, Schwester Kaiser Heinrichs II. und Gemahlin König Stephans des Heiligen von Ungarn; nach ihrer Vertreibung Eintritt in das Kloster, † 1060 als Äbtissin. Selten zugänglich ist die *Marienkirche,* Rest der zweiten Klosterkirche mit erhaltener romanischer Vorhalle. – Am felsigen Inngestade der runde

**Schaiblingsturm** von 1481. Als Wellenbrecher schützte er einst den alten Passauer Innhafen. Links das *Hotel Schloß Ort,* früher eine Wasserburg, die von der Stadt durch einen Graben getrennt war. Am Innkai interessiert noch die *Waisenhauskapelle* des 1749 gestifteten Waisenhauses mit schönen Rokokostukkaturen. Im sogenannten Ort (= altbayerisch Ende) auf der immer schmaler werdenden Landzunge das nach 1918 künstlich vergrößerte

**Dreiflußeck** am Zusammenfluß von Donau, Inn und Ilz. An den Farben des Wassers kann man deutlich die Strömung der Flüsse erkennen. Die Landspitze befindet sich in der Mitte des Stromlaufs, der hier 420 m breit ist. Von Süden fließt der graue, kalkhaltige 290 m breite Inn, von Norden die schwarzbraune, moorhaltige Ilz in die aus dem Westen kommende 240 m breite Donau, die nun erst zu einem mächtigen Strom anschwillt – ein faszinierendes Naturschauspiel. Donauaufwärts geht es mit Blick auf die gegenüberliegenden Vesten Niederhaus und Oberhaus vorbei an den Schiffsanlegestellen unter der 130 m langen Luitpold-Hängebrücke hindurch zum *Rathausplatz,* der mit seinem italienisch anmutenden Gepräge etwas an den Markusplatz in Venedig erinnert. Das

**Rathaus** entstand zwischen 1298 und 1408 durch Umbauten von mehreren Patrizierhäusern. Der 68 m hohe Turm wurde erst 1893 vollendet; an seinem Fuß dokumentieren Hochwassermarken die häufigen Überschwemmungen. Schön sind die Binnenhöfe mit Laubengängen aus dem 16./17. Jahrhundert. Durch das spätgotische Spitzbogenportal kommt man zum Ratssaal im Obergeschoß, erbaut 1683 von C. Lurago und G. B. Carlone, mit

Passau: Schon Alexander von Humboldt
rühmte die schöne Lage der Stadt.

Passau: Innkai mit der zweitürmigen
jesuitischen Studienkirche St. Michael.

zwei Kolossalgemälden des Passauer Historienmalers Ferdinand Wagner von 1890, die Kriemhilds Einzug durch das Paulustor in Passau und die Trauung Kaiser Leopolds I. mit der Wittelsbacher Prinzessin Eleonore von Pfalz-Neuburg 1676 darstellen. Die Gemälde im kleinen Rathaussaal zeigen Episoden aus der Stadtgeschichte. – Besonders sehenswert ist das von Friedrich Dürrenmatt als „schönstes Glashaus der Welt" bezeichnete **Passauer Glasmuseum** im Hotel Wilder Mann am Rathausplatz, einem Patrizierhaus des 11. Jahrhunderts. In den großen Kaisersälen befinden sich viele tausend Gläser aus Bayern, Böhmen und Österreich aller Stilepochen von 1780-1930 sowie Wallfahrtsmadonnen, Nepomukfiguren, Hinterglasbilder und sakrale Kunstgegenstände. Außerdem befindet sich in dem Haus die größte deutschsprachige Kochbuchsammlung. – Über Donaulände, Brunngasse und Ludwigsplatz kommen Sie wieder zur Nibelungenhalle zurück.

## Die Veste Oberhaus

Sie steht auf dem St.-Jörgen-Berg (408 m) und man erreicht sie zu Fuß von der Angerstraße jenseits der Donau über die Oberhauser Leite, den Niederleuthner Steig oder den Gampertsteig durch schönen Laubwald; mit dem Wagen von einer Abzweigung der Neuen Rieser Straße (B 85) oder über eine steile Auffahrt (23% Steigung) vom Ilzufer (Ferdinand-Wagner-Straße).

Die beherrschend über der Stadt liegende Festung wurde 1219 vom ersten Passauer Fürstbischof Ulrich Graf von Dießen als Trutzburg gegen die Bürgerschaft und Symbol für den 1217 erlangten Reichsfürstenrang begonnen. Sie bestand zunächst nur aus Palas, Kapelle, Bergfried und einem einfachen Mauerring, wurde aber bis zum 18. Jahrhundert ständig weiter ausgebaut. Bereits 1343 war Oberhaus mit der Wasserburg Niederhaus durch einen Wehrgang verbunden. Der endgültige Ausbau zu einer barocken Festung erfolgte 1674-1723 durch G. Pierini und C. Lurago.

Während der Napoleonischen Kriege befand sich auf der strategisch wichtigen Grenzburg ein Hauptdepot der französischen Armee; Napoleon selbst weilte 1805 und 1809 in Passau, um die Befestigungsanlagen zu inspizieren. Bis 1867 diente sie als bayerische Landesfestung, zwischen 1822 und 1918 als Militärstrafanstalt. Heute ist aus der Festung das „schönst gelegene Museum Deutschlands" geworden.

Im Inneren Hof befinden sich der barockisierte *Fürstenbau* des 15./16. Jahrhunderts, der *Palas* des 14. Jahrhunderts, der *Dürnitztrakt* mit spätgotischem Saal und die *Georgskapelle* des 14. Jahrhunderts mit barocker Einrichtung. Der *Rittersaal* von 1576 wurde originalgetreu restauriert. Auf der *Batterie Katz,* einem großen Rondel, fand der vielbewitzelte Passauer Tölpel seinen Platz: Ein

Cham: Das mächtige Burgtor am Regenfluß,
im Volksmund Biertor genannt,
blieb als Rest von vier Stadttoren erhalten.

Passau: Hoch über der Stadt thront die Veste Oberhaus.

plumper Granitkopf mit grinsendem Gesicht von einer 1370 in fünffacher Lebensgröße gefertigten Stephansfigur, die beim Stadtbrand 1662 vom Domgiebel stürzte. Lohnend der Rundblick vom *Aussichtsturm* (17. Jh.), Panoramablick auch vom Burgcafé auf die Stadt mit Rathaus und Dom. Die *Jugendherberge* befindet sich in einem 25 m hohen gewaltigen Torbau von 1597.

Das *Oberhausmuseum* zeigt in über 50 Räumen wertvolle kunst- und kulturgeschichtliche Sammlungen. Die vielfältigen Abteilungen beherbergen u.a. das *Historische Heimatmuseum,* das *Niederbayerische Feuerwehrmuseum* und die *Gemäldegalerie* mit Werken von Brueghel, Rembrandt und Rubens. Im *Böhmerwaldmuseum* ist den Dichtern Adalbert Stifter und Hans Watzlik ein besonderer Gedenkraum gewidmet; von besonderem Wert das Original-Testament Adalbert Stifters.

**Die Ilzstadt**

Unterhalb der Veste Oberhaus erhebt sich auf der schmalen Landzunge zwischen Donau und der hier einmündenden Ilz die

**Wasserburg Niederhaus** aus dem 14. Jahrhundert, nach Zerstörung 1435 wieder aufgebaut und sehr gut erhalten, heute in Privatbesitz und öffentlich nicht zugänglich. Mit der Veste Oberhaus ist sie durch einen Wehrgang verbunden. – Zwischen Donau und Ilz wird das Felsmassiv von zwei 1763 und 1893 gesprengten Straßentunneln durchbrochen. Zwischen Oberhaus-Burgfelsen und Ilzufer auf schmalem Raum die spätgotische

**Salvatorkirche.** Der turmlose dreigeschossige Bau wurde 1479-1580 anstelle einer wegen angeblichen Hostienfrevels zerstörten Synagoge errichtet. Wegen der Enge gelangt man über eine schmale Seitentreppe in das Langhaus, das heute als Konzertraum dient. Die Ilzbrücke führt in die immer wieder von Hochwasser bedrohte

**Ilzstadt,** einst Ausgangspunkt des Goldenen Steigs nach Böhmen. Hier hatten die Schiffsbauer ihre Werkstätten und alle Gewerbe, die mit der Ausrüstung der Säumer in Zusammenhang standen. Auch die Passauer Juden wohnten in der Ilzstadt. Durch bauliche Maßnahmen für den Hochwasserschutz hat sich das ursprüngliche Fischerdorf sehr verändert. Über der Ilz die früher befestigte spätgotische

**Pfarrkirche St. Bartholomäus** aus dem 15. Jahrhundert mit romanischen Turm. Sie bewahrt Erinnerungen an die Synagoge und die Salvatorkirche. Auf dem Klosterberg (402 m) befindet sich ein großes neuzeitliches *Salvatorianer-Kloster.*

**Auskunft:** Verkehrsverein 94032 Passau, Nibelungenhalle und Rathausplatz 3
**Verkehr:** Autobahn Regensburg-Passau-Linz; Omnibusse nach allen Richtungen, Bahnstation der Strecken Ostende-Nürnberg-Regensburg-Passau-Linz-Wien und München-Landshut-Plattling-Passau; Flugplätze in Fürstenzell und Vilshofen; Schiffsstation Regensburg-Passau und Passau-Wien-Budapest-Schwarzes Meer
**Dreiflüsserundfahrten:** Anlegestelle Rathausplatz
**Badegelegenheit:** Beheiztes Freibad Bschütt, Nähe Ilzbrücke; Freibad Passau-Neustift, Freibad Stausee Ilz in Hals. – Hallenbad Neuburger Str. 96 c
**Sammlungen:** Museum in der Veste Oberhaus in über 50 Räumen. – Glasmuseum am Rathausplatz im Hotel Wilder Mann (Patrizierhaus des 11. Jh.): Einzigartige Glassammlung mit über 20 000 Exponaten aus Bayern, Böhmen und Österreich von 1780-1930 (Empire, Biedermeier, Klassizismus, Historismus, Jugendstil, Art Deco) sowie größte deutschsprachige Kochbuchsammlung. – Museum Moderner Kunst in einem historischen Altstadthaus mit Cafeteria, Bräugasse 17. – Domschatz- und Diözesanmuseum in der Neuen Bischöflichen Residenz (Zugang durch den Dom). – Spielzeugmuseum am Residenzplatz. – Römer-Museum Boiotro im Stadtteil Innstadt mit freigelegten Fundamenten der spätrömischen Festung.
**Veranstaltungen:** Aufführungen September bis Mai des „Südostbayerischen Städtetheaters" im **Stadttheater,** Innstraße 4; **Symphoniekonzerte** des Passauer Konzertvereins; **Orgelkonzerte** im Dom Mitte Mai bis Ende September werktags 12.00 bis 12.30 Uhr (nicht an Sonn- und Feiertagen); im Juni und Juli die **Europäischen Wochen,** die namhafte Künstler zu Schauspiel, Oper, Ballett und Konzert vereinen. – **Historisches Scharfrichterhaus,** Milchgasse 2 (Kommunikativer Treffpunkt mit Café, Kino, Galerie und Theater). Im April die **Passauer Frühjahrsmesse** in der Nibelungenhalle, im Mai die **Maidult** auf dem Kleinen Exerzierplatz, im August das **Haferlfest** in der Ilzstadt, entstanden aus einem Zunftfest der Töpfer (Topf = Haferl)
**Ausflüge:** → Landschaftsbeschreibungen „Passauer Land" S. 82

Die Kreisstadt Regen, zugleich anerkannter Erholungsort,
liegt reizvoll im Tal des Schwarzen Regen.

Der Luftkurort Schönberg wird wegen
seiner klimatisch geschützten Lage
auch als „Meran des Bayerischen Waldes" bezeichnet.

**Wanderungen:**
**1.** Über die Schanzl-Donaubrücke zum **Stadtpark,** von der Stadtmitte ½ Std. Oberhalb die ehemalige fürstbischöfliche Sommerresidenz **Schloß Freudenhain** (1792), heute Lyzeum der Englischen Fräulein. Westlich das ehemalige fürstbischöfliche **Lustschloß Hacklberg** (17. Jh.), heute Brauerei. Im Bräustüberl (Bräuhausplatz 7) Ausschank von Zwicklbier (nicht filtriert direkt vom Faß). In der Nähe das ehemalige fürstbischöfliche **Schlößchen Eggendobl** aus dem 15. Jahrhundert, im 18. Jahrhundert barockisiert.
**2.** Vom **Stadtpark** in ¾ Std. auf die aussichtsreiche **Ries** (430 m) und ½ Std. hinab zur **Triftsperre.** Zurück über Hals.
**3.** Vom **Stadtpark** über Sturmsölden und Ditzing zur Wallfahrtskirche St. Korona, Zentralbau von 1640, 1¼ Std. nordwestl.
**4.** Auf dem Inntalwanderweg am linken Ufer nach **Neuburg am Inn\*,** 2 Std. südl.
5. Über **Ilzstadt** und Ziegelreuth nach **Thyrnau** mit ehemaligem fürstbischöflichem Jagdschloß, heute Zisterzienserinnenkloster, 2½ Std. nordöstl.

**Radwanderungen**
Passau ist deutsch-österreichischer Knotenpunkt wichtiger Fernradwege. Information im Bahnhof mit Prospektausgabe und Quartiervermittlung.
**1. Tour de Baroque** (300 km) Neumarkt Oberpfalz-Altmühltal-Regensburg-Passau.
**2.** Bayerisch-österreichischer **Naturerlebnisweg Unterer Inn** (140 km) Passau-Hochburg/Ach am Rande eines einzigartigen Natur- und Vogelschutzgebietes mit Weiterführung nach Salzburg.
**3. Donau-Radweg** (320 km) Passau-Linz-Wien mit Rückfahrmöglichkeit per Bahn (kostenlose Radbeförderung in verbilligten Sonderzügen an Wochenenden) oder Schiff (kostenloser Radtransport).

---

**Der Ilztal-Wanderweg** (50 km)
Die 60 km lange Ilz hat ihre Quellgebiete um Rachel, Lusen und Dreisessel. Ihren Namen trägt sie nach Vereinigung der Großen und Kleinen Ohe südöstlich von Schönberg. Bei Burg Fürsteneck nimmt sie die Wolfsteiner Ohe auf. Wassersportler schätzen von dort eine Faltbootfahrt bis Passau, wo die Ilz ihr dunkles, moorbraunes Wasser in die Donau schüttet. Jahrhundertelang war die Ilz Landesgrenze zwischen Bayern und dem Fürstbistum Passau. Reich war der Bestand an Perlmuscheln; in Perlesreut gab es ein fürstbischöfliches Perlenamt, das die Erträge der Perlenfischerei überwachte. Früher wurde das Holz aus dem Bayerischen Wald auf der Ilz zur Donau getriftet.

Anstelle des Freibades an der Ilzbrücke befand sich ein Holzstapellager. Von hier führt der Wanderweg über Hals und ab der Triftsperre beiderseits des Flusses über Kalteneck, Aumühle, Schrottenbaummühle und Schneidermühle zur Dießensteiner Leithe. Dieses letzte große Wildwasser Ostbayerns fließt durch urwüchsige Mittelgebirgslandschaft, vorbei an Schlössern, Burgen, Weilern und Einödhöfen. Fluß und Tal bieten Lebensraum für eine artenreiche Pflanzenwelt und für seltene Tiere wie Feuersalamander, Wasseramsel, Gelbbauchunke, Krebs, Forelle und Hecht.

**Hals** (294 m), heute Stadtteil von Passau (Busverbindung), ist erste Station im Ilztal. Der Ort liegt auf dem Hals eines von der Ilz umschlungenen Spornberges, dessen Rücken die *Burgruine Hals* trägt, seit dem 12. Jahrhundert Stammsitz der Grafen von Hals, seit dem 17. Jahrhundert unbewohnt und allmählich verfallen. Im alten Friedhof steht die *Wallfahrtskirche St. Achatius* aus dem 15./17. Jahrhundert. Bis 1803 war Hals bayerische Exklave im Hochstift Passau und Pflegeamtssitz, bis zum 1. Weltkrieg Badeort: Das heilkräftige moorbraune Wasser der Ilz wurde damals im „Bavaria-Bad" genutzt. Prominenter Kurgast war Franz Lehár, der im Gasthaus „Zum Hofwirt" seine erste Operette „Wiener Frauen" komponierte. 1798 wurde in Hals der Buchhändler Friedrich Pustet geboren, der später das bedeutende Verlagshaus in Regensburg gründete. – Weiter auf dem Ilztal-Wanderweg vorbei an der *Burg Reschenstein* aus dem 14. Jahrhundert (in Privatbesitz) in ½ Std. zum

**Ilzdurchbruch,** einem 130 m langen Felsentunnel von 3 m Breite und 4,5 m Höhe, der 1827-31 in das Dioritgestein gesprengt wurde zur Abkürzung einer Ilz-Schleife für die Holztrift aus dem Bayerischen Wald und der über einen Steg begehbar ist. Oberhalb liegt die

**Triftsperre** mit einem Gasthaus (Übernachtungsmöglichkeit). Weiter in 20 Minuten nach *Oberilzmühle* zum

**Ilzstausee** mit 1948 erbautem Kraftwerk. Nun am Ost- oder Westufer entlang in 2 Std. nach

**Kalteneck** (322 m), einer kleinen Ortschaft mit Jugendherberge. Westlich in *Feuerschwendt* das komfortable Hotel Gut Giesel mit Ferienbungalows (Hallenbad, Reiten). Am Ufer weiter in ¾ Std. nach

**Aumühle** (336 m, Ausflugsgasthof). Oberhalb liegt

**Fürsteneck** (410 m, 800 Einw.) über dem Zusammenfluß von Ilz und Wolfsteiner Ohe. Auf einem von der Ohe umflossenen 40 m hohen Felssporn thront die Burg aus dem 12. Jahrhundert, erbaut unter Bischof Wolfker, im 14. Jahrhundert im Besitz des Ritters Tuschl von Säldenau, später Pflegeamtssitz, nach der Säkularisation mehrfacher Besitzwechsel, 1965 nach Brand restauriert, heute Schloßgaststätte und Burgpension. Die barocke Schloßkapelle von 1745 mit schönen Altären dient jetzt als Pfarrkirche. – Busverbindung mit Passau. – Weiter von Aumühle am Fluß aufwärts in ¾ Std. zur

**Schrottenbaummühle** (Gasthaus) und in 1½ Std. über die *Schneidermühle* zur

**Dießensteiner Leithe** (Ende des Ilztal-Wanderweges). Nun entweder am anderen Ufer zurück oder in 1½ Std. über die *Burgruine Dießenstein* aus dem 14. Jahrhundert, zerstört 1742 durch den Padurenoberst Trenck, nach

**Perlesreut\*,** Erholungsort zwischen Ilz und Ohe mit Busverbindung nach Passau.

Der Kleine Arbersee liegt abseits vom Touristenstrom
im Quellgebiet des Weißen Regen.

## Perlesreut

(Kreis Freyung-Grafenau, 544 m, 2800 Einw.), anerkannter Erholungsort zwischen Ilz und Ohe, wurde im 11. Jahrhundert gegründet und war Sitz eines fürstbischöflichen Perlenamtes zur Überwachung der Perlenfischerei. Der Ortsname leitet sich jedoch nicht von den Perlen sondern vom Erstsiedler Perlin ab. 1833 zerstörte ein großer Brand fast den gesamten Ort. Die neugotische **Pfarrkirche** von 1885/86 mit spätgotischem Chor und Turm birgt Grabplatten des 16. Jahrhunderts. Am Marktplatz der **Bruder-Konrad-Brunnen.** An die frühere Schnupftabakerzeugung erinnert das „Schmalzlerfest" im Juli.

**Auskunft:** Verkehrsamt 94157 Perlesreut
**Verkehr:** Busse nach allen Richtungen; Bahnstation Passau
**Hobby und Sport:** Beheiztes Freibad, Hallenbad mit med. Bäderabteilung, Angeln, Paddeln (Wildwasserregatten auf der Ilz)

**Wanderungen:**
**1.** Nach **Lindberg** mit Waldlehrpfad, ½ Std. nordwestlich.
**2.** Über Hammermühle und Göschlmühle nach **Ringelai\*,** 1½ Std. nordöstlich.
**3.** Über Waldenreut, Bubikberg (572 m) und **Kirchberg** mit spätgotischem Nikolauskirchlein zum Aussichtspunkt **Ilzblick,** 1 Std. westlich.
**4.** Westlich über Ellersdorf zur Ilz und südlich zum **Drosselbergfelsen** (Wanderparkplatz) und zur **Burgruine Dießenstein,** 1½ Std. Die Burg aus dem 14. Jahrhundert wurde 1742 durch Trenck den Panduren zerstört. Beiderseits der Ilz Wanderwege: Links Main-Donau-Weg, rechts Ilztal-Wanderweg. In südl. Richtung über **Schrottenbaummühle** (Gasthaus) und **Aumühle** (Gasthaus) nach **Fürsteneck** (→ S. 233), 2½ Std.

## Philippsreut

(Kreis Freyung-Grafenau, 980 m, 800 Einw.), hochgelegener Ferienort auf der Wasserscheide zwischen Donau und Elbe, wurde erst um 1700 durch Fürstbischof Philipp von Lamberg gegründet.

Sehenswert ist die neue, erst 1985 errichtete **Tusset-Kapelle** nach dem Vorbild der böhmischen Original-Kapelle in Tusset (Stolžec) nordöstlich von Haidmühle (→ S. 130), am 15. August Ziel einer Marienwallfahrt. Durch die Höhenlage ergeben sich gute Wintersportmöglichkeiten, besonders in dem zum Gemeindebereich gehörenden Skigebiet von *Mitterfirmiansreut* am Fuß des Almbergs (1139 m), 5 km nordwestlich mit mehreren Skilifts.

**Auskunft:** Gemeindeverwaltung 94158 Philippsreut
**Verkehr:** Busverbindung mit Freyung und Passau, Straßengrenzübergang in die Tschechische Republik nordöstlich bei Marchhäuser
**Hobby und Sport:** Hallenbad (in Mitterfirmiansreut), Reiten, Ausflugsfahrten in die Tschechische Republik; Skigelände, Skischule

Die Tusset-Kapelle in Philippsreut entstand
1985 nach dem böhmischen Original in Tusset.

**Wanderungen:**
**1.** Über den Weiler **Alpe** am Fuße des **Almbergs** (1 Std.) nach **Mauth\***,
2½ Std. nordwestlich.
**2.** Über **Forsthaus Bischofsreut** (1 Std.) durch schönen Hochwald nach
**Frauenberg\*,** knapp 3 Std. südöstlich.
**3.** Mit dem Wagen 3 km östlich bis **Schwarzenthal** und von dort ½ Std.
nordöstlich zum **Bergkiefernmoor-Naturschutzgebiet Zwicklfilz** an
der Landesgrenze.

# Plattling
(Kreis Deggendorf, 322 m, 10 500 Einw.), kleine Stadt am Westufer
der Isar 10 km vor deren Mündung in die Donau, zählt zu den älte-
sten Orten Niederbayerns. Schon 868 urkundlich genannt, wurde
„Pledelingen" im Nibelungenlied erwähnt, als der Passauer
Bischof Pilgrim seine Nichte Kriemhild auf ihrer Fahrt ins Hunnen-
land begrüßte. 1322 erhielt Plattling Markt- und 1888 Stadtrecht.
Ursprünglich lag der Ort am Ostufer der Isar; wegen ständiger
Überschwemmungen wurde er 1379 auf das gegenüberliegende
Ufer verlegt und planmäßig um einen langgestreckten Marktplatz
ausgebaut. Die weite Entfernung zur alten Pfarrkirche St. Jakob
veranlaßte 1760 den Bau der
   **Stadtkirche St. Maria Magdalene,** die 1930 erweitert wurde.
Die ehemalige Pfarrkirche

Blick auf den Großen Arber mit dem Bodenmaiser Riegel, genannt Richard-Wagner-Kopf.

oben: Die Racheldiensthütte im Nationalpark ist zeitweise bewirtschaftet.

unten: Sehenswert ist das Freilichtmuseum Bayerischer Wald
in Mauth-Finsterau mit originalgetreu wiederaufgebauten
Waldlerhäusern einschließlich der Straßenwirtschaft „Ehrn".

**St. Jakob,** einst Mittelpunkt der ursprünglichen Siedlung und nun außerhalb am Ostufer, ist eine romanische Pfeilerbasilika um 1200 mit angefügtem spätgotischem Chor. Sehenswert sind die Glasgemälde des 14. Jahrhunderts, die Wandgemälde des 15. und 16. Jahrhunderts, der geschnitzte Flügelaltar um 1500 und das Sakramentshäuschen von 1515.

**Auskunft:** Stadtverwaltung 94447 Plattling
**Verkehr:** Eisenbahnknotenpunkt München-Bayerisch Eisenstein und Regensburg-Passau. – Autobahnanschluß (München-Deggendorf)
**Hobby und Sport:** Beheiztes Freibad, Minigolf, Angeln
**Brauchtum:** Im Sommer nächtliche St.-Nepomuk-Prozession mit Booten auf der Isar

**Wanderungen:**
**1.** Durch die **Isarauen** zur **Isarmündung,** 1¾ Std. nordöstlich (Naturschutzgebiet).
**2.** Zum aussichtsreichen **Natternberg** (384 m), 1½ Std. nordöstlich jenseits der Autobahn; auf dem isoliert aufragenden Bergkegel Reste einer Burg des 12. Jahrhunderts sowie ein Schlößchen des 18. Jahrhunderts. Zurück über **Rettenbach** (Rokokokirche).
**3.** Nach **Moos** mit vierflügeligem Renaissanceschloß von 1636, ursprünglich Wasserburg, 1½ Std. südöstlich. Schloßwirtschaft mit bayerischen Spezialitäten (schöner Biergarten mit alten Kastanienbäumen).

# Rattenberg

(Kreis Straubing-Bogen, 570 m, 1600 Einw.), anerkannter Erholungsort über dem Klinglbachtal, Ausgangspunkt der südlichen Hauptwanderlinie des Bayerischen Waldvereins. Zur Großgemeinde gehören die Orte *Boxberg, Engelsdorf, Gneissen, Maierhof, Neurandsberg, Siegersdorf, Unterholzen, Untergschwandt* und *Wies.* Die **Pfarrkirche** von 1890 in Rattenberg ist romanischen Ursprungs und besitzt ein gotisches Sakramentshaus von 1520.

**Auskunft:** Verkehrsamt 94371 Rattenberg
**Verkehr:** Bahnstation der Strecke Straubing-Cham
**Hobby und Sport:** Waldschwimmbad in Wies, Leseraum im Verkehrsamt; Skizentrum St. Englmar 10 km

**Wanderungen:**
**1.** Über Unterstein auf die **Zellerhöhe** (850 m), 1¼ Std. östl.
**2.** Über Renften nach **Neurandsberg** mit hochgelegener Ruine einer 1633 von Schweden zerstörten Burg, unterhalb eine Barockkirche von 1700, ¾ Std. nördlich.
**3.** Vom Bahnhof (½ Std. westlich) über Hammersdorf nach **Altrandsberg** unweit des Pfahldurchbruchs mit hochgelegenem Schloß des 12./16. Jahrhunderts, 1 Std. nördlich.
**4.** Vom Bahnhof durch das Klinglbachtal hinauf zum **Naturfreundehaus Kreuzhaus** (850 m), 1½ Std. südlich.

# Regen

(Kreis Regen, 550 m, 11 000 Einw.), Kreisstadt und anerkannter Erholungsort im Tal des Schwarzen Regen, verdankt seine Entstehung im 11. Jahrhundert Benediktinermönchen des ehemaligen Klosters Rinchnach. Aus dem Besitz der Grafen von Bogen kam der Ort 1242 an Bayern, erhielt 1270 Marktrecht, wurde um 1500 Pflegeamtssitz. Im 30jährigen Krieg brannte der Ort mehrfach ab (1633, 1641 und 1648). Seit 1932 ist Regen Stadt. Eingemeindet wurde der Ortsteil *March*. Größtes Unternehmen im Landkreis Regen sind heute die Optischen Werke Rodenstock mit rund 2000 Beschäftigten. Die Tradition der Herstellung von Brillen und Präzisionsgläsern geht bis ins Jahr 1898 zurück.

Den geräumigen **Stadtplatz** mit dem sprudelnden **Marienbrunnen** säumen schöne alte Häuser mit malerischen Giebeldächern. Die **Pfarrkirche St. Michael,** 1655/1657 anstelle einer 1648 zerstörten romanisch-gotischen Kirche entstanden, wurde 1966 beträchtlich erweitert. Der gedrungene, viereckige Turm mit offener Laterne und Zwiebelkuppel war Bestandteil der früheren Friedhofsbefestigung, diente einst als Wehrturm und trägt am Sockel die Jahreszahl 1443; der romanische Nordturm stammt noch aus der Zeit um 1270. Am Stadtrand über dem Regenfluß als älteste erhaltene Kirche die **St. Johannes-Kirche** von 1473, die den 30jährigen Krieg überstand und bis zum Wiederaufbau der zerstörten Kirche St. Michael 1657 als Pfarrkirche diente; nach einem Blitzschlag wurde sie 1779 erneuert. Im **Waldschmidtpark** Gedenkstein zur Erinnerung an den Heimatdichter Maximilian Schmidt. Östlich der 2 km lange **Regener See,** entstanden 1955 beim Bau eines Kraftwerkes, mit 150 m langer Staumauer.

Südlich thront auf einem zerklüfteten Quarzriff, dem höchsten Punkt des Pfahls, die **Burgruine Weißenstein** (765 m) mit ihrem aussichtsreichen Bergfried. Die Burg wurde um 1100 durch die Grafen von Bogen gegründet und 1742 durch Panduren zerstört. Der daneben freistehende erhaltene ehemalige Getreidekasten war seit 1918 Wohnsitz des 1974 verstorbenen baltischen Dichters *Siegfried von Vegesack* (Freigrab 500 m entfernt), heute Gedenkstätte mit Literaturarchiv und Museum in fünf Etagen. Unterhalb am Wiesenhang eine Kapelle von 1836 mit Totenbrettern, Votivtafeln und Barockaltärchen.

**Auskunft:** Städt. Verkehrsamt 94209 Regen, Haus des Gastes
**Verkehr:** Busverbindung mit Bodenmais, Zwiesel, Bayerisch Eisenstein, Viechtach, Kötzting, Furth im Wald, Bischofsmais, Kirchberg, Schönberg; Bahnstation
**Hobby und Sport:** Beheiztes Freibad, Hallenbad, Minigolf, Angeln, Tennis, Reiten, Reitschule, Pferdekutschfahrten, Ruderbootverleih am Regener See; Eisstadion, Eisstockschießen, Skigelände

**Sammlungen:** Niederbayerisches Landwirtschaftsmuseum, Schulgasse 2. – Bayerwald-Krippe, Ludwigsbrücke 3 mit über 250 Figuren. Museum im „Fressenden Haus" auf Burg Weißenstein mit Vegesack-Dichterstube im Erdgeschoß und Europas größter Schnupftabakgläsersammlung im 3. Stock

**Veranstaltungen:** Osterritt am Ostermontag mit rund 200 Pferden. – Am letzten Juli-Wochenende Pichelsteinerfest mit Pichelsteineressen, Festzug, Gondelfahrten und Wasserspielen am Regenfluß

**Wanderungen:**

**1.** Vom Bahnhof nordöstlich zum nahen **Riedberg** (631 m) mit 2 km langem Rundweg als Waldlehrpfad über kleinere Blockmeerfelder.

**2.** Zum **Regener See,** ½ Std. nordöstlich. Weiter nach **Zwiesel\*,** 2 Std. nordöstlich.

**3.** Auf dem Rittersteig zur **Burgruine Weißenstein,** 1 Std. südlich.

**4.** Über Oberneumais zum **Teufelstisch** (901 m), 2 Std. südwestlich. Von dort ¾ Std. südöstlich nach **Bischofsmais\*,** mit Bus zurück.

**5.** Über Schollenried und Katzenbach zum **Kronberg** (932 m), 2½ Std. nördlich. Von dort in 1½ Std. nördlich nach **Bodenmais\*.**

**6.** Über Hönigsgrub nach **Rinchnach\*,** 2 Std. südöstlich.

**7.** Über Raithmühle und Ohetal-Viadukt (Straße und Bahn) zur **Frauenmühle** an der B 11, ½ Std. südwestl. Weiter auf dem Pfahl-Wanderweg nach **March,** 1 Std. nordwestlich.

Die Kreisstadt Regen verdankt ihre Entstehung im 11. Jahrhundert Benediktinermönchen des nahen ehemaligen Klosters Rinchnach.

# Regensburg

(Kreisfreie Stadt, 333 m, 128 000 Einw.), Hauptstadt der Oberpfalz und wirtschaftlich-kultureller Mittelpunkt Ostbayerns, Zentralstelle vieler Behörden und Sitz moderner Industriewerke, bedeutende Station der Donau-Frachtschiffahrt bis zum Schwarzen Meer und einzige erhaltene mittelalterliche Großstadt Deutschlands „ist alt und neu zugleich", notierte schon der Chronist Otloh um die Jahrtausendwende, und treffender kann man diese 2000jährige Stadt am nördlichsten Punkt der Donau auch heute nicht charakterisieren.

Aus dem 2. Weltkrieg fast unversehrt hervorgegangen, verfügt Regensburg über Bau- und Kunstdenkmäler aller Stilepochen vom 2. bis 20. Jahrhundert. Und auch die Gegenwart ist bemüht, alt und neu harmonisch miteinander zu verbinden, nicht zuletzt durch die jüngst erfolgte geglückte Sanierung der Altstadt.

Das **geistig-kulturelle Leben** der Stadt wird geprägt durch den alten Bischofssitz, die Philosophisch-Theologische Hochschule, die Pädagogische Hochschule, das Polytechnikum, das 150jährige Stadttheater und seit 1965 durch die Gründung der 4. Bayerischen Landesuniversität. Weltbekannt sind die Regensburger Domspatzen, deren Tradition bis in die karolingische Zeit zurückreicht. Sie werden in einem eigenen Musikgymnasium ausgebildet und pflegen besonders die altklassische Vokalpolyphonie.

Auch die **Gastronomie** prägt das Image einer Stadt: Sie werden zufrieden sein. Es gibt sogar ein „Regensburger Kochbuch" von Marie Schandri, ehedem Köchin des „Goldenen Kreuzes", das in vielen Auflagen verbreitet ist. Vielleicht erwerben Sie es sich als Souvenir in einer Buchhandlung. Zu den kulinarischen Spezialitäten zählen die Regensburger Knackwürste ebenso wie die Bratwürste, die vom Holzkohlengrill am besten schmecken in der 800jährigen „Historischen Wurstküche" an der Steinernen Brücke, wo es sich schon Kaiser und Könige haben wohlschmecken lassen. Nebenbei: Dort ist auch die majorangewürzte Kartoffelsuppe nicht zu verachten! Nicht weniger schmackhaft die würzigen „Weichser Radi" – Rettiche, die an kleinen Ständen vor dem Dom von den originellen Rettichfrauen feilgeboten werden. Man ißt sie dünn geschnitten und mit Salz bestreut. – Berühmt ist auch der Regensburger „Karmelitergeist".

Freitags gibt es auf dem Fischmarkt lebende Donaufische, je nach Jahreszeit auch den Donauwaller, den Sie vom Rost als Spezialität im Ratskeller probieren können. Frische Pilze aus dem Bayerischen Wald finden Sie beim Schwammerlmarkt auf dem Neupfarrplatz.

Alteingesessene Regensburger treffen Sie in den typischen Biergärten: Im Spitalgarten am Nordende der Steinernen Brücke oder im Kneitinger Garten am Oberen Wöhrd.

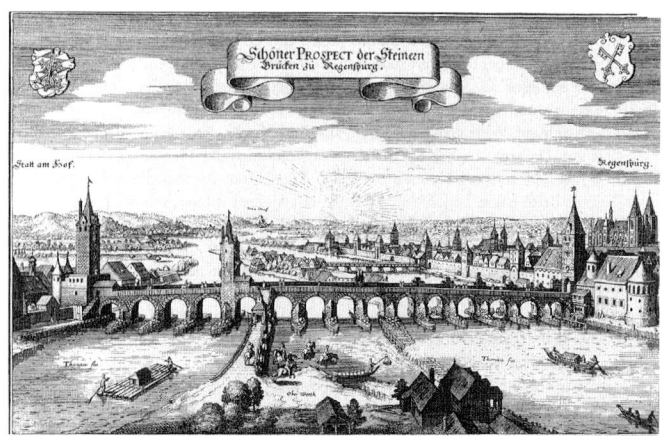

Regensburg, Steinerne Brücke 1657,
Kupferstich von Matthäus Merian.

## Blick in die Geschichte

Regensburg gehört zu den ältesten Städten Deutschlands. Ausgrabungen lassen eine Besiedlung bis in die Steinzeit erkennen. Von Bedeutung war schon um 500 v. Chr. die Keltenstadt *Radasbona*. Im 1. Jahrhundert errichteten die Römer auf dem Königsberg im Stadtteil Kumpfmühl ein Kastell, das im Markomannenkrieg unterging. Unter Kaiser Marc Aurel entstand 179 im heutigen Altstadtkern die römische Festung *Castra Regina* – Lager am Regen, der hier in die Donau mündet; als Nordtor diente die noch erhaltene Porta Praetoria.

Mit dem Zerfall ihres Reiches zogen sich die Römer um 500 aus dem Donaugebiet zurück. Im 6. Jahrhundert bildete sich zwischen Lech, Alpen und Donau der Volksstamm der Baiern, deren Herkunft noch nicht eindeutig geklärt ist. Unter dem Herzogsgeschlecht der Agilolfinger machten sie *Reganespurc* zur ersten baierischen Hauptstadt. Nach Gründung des Bischofssitzes 739 durch Bonifatius wurde sie wichtiger Ausgangspunkt für die Kolonisation Ostbayerns und Böhmens. Karl der Große verdrängte 788 den Agilolfingerherzog Tassilo III.: Bis 911 wurde Regensburg *karolingische Königspfalz* und unter Ludwig dem Deutschen *Mittelpunkt des Ostfrankenreiches,* um nach dem Aussterben der Karolinger wieder baierische Hauptstadt zu werden.

Vom 11. bis 14. Jahrhundert entwickelte sich Regensburg zur bedeutendsten *Handelsmetropole* des deutschen Südostens. Vor allem der Handel mit Italien, Frankreich und den Mittelmeerländern brachte Reichtum und Wohlstand in die Stadt; besonders ergiebig waren die Handelsbeziehungen zu Venedig. In dieser Zeit bauten sich die wohlhabenden Kaufleute ihre Patrizier-Hausburgen nach italienischem Vorbild, die noch heute an ihren Türmen zu erkennen sind. Als Ausdruck ihres starken Selbstbewußtseins entstand das Alte Rathaus. Man bemühte sich um die Reichsfreiheit, die der Stadt 1245 zufiel und so zu einem weit ausstrahlenden Kulturzentrum wurde.

Gegen Ende des 14. Jahrhunderts setzte der wirtschaftliche Verfall ein, bedingt durch die Handelspolitik der Wittelsbacher und das Aufstreben der Städte Nürnberg, Augsburg und Wien. 1486 mußte sich die verarmte Reichsstadt sogar dem Bayernherzog Albrecht IV. unterwerfen, wurde jedoch nach dem Eingreifen Kaiser Friedrich III. 1492 wieder reichsunmittelbar.

Es kam zu Streitigkeiten zwischen Bürgerschaft und Bischof sowie zu Bürgeraufständen gegen den Kaiser, in deren Verlauf der Dombaumeister Wolfgang Roritzer 1514 zusammen mit anderen Rebellen hingerichtet wurde. 1519 wurden die Juden von den Bürgern vertrieben, und anstelle der zerstörten Synagoge auf dem Neupfarrplatz entstand die Wallfahrtskirche „Zur schönen Maria", die noch vor ihrer Vollendung lutherische Pfarrkirche wurde. Im Zuge der Reformation wurden 1542 Reichsstadt, Rat und Bürger evangelisch; da jedoch der Bischof sowie die großen Klöster und Stifte in Regensburg verblieben, hielt der überwiegende Teil der Bevölkerung am alten Glauben fest.

Nach dem 30jährigen Krieg erfolgte durch die Konstitution des *Immerwährenden Reichstags* 1663 wieder eine wirtschaftliche Belebung. Schon von altersher fanden in Regensburg zahlreiche Reichstage statt, besonders seit dem frühen 16. Jahrhundert, da die Reichsstadt der kaiserlichen Residenz zu Wien am nächsten lag. Nun aber ließen sich zum ständigen *Parlament der Reichsstände* die Gesandten fast aller Länder Europas in Regensburg nieder. Als Reichstagspräsident und Stellvertreter des Kaisers fungierte der Prinzipalkommissär, ab 1748 übernahmen die gefürsteten Reichspostmeister Thurn und Taxis dieses Amt. Durch den Reichsdeputationshauptschluß von 1803 wurde die Freie Reichsstadt mediatisiert und fiel als geistliches Fürstentum an den Fürstprimas Carls Theodor von Dalberg. 1810 kam Regensburg wieder zu Bayern, dessen Hauptstadt es einst war, und wurde 1837 Regierungssitz der Oberpfalz. Als Eisenbahnknotenpunkt und Kopfstation der Donauschiffahrt begann allmählich die Entwicklung zur Großstadt, die nach Abtragung der Stadtmauern über die Grenzen der Altstadt hinauswuchs.

Heute ist Regensburg, inzwischen auch durch Autobahnen hervorragend erschlossen, nicht nur eine bedeutende Behörden-, Schul- und Universitätsstadt, sondern auch ein wichtiger Industriestandort mit Chemie-, Elektro-, Textil-, Maschinenbau- und Autofabrikation.

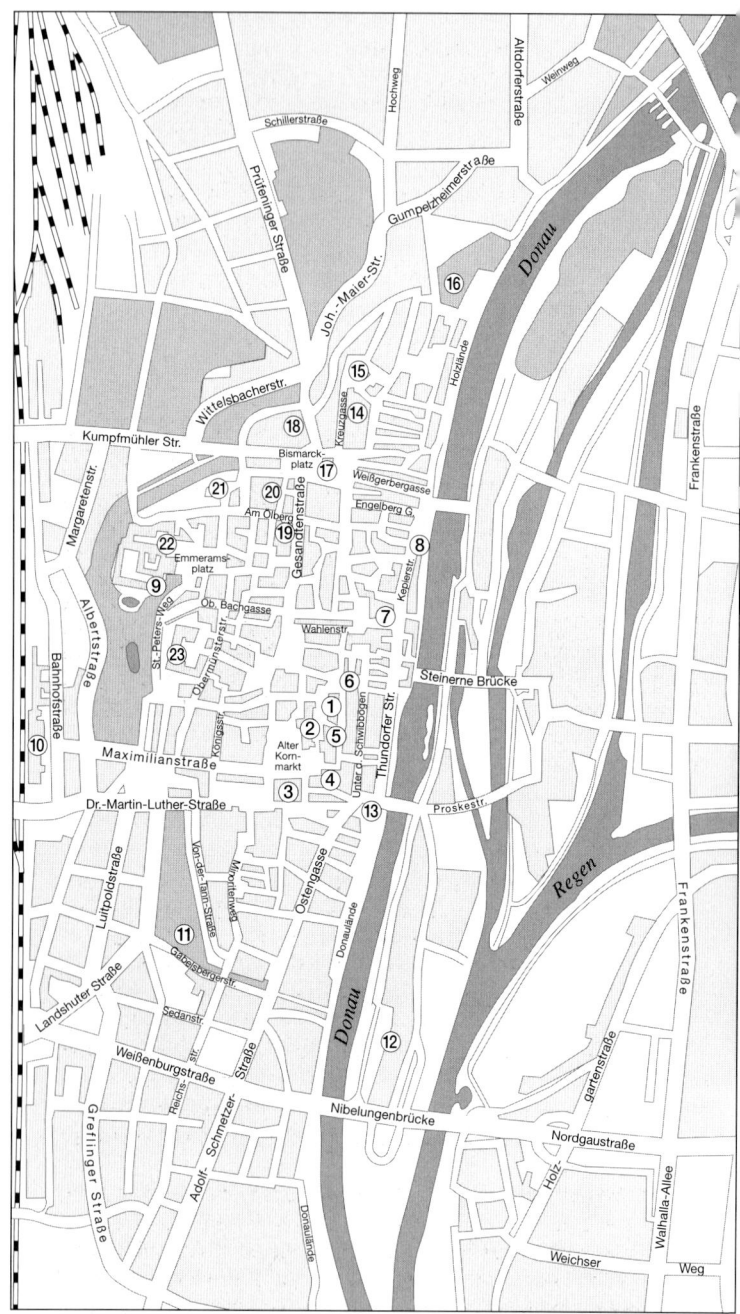

## Regensburg

| | | |
|---|---|---|
| 1 Dom | 9 Fürstl. Schloß | 16 Naturkunde-Museum |
| 2 Alter Kornmarkt | Thurn u. Taxis | 17 Stadttheater |
| 3 Karmeliterkloster | 10 Hauptbahnhof | 18 St. Jakob |
| 4 Niedermünster | 11 Hallenbad | 19 Dreieinigkeitskirche |
| 5 St. Ulrich | 12 Jugendherberge | 20 Dominikanerkirche |
| 6 St. Johann | 13 Donaumarkt | 21 Ägidienkirche |
| 7 Altes Rathaus | 14 Herz-Jesu-Kirche | 22 St. Emmeram |
| 8 Keplerhaus | 15 Heilig-Kreuz-Kirche | 23 Obermünster |

Regensburg: Steinerne Brücke, Brücktor und Dom St. Peter
gehören zum malerischen Stadtbild.

## Sehenswürdigkeiten

Attraktion ist die hervorragend restaurierte und sanierte historische Altstadt mit ihrem mittelalterlichen Gepräge, jenes 450 mal 530 m große Geviert des einstigen Römerlagers Castra Regina.

Zu den Besonderheiten der Stadt zählen aber auch die in Deutschland einmaligen Geschlechtertürme nach dem Vorbild italienischer Patrizierburgen, die sich im 13./14. Jahrhundert durch Handel wohlhabend gewordene Kaufleute oft mit eigener Hauskapelle errichten ließen. Viele der fast schmucklosen, turmartigen Häuser wurden renoviert, mitunter blieb nur die Fassade stehen. Von den einst 60 Hausburgen sind noch rund 20 erhalten oder zu erkennen.

Ihren Wagen parken Sie am besten an der Donau: Entweder auf dem Donaumarkt bei der Eisernen Brücke oder auf dem Unteren Wöhrd in der Nähe der Passauer Personenschiffahrts-Anlegestelle. Wer sich in den engen Regensburger Straßen nicht auskennt, wird sonst einige Schwierigkeiten bei der Parkplatzsuche haben.

Die **Steinerne Brücke** ist guter Ausgangspunkt für einen Stadt-rundgang. Von ihrer Mitte, noch besser vom jenseitigen Ufer, haben Sie den schönsten Blick auf die Altstadt. Als sie 1146 nach elfjähriger Bauzeit vollendet war, galt sie als größte Steinbrücke der damaligen Welt und wurde als 8. Weltwunder bestaunt. Acht-hundert Jahre lang war sie der einzige Verkehrsweg der Stadt über die Donau. Auf 310 m Länge und 7 m Breite überspannen 14 (ur-sprünglich 16) Brückenbogen die hier dreiarmige Donau. Auf ihrem höchsten Punkt postiert sich seit dem Mittelalter das sagen-umwobene Brückenmännchen (1854 erneuert). „Die Brücke hat einen Buckel", meinen die Regensburger, und der Sage nach woll-te sie der Teufel an dieser Stelle wieder auseinanderreißen, weil ihn der Brückenbaumeister um die versprochenen drei Seelen ge-prellt hatte. Das besorgten dann allerdings andere für ihn. An den beiden sichtbaren Stellen wurde die Brücke im April 1945 ge-sprengt. Früher besaß die Brücke drei wehrhafte Türme. Erhalten blieb der Südturm aus dem 13. Jahrhundert; 1648 wurde er erneu-ert und 1903 zum Brücktor umgestaltet. An seiner Nordseite ein Standbild des Hl. Oswald (um 1280), darunter sitzend König Phi-lipp von Schwaben und seine Gemahlin Irene von Griechenland (1207). Beim Brücktor steht noch der mächtige ehemalige reichs-städtische *Salzstadel* von 1620, der nach seiner Restaurierung 1992 kulturellen und gastronomischen Zwecken dient. Daneben – man riecht es schon – die aus einer Bauhütte entstandene über 800jährige

**Historische Wurstküche,** angelehnt an einen Stadtmauerrest von 1320. An schönen Sommertagen können Sie auch davor im Freien sitzen mit schönem Blick auf die Steinere Brücke, den Stadtteil Stadtamhof jenseits der Donau und die Donauinsel Un-terer Wöhrd. Gegenüber der ehemalige Gasthof

**Weißes Lamm** mit Inschrift an der klassizistischen Stuckfassa-de, das Haus sei „wirklich zu beneiden, hier wohnten Goethe, Mozart, Haydn." An der Rückseite erinnert eine Tafel an August Bebel, der hier 1858/59 als Zimmermannsgeselle arbeitete. Durch die Weiße-Hahnen-Gasse und die Straße Unter den Schwibbögen gelangen Sie zur 1885 wieder aufgedeckten

**Porta Praetoria,** dem Nordtor des Römerkastells Castra Regi-na (179 n.Chr.). Erhalten sind der westliche von ursprünglich zwei Torbögen und der östliche Flankenturm. Ebenfalls sichtbar sind weiter östlich die Quader der Nordostecke des Legionslagers. Durch das Tor der Porta Praetoria kommen Sie in den Turnierhof des *Bischofshofs,* einst bischöfliche Residenz und Absteigequartier der deutschen Kaiser, heute komfortables Hotel mit Restaurant. Durch die Toreinfahrt kommen Sie zum *Krauterermarkt* mit den typischen Marktständen der „Radifrauen" und links zur

Regensburg: Die Steinerne Brücke überquert
seit 1146 die hier dreiarmige Donau.

**Stiftskirche St. Johann,** früher Taufkirche des Domes. Sie stammt aus dem 14. Jahrhundert und wurde 1766 barockisiert. Gegenüber das weitläufige

**Haus an der Heuport** (1330-1350), ein vierflügeliger gotischer Patrizierhof mit überwölbtem offenem Treppenhaus und schönem Festsaal im Obergeschoß. Davor der barocke *Adlerbrunnen* von 1680. Den südlichen Platzabschluß bildet die sogenannte *Residenz* des Kurerzkanzlers C. Th. von Dallmer von 1803-1810; hier schlug Napoleon 1809 nach der Eroberung der Stadt sein Hauptquartier auf. – Der

**Dom St. Peter** ist ein Hauptwerk der Gotik in Bayern. Viele Generationen haben an ihm gebaut: Schon 1275 begonnen, wirkte über 100 Jahre lang die Baumeisterfamilie Roritzer mit, bis 1869 Fr. Jos. Denzinger die beiden 105 m hohen Türme vollendete. Die dreischiffige Pfeilerbasilika ruht auf einem 2 m hohen Sockel. An den Außenfronten, besonders am Westportal, reicher Figurenschmuck und bemerkenswerte Reliefdarstellungen. Wegen Witterungs- und Emissionsschäden sind an dem empfindlichen Kalk- und Grünsandstein laufend Konservierungsarbeiten der Dombauhütte erforderlich.

Das *Dominnere* besticht durch seine schlichte, harmonische Bauweise, die wohltuende Weiträumigkeit (85 m lang, 32 m breit, 32 m hoch im Mittelschiff, 17 m hoch in den Seitenschiffen) und den Reichtum stimmungsvoller Durchblicke auf die farbigen Glasfenster, von denen einige noch dem 14. Jahrhun-

Regensburg: Der unvollendete Dom St. Peter um 1657.

## Dom St. Peter

A Hauptportal
B Steinplastik Maria
C Verkündigungsengel
D Nordportal
E Hochaltar
F Sakramentshäuschen
G Eselsturm
H Südportal mit Dombrunnen

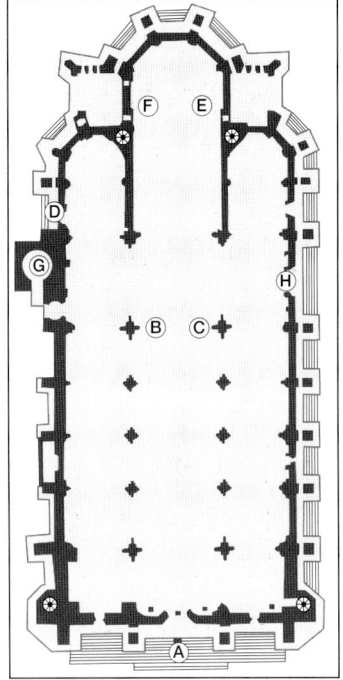

dert angehören. Zu den Kostbarkeiten zählen die *gotischen Baldachin-Altäre,* der *silberne Hochaltar* (1782), das 15 m hohe *Sakramentshäuschen* (1493) und der 17 m tiefe Ziehbrunnen (1501). Von künstlerischem Rang die Steinplastiken *Maria* und der gegenüberstehende *Verkündigungsengel* vom Prüfeninger Erminoldmeister (um 1280) an den westlichen Vierungspfeilern und die Reiterfiguren *St. Georg und Martin* an der Westwand (14. Jh.). Unter den vielen *Grabmälern* im nördlichen Nebenchor das des Bischofs Heinrich von Absberg (1492), an der Westwand das Bronzeepitaph der Margarete Tucher (1521), im Mittelschiff das Hochgrab des Kardinals Philipp Wilhelm von Bayern (1598) und im Portalvorraum das Grabmal des Fürstprimas Carl von Dalberg (1817). Bei den 1986 abgeschlossenen umfangreichen Ausgrabungsarbeiten fand man weitere Grabmäler sowie die südliche Arkadenreihe eines Atriums, das zwischen ottonischem Westquerhaus und Taufkirche St.Johann lag und drei Bauphasen vom 11.-13. Jahrhundert umfaßte. Ein freigelegter Arkadenpfeiler von etwa 1200 befindet sich in der 1986 fertiggestellten Bischofsgruft im Mittelschiff.

Regensburg: Der Dom St. Peter gilt
mit seiner reich geschmückten Westfassade
als Hauptwerk der Gotik in Bayern.

Durch den Nordausgang kommt man zum *Domschatz-museum* mit wertvollen Sammlungen liturgischer Geräte und Gewänder aus vielen Jahrhunderten, darunter das goldene Ottokarkreuz aus dem 13. Jahrhundert.

Der *Domgarten* diente bis 1811 als Domfriedhof. Hier stand einst eine frühromanische Basilika; als Rest blieb der sich an den Dom lehnende sogenannte *Eselsturm* erhalten. Durch das Kapitelhaus gelangen Sie zum *Domkreuzgang* (Führung durch den Mesner, Domgarten 2) mit Teilen der frühromanischen Basilika und zahlreichen alten Grabmälern. Ein breiter Mittelgang führt zur *Allerheiligenkapelle,* die noch eine vollständige romanische Ausmalung aus der Zeit um 1150 aufweist; Bischof Hartwich II. (1155-1164) ließ sie sich als Begräbnisstätte erbauen. Durch ein romanisches Säulenportal kommen Sie in die *Stephanskirche,* auch „alter Dom" genannt, vermutlich 11. Jahrhundert; beeindruckend der mächtige Altartisch, ein im unteren Teil durchfensterter Kalksteinblock (vermutlich 10. Jh.).

Am Rand des Domgartens die

**Ulrichskirche,** um 1250 kurz vor dem Dom entstanden. Die von starken Strebemauern gestützte romanisch-gotische Basilika mit schöner Fensterrose an der Westfront und Emporenumgang im Inneren dient heute als *Diözesanmuseum.* Daneben der mächtige 39 m hohe *Römerturm* an der Nordwestecke des *Alten Kornmarktes;* einst Mittelpunkt des römischen Kastells. Der aus 4 m dicken Granitgrundmauern bestehende Unterbau des ehemaligen Wehrturmes stammt noch aus karolingischer Zeit. Über die Straße hinweg ist er durch einen Schwibbogen verbunden mit dem

**Herzogshof,** an dessen Stelle sich einst die Agilolfingerresidenz und karolingische Pfalz befand. Der heutige Bau entstand um 1200 als Amtssitz der Wittelsbacher; jetzt gehört er zum Dienstgebäude der Oberpostdirektion. Hinter den romanischen Arkadenfenstern der romanische Pfalzsaal mit gotischer Wappendecke, der als Veranstaltungs- und Tagungsraum genutzt wird. Vor dem Herzogshof ein moderner Brunnen von 1982 zur Erinnerung an den Maler und Regensburger Stadtbaumeister Albrecht Altdorfer (um 1480-1538). – Zum Herzogshof gehörte einst die

**Stiftskirche Unsere Liebe Frau zur Alten Kapelle.** Schon vor 875 gegründet, gilt die ursprünglich agilolfingische Hof- und später karolingische Pfalzkapelle als „anvanck aller Gotshäuser in Bayern". Nach einem Brand wurde sie unter Kaiser Heinrich II. 1002/04 wieder errichtet: Eine dreischiffige romanische Pfeilerbasilika mit Querschiff im Osten. Der spätgotische Langchor trat 1452 hinzu. Der freistehende romanisch-gotische Glockenturm besteht in seinem Untergeschoß (875) aus römischen Quadern.

Regensburg: Markttreiben vor der Stiftskirche
Unsere Liebe Frau zur Alten Kapelle.

Die beiden Steinfiguren (um 1200) am Rokokoportal sollen die
Beichte eines Agilolfingers darstellen. Das Innere wurde 1747-
1765 in überreichem Rokoko ausgestattet. Stukkaturen von Jakob
Landes aus Wessobrunn, Wandgemälde von den Augsburger
Künstlern G.B. Götz (Chor) und Thomas Schäffler (Langhaus). Der
prunkvolle Hochaltar stammt von Simon Sorg (1733) nach einem
Entwurf von G.B. Götz. Südlich angebaut die 1481 gewölbte zweigeschossige Gnadenkapelle; auf dem Altar zwischen den Figuren
des Kaiserpaares Heinrich und Kunigunde in einem Rokokorah-
men ein italienisches Madonnenbild aus dem 13. Jahrhundert. –
An der Ostseite des Alten Kornmarktes die barocke

**Karmelitenkirche St. Joseph** (1641-1673) mit schön geglie-
derter Giebelfront und zierlichem Turm von 1681, ein einschiffiger
Bau mit Querhaus und Seitenkapelle. Ebenso wie der prächtige
Hochaltar von 1690 wurden die Nebenaltäre 1837 aus dem Dom
überführt. In dem seit 1635 bestehenden *Karmelitenkloster* wird
der berühmte 75prozentige „echte Regensburger Karmelitergeist"
nach altem Hausrezept hergestellt und an der Klosterpforte ver-
kauft. – Nördlich vom Alten Kornmarkt steht die doppeltürmige

**Niedermünster-Kirche** des ehemals reichsunmittelbaren
adeligen Damenstifts. Sie wurde nach einem Brand um 1150 als
romanische dreischiffige Pfeilerbasilika neu errichtet und im
17. Jahrhundert barock umgestaltet. Ausgrabungen haben Fundamente der Vorgängerbauten sowie Gräber bedeutender Herzöge
aufgedeckt. Im nördlichen Seitenschiff der Baldachinaltar um
1330 des hl. Erhard. Daneben ein Altar mit dem Gnadenbild der
„Schwarzen Madonna" um 1210. An der Nordwand des Haupt-
chores die Bronzegruppe „Magdalena trauert um den Gekreuzig-
ten" (1634), eine der bedeutendsten Plastiken deutschen Früh-
barocks. Eine Besichtigung ist nur mit Führung möglich. Die 1720
umgebauten Stiftsgebäude dienen heute als bischöfliche Residenz.

Östlich in der Erhardigasse unter profanem Obergeschoß die
**Erhardi-Krypta,** eine dreischiffige, zweigeschossige Hallen-
kapelle aus vorkarolingischer Zeit um 750 (Schlüssel im Kolpinghaus). – Beim Kolpinghaus Ecke Kallmünzer-/Ostengasse
ein 1905 freigelegtes Teilstück der **Römermauer,** einst Nordostecke von Castra Regina. – Die Ostengasse wird im Osten
durch das fünfgeschossige **Ostentor** aus der Zeit um 1300 mit
zwei flankierenden Begleittürmen begrenzt. Im anschließenden Park am Donau-Ufer die **Königliche Villa,** 1853 in neu-
gotischem Stil erbaut für König Ludwig I.

Am Dachauplatz mit einem 1972 freigelegten Teilstück der *Römermauer* im Parkhaus und dem *Neuen Rathaus* von 1938 in den Gebäuden des ehemaligen *Minoritenklosters* (1226-1803), einst Wirkungsstätte des Volkspredigers Berthold von Regensburg († 1272) das

**Stadtmuseum** mit kultur- und kunstgeschichtlichen Sammlungen aus dem ostbayerischen Raum von der Altsteinzeit bis zur Gegenwart in über 100 Räumen, darunter auch Sakralkunst, Gemälde der Donauschule sowie eine volkskundliche Abteilung. Mit einbezogen in den Museumskomplex ist der *Kreuzgang* mit Steinbildwerken von der Römerzeit bis zur Gotik und die turmlose *Minoritenkirche,* eine 1250 begonnene dreischiffige Pfeilerbasilika mit Flachdecke und Spitzbogenarkade, mit 81 m Länge eine der größten deutschen Bettelordenskirchen.

Durch die Dr.-Martin-Luther-Straße Richtung Hauptbahnhof oder besser durch die parallel verlaufende Maximilianstraße mit ihren vielen Geschäften kommen Sie am Ernst-Reuter-Platz wieder zu einem Stück *Römermauer:* 1955 fand man hier die Südostecke von Castra Regina. In den schönen Grünanlagen vor dem Hauptbahnhof steht das *Kepler-Denkmal* (1808) in Form eines Rundtempels und der *Fürst-Anselm-Obelisk* (1806). Nun auf dem St.-Peters-Weg vorbei an dem rechts aufragenden *Obermünster-Turm,* früher Glockenturm der 1944 bombenzerstörten frühromanischen Stiftskirche Obermünster (1010) eines reichsunmittelbaren Frauenstifts, zur jetzigen

**Pfarrkirche St. Emmeram** des ehemaligen Benediktinerklosters. Kirchen- und Klostergründung erfolgten im 8. Jahrhundert über dem Grab des Wanderbischofs und Märtyrers St. Emmeram. Das Kloster wurde eine bedeutende Kultstätte und wichtiger Ausgangspunkt für die Kolonisation Ostbayerns und Böhmens; von 1295 bis ur Säkularisation 1803 besaß es das Privileg eines Reichsstifts.

Durch ein frühgotisches Außenportal (um 1250) gelangt man zuerst in den *Vorhof.* Links der wuchtige, etwa 40 m von der Kirche entfernte freistehen-

Im Vorhof von St. Emmeram befindet sich das Epitaph von Joh. Thurmair, genannt Aventinus.

de Glockenturm (1579) mit spätbarockem Laternenhelm (1732); hier befindet sich auch der Pfarrhof. Rechts eine Kreuzigungsgruppe von 1513. An den Wänden mehrere Grabsteine des 15./16. Jahrhunderts; in der Nordwestecke das Kalksteinepitaph des berühmten bayerischen Geschichtsschreibers Joh. Thurmair, genannt Aventinus, der hier 1534 beigesetzt wurde. In der romanischen *Vorhalle* (um 1170) ein Doppelnischenportal mit Relieffiguren (um 1050) des thronenden Christus (Mitte) sowie der Heiligen Emmeram (links) und Dionysius (rechts), die zu den ältesten romanischen Steinplastiken gehören. Östlich lehnt sich die spätgotische *St. Rupertuskirche* mit romanischen Teilen, ehemals Pfarrkirche des Klosters; Sakramentshäuschen und Taufstein stammen aus dem 15. Jh. – Von der Vorhalle führt der linke Eingang in das Langhaus, der rechte in das westliche Querhaus der **St. Emmerams-Kirche.** Die im Hauptteil dreischiffige Basilika aus dem 8. Jahrhundert wurde im 11./12. Jahrhundert umgebaut und 1731/33 von den Brüdern Asam barockisiert. Stuckdekoration und Plastiken stammen von Egid Quirin Asam, die Fresken von seinem Bruder Cosmas Damian.

Am frühbarocken *Hochaltar* (1642) ein Gemälde von Joachim von Sandrart „Tod des hl. Emmeram" von 1679. Darunter ein silberner Reliquienschrein für den hl. Emmeram aus dem 15. Jahrhundert Zahlreiche *Grabmäler* unterstreichen die große Bedeutung des ehemaligen Klosters. Rechts vom Hochaltar und davor kennzeichnen Inschriftplatten die Gräber der letzten deutschen Karolinger, des Kaisers *Arnulf von Kärnten* (899) und seines Sohnes, *Ludwig das Kind* (911). Im nördlichen Seitenschiff neben dem Dreifaltigkeitsaltar das berühmte *Grabmal der Königin Hemma* (876), der Gemahlin Ludwigs des Deutschen, ein Bildwerk von erhabener Schönheit. Bemerkenswert u.a. auch das *Hochgrab der seligen Aurelia* an der Nordwand des Nordchores, von der die Legende erzählt, sie sei vom Hofe ihres gräflichen Vaters in Paris entflohen, um einer Heirat zu entgehen, und als fromme Klausnerin 1027 zu St. Emmeram gestorben.

Unter der Hauptapsis befindet sich die *Emmerams Krypta* (um 740); sie wurde erst Ende des 19. Jahrhunderts wiederentdeckt. Eine Maueröffnung gewährt Einblick in die Grabkammer des Heiligen. Durch einen Gang verbunden die *Ramwold Krypta,* ein 980 geweihter, im 18. Jahrhundert veränderter Hallenbau mit dem Steinsarkophag des Abtes Ramwold († 1001).

Unter dem westlichen Querhaus mit Dionysius-Chor und gemalter Kassettendecke von 1642 liegt die romanische fünfschiffige *Wolfgangs-Krypta* von 1052 mit dem vergoldeten Wolfgangsschrein.

An die Südseite der Emmeramskirche lehnt sich als besondere Sehenswürdigkeit der früher zum Kloster gehörende

**Kreuzgang,** heute Teil des Schlosses der Fürsten von Thurn und Taxis und nur bei Führungen zu besichtigen. Er vereint Stilepochen vom 11. bis 14. Jahrhundert. Glanzpunkt ist das vielfach gestufte Säulenportal in der Nordwestecke. An der Westseite befindet sich die fürstliche Gruftkapelle. Die ehemaligen Klostergebäude bilden seit 1812 das

**Schloß der Fürsten von Thurn und Taxis.** Während der Ostflügel seinen barocken Charakter behielt, wurde der Südflügel 1889 durch einen Neurenaissance-Bau ersetzt. Im Kuppelsaal der *Hofbibliothek* mit 190 000 Bänden, Inkunabeln und Handschriften wurden Fresken von C.D. Asam (1737) freigelegt. Das *Marstallmuseum* in der klassizistischen Reitschule zeigt Kutschen, Schlitten und Prunkkarossen aus dem 18./19. Jahrhundert. Das (beschränkt zugängliche) *Zentralarchiv* bewahrt Urkunden der Taxischen Post seit 1500 und alte Briefmarken-Druckstöcke.

Das alte Adelsgeschlecht mit Turm und Dachs im Hauswappen stammt ursprünglich aus Italien. Geheime Kuriere der Taxis aus Cornello waren schon im 15. Jahrhundert unterwegs. Franz von Taxis begründete den Aufstieg des Hauses, als er 1516 für seinen Kaiser Maximilian im habsburgischen Reich eine Post organisierte. Mit Erfolg: 1595 erhielt die Familie Taxis das erbliche Generalpostmeisteramt im Deutschen Reich und in den südlichen Niederlanden. 1624 in den Grafenstand erhoben und 1650 unter dem Namen Thurn und Taxis erstmalig bekundet, folgte 1695 der Reichsfürstenstand und 1748 das Prinzipalkommissariat beim „Immerwährenden Reichstag" in Regensburg: Das Amt, den Kaiser auf dem Reichstag zu vertreten. Als Ausgleich für die Verstaatlichung der Post im 19. Jahrhundert erhielten die Fürsten 1867 beträchtliche Entschädigungen. Der Erwerb umfangreicher Ländereien ließ sie zum größten Grundbesitzer der Bundesrepublik werden.

Die Marschallstraße führt westlich zum Ägidienplatz und zur

**St.-Ägidien-Kirche,** ehemalige Deutschordenskirche St. Gilgen, ein kleiner gotischer Hallenbau aus dem 13./14. Jahrhundert mit Grabsteinen und Totenschildern. Die Gebäude der ehemaligen Deutschordenskomturei dienen heute als Altersheim. Nördlich die ehemalige

**Dominikanerkirche St. Blasius.** Die 1245-1300 in frühgotischem Stil errichtete hochragende dreischiffige Pfeilerbasilika symbolisiert durch ihre strenge Architektonik und schlichte Ausstattung in überzeugender Weise die Ideale des Bettelordens der Dominikaner. An der Südseite die *Albertus-Magnus-Kapelle,* einst

Hörsaal des Gelehrten, der 1236-40 im Dominikanerkloster wirkte und von 1260-1262 Bischof von Regensburg war. Auf dem Albertus-Magnus-Platz steht eine *Albertus-Magnus-Bronzebüste* von 1910. Das 1803 säkularisierte Dominikanerkloster beherbergt die Philosophisch-Theologische Hochschule.

Am Bismarckplatz zwei bemerkenswerte klassizistische Gebäude des portugiesischen Hofarchitekten Emanuel d'Heriogoyen: Das im venezianischen Stil eines Rang- und Logentheaters gehaltene *Stadttheater* von 1804 (nach einem Brand 1849 erneuert) und gegenüber das stattliche *Präsidentenpalais* von 1805, unter Fürstprimas Carl von Dalberg französische Gesandtschaft, heute Landespolizeipräsidium. – Westlich am Beginn der Jakobstraße die zweitürmige

**Schottenkirche St. Jakob.** Das Kloster St. Jakob wurde von irischen Benediktinermönchen (fälschlich „Schotten" genannt) um 1090 gegründet, die dreischiffige Säulenbasilika 1190 vollendet. Sie gilt als bedeutendster hochromanischer Bau Süddeutschlands. Ihr berühmtes Nordportal zeigt seltsame Steinbildnisse in eigenartiger Mischung keltisch-normannischer Schmuckelemente mit göttlichen, menschlichen, dämonischen und tierischen Gestalten, über deren Bedeutung schon viel gerätselt wurde. Im Inneren setzt sich der Figurenreichtum unter Einbeziehung auch pflanzlicher Motive an den Kapitellen der Säulen fort. Bemerkenswert ist die romanische Kreuzigungsgruppe mit Christus als Sieger aus der Zeit um 1180. – Die Räume des 1862 aufgelösten Klosters beherbergen heute das bischöfliche Klerikal.

---

Am Ende der Jakobstraße das um 1300 erbaute **Jakobtor** der ehemaligen Stadtbefestigung mit 2 Flankentürmen. Im Süden (Haupteingang, Kumpfmühler Straße) der **Dörnbergpark** mit klassizistischem Palais (um 1830). Gegen Westen der **Stadtpark** mit der Städt. Kunsthalle. Nordwestlich in Donaunähe der **Herzogspark** mit Prebrunntor von 1293 (heute Aussichtsturm) und Herzoglichem Palais von 1804, heute Naturkundemuseum. Östlich vom Herzogspark die romanische **Leonhardskirche** des 12. Jahrhunderts mit spätgotischem Flügelaltar. In der Nähe das schon 1233 gegründete **Dominikanerinnenkloster** mit der 1751 im Rokokostil umgestalteten **Hl.-Kreuz-Kirche.**

---

Nun vom Bismarckplatz östlich durch die Gesandtenstraße. Rechts folgt die

**Dreieinigkeitskirche,** ein Spätrenaissance-Hallenbau von 1627-1631, mit hölzernen Emporen im Inneren – die erste evangelisch geplante Kirche Bayerns. Dazu gehört der *Gesandtenfriedhof* mit prächtigen barocken Grabdenkmälern aus der Reichstagszeit. Auf dem Neupfarrplatz, Ghetto der Juden bis zu ihrer gewaltsamen Vertreibung 1519, steht in der Mitte die doppeltürmige

**Neupfarrkirche.** Als „Wallfahrtskirche zur schönen Maria" wurde sie 1519-40 anstelle einer zerstörten Synagoge im Übergangsstil von der Gotik zur Renaissance errichtet und 1542 in eine evangelische Kirche umgewandelt. – An der Südseite des Platzes das *Palais Löschenkohl* des gleichnamigen Bankiers von 1733, schönstes Rokokohaus der Stadt. In unmittelbarer Nähe die

**Pfarrkirche St. Kassian,** Regensburgs älteste Bürgerkirche, schon 885 erwähnt und im Kern noch karolingisch. Die dreischiffige romanische Basilika mit spätgotischem Chor erhielt 1749-60 eine elegante Rokokoausstattung durch die auch an der Alten Kapelle beschäftigten Künstler A. Landes (Stukkaturen) und G.B. Götz (Fresken). Bemerkenswert ist auch der dem hl. Kassian geweihte Schnitzaltar aus der Zeit um 1500.

Von der östlichen Ausbuchtung des Neupfarrplatzes führt beim *Kastenmeyerturm* die Wahlenstraße zu einigen der für Regensburg typischen burgähnlichen

**Geschlechtertürme,** die ab 1200 von wohlhabenden Patrizierfamilien errichtet wurden. Höchstes Bauwerk ist der 42 m hohe, neunstöckige *Goldene Turm* (um 1260, Wahlenstr. 16). Seinen schönen Arkadenhof erreicht man über das Haus Nr. 7, der parallelen Unteren Bachgasse. In der Gasse Hinter der Grieb (= Grube) das vierflügelige *Gravenreutherhaus* (um 1260) mit 2 Türmen an der Hofseite, restauriert als Haus der Begegnung für die Universität, und das *Löbl-Haus* mit mächtigem Turm. Am Watmarkt 4 der 28 m hohe, siebenstöckige *Baumburger Turm,* Watmarkt 6 der *Bäumelturm,* beide 13. Jahrhundert. Benachbart das *Goliathhaus,* ein saniertes Patrizierhaus des 13. Jahrhunderts mit gedrungenem Turm und vielfach erneuertem Monumentalfresko von Melchior Bocksberger (1573), das David im Kampf mit Goliath zeigt, heute ein Kaufhaus. In der Nähe das

**Alte Rathaus,** eine Baugruppe aus mehreren Jahrhunderten. Westlich das *Reichssaalgebäude,* um 1360 erbaut und 1408 nach einem Brand erneuert, mit Treppengiebel und kleinem Erker. Ein Werk der Spätgotik ist der angefügte Treppenhausbau mit Spitzbogenportal, von dem die originellen Halbfiguren „Schutz und Trutz" herunterschauen; an der linken Portalseite sind die alten Stadtmaße Schuch, Elle und Klafter aus dem 15. Jahrhundert dargestellt. Hinter der langen Fensterreihe im 1. Stockwerk der 15 m lange und 8 m hohe *Reichssaal* mit geschnitzter Holzdecke (1408), Wandmalereien von Melchior Bocksberger (1564) und kostbaren Wirkteppichen (1550), von 1663-1806 Versammlungsraum des „Immerwährenden Reichstags". Der Podiumsaufbau mit dem kaiserlichen Thronbaldachin entspricht der Reichstagssitzordnung. Sehenswert sind auch die Beratungszimmer der Kurfürsten und des Fürstenkollegiums. Im Keller ist noch die Fragstatt (Folterkammer) erhalten. Ältester Bauteil ist der frühgotische achtge-

Das Rathaus von Regensburg, Kupferstich von 1657

schossige *Rathausturm* aus der Zeit um 1250. Östlich anschließend die Bauten seit dem 17./18. Jahrhundert mit dem Ratskeller
(Restaurant) und dem 1963 entstandenen *Dollingersaal,* der aus
einem abgebrochenen Patrizierhaus übernommen wurde und in
Stuckreliefs das Regensburger Dollingerlied nach einer alten Tur-
niersage illustriert. Davor steht seit 1978 eine Bronzestatue des
Don Juan d'Austria. – Nahe westlich der mittelalterliche

**Haidplatz,** einst Turnier-, dann Marktplatz von Regensburg,
mit dem *Justitiabrunnen* von 1656 in der Mitte. Im Osten das goti-
sche Turmhaus *Neue Waag* aus dem 13. Jahrhundert, zeitweilig
Stadtwaage und Herrentrinkstube, mit Arkadenhof von 1575. Im
Jahre 1541 fand hier das Religionsgespräch zwischen Melanch-
thon und Dr. Eck statt. An der Nordseite das Patrizier-Turmhaus
*Goldenes Kreuz,* vom 16.-19. Jahrhundert eine berühmte Fürstenherberge. Kaiser Karl V. begegnete hier 1546 der Bürgertochter
Barbara Blomberg; der aus dieser Verbindung stammende Sohn
Juan d'Austria (1547-1578) wurde Sieger der Seeschlacht von
Lepanto gegen die Türken. Daneben das ursprünglich gotische
*Thon-Dittmer-Haus,* 1809 von Emanuel d'Herigoyen mit klassizistischer Fassade umgestaltet, heute Bildungs- und Begegnungszentrum. – Durch die Weingasse kommen Sie nördlich zur ehemaligen Donau- und heutigen *Keplerstraße* mit stattlichen Patrizierhäusern, deren vollständige Sanierung nur die Fassade stehen
ließ. Haus Nr. 5 ist das spätgotische

**Kepler-Gedächtnishaus,** in dem der berühmte Astronom und Mathematiker Johannes Kepler 1630 völlig verarmt starb, nachdem es ihm nicht gelungen war, von dem Reichstag als Gläubiger dreier Kaiser den Lohn seiner Lebensarbeit von 12 000 Gulden einzutreiben. Von 1626 bis 1628 bewohnte er das Haus Keplerstraße 2. – Zu den beeindruckenden Patrizierhäusern gehören auch der *Blaue Hecht* (Haus Nr. 7) mit zinnenbesetztem Turm und das mächtige *Runtingerhaus* (Nr. 1) der um 1400 ansässigen Kaufmannsfamilie mit restaurierter gotischer Fassade, heute Behördensitz. – Am Donau-Ufer Ecke Weißgerbergraben erhebt sich die **Oswaldkirche,** im 14. Jahrhundert erbaut für den Karmeliterorden, seit 1553 evangelische Pfarrkirche, im 18. Jahrhundert von Wessobrunner Künstlern barock ausgeschmückt. – An der Donau entlang kommen Sie wieder zur *Steinernen Brücke* zurück.

Donauabwärts an der Nibelungenbrücke der **Alte Hafen.** Weiter abwärts die **modernen Hafenanlagen** mit 9 km Uferlänge, Getreidesilos, Mineralöltanks und zwei Werften. Hauptumschlagsgüter sind Kohle, Eisenerz, Öl, Getreide und Düngemittel. Am Osthafen erhebt sich in Kreuzhof die romanische zweigeschossige **Kapelle St. Ägid** aus der Zeit um 1500, bei der sich Kaiser Friedrich Barbarossa zum Kreuzzug eingeschifft haben soll.

**Auskunft:** Tourist-Information, 93047 Regensburg, Altes Rathaus
**Bahnlinien:** Ostende – Frankfurt – Nürnberg – Regensburg – Passau – Wien; München – Landshut – Regensburg – Weiden – Hof; Augsburg – Ulm – Regensburg;
**Busverbindungen** nach allen Richtungen
**Straßen:** Kreuzungspunkt der Autobahnen Nürnberg – Passau und (München-) Holledau – Weiden sowie der Bundesstraßen 8, 15, 16
**Flugplatz:** In Regenstauf (14 km, Zubringerdienst)
**Donau-Personenschiffahrt**
**a)** Regensburg – Straubing – Bogen – Deggendorf – Niederaltteich – Vilshofen – Passau (Mitte Mai bis Anfang September). Fahrtstrecke 155 km in 8½ Std. Kombinierte Bahn- und Schiffskarten möglich; Abfahrt Eiserne Brücke Unterer Wöhrd.
**b)** Walhalla – Schiffahrt Regensburg – Fuß des Walhallahügels (Anf. Mai bis Anf. Oktober). Fahrtstrecke 12 km in 25 Min; Abfahrt Eiserne Brücke.
**c)** Motorschiffahrt Kelheim – Donaudurchbruch – Weltenburg (April bis Oktober).
**d)** Kleine „Strudelrundfahrten" auf der Regensburger Donau; Abfahrt Steinerne Brücke.
**Parkhäuser:** Arnulfsplatz, Bismarckplatz, Petersweg, Dachauplatz
**Parkplätze:** Hauptbahnhof, Donaumarkt, Unterer Wöhrd, Dultplatz
**Sport:** Freibäder Messerschmittstraße 4 (Westbad mit Thermalbad und Wellenbad, Buslinie 6) und Schopperplatz 6 (Oberer Wöhrd) sowie am Regenfluß in Sallern und Pielmühle; Hallenbad Gabelsbergerstraße 8; Jahnstadion (30 000 Zuschauer) Prüfeninger Straße 54; Eisstadion auf dem Unteren Wöhrd bei der Nibelungenbrücke; Ruder- und Tennisklub Schopperplatz 3; Golfplatz (18 Löcher) am Jagdschloß Thiergarten über Donaustauf-Sulzbach Hammermühle

**Unterhaltung:** Stadttheater, Bismarckplatz 7; Thon-Dittmer-Haus, Haid-platz 8, mit Studiotheater und Freilichttheater (Juni/Juli) im Hof; Bauernthe-ater im Colosseum, Stadtamhof 5; Figurentheater im Stadtpark; Konzerte Neues Haus, Arnulfplatz; Orgelkonzerte Minoritenkirche (Stadtmuseum); Darbietungen der „Regensburger Domspatzen"
**Veranstaltungen:** Maidult Anfang Mai und Herbstvolksfest Anfang September in Stadtamhof. Altstadtfest am letzten Juni-Wochenende. In der Adventszeit Christkindlmarkt auf dem Neupfarrplatz.

### Führungen/Museen:
Auskunft über Öffnungszeiten durch das Verkehrsamt
**Stadtführung** Altstadt mit Dom, Alte Kapelle, Steinerne Brücke, Porta Prae-toria, Ausgrabungen Niedermünster durch das Verkehrsamt, Altes Rat-haus
**Dom St. Peter** mit Kreuzgang, Allerheiligen- und Stephanskapelle. Füh-rung durch den Mesner, Domgarten 2
**Domschatzmuseum,** Eingang vom Dom und Hof des Hotels Bischofshof
**Diözesan-Museum,** in der St.-Ulrichs-Kirche neben dem Dom
**Basilika St. Emmeram** mit Krypten. Führung durch den Mesner (Wohnung beim Turm)
**Fürstlich Thurn und Taxissches Schloß** mit Marstallmuseum und Kreuzgang St. Emmeram, Emmeramsplatz 5
**Stadtmuseum** am Dachauplatz. Kunst- und kulturgeschichtliche Samm-lungen in über 100 Räumen mit ehemaliger Minoriten-Kirche
**Reichstagsmuseum** im Alten Rathaus mit kurfürstlichen Beratungszim-mern und Fragstatt. Karten im Verkehrsamt
**Kepler-Gedächtnishaus,** Keplerstraße 5
**Staatsgalerie,** im „Leeren Beutel", Bertoldstraße (Nähe Stadtmuseum). Siebengeschossiger, renovierter Getreidekasten
**Städtische Galerie,** Bertoldstraße 9
**Ostdeutsche Galerie** im Stadtpark, Dr.-Joh.-Maier-Straße 5. Werke bil-dender Künstler aus den ehemaligen deutschen Ostgebieten
**Brauereimuseum** „Weißbierbrauer Kuchlbauer", Schwanenplatz
**Schiffahrts-Museum,** Unterer Wöhrd, Werftstraße
**Naturkundemuseum** im Herzogpark, Prebrunntor 4, Naturobjekte aus Geologie, Mineralogie, Botanik, Zoologie
**Reptilienzoo** in Regensburg-Burgweinting

### Historische Gaststätten:
**Bischofshof,** Krauterermarkt 3
**Historisches Eck „Zur Stritzelbäckerin",** Watmarkt 6
**Historische Wurstküche,** an der steinernen Brücke
**Kneitinger,** altbayer. Brauereiausschank, Arnulfplatz 3
**Neue Wurstkuchl,** Fröhliche-Türken-Straße 14
**Obermünster-Stifts-Gaststätten,** Obermünsterplatz 7-9
**Ratskeller,** Rathausplatz 1
**Taverne** im Hotel Karmeliten, Dachauplatz 1
**Zum alten Patrizier,** Studentenkeller, Baumhackergasse 2
**Prinzess-Conditorei,** Rathausplatz, ältestes Café Deutschlands (seit 1686); Spezialität „Donau-Muscheln" mit Nuß, Mandeln und Rumtrüffeln.

**Ausflüge:**
**1.** Über die Steinerne Brücke nach **Stadtamhof,** bis zur Eingemeindung 1924 eigene Kreisstadt. Sehenswert die barocke **Stiftskirche St. Mang** (1717) des ehemaligen Augustiner-Chorherrenstifts St. Magnus (1138-1803) mit Stuckdekorationen und barockem Chorgestühl. – Nördlich getrennt durch den Rhein-Main-Donau-Kanal mit Schleusen der **Dreifaltigkeitsberg** mit Wallfahrtskirche von 1715, erweitert 1934. Westlich anschließend die **Winzerer Höhen,** im Mittelalter Weinanbaugebiet.
**2.** Zur **Benediktinerabtei Prüfening,** 4 km südwestlich (Buslinie 1). Die Abtei wurde 1109 gegründet und gelangte nach der Säkularisation in den Besitz der Fürsten Thurn und Taxis, die 1959 eine Klosterneugründung ermöglichten. Inmitten eines herrlichen Parks die bedeutende **Klosterkirche St. Georg** (1109-19), erster großer Kirchenbau Hirsauer Schule in Altbayern. Im Innern hervorragende romanische Wandmalereien (um 1150); vor dem Chor das Erminold-Hochgrab des ersten Prüfeninger Abtes Erminold (gestorben 1121) mit bemerkenswerter frühgotischer Plastik, geschaffen von dem unbekannten „Erminoldmeister". – Prüfening ist beliebter Ausgangspunkt für Wanderungen in das Laber- und Naabtal.
**3.** Im Stadtteil **Karthaus-Prüll** im Süden die **Universität** und das ehemalige Benediktiner- (997-1803) und spätere Kartäuserkloster (1484 bis 1803), seit 1852 Heil- und Pflegeanstalt. In der doppeltürmigen romanischen **Hallenkirche** (1105-1110) mit spätgotischem Chor (1513) romanische Wandgemälde aus der Zeit um 1200. Schlüssel beim Anstaltspförtner.
**4.** Zur **Walhalla, →** S. 160.
**5.** Auf der B 16 südwestlich über **Bad Abbach** nach **Kelheim** und zur **Befreiungshalle** auf dem Michelsberg (451 m). Der monumentale klassizistische Rundbau wurde von König Ludwig I. von Bayern zur Erinnerung an die Befreiungskriege 1813/15 gestiftet und durch Leo von Klenze 1842-1863 erbaut. – Von Kelheim 5 km südwestlich am **Donaudurchbruch** das 620 gegründete **Benediktinerkloster Weltenburg** mit der von den Brüdern Asam prunkvoll ausgeschmückten **Klosterkirche St. Georg und Martin.** Klosterschenke mit gemütlichen Räumen und Garten. Von Kelheim 12 km westlich hoch über dem Altmühltal die gut erhaltene, seit 1037 nachweisbare Landsassenburg **Schloß Prunn,** wo 1575 eine Handschrift des Nibelungenliedes gefunden wurde (→ Goldstadt-Reiseführer Oberpfalz).

# Regenstauf

(Kreis Regensburg, 344 m, 13 500 Einw.), 1000jähriger Markt im Unteren Regental. Eingemeindet wurden die Orte *Heiligenhausen, Hirschling, Karlstein, Marienthal* und *Ramspau.* 1788 zerstörte eine Brandkatastrophe fast den ganzen Ort. Die klassizistische **Pfarrkirche** wurde 1850 erbaut. Auf dem **Schloßberg** (436 m) mit romantischen Felspartien Reste der im 16. Jahrhundert zerstörten Burg der Grafen von Regenstauf. Erhalten blieb der 80 m tiefe *Schloßbrunnen.* In der Kuppel des 25 m hohen *Aussichtsturms* kleines Museum mit historischen Fundstücken.

**Auskunft:** Marktgemeinde 93128 Regenstauf
**Verkehr:** Busverbindung mit Regensburg; Bahnstation; Flugplatz
**Hobby und Sport:** Hallenbad, Valentinsbad im Regen, Angeln, Paddeln

**Wanderungen:**
**1.** Über Maad nach **Kürn** mit Schloß des 12./19. Jahrhunderts, 1½ Std. östlich. Kreuzungspunkt von Wanderwegen in das südöstliche *Wenzenbachtal* nach Wenzenbach, Bernhardswald und Erlbach.
**2.** Östlich nach Maad und dann nördlich über **Karlstein** mit mittelalterlichem Schloß und **Grafenwinn** nach **Marienthal** am Regenknie mit Ausflugsgasthof, 3½ Std.. Zurück mit dem Bus.
**3.** Am westl. Ufer des Regen über **Schloß Spindlhof** (heute Fortbildungs- und Tagungsstätte) mit 200jähriger Schloßkapelle nach **Rampsau** mit Barockschloß des 18. Jahrhunderts, 1 Std. nördl.; auf dem Schloßberg Reste des romanischen Bergfrieds der mittelalterlichen Burg.
**4.** Nach **Hauzenstein** mit Schloß des 18. Jahrhunderts, 1 Std. südöstlich.
**5.** Nach **Regendorf** mit Schloß (16./19. Jh.) und Park (heute Altersheim) 1 Std. südwestlich.

# Rimbach

(Kreis Cham, 500 m, 1800 Einw.), anerkannter Erholungsort im gleichnamigen Tal am Fuß des Hohen Bogen. Sehenswert ist die **Barockpfarrkirche St. Michael,** 1719 anstelle einer schon 1438 beurkundeten Kirche errichtet, mit bemerkenswertem geschnitztem Antependium (Altarbehang).

**Auskunft:** Verkehrsamt 93485 Rimbach
**Verkehr:** Busverbindung mit Kötzting, Furth im Wald
**Hobby und Sport:** Beheiztes Freibad, Minigolf, Angeln, Haus des Gastes
**Veranstaltungen:** Im Sommer Burgfestspiele vor der Kulisse der Ruine Lichteneck

**Wanderungen:**
**1.** Zur sagenumwobenen **Burgruine Lichteneck** (701 m) aus dem 12. Jahrhundert, im 30jährigen Krieg zerstört, mit aussichtsreichem Wartturm, 1½ Std. nordwestlich.
**2.** Nördlich zum Diensthüttenweg und dieser Autostraße teils auf Nebenwegen folgend zur **Diensthütte am Hohen Bogen,** 1½ Std. (Parkplatz, Rundwanderwege).
**3.** Über **Ried** (Wolframslinde) zum **Haidstein** (743 m), 2 Std. südwestlich. Zurück über Liebenstein.

# Rinchnach

(Kreis Regen, 555 m, 3000 Einw.), Ferienort in einer Talmulde der Rinchnacher Ohe, ist älteste Kulturstätte des Mittleren Bayerischen Waldes. Hier gründete der ehemalige thüringische Reichsgraf und spätere Benediktinermönch Gunther 1011 eine Einsiedelei, nachdem er sich vom Kloster Niederaltteich aus den „Gunthersteig" durch den Urwald gebahnt hatte. Kaiser Heinrich II. beschenkte die Zelle mit dem umliegenden Reichsforst. Es begann eine rege Kolonisierung. 1040 erfolgte die Verbindung mit dem Mutterkloster Niederalteich. 1802 wurde die Benediktinerpropstei säkularisiert.

Die heutige **Pfarrkirche St. Johannes Baptist** wurde 1729 nach Plänen des Baumeisters Johann Michael Fischer unter Einbeziehung von Umfassungsmauern der gotischen Vorgängerin im Geist des Barocks vollendet. Sie zählt zu den schönsten Kirchen des Bayerischen Waldes. Der Innenraum, ein Oval mit Nischen, Flachtonne, überhöhender Rundkuppel und eingezogenem Chor, bildet mit der üppigen Ausstattung eine vollkommene Einheit. Die Fresken im Langhausgewölbe zeigen Szenen aus dem Leben der Kirchenpatrone Johannes d.T. und des seligen Gunthers. Ein prächtiges schmiedeeisernes Gitter trennt die Laienkirche vom Mönchschor mit schönem Chorgestühl. – Im ehemaligen Klostergebäude befindet sich ein spätgotischer Kreuzgang.

**Auskunft:** Gemeindeverwaltung 934269 Rinchnach
**Verkehr:** Busverbindung mit Regen, Schönberg, Bayerisch Eisenstein, Passau; nächste Bahnstation Regen
**Hobby und Sport:** Angeln in der Rinchnacher Ohe, Sommer-Eisstockschießen; Rodelbahn, Eisstockschießen, Skilanglauf. – Frei- und Hallenbad in Regen
**Veranstaltungen:** Gunther-Heimatfest Ende Juni. Aufführung des Gunther-Festspiels auf der Freilichtbühne (überdacht) in Rinchnach-Gehmannsberg

**Wanderungen:**
**1.** Über Kandlbach zur **Burgruine Weißenstein,** 1¼ Std. westlich.
**2.** Über Gehmannsberg zur kleinen Wallfahrtskirche **Frauenbrünnl,** 1766 an einer Quelle erbaut, mit vielen Votivtafeln, 1 Std. östlich. Von dort südöstlich auf den **Gsenget** (951 m) oder nördlich über den **Geißberg** (723 m) und Zimmerau zurück.
**3.** Über Oberasberg und Bärnzell nach **Zwiesel\*,** 2¼ Std. nördlich.
**4.** Über Griesbacher Tafelbaum nach **Frauenau\*,** 2½ Std. nordöstlich.
**5.** Über Hönigsgrub und Pfistermühle zum **Regener See,** 1½ Std. nordwestl.
**6.** Über Schönanger, Unternaglbach und durch das mühlenreiche Künbachtal nach **Kirchberg im Wald\*,** 2 Std. südl.

# Ringelai
(Kreis Freyung-Grafenau, 410 m, 1600 Einw., anerkannter Erholungsort im Tal der Wolfsteiner Ohe, führt seine Bezeichnung auf den Personennamen Ringilo zurück und wird wegen der geschützten Lage auch „Schmalztobel" oder „Bayerisches Meran" tituliert. Die **Pfarrkirche Maria Patrona Bavariae** (1919-1922) mit Barockausstattung bewahrt am Hochaltar eine gotische Madonna des 15. Jahrhunderts.

**Auskunft:** Verkehrsamt 94160 Ringelai
**Verkehr:** Busverbindung mit Freyung, Grafenau, Fürsteneck
**Hobby und Sport:** Freibad, Leseraum

**Veranstaltungen:** Mühlhiasl-Bühne, ostbayerisches Volkstheater im urigen Holzstadl des Gasthofs Gross

**Wanderungen:**
**1.** Zum **Geistlichen Stein** (800 m), einst Grenze des Hochstifts Passau, ¾ Std. nordwestlich. Von dort nach **Grafenau\***, 1½ Std.
**2.** Durch die **Buchberger Leite** nach **Freyung\***, 2¼ Std. östlich.
**3.** Über Göschlmühle und Hammermühle nach **Perlesreut\***, 1½ Std. südwestl. Zurück über Poxreut, Leitenberg und Eckertsreuth.

# Roding

(Kreis Cham, 370 m, 10 000 Einw.), kleine Stadt am Regen im Naturpark Oberer Bayerischer Wald. Die eingemeindeten Ortsteile *Altenkreith, Braunried, Fronau, Kalsing, Mitterdorf, Neubäu, Obertrübenbach, Strahlfeld, Trasching, Wetterfeld* und *Zimmerling* konnten ihren dörflichen Charakter noch weitgehend bewahren.

Bereits 844 als karolingischer Königshof genannt, erhielt Roding 1364 Marktrecht und wurde 1952 zur Stadt erhoben. Von den Befestigungsanlagen des 15. Jahrhunderts sind noch einige Reste erhalten.

Am Marktplatz erhebt sich das barocke **Rathaus** (1680) mit Glockenspiel und steinernem Pranger. Von der alten barocken **Stadtpfarrkirche St. Pankratius** ist nur noch der freistehende Turm aus dem Jahre 1758 erhalten. Die heutige moderne Pfarrkirche wurde 1960/64 über einem achteckigen Grundriß errichtet (Haindl, München); sie besitzt eine bemalte frühgotische Steinmadonna aus dem Jahre 1320. Daneben die doppelgeschossige **St.-Josephs-Kapelle,** deren Untergeschoß aus dem 9. Jahrhundert als Karner (Beinhaus) diente; im Obergeschoß aus dem 11. Jahrhundert wurden romanische Deckengemälde mit biblischen Szenen freigelegt. Angebaut ist die **St. Annakapelle** von 1570. – In *Strahlfeld* befindet sich im ehemaligen Schloß des 17./ 19. Jahrhunderts ein Dominikanerkloster. In *Wetterfeld* erinnern Mauern an die ehemalige Wasserburg des 12. Jahrhundert.

**Auskunft:** Stadtverwaltung 93426 Roding
**Verkehr:** Busverbindung mit Cham, Regensburg, Neubäu, Nittenau, Bruck, Falkenstein, Stamsried; Bahnstation
**Hobby und Sport:** Beheiztes Freibad, Hallenbad, Minigolf, Reitschule, Angeln, Tennis; 8 km nordwestlich der Neubäuer Weiher (Baden, Segeln) mit ADAC-Feriendorf
**Sammlungen:** Kunst-Galerie Duscher, Schulstraße 19. – Feuerwehr-Museum

**Wanderungen:**
**1.** Zur idyllisch mitten im Wald gelegenen **Wallfahrtskirche Heilbrünnl** (1732) mit marmornem Becken im Mittelschiff, in das Quellwasser fließt, ½ Std. westlich am jenseitigen Regenufer.

Von der alten Pfarrkirche St. Pankratius
in Roding zeugt noch der barocke Turm.

**2.** Zur **Burg Regenpeilstein,** ½ Std. südwestlich. Die hoch über dem Regental thronende Burg (1270) mit mittelalterlichem Bergfried wurde 1897 zu einem Schloß umgebaut (Privatbesitz).
**3.** Zur **Wallfahrtskapelle Sträucherröhren,** 1 Std. nordöstlich.

# Ruhmannsfelden

(Kreis Regen, 537 m, 2100 Einw.), anerkannter Erholungsort in einer Bergmulde im Tal der Teisnach, hat einen Namen durch die Herstellung handbedruckter Webwaren in vielen Mustern und Farben. Der vor 300 Jahren entstandene Ruhmannsfeldener Handdruckbetrieb ist der letzte seiner Art im Bayerischen Wald. Früher war die Zunft der Blaufärber ein weit verbreitetes Gewerbe.

Sehenswert ist die klassizistische **Pfarrkirche St. Laurentius** von 1828 mit gotischem Turm sowie die Wallfahrtskapelle **Osterbrünnl** von 1813.

**Auskunft:** Verkehrsverein 94239 Ruhmannsfelden
**Verkehr:** Busverbindung mit Deggendorf, Viechtach; Bahnstation
**Hobby und Sport:** Kneipp-Becken, Tennis, Waldlehrpfad, Leseraum, Skilauf
**Sammlungen:** Bauernhaus-Museum in Vorderdietzberg im historischen Krausenhof von 1721

**Wanderungen:**
**1.** Über Unterzuckenried nach **Patersdorf,** 1 Std. nördl. Dort Anschluß an den Pfahlwanderweg.
**2.** Über Multernhäusl, Perlesried, Knabenhof, Irlach zum **Feriendorf Arberblick,** 1 Std. nordwestl. Wintersportgebiet mit Lift auf den **Daschenberg** (806 m). Zurück über Schön, Zotting und Schwarzen.
**3.** Nach **Gotteszell\*** mit ehemaliger Zisterzienserklosterkirche, 1 Std. südl.
**4.** Nach **Achslach,** Ferienort an der Teisnach, 1 Std. südwestl.
**5.** Über Zachenberg, Unterried und Wühnried auf die Hochfläche **Oberbreitenau** (105 m) mit dem Landshuter Haus, 3 Std. südöstl.

# Runding

(Kreis Cham, 550 m, 2000 Einw.), kleine Sommerfrische im Oberen Bayerischen Wald 10 km östlich von Cham.

Auf dem **Schloßberg** (545 m) thronte einst eine bedeutende, nie bezwungene Burg, die in enger Beziehung zur Reichsburg Cham stand: Die 1118 erstmals genannten Herren von Runding waren Ministeriale der Markgrafen von Cham-Vohburg. 1413 gelangte die Burg in den Besitz der Freiherren Nothafft von Weißenstein, die sie zur stärksten Burganlage des Bayerischen Waldes ausbauten. Sie widerstand den Hussiten und trotzte den Schweden im 30jährigen Krieg. 1829 kam sie an den bayerischen Staat, der sie auf Abbruch verkaufte. Heute sind nur noch geringe Mauerreste vorhanden.

**Auskunft:** Gemeindeverwaltung 93486 Runding
**Verkehr:** Busverbindung nach Cham, Kötzting; Bahnstation
**Hobby und Sport:** → Cham\*

**Wanderungen:**
**1.** Zum **Blaubergsee** mit Badegelegenheit, ½ Std. nördlich. Der kleine See entstand durch einen aufgelassenen Granitbruch.
**2.** Auf dem **Haidstein** (743 m) mit Forstgasthaus und Wallfahrtskirche (17./ 18. Jh.), 1 Std. östlich. – Anstelle der Kirche erhob sich einst die 1486 zerstör-

te Burg der Markgrafen von Cham-Vohburg, auf der um 1200 oftmals der Minnesänger Wolfram von Eschenbach weilte. In seinem „Parzival" setzte er der schönen Burgherrin Elisabeth von Cham-Vohburg ein literarisches Denkmal. – Vom Haidstein über (½ Std.) Ried mit 800jähriger **Wolframslinde,** deren hohler Stamm 20 Menschen Platz bietet, nach **Kötzting\***, 1½ Std. südöstlich.

**3.** Zur zeitweise bewirtschafteten **Roßberghütte** (644 m) zwischen dem Kleinen Roßberg (646 m) und dem Roßbergriegel (630 m), wegen der schönen Aussicht auch „Böhmerwaldfensterl" genannt, 1¼ Std. südlich. Anfahrt bis unterhalb der Hütte mit dem Wagen möglich.

# Sankt Englmar

(Kreis Straubing-Bogen, 850 m, 1400 Einw.), anerkannter Luftkurort und Wintersportplatz in aussichtsreicher Höhenlage am Fuß des Pröller (1048 m). Mit den Ortsteilen *Glashütt, Grün, Klinglbach, Kolmberg, Maibrunn, Münchszell* und *Rettenbach* bietet St. Englmar ein vielseitiges Unterkunftsangebot mit modernen Hotels und Kureinrichtungen. St. Englmar entstand aus einer Einsiedelei des 1120 ermordeten Eremiten Englmar. Über seiner Ruhestätte die heutige **Pfarrkirche,** die nach Zerstörung im 30jährigen Krieg 1656 neu errichtet und 1901 erweitert wurde. Im Inneren Gemälde und Reiminschriften aus dem Leben des Einsiedlers, dessen Reliquien seit 1717 in einem Schrein auf dem Hochaltar ruhen. Am Westrand des Ortes die spätgotische **St.-Leonhard-Kapelle** (um 1480); in der Nähe auf einem Felsen der steinerne **St.-Englmar-Bildstock** (1723) mit origineller Inschrift: „Der Heilig Vatter Englmar für uns wöll bitten immer dar, Aus Neid sein Mitgesell erschlug ihn auf der Stell. Fragst wann: O fromme Seel, Tausend und hundert zehl".

Im Haus Bayer. Volkskunst, Rathausstraße, befindet sich die **Gemäldegalerie** „Kunstkreis St. Englmar".

## Englmarisuchen
Alljährlich am Pfingstmontag erleben viele Besucher dieses ungewöhnliche volkstümliche Spiel mit religiösem Hintergrund. Der Eremit Englmar lebte unter dem Schutz der mächtigen Grafen von Bogen um 1100 in seiner Einsiedelei. Am 14. Januar 1120 wurde er von einem Knecht erschlagen, der sich lästiger Pflichten entziehen wollte. Erst Pfingstmontag wurde der versteckte Leichnam gefunden. Zur Erinnerung wird vor dem „Englmarisuchen" die lebensgroße, bekleidete Holzfigur des Heiligen im Wald versteckt. Ritter und Fuhrknechte mit einem Ochsenkarren suchen den Dorfpatron und geleiten ihn im Rahmen einer Reiterprozession in die Pfarrkirche.

**Auskunft:** Verkehrsamt 94379 St. Englmar
**Verkehr:** Busverbindung mit Straubing; Bahnstation Steinburg
**Hobby und Sport:** Öffentliches Hallenbad im Kur- und Sporthotel, Kurpark, Minigolf, Reitschule, Tennis; Skigelände mit mehreren Skilifts, Skischule
**Brauchtum:** Englmarisuchen am Pfingstmontag
**Kureinrichtungen:** Massagen, medizinische Bäder, Fangopackungen, Elektrotherapie, Bewegungstherapie, Dialyse-Zentrum gegen Bronchialleiden, Herz- und Kreislaufbeschwerden

**Wanderungen:**
**1.** Über St. Egid auf den **Pröller** (1048 m) mit Viechtacher Skihütte und Gipfelkreuz, ¾ Std. nördlich. Abstieg über Hügelhof.
**2.** Über Zipfelwiese auf den **Predigtstuhl** (1024 m), ¾ Std. östlich. Abstieg über Tannenhof.
**3.** Über den Predigtstuhl auf fast ebenem Höhenweg über die **Waldwiese Ödwies** mit Forsthaus zum **Hirschenstein** (1095 m) mit Aussichtsturm, 2¼ Std. südöstlich. Zurück über Rettenbach.

# Sankt Oswald

(Kreis Freyung-Grafenau, 820 m, 3500 Einw.) ist anerkannter Erholungsort in waldreicher Höhenlage direkt am Nationalpark. Zur weitverzweigten Gemeinde gehören auch die als Glashütten gegründeten Ortsteile *Reichenberg* und *Riedlhütte* sowie die Walddörfer *Guglöd, Haslach, Höhenbrunn, Pronfelden* und *Siebenellen.* St. Oswald entwickelte sich aus einem 1396 durch Landgraf von Leuchtenberg gestifteten Paulanerkloster, das 1581-1803 in eine Benediktinerpropstei umgewandelt wurde. Die heutige **Pfarrkirche** von 1880-1882 auf den Mauern der ehemaligen Propsteikirche von 1727 enthält viele Erinnerungen aus der Klostergeschichte. Angebaut mit eigenem Eingang ist die halbrundartige, um 1700 über einer Quelle errichtete **Bründlkapelle** mit spätgotischer Holzfigur des Kirchenpatrons St. Oswald um 1430/40. – Im Ortsteil *Riedlhütte* setzen die Nachtmann-Bleikristallwerke die Tradition einer seit mehr als 400 Jahren bestehenden Glashütte fort. Besucher können von einer Tribüne den Glasbläsern bei der Arbeit zuschauen.

Sehenswert ist das waldgeschichtliche Museum in St. Oswald mit Darstellung der Waldarbeit von der Jahrhundertwende bis zur Gegenwart.

WALDGESCHICHTLICHES MUSEUM
ST. OSWALD – RIEDLHÜTTE
GRUNDSTEINLEGUNG 30.9.1982
DURCH
MINISTERPRÄSIDENT F.J. STRAUSS

**Auskunft:** Verkehrsamt 94568 St. Oswald
**Verkehr:** Busverbindung mit Grafenau, Waldhäuser, Passau; nächste Bahnstation Spiegelau
**Hobby und Sport:** Angeln, Reitschule, Ponyreiten für Kinder, Waldlehrpfad; Skischule, Eislaufplatz, Rodelbahn
**Sammlungen:** Waldgeschichtliches Museum, Klosterallee 4. Waldarbeit von der Jahrhundertwende bis zur Gegenwart, Altes Handwerk mit rekonstruiertem altdeutschem Glasofen, Land und Leute, Kunstausstellung

**Wanderungen:**
**1.** Durch das Tal der kleinen Ohe über Graupsäge nach **Guglöd,** 1¼ Std. nördlich. Der inmitten des Nationalparks gelegene Weiler war ehemalige Zweigstelle der Glashütte in Riedlhütte.
**2.** Über Graupsäge nach **Waldhäuser\*** unterhalb des Lusen, 2 Std. nordöstl.
**3. Nationalpark:** Folgende Wanderparkplätze bieten sich als Ausgangspunkt für Rundwanderungen an: Kreuzstraße mit Informationszentrum, 4 km östlich; Sagwassersäge, 5 km östlich; Felswanderzone, 7 km östlich; Waldhäuser, 7 km nordöstlich; Fredenbrücke 6 km nördlich, Racheldiensthütte 8 km nördlich.

Pfarrkirche von St. Oswald mit Bründlkapelle

# Schöllnach

(Kreis Deggendorf, 372 m, 4500 Einw.), anerkannter Erholungsort im Sonnenwald-Gebiet südlich vom Brotjacklriegel. Sehenswert ist die spätgotische **Pfarrkirche** mit Turm von 1867 und die **Mariahilfkapelle** von 1700.

**Auskunft:** Verkehrsamt 94508 Schöllnach
**Verkehr:** Busse nach allen Richtungen; Bahnstation
**Hobby und Sport:** Beheiztes Freibad, Hallenbad, Angeln, Tennis, Drachenfliegen

**Wanderungen:**
**1.** Über Grattersdorf auf den **Bichlstein** (862 m), 1½ Std. nördlich. Von dort über Feriendorf Sonnenwald auf den **Brotjacklriegel,** 1 Std. nordöstlich.
**2.** Über Oblfing, Daming, Obergriesgraben und Steinermühle zur **Burg Ranfels** (432 m), erbaut im 13. Jahrhundert als Besitz der Grafen von Hals, 1504 erneuert; der Palas dient heute als Pfarrhof, die Burgkapelle als Pfarrkirche, 2 Std. östlich.
**3.** Über Reichenbach und Weihermühle nach **Handlab** im Tal des kleinen Ohe mit Wallfahrtskirche von 1644, 1½ Std. südlich. In der Nähe die Reste der Burg Dobl. In **Iggensbach,** ½ Std. nordwestlich, Kirche mit der ältesten deutschen Glocke von 1144.

# Schönberg

(Kreis Freyung-Grafenau, 564 m, 3500 Einw.), anerkannter Luftkurort an der Ostmarkstraße südwestlich von Grafenau, wegen seiner klimatisch geschützten Lage oft als „Meran des Bayerischen Waldes" bezeichnet.

Am *Marktplatz* mit stattlichen **Bürgerhäusern** im typischen Inntalbaustil des 18./19. Jahrhunderts die ursprünglich spätgotische, nach einem Brand 1836-38 erneuerte **Pfarrkirche St. Margaretha** mit einigen originalen Ausstattungsteilen sowie die steinerne **Nepomukstatue** von 1737 mit Stifterwappen der Freiherren von Drexel.

**Auskunft:** Verkehrsamt 94513 Schönberg
**Verkehr:** Busverbindung mit Passau, Deggendorf, Regen, Zwiesel, Grafenau; Bahnstation Passau und Grafenau
**Hobby und Sport:** Beheiztes Freibad, Minigolf, Angeln, Tennis, Leseraum; Skischule, Eisstockschießen. – Schöner Kurpark
**Kureinrichtungen:** Regenerationskuren

**Wanderungen:**
**1.** Auf den **Kadernberg** (677 m) mit Aussichtsturm, 20 Min. nordwestlich.
**2.** Nach **Klebstein** mit Resten einer Burg (Gasthaus), ½ Std. nordöstlich.
**3.** Zum **Hartmannreiter Stausee** an der Großen Ohe, 1 Std. nördl.
**4.** Über Eberhardsreuth zur **Saldenburg,** 2¼ Std. südöstlich.
**5.** Über **Kirchberg** mit spätgotischer St.-Johann-Kapelle, Schabenberg, Loh, **Wackelstein** (auf einem Gesteinssporn thronender 50 Tonnen schwerer Granitblock) auf den **Diebstein** (609 m), 2 Std. südlich. Zurück über Loh,

274 — Schwarzach / Spiegelau

**Scharten** mit romanischer Schartenkapelle (Barockausstattung) und Resten einer Burg des 12. Jahrhunderts, **Solla** mit Bungalow-Feriendorf und Artmannsreuth.

**6.** Über **Burgruine Rammelsberg** nach **Innernzell** mit klassizistischer Pfarrkirche von 1836, 1 ¼ Std. westlich.

## Schwarzach

(Kreis Straubing-Bogen, 365 m, 2300 Einw.), anerkannter Erholungsort und ausgedehnte Landgemeinde mit 65 Ortschaften, Weilern und Einöden im Donauwaldgau, wurde von Niederalteicher Mönchen gegründet und 1129 erstmals urkundlich genannt. Nach Erlöschen der Herrschaft Degenberg war Schwarzach von 1602 bis 1807 Sitz eines bayerischen Pflegegerichts. Von der Schloßanlage der Degenberger befinden sich noch Bauteile am Marktplatz. Erhalten ist das ehemalige kurfürstliche Weißbier-Brauhaus aus dem 17. Jahrhundert, Ursprung des Münchener Hofbräuhauses.

Die spätgotische **Pfarrkirche St. Martin** aus dem 15. Jahrhundert wurde um 1710 zu einer weiträumigen Barockanlage umgebaut. Hochaltar, Kanzel, Orgelgehäuse und Beichtstühle tragen beachtliches Schnitzwerk.

**Auskunft:** Verkehrsamt 94374 Schwarzach über Straubing
**Verkehr:** Autobahnanschluß (Regensburg-Passau). – Busverbindung mit Straubing, Bogen, Viechtach, Deggendorf; nächste Bahnstation Bogen
**Hobby und Sport:** Waldschwimmbad, Angeln, Tennis, Wintersport (Langlaufzentrum Grandsberg, Rodeln, Eissport)

**Wanderungen:**
**1.** Zur spätbarocken **Wallfahrtskirche Weißenberg** (um 1714), ½ Std. östlich.
**2.** Auf den **Degenberg** (597 m), ¾ Std. nordöstlich. Hier befand sich die 1469 zerstörte Stammburg der Degenberger.
**3.** Über Hinterdegenberg und Grandsberg zur **Schwarzacher Diensthütte** (Gasthaus), 1 ½ Std. nordöstlich. Von dort
**a)** auf schönem Höhenweg westlich ½ Std. zum **Schopf** (925 m) und weiter nördlich in ¾ Std. nach **Rettenbach** oder
**b)** nordöstlich in 1 Std. über Wegkreuzung Schuhfleck auf den **Hirschenstein** (1095 m) mit Aussichtsturm. Abstieg 2 Std. südl. nach **Bernried** (Bauernmuseum im historischen Getreidespeicher „Troadstadl"). Mit Bus zurück.

## Spiegelau

(Kreis Freyung-Grafenau, 730 m, 4200 Einw.), anerkannter Erholungsort an der Vereinigung der Schwarzach mit der Großen Ohe am Rande des Nationalparks, verdankt seine Entstehung der seit 1530 nachgewiesenen Glashütte. Zur Gemeinde gehören auch die Orte *Klingenbrunn* und *Oberkreuzberg.*

**Auskunft:** Verkehrsamt 94518 Spiegelau
**Verkehr:** Busverbindung mit Passau, Grafenau, Zwiesel; Bahnstation

**Hobby und Sport:** Beheiztes Freibad, Hallenbad, Minigolf, Tennis, Tier- und Wildgehege, Naturkundl. Exkursionen; Skischule, Eislaufplatz, Eisstockschießen; Führungen durch die Kristallglasfabrik, 37 ha großer Waldspielpark am nordöstlichen Ortsrand mit Spielplätzen, Waldlehrpfaden, Waldschule („grünes Klassenzimmer") und Grillplatz

**Wanderungen:**

**1.** Über die Marienhöhe zur Felsenschlucht **Steinklamm,** in der die Große Ohe hinunterstürzt, ½ Std. südlich. Zurück über Luisenfels.

**2.** Über Langdorf nach **Oberkreuzberg** (800 m), Pfarrkirche mit Holzreliefs des Eremiten St. Hermann von 1546, 1 Std. südwestlich.

**3.** Auf dem Fatima-Weg über die Wallfahrtskapelle Fatima nach **Klingenbrunn** (820 m), 1 Std. westlich. Zurück über den kleinen Geißberg (828 m). – Klingenbrunn ist ein traditionsreicher Ferienort, in dem schon 1876 Friedrich Nietzsche weilte, und Kreuzungspunkt mehrerer Wanderwege, z.B. zum **Ludwigstein** (903 m), **Hessenstein** (878 m) und zum **Rachel** (vom Bahnhof Klingenbrunn 2 Std.).

**4.** Über Profelden nach **St. Oswald\*,** 1¼ Std. südöstlich.

**5.** Über Guglöd nach **Waldhäuser\*,** 1¾ Std.

# Stallwang

(Kreis Straubing-Bogen, 450 m, 1000 Einw.), Ferienort im Kinsachtal zwischen Straubing und Cham am Fuße des Gallner (709 m). Oberhalb des Ortes die **Barockpfarrkirche** aus der Zeit um 1730 mit Rokoko-Hochaltar und Rokoko- Kanzel. Sehenswert auch der **Friedhoftorbau** mit romanischem Portal.

**Auskunft:** Gemeindeverwaltung 94375 Stallwang

**Verkehr:** Busverbindung mit Straubing; Bahnstation Haibach

**Hobby und Sport:** Freibäder in Haibach, Pilgramsberg und Sattelbogen

**Wanderungen:**

**1.** Auf den aussichtsreichen, dreigipfligen **Gallner** (709 m), 1 Std. östlich. Am Westhang die spätgotische **Gallnerkirche.**

**2.** Zur **Burgruine Höhenstein** (12. Jh.), 1 Std. nordöstlich.

**3.** Über Haunkenzell zum **Pilgramsberg** (619 m) mit barocker Wallfahrtskirche (17. Jh., Votivtafeln), 1 Std. südwestl.

**4.** Über Stubenhof nach **Herrnfehlburg** mit ehemaligem Landschloß und gotischer Schloßkapelle (14. Jh.), 1½ Std. südöstlich. Zurück über Dammersdorf, Irschenbach, **Glasberg** (Waldkapelle „Langer Herrgott") und Forsting.

**5.** Mit dem Wagen 7 km nördl. nach **Sattelbogen** mit Familienferiendorf und Barockkirche von 1718. Weiter nördl. 5 km **Sattelpeilnstein** mit Schloß des 16./17. Jahrhunderts und Barockkirche von 1729.

**6.** Mit dem Wagen 6 km nordöstl. nach **Konzell** mit Caritas-Erholungsheim und Barockkirche von 1740/1822.

# Straubing

(Kreisfreie Stadt, 332 m, 41 000 Einw.) ist wirtschaftlicher Mittelpunkt des sogenannten Gäubodens, der fruchtbaren niederbayerischen Donauebene („Kornkammer Bayerns") mit bedeutenden Gewerbe-, Handels-, Handwerks- und Industriebetrieben. Die altbayerische Herzogsstadt am Südufer der Donau vor den Toren des Bayerischen Waldes hat ihren historischen Stadtkern bewahrt.

Straubing 1657, Kupferstich von Matthäus Merian

## Blick in die Geschichte

Der schon in der *Jungsteinzeit* bewohnte Ort war eine bedeutende *Keltensiedlung,* die nach Eroberung durch die *Römer* zum Kastell *Sorviodurum* ausgebaut wurde. Beim sensationellen „Römischen Schatzfund" entdeckte man im Jahre 1950 römische Gesichtsmasken, Paradegarnituren und Beinschienen, die 233 n.Chr. während des Alemanneneinfalls vergraben wurden (heute im Gäubodenmuseum). Nach Landnahme der Baiern entstand um 550 die Siedlung *Strupinga* durch Niederlassung der Sippe des Strupo, die 995 als karolingisches Königsgut an das Augsburger Domkapitel fiel, das um 1180 als Mittelpunkt des Ortes die St.-Peters-Kirche errichten ließ. Herzog Ludwig der Kelheimer gründete 1218 westlich davon die heutige Neustadt mit der langgestreckten breiten Marktstraße. Von 1353 bis 1425 war Straubing kurfürstliche Residenz der Linie Straubing-Holland und fiel 1429 an den Herzog Ernst von Bayern vom Münchner Zweig der Wittelsbacher. Mit der Verwaltung betraute er seinen Sohn Albrecht III., der sich 1432 heimlich mit der Augsburger Baderstochter Agnes Bernauer vermählte. Wegen ihrer bürgerlichen Abstammung befürchtete Herzog Ernst eine Gefahr für die Thronfolge. Während der Abwesenheit seines Sohnes ließ er Agnes Bernauer der Hexerei anklagen und am 12. Oktober 1435 in der „Alten Donau" ertränken (Literatur: „Agnes Bernauer" von Friedrich Hebbel sowie von Carl Orff).

*Berühmte Söhne der Stadt* waren *Ulrich Schmidl* (um 1510, gestorben 1581 in Regensburg), Entdeckungsreisender in Südamerika und Mitbegründer von Buenos Aires 1536; *Emanuel Schikaneder* (1751, gestorben 1812 in Wien) verfaßte als Theaterdirektor in Wien den Text zu Mozarts Zauberflöte; *Josef Fraunhofer* (1787, gestorben 1826 in München), bedeutender Physiker und Astronom,

Erfinder des Riesen-Fernrohres. *Carl Spitzweg,* 1808 in München geboren, erlernte 1828-1830 in der Löwenapotheke am Ludwigsplatz den Beruf des Apothekers.

## Sehenswürdigkeiten

Noch heute stimmt das Bild der Neustadt größtenteils mit dem vielbestaunten hölzernen Modell überein, das der Straubinger Drechslermeister Jakob Sandner 1568 für die herzogliche Kunstkammer in München schuf (jetzt Bayerisches Nationalmuseum). Wahrzeichen ist der 68 m hohe, freistehende

**Stadtturm,** errichtet 1316-1393 als Wachtturm der Neustadt. Er teilt den typisch bayerischen Stadtplatz in den östlichen Ludwigsplatz und den westlichen Theresienplatz. Charakteristisch ist die Bekrönung mit dem zentralen Hauptturm und den vier Ecktürmchen, von denen früher der Türmer Ausschau hielt nach Feuer und Feinden. Der fünfspitzige Turm, der „alle Fünfe gerade sein läßt", gilt als Symbol für den einstigen wandernden Bierbrauersburschen, den sprichwörtlichen „Bruder Straubinger". Nach umfassender Renovierung ist der aussichtsreiche Turm wieder zugänglich. Die beiden Turmbauten mit der östlichen Ratstrinkstube und dem westlichen Brothaus entstanden erst im 15. Jahrhundert. Den Ostgiebel schmückt eine Madonna von 1675 des Straubinger Bildhauers Simon Leutner. Nördlich gegenüber das

**Rathaus,** ein Doppelhaus von 1382, später mehrfach verändert, mit spätgotischem, durch zwei Stockwerke reichenden Saal und Laubenhof des 16. Jahrhunderts. Der

**Ludwigsplatz** ist von besonders schönen alten Bürgerhäusern mit Treppengiebeln und Stuckfassaden umgeben. In der Mitte steht der *Jacobsbrunnen* von 1644. Den Abschluß bildet das von zwei Pavillons (1810) flankierte *Ludwigstor.* Auf dem

**Theresienplatz** der *Tiburtiusbrunnen* von 1685 sowie die imposante 15 m hohe *Dreifaltigkeitssäule* von 1709, gestiftet von der Bürgerschaft nach Beendigung einer Belagerung durch österreichische Truppen. Am Nordende erhebt sich die 1680 aus einer Marienkapelle umgestaltete *Jesuitenkirche* mit Stukkaturen italienischer Künstler. – Südlich führt die Steinergasse zur

**St.-Veits-Kirche** aus dem späten 14. Jahrhundert, 1703 barock verändert mit Deckengemälden von Felix Hölzl und zwei Altarblättern von Egyd Quirin Asam. Als Verlängerung führt die Bahnhofstraße zum Bahnhof. – Nördlich kommen Sie vorbei am Rathaus durch die Seminargasse zur

**Stadtpfarrkirche St. Jakob,** ein Meisterwerk des Landshuter Baumeisters Hans von Burghausen (auch Stethaimer genannt) aus dem 15. Jahrhundert, gestiftet von den damals 5000 Bürgern der Stadt. Der dreischiffige Backsteinbau zählt mit dem 86 m hohen Turm zu den größten spätgotischen Hallenkirchen Bayerns.

Epitaph des Bürgermeisters
Ulrich Kastenmayr in der
Stadtpfarrkirche St. Jakob.

Zehn Säulenpaare tragen das 23 m hohe Gewölbe über einer Länge von 82 m. Ein Kranz von 20 reichausgestalteten Kapellen umgibt den gesamten Innenraum. Der neugotische Hochaltar besitzt Figuren und gemalte Flügel eines um 1590 aus Nürnberg übernommenen Altars, dessen Gemälde aus der Werkstatt von Dürers Lehrmeister Michael Wohlgemuth stammen. Prunkvoll ist die Rokoko-Kanzel von 1753 mit dem Kirchenpatron St. Jakob auf dem Schalldeckel. Der kleine Rokoko-Altar in der Seitenkapelle rechts vom Hochaltar ist ein Werk der Brüder Asam. In der Seitenkapelle links hinter dem Hochaltar beeindruckt das Grabmal aus rotem Marmor für den Bürgermeister Ulrich Kastenmayr († 1431). Das Chorherrenstift St. Jakob bestand von 1581 bis 1803. –

Durch die Seminargasse und Spitalgasse gelangen Sie zur

**Spitalkirche** aus der Mitte des 13. Jahrhunderts. Sie wurde 1731 barockisiert und besitzt einen schönen Rokoko-Hochaltar. Daneben das im 14. Jahrhundert gegründete *Bürgerspital*. Nördlich führt das *Spitaltor* (1628) zum Volksfestplatz mit der Gäubodenfesthalle. Östlich geht es über den Rotkreuzplatz und die Fürstenstraße zum ehemaligen

**Herzogschloß** an der Donaubrücke, 1356 als Residenz für Herzog Albrecht I. erbaut, heute Behördensitz. Ein Torturm führt in den großen Schloßhof, der alle vier Jahre Schauplatz der Agnes-Bernauer-Festspiele ist. Die erhaltene Schloßkapelle von 1373 kann besichtigt werden. Nun durch die Albrechtsgasse zu der ehemaligen Hofkirche der Herzöge, der

**Karmelitenkirche.** Baumeister der gotischen Backstein-Hallenkirche aus dem 15. Jahrhundert war – wie schon bei St. Jakob – Hans von Burghausen (Stethaimer). Das Innere wurde 1700-1710 von Wolfgang Dientzenhofer umfassend barockisiert. Der mächtige Hochaltar von 1742 entstand nach Entwürfen des Passauer Bildhauers Joseph Matthias Götz. Dahinter im Mönchschor befindet sich die Rotmarmortumba des Herzogs Albrecht II. († 1397), die nach Anmeldung im Kloster besichtigt werden kann. Bemerkenswert sind auch die Seitenaltäre und die barocke Kanzel. Das Karmeliterkloster neben der Kirche besteht seit 1367. – Unweit in der Burggasse zwischen den Flügelbauten des 1691 gegründeten Ursulinenklosters die

**Ursulinenkirche** (1736-1741), ein Rokoko-Kleinod der Brüder Asam, das in seltener Harmonie Architektonik und Ausstattung vereint. Die Fresken von C.D. Asam zeigen Begebenheiten aus dem Leben der hl. Ursula und dem Wirken der Ursulinen. – Durch die Zollergasse kommen Sie zum

**Gäubodenmuseum** (Fraunhoferstr. 9) mit vorgeschichtlichen Funden, Zeugnissen niederbayerischen Brauchtums und dem 1950 aus einer Straubinger Lehmgrube geborgenen berühmten *Römerschatz* (Waffen, Werkzeuge, Plastiken, vergoldete Gesichtshelmmasken aus dem 2./3. Jh.). In der Fraunhoferstraße Nr. 1 das *Geburtshaus* des *Physikers Joseph Fraunhofer.* Nun stehen Sie wieder auf dem Ludwigsplatz.

Östlich 2 km vom Ludwigstor entfernt (Busverbindung) erhebt sich in der Altstadt auf hohem Donau-Ufer inmitten eines alten Friedhofs Straubings älteste Pfarrkirche, die doppeltürmige

**St.-Peters-Kirche,** eine romanische dreischiffige Pfeilerbasilika aus der Zeit um 1180, die 1978 in ursprünglichem Zustand wiederhergestellt wurde. Besonders sehenswert sind die Tympanonreliefs am West- und Südportal. Die beiden neuromanischen Türme wurden erst 1886 aufgestockt. Von der ursprünglichen Ausstattung ist noch ein romanisches Kruzifix erhalten. Aus gotischer Zeit des 15. Jahrhunderts stammen die Holzfiguren der hl. Katharina und Barbara sowie die Pietà am nördlichen Chorpfeiler. Im stimmungsvollen, unter Denkmalschutz stehenden *Friedhof* mit alten schmiedeeisernen Kreuzen interessieren besonders drei Kapellen: Die zweigeschossige *Liebfrauenkapelle* (Alter Karner) von 1425, die *Totentanzkapelle* von 1486 (Neuer Karner) mit originellen Totentanzbildern einzelner Berufsstände des Straubinger Felix Hölzl von 1763 sowie die *Agnes-Bernauer-Kapelle,* 1426 als Sühnekapelle von Herzog Ernst gestiftet, mit der reichgewandeten Toten im Flachrelief aus rotem Marmor.

Westlich 2 km vom Stadtturm erhebt sich in der Nähe des *Stadtparks,* Regensburger Straße, die

**Wallfahrtskirche Frauenbrünnl.** Sie wurde 1705-1707 anstelle einer 80 Jahre älteren Kapelle über einer verehrten Heilquelle nach Plänen von Wolfgang Dienzenhofer errichtet. Die Kuppelausmalung besorgte Hans Georg Asam, Vater der berühmten Asambrüder. – In der Nähe östlich an den Stadtpark grenzend der

**Tiergarten,** einziger Zoo in Niederbayern und der Oberpfalz, eingebettet in alte Baumbestände, mit 900 Tieren in etwa 240 Arten.

Wahrzeichen von Straubing ist der freistehende gotische Stadtturm.

**Auskunft:** Städt. Verkehrsamt 94315 Straubing, Rathaus
**Verkehr:** Autobahnanschluß (Regensburg-Passau); Busverbindungen nach allen Richtungen; Bahnverbindung mit München, Passau, Regensburg, Cham; Schiffsstation Regensburg-Passau; Flugplatz Straubing-Wallmühle
**Veranstaltungen:** Aufführungen im **Stadttheater,** Theresienplatz 11 (Spielzeit September bis Mai); Konzerte im historischen Rathaussaal; **Gäuboden-Volksfest** Mitte August (zweitgrößtes Fest seiner Art in Bayern) mit Regionalausstellung **Ostbayernschau;** alle vier Jahre **Agnes-Bernauer-Festspiele** im Hof des Herzogsschlosses mit rund 300 Darstellern
**Spezialitäten:** Agnes-Bernauer-Torte im Café Krönner, Theresienplatz 22
**Sammlungen:** Gäubodenmuseum, Fraunhoferstr. 9
**Sport:** Beheiztes Freibad, Hallenbad, Reitkurse, Flugschule, Rundflüge, Minigolfanlagen, Wasserski, Motorbootfahren, Tennis, Angeln, Trabrennbahn mit Flutlichtanlage; Skischule, Kunsteisstadion, Eisstockschießen. Im Freizeitzentrum Friedenhainsee bei Parkstetten (B 20) Wasserski mit Seilbahnbetrieb auf einer Wasserfläche von 26 ha

**Wanderungen und Ausflüge:**
**1.** Nach **Sossau,** ½ Std. nördlich, jenseits der Donau und Alten Donau. Sehenswert ist die seit 1177 bezeugte Wallfahrtskirche Maria Himmelfahrt („bayerisches Loretto") mit dem Gnadenbild, einer steinernen Madonna mit Kind aus dem frühen 14. Jahrhundert. Der mächtige Hochaltar von 1777 stammt von dem Straubinger Matthias Obermayr.
**2.** Nach **Aiterhofen,** 7 km südöstl. Romanische doppeltürmige Pfarrkirche des frühen 13. Jahrhunderts.
**3.** Nach **Bogen*,** 13 km nordöstl. Bogenberg mit Wallfahrtskirche (→ S. 148).
**4.** Nach **Loh,** 15 km östl. über die B 8 Richtung Plattling. Besonders sehenswert ist die Wallfahrtskirche Hl. Kreuz errichtet 1690 unter Einbezug des spätgotischen Chores, mit prachtvoller Rokokoausstattung (1768-1772). Am Donau-Ufer die **Wischelburg,** Rest einer tausendjährigen Wehranlage.

# Teisnach

(Kreis Regen, 450 m, 2800 Einw.), Ferienort am Zusammenfluß von Teisnach und Schwarzem Regen mit bedeutender Papier- und Zellstoffabrik. Die katholische **Pfarrkirche St. Margaretha** wurde um 1900 erbaut.
**Auskunft:** Verkehrsamt 94244 Teisnach
**Verkehr:** Busverbindung mit Deggendorf, Bodenmais, Viechtach, Böbrach; Bahnstation
**Hobby und Sport:** Tennis, Angeln, Kanufahren; Eislaufplatz
**Veranstaltungen:** Teisnacher Sommerfest mit Festzug und Preisschnupfen, Mitte Juli

**Wanderungen:**
**1.** Über Oberberging nach **Fernsdorf,** 1 Std. westlich. Von dort nach Überquerung der Ostmarkstraße auf dem Pfahlwanderweg südöstlich 1 Std. über den *Hofpfahl* (648 m, riffartig ausgewitterter Quarzgang, unter Naturschutz, Frankenried und **Linden** mit Turmruine einer Wasserburg des 12. Jahrhunderts nach **Patersdorf** (Rokokokirche von 1723 mit gotischem Chor). Zurück durch das Teisnachtal.

**2.** Vorbei an Bärmannsried zum Walddorf **Kaikenried,** 1 Std. südöstlich.
**3.** Über **Böbrach*** nach **Bodenmais*,** 2 ½ Std. nordöstlich.
**4.** Über **Geiersthal** mit gotischer Ägidiuskapelle und **Altnußberg** zum Schloßberg (673 m) mit Spuren einer im Böcklerkrieg 1468 zerstörten Burg, 1 ¼ Std. nordwestlich. Zurück über den **Knogelberg** (708 m).
**5.** Über **Altnußberg** zum Bahn-Haltepunkt **Gstadt,** mit Kahnfähre über den Schwarzen Regen und nördlich zur **Burgruine Neunußberg,** 3 Std.; von der Burg des 14. Jahrhunderts noch Reste mit Wehrturm und gotischer Kapelle.

## Thurmansbang

(Kreis Freyung-Grafenau, 502 m, 2000 Einw.), anerkannter Erholungsort im Dreiburgenland, umgeben von waldreichen Höhen und mehreren Badeseen. Im Ort erhebt sich die **Barockpfarrkirche St. Markus** von 1763; südöstl. 2 km die **Maria-Bründl-Kapelle** von 1712 mit der von einem originellen Zwiebeltürmchen gekrönten Quelle.

**Auskunft:** Verkehrsamt 94169 Thurmansbang
**Verkehr:** Busverbindung mit Tittling, Passau; Bahnstation Tittling
**Hobby und Sport:** Badeseen (Buchwieser Weiher, Dreiburgensee, Rohrbachstausee, Saldenburger See), öffentl. Hallenbad im Waldhotel Burgenblick, Minigolf, Reiten, Angeln, Tennis, Bootfahren, Surfen; Skischule, Eisstockschießen, Pferdeschlittenfahrten

**Wanderungen:**
**1.** Über die **Maria-Bründl-Kapelle** zum **Dreiburgensee** (auch Rothauer See) mit dem **Museumsdorf Bayerischer Wald,** 1 ½ Std. südöstl.
**2.** Zur **Saldenburg,** 1 ½ Std. nordöstl. Von der Burg des 14. Jahrhunderts blieb nur das Herrenhaus erhalten, ein fast quadratischer Wohnturm („Waldlaterne") heute Jugendherberge. **Ferienzentrum Saldenburg** mit Wildgehege und Badeweiher.
**3.** Über den **Aussichtsturm Ochsenstiegl,** Rabenstein und Loderhof zum **Schloß Englburg** (→ S. 93), 1 ½ Std. südl. Zurück im südwestlichen Bogen über **Burg Fürstenstein** (→ S. 95), Kollnberg, Thurmannsdorf und Gschwendt.
**4.** Über Lindau nach **Zenting** mit Brauereigasthof, 1 ½ Std. nordwestl. Von dort auf den **Brotjacklriegel** (1016 m) mit Fernseh- und Aussichtsturm, 1 ¾ Std. nordwestl. Anfahrt auch zum Parkplatz bei Daxstein möglich.

## Tittling

(Kreis Passau, 570 m, 4000 Einw.), Hauptort des Dreiburgenlandes mit bedeutender Granitindustrie, liegt 20 km nördlich von Passau an der Ostmarkstraße in reizvoller Hügellandschaft. Der Name des alten Marktes wird von Tutilo abgeleitet, der um 900 diese Gegend mit seiner Sippe rodete. Schon im Jahre 1000 urkundlich erwähnt, war Tittling bis 1007 im Besitz der Grafen von Vormbach, gelangte 1270 an die Herzöge von Bayern und erhielt 1322 Marktrecht. Tittling ist Geburtsort des Schriftstellers Max Peinkofer (1891-1963) und Schauplatz seines historischen Romans „Das Pandurenstüberl".

Das Museumsdorf Bayerischer Wald am Dreiburgensee

Durch den Brand von 1803 wurde auch das Schloß Tittling an der Stelle des heutigen Gasthofes zur Post vernichtet; erhalten blieb nur ein zweigeschossiger Gartenpavillon, das sogenannte **Grafenschlößl** mit Barockfassade hinter dem Gasthof. Die jetzige **Pfarrkirche** wurde 1890/92 aus heimischem Granit errichtet.

**Auskunft:** Verkehrsverein 94104 Tittling, Raiffeisenbank

**Verkehr:** Autobahn (Regensburg-Passau), Abfahrt Aicha v.W. – Busverbindung mit Passau, Fürstenstein, Grafenau, Schönberg, Cham; Bahnstation Passau

**Hobby und Sport:** Hallenbad, Minigolf, Angeln, Tennis, Reitschule, Eislaufplatz, Eisstockschießen

**Sammlungen:** Am Dreiburgensee das „Museumsdorf Bayerischer Wald" mit originalgetreu wiederaufgebauten Waldlerhäusern (Rothaumühle von 1430, Handwerks- und Mühlenmuseum, Schulhaus von 1664, Wirtshaus von 1793, Dorfkirchlein)

**Wanderungen:**

**1.** Auf den aussichtsreichen **Blümersberg** (570 m), ¼ Std. nordöstl.

**2.** Zum **Dreiburgensee** (auch Rothauersee) mit Badestrand und Ruderbootverleih, ¾ Std. nordwestlich (Parkplätze). **Rund um den See** ½ Std. Nördl. der **ADAC-Rundwanderweg Höhenberg** (608 m) mit Waldlehrpfad.

**3.** Über die **Kapelle Halbmeile** (sagenumwobene Richtstätte) zur **Englburg** (Zutritt nur bis Schloßhof), ¾ Std. westlich.

**4.** Über **Dreiburgensee** und nördlich nach **Saldenburg** mit Burg (heute Jugendherberge, keine Besichtigung), Wildgehege, Waldlehrpfad und Badeweiher, 1¾ Std., zurück mit Bus.

**5.** Über Trautmannsdorf zur **Burgruine Dießenstein,** 1¼ Std. nördlich.

**6.** Über Anschießing und Adlmühle nach **Witzmannsberg** mit **Bründlkapelle** von 1704, ¾ Std. südöstlich. Zurück über Niederham.

**7.** Über Adlmühle und Kafering zur **Burg Fürsteneck** aus dem 12. Jahrhundert über dem Zusammenfluß von Ilz und Wolfsteiner Ohe, heute Schloßgaststätte und Burgpension, 2 Std. östlich. Anschluß an den **Ilztal-Wanderweg** nach Norden und Süden.

**8.** Über Preming und Wieding nach **Neukirchen vorm Wald*,** 1½ Std. südl.

# Untergriesbach

(Kreis Passau, 580 m, 5800 Einw.), anerkannter Erholungsort im Unteren Bayerischen Wald über dem Donautal nahe der österreichischen Grenze. Die Gründung im 11. Jahrhundert geht auf die reichsfreien adeligen Herren von Griezpach zurück, deren Burg über dem Griesenbach thronte. Vorkommen von Graphit und Porzellanerde förderte die Ortsentwicklung. Das Fürstbistum verlieh Passau 1263 Marktrecht. Heute sorgen Holzverarbeitung, Handwerk und Fremdenverkehr für wirtschaftliche Belebung. Zur Gemeinde gehören auch *Gottsdorf** mit Ferienzentrum Bayerwald, Lämmersdorf, Oberötzdorf und Schaibing.

Der **Marktplatz** ist von schönen Bürgerhäusern umsäumt, darunter auch das *Gasthaus Lanz,* ein typisches Bauernwirtshaus. Die spätgotische **Pfarrkirche St. Michael** von 1491 mit Turm von 1714 und barockem Querschiff besitzt einen bemerkenswerten Hochaltar von 1690. Die dreiteilige **Prangersäule** von 1590 mit achteckiger Plattform war Symbol der niederen Gerichtsbarkeit im Markt. An der Hauzenberger Straße befindet sich die **Röhrndl-Kapelle,** errichtet 1768 im Rokokostil.

**Auskunft:** Verkehrsverein 94107 Untergriesbach

**Verkehr:** Busverbindung mit Passau, Hauzenberg, Wegscheid, Gottsdorf; Bahnstation Passau

**Hobby und Sport:** Hallenbad im Gymnasium (in den Sommerferien geschlossen), Angeln, Waldfreibad Lämmersdorf 3 km; Frei- und Hallenbad in Gottsdorf 9 km; Rannastausee (Baden, Paddeln, Surfen) 6 km Richtung Wegscheid

**Veranstaltungen:** Georgiritt um den 23. April

**Wanderungen:**
**1. Rundweg Hofleitenbach,** 1½ Std. südwestl. über Lindlmühle.
**2.** Durch das Griesbachtal nach **Obernzell\***, 1½ Std. südwestl.
**3.** Über Holzhäusl und Hofkapelle zum **Rannastausee,** 1½ Std. östl. Zurück im nordwestl. Bogen über das „Blumendorf" **Wildenranna,** Schlattlmühle und Oberötzdorf.
**4.** Über Holzhäusl, Gammertshof und Wesseslinden nach **Gottsdorf\*,** 2 Std. südöstl.

# Viechtach

(Kreis Regen, 450 m, 8300 Einw.), anerkannter Luftkurort im Tal des Schwarzen Regen mit den Ortsteilen *Blossersberg-Schlatzendorf, Höllenstein, Neunußberg, Pirka* (anerkannter Erholungsort), *Schönau* und *Wiesing.* Bereits 1104 urkundlich genannt und im 13. Jahrhundert Sitz eines bayerischen Pflegeamts, erhielt „Viedaha" 1280 Marktrecht. Durch seine Lage am Baierweg (Straubing-Böhmen) entwickelte sich der Ort schon früh zu einem wichtigen Handelsplatz. Schwere Schäden erlitt Viechtach durch die Hussiten, den Böckler- und Löwler Krieg im 15. Jahrhundert, im 30jährigen Krieg und durch mehrere Brandkatastrophen. Erst 1953 wurde Viechtach zur Stadt erhoben.

Die **Pfarrkirche St. Augustin** war im Mittelalter größte Pfarrei des Bayerischen Waldes. Der heutige Bau stammt von 1766 mit Stuckverzierungen Wessobrunner Meister, schönen Rokokoaltären und prächtigen Holzschnitzereien an Chor- und Beichtstühlen; daneben die neuromanisch-gotische *St. Anna-Kapelle,* ehemals Friedhofskapelle. Die **Spitalkirche zum Hl. Geist** wurde mit dem Bürgerspital 1350 von Konrad dem Nußberger gestiftet. Das barocke **Rathaus** mit Rundbogenportal, Balkon und Türmchen stammt aus dem 17. Jahrhundert.

Auf dem *Kleinen Pfahl* jenseits der Ostmarkstraße die **St.-Antonius-Kapelle** von 1626. Westlich an der Ostmarkstraße das Naturschutzgebiet *Großer Pfahl* mit hoch aufragendem, zerklüftetem Quarzfelsenriff. Nördlich der *Höllensteinsee,* dessen Kraftwerk den Schwarzen Regen in einer Länge von 5 km aufstaut; anschließend der *Blaibacher Stausee.*

---

**Burgfestspiele Neunußberg**
Auf dem Anger der Burgruine Neunußberg werden im Juli unter Mitwirkung des Viechtacher Reit- und Fahrvereins Ritterspiele veranstaltet zur Erinnerung an den Böckleraufstand 1466, in dem sich die Ritter des Bayerischen Waldes vergeblich gegen Bayernherzog Albrecht erhoben und dabei mit ihren Burgen vernichtend geschlagen wurden. Die prunkvollen Auftritte mittelalterlicher Fürsten und wilden Reiterspiele finden hier eine eindrucksvolle Kulisse.

---

Die Burgfestspiele auf Burg Neunußberg erinnern an den Böckleraufstand 1466.

**Auskunft:** Verkehrsamt 94234 Viechtach, Stadtplatz (Rathaus)
**Verkehr:** Busverbindung mit St. Englmar, Straubing, Regen, Deggendorf, Arnbruck, Bodenmais; Bahnstation
**Hobby und Sport:** Beheiztes Freibad am Großen Pfahl mit Freizeitanlagen, Hallenbad; Leseraum im Rathaus, Minigolf, Angeln, Tennis, Rollschuhbahn, Reitschule mit Reithalle, Pirschgänge, Sommer-Eisstockschießen, Skigebiet am Pröller.
**Sammlungen:** Kristallmuseum mit 1200 Kristallen und Mineralien aus aller Welt in der Kapelle des Bürgerspitals, dem ältesten Gebäude der Stadt, Spitalstr. 5 – Weltkunstmuseum mit Replikaten bedeutender Schätze der Weltkulturen (z.B. Kopf der Nofretete), Spitalstr. 5 – Kunsthaus Ostbayern, Stadtplatz 1 (im Alten Rathaus) mit ständigen Kunstausstellungen – Waldgalerie Margarete in Rauhbühl bei Blossersberg, Ausstellungsraum des Glas-Kunstmalers Rudolf Schmid sowie Privatsammlung bäuerlicher Arbeitsgeräte; bemerkenswert die „Gläserne Scheune" mit einem monumentalen Glasgemälde über die Weissagungen des Waldpropheten Mühlhiasl.
**Veranstaltungen:** Burgfestspiele Neunußberg (im Juli); Volksfest (im August)

**Wanderungen:**
**1.** Spaziergänge zum **Dr.-Scheller-Park** am Bahnhof oder zum **Altenberg-Naturpark** im Norden der Stadt.
**2.** Über den Riedbach zum **Großen Pfahl,** ½ Std. westlich (Wanderparkplatz Riedbachbrücke/Ostmarkstraße beim Freibad). Anschluß an den **Pfahl-Wanderweg.** Der Große Pfahl beeindruckt gerade hier durch seine bizarren, weißglänzenden, nördl. bei Prackenbach bis zu 35 m hoch aufragenden Quarz-Felstürme, die stellenweise auch gelblich oder rötlich gefärbt sind.
**3.** Über den **Kleinen Pfahl** (Antoniuspfahl) mit Antoniuskapelle nach **Kollnburg\*,** 1¼ Std. südwestlich. Zurück im westl. Bogen über Rechtertsried, durch das Riedbachtal, am Kneippbecken vorbei und über Riedmühle. Oder von Kollnburg weiter in 1½ Std. südwestl. über Münchshöfen zum **Pröller** (1048 m). Abstieg ¾ Std. nach **St. Englmar\*,** zurück mit Bus.
**4.** Über Hetzelsdorf auf die **Zeller Höhe** (850 m) mit der Berghütte Rübezahl, 2 Std. südwestlich.
**5.** Über Riedmühle auf den **Distelberg** (768 m) mit der im Sommer bewirtschafteten Viechtacher Hütte, 1½ Std. südwestlich.
**6.** Über Rugenmühlbrücke, **Pirka,** Gröllerweide zur **Höllensteinsee-Staumauer** (Kraftwerk, Bootsverleih, Restaurant; jenseits der Blaibacher See), 2 Std. nördl. Zurück über Dumpf, Ruhmannsdorf, Steinhof-Steinmühle und Tresdorf.
**7.** Über Blossersberg zum **Kronberg** (754 m) mit der bewirtschafteten Kronberghütte, 1½ Std. nördl. Rund um den Kronberg markierter Wanderweg. Zurück über Pirka und Rugenmühle.
**8.** Über **Pirka** zum Vogelpark in **Lammerbach** mit Vögeln aus aller Welt und Café, 1½ Std. nördl.
**9.** Über Blossersberg und Bärndorf zur **Ruine Neunußberg,** Reste einer Burg des 14. Jahrhunderts mit Wohnturm und Kapelle, 1½ Std. nordöstlich.

# Vilshofen

(Kreis Passau, 312 m, 15 000 Einw.), altertümliche Stadt an der Einmündung der Vils in die Donau, wuchs aus der römischen Brückenstation Pons rensibus und wurde 776 urkundlich genannt. Graf Heinrich I. von Ortenburg erhob den Ort 1206 zur Stadt, die 1250 an Bayern fiel und wichtiger Zoll- und Pflegeamtssitz wurde. Von Bedeutung war der Salzhandel, bis 1823 bestand ein eigenes Salzamt. Früher waren auch Fischereibetriebe ansässig. Heute ist besonders die Textilindustrie heimisch. – Eingemeindet wurden die Orte *Alkofen, Aunkirchen, Pleinting* und *Zeitlarn* sowie Teile von *Albersdorf* und *Sandbach*. – Wahrzeichen ist der

**Stadttorturm** von 1642 als Rest der ehemaligen Befestigungsanlagen. Am *Stadtplatz* gefallen die überwiegend nach dem großen Stadtbrand von 1794 errichteten Bürgerhäuser mit klassizistischen Fassaden oder im Inntalbaustil. Die

**Stadtpfarrkirche St. Johannes** wurde nach dem Stadtbrand 1803 im späten Barockstil wieder erbaut und mit Einrichtungen aufgehobener Klöster prächtig ausgestattet: Hochaltar und Seitenaltäre aus dem frühen 18. Jahrhundert stammen von St. Nikola in Passau, die Orgel aus der Klosterkirche Aldersbach. An der Straße nach Osterhofen die sehenswerte

**Wallfahrtskirche Mariahilf,** ein überkuppelter Zentralbau, der 1692 auf dem Grundriß eines griechischen Kreuzes errichtet und von italienischen Künstlern ausgestattet wurde. Der Hochaltar bewahrt eine Kopie des Passauer Mariahilfbildes. Beeindruckend ist das Kuppelfresko von C. B. Carlone und G. A. Mazza zur Verherrlichung Mariae. – Oberhalb der Stadt (Fußweg ½ Std.) in aussichtsreicher Lage die 1905 gegründete

**Benediktinerabtei Schweiklberg,** die mit der doppeltürmigen Abteikirche weithin die Höhe beherrscht. Schweiklberg gehört der Benediktiner-Kongregation von St. Ottilien am Ammersee an. Schwerpunkt ist die Ausbildung von Missionaren. Eine besondere alkoholische Spezialität ist der hier hergestellte „Schweiklberger Geist".

**Auskunft:** Stadtverwaltung 94474 Vilshofen
**Verkehr:** Autobahnanschluß Garham 6 km (Regensburg-Passau-Linz); Busverbindung mit Passau, Hofkirchen, Deggendorf, Eging, Pfarrkirchen, Rotthalmünster, Plattling; Bahnstation; Schiffsstation Regensburg-Passau; Flugplatz
**Hobby und Sport:** Freizeitzentrum an der Vils mit beheiztem Freibad und Ozon-Hallenbad; Minigolf, Angeln, Tennis, Rollschuhbahn, Segel- und Motorflugschule, Rundflüge, Sommer-Eisstockschießen, Kunsteisbahn

**Wanderungen:**
**1.** Zum Aussichtsberg **Sechssessel,** ¾ Std. nordwestlich.
**2.** Zur **Burgruine Hilgartsberg,** 1½ Std. nordwestlich.
**3.** Durch das Vilstal zum Ortsteil **Aunkirchen,** mit gotischer Pfarrkirche von 1515 (im 19. Jh. verändert), 1½ Std. südwestlich.

# Waldhäuser

(Kreis Freyung-Grafenau, 1000 m, 250 Einw.), hochgelegene Streusiedlung am Südwesthang des Lusen im Nationalpark Bayerischer Wald, heute Gemeindeteil von *Neuschönau,* wurde 1613 als Säumerstation am Guldensteig, einem der Handelswege nach Böhmen, gegründet. In Waldhäuser wirkte über vier Jahrzehnte der Maler *Reinhold Koeppel* (1887-1950), Gründer der Künstlervereinigung Donau-Wald-Gruppe. In der Dorfkapelle von 1928 befindet sich sein dreiteiliges Altargemälde „Madonna im Walde" (auf den Flügeln verehrt vom Einsiedler Gunther und einigen Waldbauern). Der von ihm erworbene Ameishof, ein Bergbauernhof von 1819, dient heute als Jugendherberge. Seit 1936 lebte in Waldhäuser auch der Graphiker und Bildhauer *Heinz Theuerjahr* (1913-1991), dessen Bronze-Luchs beim Nationalpark-Haus Aufstellung fand. An beide Künstler erinnern Denkmäler.

**Auskunft:** Verkehrsamt 94556 Neuschönau
**Verkehr:** Busverbindung mit Grafenau
**Wintersport:** Schneesicheres Skigelände, ideales Skiwandergebiet

**Wanderungen:**
**1.** Zum **Lusen** (1373 m): Über den **Waldhäuser Riegel** (1151 m) zum **Lusenparkplatz Waldhausreibe** (1120 m), ¾ Std. nordöstl. Von dort in ¾ Std. nordöstl. auf dem Winterweg zum Lusenschutzhaus und zum Gipfel. Abstieg über Himmelsleiter und Sommerweg (Zwölferlinie).
**2.** Über **Altschönau,** früher Standort einer Glashütte, gute Einkehr im Gasthof „Zur alten Kaiserhütte", nach **Neuschönau\*,** 1½ Std. südl. Zurück über Wanderparkplatz Kreuzstraße und vorbei an den Tiergehegen.

Die Dorfkapelle in Waldhäuser bewahrt
ein Altargemälde von Reinhard Koeppel.

**Ein guter Wanderstützpunkt ist
die moderne Jugendherberge in Waldhäuser.**

**3.** Über die **Martinsklause** (974 m; künstlicher Stauweiher für die Holztrift, 1835 erbaut) zum **Teufelsloch** (unter Granitblöcken rauscht hörbar die kleine Ohe), ¾ Std. nordöstl.
**4.** Auf dem Oberen Horizontalsteig über Bärenloch, Felsenkanzel, Rachelkapelle zum **Großen Rachel** (1452 m), 5 Std. nordwestl. Zurück über Rachelsee und Racheldiensthütte.
**5.** Über Graupsäge nach **Guglöd,** ¾ Std. westl. Der inmitten des Nationalparks gelegene Weiler war ehemalige Zweigstelle der Glashütte in Riedlhütte.

# Waldkirchen
(Kreis Freyung-Grafenau, 575 m, 9000 Einw.), anerkannter Luftkurort im Unteren Bayerischen Wald über dem Erlautal in reizvoller Wald- und Berglandschaft, 30 km nordöstlich von Passau. Eingemeindet wurden die Orte *Böhmzwiesel, Karlsbach, Oberfrauenwald, Ratzing, Schieferweg* und *Unterhöhenstetten.*
   Gegründet im 9. Jahrhundert und um 1300 mit Marktrecht ausgestattet, wurde Waldkirchen vom 14. Jahrhundert an fürstbischöflicher Amtssitz und später bedeutender Handelsplatz am Goldenen Steig. Mehrere Brandzerstörungen, zuletzt durch Kriegseinwirkungen 1945, veränderten das Ortsbild. Seit 1972 ist Waldkirchen Stadt.
   Die jüngst renovierte **Ringmauer** von 1460 mit Wehrtürmen umgab einst den gesamten Ort. Beherrschender Mittelpunkt ist der ansteigende **Marktplatz** mit der 1954 wiedererrichteten

**Mariensäule.** Oberhalb die neugotische granitene **Pfarrkirche St. Peter und Paul** mit 67 m hohem Spitzturm, genannt „Dom des Bayerischen Waldes", erbaut 1856/61, nach Zerstörungen 1862 und 1945 in gelungener Architektur wiedererrichtet; bemerkenswert das große Orgelwerk und das aus 6 Glocken bestehende Geläute. In der Nähe an einer Hausecke die originelle steinerne Figur des **Ewigen Hochzeiters** in bemalter Biedermeiertracht, der erst 1972 gegenüber nach 100jähriger Wartezeit sein weibliches Gegenstück, die **Stoanerne Gretl** erhielt. Südöstlich auf dem Karoliberg die barocke **Karolikapelle** von 1663/1756 mit einem Deckengemälde, das Waldkirchen vor dem Brand 1782 zeigt.

**Auskunft:** Verkehrsamt 8392 Waldkirchen

**Verkehr:** Busverbindung mit Passau, Haidmühle, Hauzenberg, Freyung, Sonnen, Breitenberg, Perlesreut; nächste Bahnstation Passau 30 km

**Hobby und Sport:** Beheiztes Freibad, Hallenbad mit Solarium, Sauna und Mediterraneum, Solebad, Minigolf, öffentlicher Golfplatz, Angeln, Tennis, Reitschule; Skischule, Eisstadion, Eisstockschießen. In Erlauzwiesel der Erlaustausee (Angeln, Segeln, Surfen). Südöstlich das Wintersportgebiet Oberfrauenwald

**Sammlungen:** Museum „Goldener Steig" in einem Wehrturm der Ringmauer

**Veranstaltungen:** Marktrichterfest am ersten Julisamstag (Freilichtszene mittelalterlicher Gerichtsbarkeit); Dreschersuppe am ersten Augustsamstag (Volksfest)

**Kureinrichtungen:** Bäder, Massagen, Hydrotherapie, Inhalationen

Originell sind die Figuren des „Ewigen Hochzeiters"
und der „Stoanernen Gretl"
an zwei gegenüberliegenden Hausecken in Waldkirchen.

**Wanderungen:**

**1.** Auf den aussichtsreichen **Karoliberg** (662 m) mit barocker **Karolikapelle** ¼ Std. südöstlich.

**2.** Ins felsige Bachtal der **Saußbachklamm** (Naturschutzgebiet, Rundwanderwege), ½ Std. südlich.

**3.** Über Saußmühle und Oedhof zum **Steinberg** (830 m) mit Aussichtsturm, 2 Std. südlich. Zurück über Neidlingerberg.

**4.** Über das Bäderzentrum nach **Oberfrauenwald** (945 m), Ferienort in aussichtsreicher Höhenlage, 2 Std. südöstl. Zurück auf dem nördl. Waldweg.

**5.** Über Sickling zur **Burgruine Kaltenstein** des 14./16. Jahrhunderts mit erhaltenem 20 m hohen Wohnturm, 1½ Std. Westl. Abstieg 1½ Std. nach **Röhrnbach,** anerkannter Erholungsort an der B 12, früher Handelsplatz am Goldenen Steig, mit stattlichen Bürgerhäusern am Marktplatz und Barockpfarrkirche von 1746-50. Busrückfahrt.

**6.** Über **Erlauzwiesel** zum 8 ha großen **Erlaustausee,** 1 Std. östl.


# Waldmünchen

(Kreis Cham, 512 m, 7000 Einw.), anerkannter Luftkurort in schöner Hanglage über dem Schwarzachtal, verdankt seine Entstehung im 10. Jahrhundert Benediktinermönchen des Klosters Chammünster. Schon 1256 zur Stadt erhoben, wurde Waldmünchen 1261 Sitz eines bayerischen Pflegeamts. Kriege und Brände, besonders auch der Einfall der Panduren 1742, ließen von den mittelalterlichen Bauten nur wenig übrig.

---

### Trenck der Pandur vor Waldmünchen (1742)

Der Pandurenoberst Trenck, während des österreichischen Erbfolgekrieges in Diensten der Kaiserin Maria Theresia, war für seine unmenschliche Härte berüchtigt. 1742 eroberte er mit seinen blutrünstigen Panduren-Reitern die Stadt Waldmünchen. Das nächtliche Freilichtspiel mit 250 Mitwirkenden, viele davon zu Pferd, läßt jene dramatischen Ereignisse lebendig werden. Fackeln und Lagerfeuer geben dem Spiel einen gespenstischen Hintergrund.

---

Einladend wirkt der große **Marktplatz** mit barocker *Nepomuk-Statue* von 1769, zwei *Steinbrunnen* von 1776 und 1790 und dem neueren *Rathaus mit Glockenspiel.* Die **Stadtpfarrkirche St. Stephan** von 1553 wurde nach wiederholten Zerstörungen umgebaut; nur noch der Taufstein stammt aus gotischer Zeit. Am **Pfarramt** (ehem. Gasthaus Alte Post) eine Gedenktafel (1958) für den französischen Schriftsteller und Politiker Chateaubriand, der 1833 während einer Reise nach Prag wegen eines fehlenden Einreisevisums unfreiwillig einige Ruhetage einlegen mußte und die Gastlichkeit der Stadt rühmte. Die **Spitalkirche** stammt von 1767, die **Friedhofskapelle** von 1712.

An höchster Stelle auf einem Gneisfelsen das ehemalige **Pflegeamtsschloß,** ein dreigeschossiger Bau des 15. Jahrhunderts, heute Jugendherberge und Jugendtagesstätte, östlich der Festspielplatz.

Nördlich der 1960-1962 von der Schwarzach aufgestaute 80 Hektar große **Perlsee** mit Strandbad und Bootsverleih.

**Auskunft:** Städt. Verkehrsamt 93449 Waldmünchen
**Verkehr:** Busverbindung mit Regensburg, Cham, Rötz, Furth i. Wald, Tiefenbach, Unterhütte, Gibacht; Bahnstation. – Grenzübergang in die Tschechische Republik
**Unterhaltung und Sport:** Freibad, Hallenbad, Minigolf, Angeln, Leseraum, Trimm-Dich-Pfad, Reitschule, Tennis, Ruder- und Tretbootverleih am Perlsee, Sommer-Eisstockschießen; Eislaufplatz
**Veranstaltungen:** Im Juli/August auf dem Festspielplatz jeweils samstags Freilichtspiel „Trenck der Pandur vor Waldmünchen 1742" mit 250 Mitwirkenden. – Heimatfest in der 2. Juliwoche mit Volksfest

**Wanderungen:**
**1.** Zum **Perlsee** (Strandbad, Segel-/Ruderbootsport), ½ Std. nördlich. Wanderparkplatz und Ausgangspunkt von Rundwanderungen.
**2.** Zum aussichtsreichen **Ölberg** (529 m), ¼ Std. nordwestlich.
**3.** Zum **Galgenberg** (742 m), 1 Std. nordöstlich.
**4.** Über Herzogau und Oberherzogau zum **Klammerfels** (848 m) mit Gipfelkreuz, 1¼ Std. südlich.
**5.** Über Herzogau und Lengau zum **Hinteren Hiener** (768 m), 2 Std. südlich. Zurück über Machtesberg und Prosdorf.
**6.** Durch das Ulrichsgrüner Tal über Althütte (Bushaltestelle) zum **Gibacht** (938 m, auch Riegelbaum genannt) mit Gipfelkreuz und herrlicher Aussicht, 2½ Std. südöstlich. Von dort ¼ Std. nördlich zum **Dreiwappenfelsen** (917 m) an der Landesgrenze mit eingemeißelten Hoheitswappen, seit 1766 Grenzpunkt zwischen Bayern, Böhmen und Kurpfalz.
**7.** Über die Wallfahrtskapelle **Mariaruh** nach **Ast** mit spätgotischer Pfarrkirche (Barockausstattung) 1 Std. westlich zurück im nördlichen Bogen über Hirschhöf.

# Wegscheid

(Kreis Passau, 734 m, 5400 Einw.), mit dem Ortsteil *Wildenranna* anerkannter Erholungsort im Unteren Bayerischen Wald an der österreichischen Grenze und Mittelpunkt der seit altersher ansässigen Leinenweberei. Der um 1130 urkundlich erwähnte Ort hat seinen Namen von der Gabelung alter Handelsstraßen. Ab 1220 Amtssitz des Passauer Fürstbischofs, kam Wegscheid nach der Mediatisierung zum Königreich Bayern.

Die ursprünglich spätgotische **Pfarrkirche St. Johannes** entstand 1969 neu als wohlgelungener moderner Kirchenbau. Das **Rathaus** von 1822 mit spätmittelalterlichen Mauerteilen war einst fürstbischöflicher Pflegeamtssitz. Auf dem Friedhof die **St.-Anna-Kapelle** von 1716, ein spätbarocker Zentralbau mit Zwiebeltürmchen und achteckiger Kuppel; originell der Opferstock, auf

dem sich eine liegende Christusfigur befindet, deren Seitenwund-
mal als Geldeinwurf dient. In der Nähe die **Wasserkapelle** von
1770 mit überlebensgroßer hölzerner Christusfigur, aus deren fünf
Wundmalen Wasser in ein granitenes Becken fließt. An der Straße
nach Wildenranna die **Johanniskapelle** aus dem 18. Jahrhundert.

**Auskunft:** Verkehrsamt 94110 Wegscheid
**Verkehr:** Busverbindung mit Passau, Breitenberg, Hauzenberg, Sonnen,
Linz (Österreich); Bahnstation Passau
**Hobby und Sport:** Hallenbad, Fremdenverkehrszentrum mit vielen Freizeiteinrichtungen, Haus des Gastes; Skischule, Langlaufloipen, Eisstockschießen, Freibad in Wildenranna. Baden, Surfen und Segeln im 20 Hektar
großen Rannastausee, der 1981 entstand und mit einem Zipfel nach Österreich hineinragt
**Sammlungen:** Zollmuseum (ehem. Amtsgericht)

**Wanderungen:**
**1.** Über Hartmannsreut nach **Eidenberg,** 1 Std. südl. Nun nordöstl. durch
die **Osterbach-Schlucht** (Landschaftsschutzgebiet Bärenloch) auf den
**Eidenberger Lusen** (733 m). Zurück über Grillhäusl und Hartmannsreut
oder über Monigotsöd und an der Grenze entlang.
**2.** Über Niederwegscheid und Stiermühl nach **Wildenranna,** für seinen
Blumenschmuck prämiertes Dorf, 1½ Std. südwestl. Zurück nordöstl. über
Maierstockberg und Winklhammer.
**3.** Über Winklhammer, Maierstockberg, Kailing und Thurnreuth auf den
**Thurnreuther Berg** (825 m), 1½ Std. westl. Zurück im nordöstl. Bogen über
Hochwinkl.
**4.** Über Meßnerschlagerwaide auf den **Friedrichsberg** (935 m) mit Aussichtsturm, 2 Std. nördl. Zurück über die Sagkapelle und Kasberg.
**5.** Über die Grenze nach **Kollerschlag** (Österreich), 5 km östl. Von dort
1 Std. südl. zum **Ameisberg** (940 m) mit Bergwarte und Aussichtsturm. Zurück über Oberkappel.


# Wiesenfelden

(Kreis Straubing-Bogen, 650 m, 1700 Einw.), beschauliche Sommerfrische in ausgedehnter Hochmoorlage mit Heidecharakter
und mehreren Weihern. Sehenswert ist das dreigeschossige
**Schloß** von 1648 mit dem naturkundlichen Museum. Dahinter
befindet sich eine **Wildkatzen-Aufzuchtstation** des bayerischen
Naturschützers Hubert Weinzierl. Die **Pfarrkirche** von 1765 bewahrt mehrere wappenverzierte Grabsteine ehemaliger Schloßherren. In der Nähe liegt das **Naturschutzgebiet Brandmoos.**

**Auskunft:** Verkehrsamt 94344 Wiesenfelden
**Verkehr:** Busverbindung mit Straubing und Falkenstein
**Hobby und Sport:** Badeweiher, Angeln, Wildgehege
**Sammlungen:** Naturkundliches Museum im Schloß Wiesenfelden

**Wanderungen:**
**1.** Über Utzenzell auf das **Büscherl** (740 m), höchste Erhebung des Vorwaldes mit schöner Aussicht ins Donautal, ½ Std. südöstlich. Von dort über die
Rothmühle in 1½ Std. südöstlich nach **Falkenfels\*.**

**2.** Zur spätgotischen **Rupertkapelle** (15. Jh.), ¼ Std. südwestlich. Weiter in ¾ Std. über Pichlberg nach **Schiederhof.** Von dort entweder in 2½ Std. südwestlich. Von dort in 2½ Std. südwestlich durch den Wörther Forst über Hubmühle nach **Wörth\*** oder in 1¼ Std. südöstlich nach **Saulburg** mit sehenswerter Schloßkapelle und nördlich über **Auenzell** mit spätgotisch-barocker Kapelle und das **Büscherl** (740 m) zurück.

**3.** Zum Wallfahrtsort **Heilbrunn,** ½ Std. nordöstlich. Neben der **Wallfahrtskirche St. Magdalena** von 1674 die **Frauenbrünnlkapelle** von 1665 mit vielen Votivbildern.

# Wörth/Donau

(Kreis Regensburg, 360 m, 3400 Einw.), kleine Stadt am Nordufer der Donau mit ausgedehnter Schloßanlage auf beherrschender Anhöhe am Rande des Vorwaldes. Eingemeindet wurden die Orte *Hofdorf, Kiefenholz, Oberachdorf, Tiefenthal, Weihern* und *Zinzendorf.*

Wörth wurde schon 768 urkundlich erstmals genannt und gehörte bis 1803 zum Hochstift Regensburg. 1806 unterzeichnete Fürstenprimas von Dalberg auf Schloß Wörth die Rheinbundakte. Aus dem Dalbergschen Fürstentum Regensburg fiel es 1810 an Bayern und ist seit 1954 Stadt. Albrecht Altdorfer malte 1520 die Donaulandschaft mit Schloß Wörth; das Gemälde befindet sich heute in der Alten Pinakothek München und gilt als früheste Landschaftsdarstellung in der europäischen Malerei.

Das ehemalige fürstbischöfliche **Schloß** wurde im 12. Jahrhundert als Burg gegründet. Die heutige, von acht Rundtürmen flankierte Anlage stammt aus dem 16. Jahrhundert. Nur der einst als Wohnturm dienende sechsgeschossige Bergfried gehört noch dem 13. Jahrhundert an. Von den Wohngemächern interessiert besonders das fürstliche Rondellzimmer mit Gewölbemalereien von Jakob Heubel (1676), üppigen Stukkaturen und einem prächtigen Kachelofen. Die Schloßkapelle St. Martin ist ein einschiffiger Bau von 1616. Im frei zugänglichen Hof der Schloßbrunnen von 1636.

Die **Pfarrkirche St. Peter,** eine dreischiffige gotische Basilika, geht in ihren Fundamenten auf das 13. Jahrhundert zurück. Sie wurde mehrfach verändert und enthält zahlreiche alte Grabsteine.

**Auskunft:** Verkehrsverein 93086 Wörth/Donau

**Verkehr:** Autobahnanschluß (Regensburg-Passau); Busverbindung mit Regensburg, Cham, Straubing; Bahnstationen Regensburg und Straubing

**Hobby und Sport:** Freibad, Hallenbad, Angeln. In Hofdorf Bayerwaldakademie mit Mal- und Zeichenkursen

**Wanderungen:**

**1.** Durch das **Perlbachtal** (Gschwelltal) zur **Bierschneider Mühle,** ¾ Std. nördlich. Weiter in 1 Std. über Elend nach **Aumbach.** Von dort 1½ Std. nordöstlich über die aussichtsreiche **Käsplatte** (670 m) nach Rettenbach mit Stausee und über die idyllische **Waldkapelle Tannerl** nach **Falkenstein\*.**

**2.** Über das Hungersbachtal auf den **Bankelberg** (547 m), 1¼ Std. nordöstlich. Zurück über **Tiefenbach** mit romanischer Kirche.
**3.** Nach **Wiesent** (Schloß von 1695), ½ Std. westl. Von dort nördl. im Wildbachtal aufwärts nach **Frauenzell** mit berühmter Asam-Rokokokirche (1½ Std.) oder nach **Brennberg** mit aussichtsreicher Burgruine (2 Std.).
**4.** Mit dem Bus westl. nach **Bach** (einzige Weinberge Altbayerns) und nördl. in den **Wildpark der Fürsten von Thurn und Taxis.**
**5.** Durch die Donau-Auen nach **Kiefernholz,** ¾ Std. westlich zurück.
**6.** Nach **Pfatter** (jenseits Autobahn und Donau) an einem Donau-Altwasser mit Pfarrkirche des 19. Jahrhunderts und Nikolauskirche von 1600, 1 Std. südl.
**7.** Zweitägige Wanderung über **Stallwang\*** nach **Kötzting\*,** → Weitwanderungen.

# Zwiesel

(Kreis Regen, 570 m, 10 200 Einw.) ist anerkannter Luftkurort und beliebter Wintersportplatz im klimatisch günstigen Zwieseler Winkel am Zusammenfluß des Großen und Kleinen Regen (Zwisl = Gabelung zweier Flüsse). „Fein Glas und gut Holz sind Zwiesels Stolz", lautet der Wahlspruch der alten Glasmacherstadt am ehemaligen Gunthersteig, die seit dem 14. Jahrhundert Mittelpunkt der traditionsreichen Glasindustrie ist und eine staatliche Ingenieurschule für Glas mit einer Holzfachklasse besitzt. 1904 wurde Zwiesel zur Stadt erhoben. Gern besucht werden auch die eingemeindeten Dörfer *Bärnzell, Griesbach, Innenried, Klautzenbach, Rabenstein* und *Zwieselberg.*

Am ansteigenden Stadtplatz das dreigeschossige **Rathaus** von 1838 mit klassizistischer Fassade, davor das **Nepomukdenkmal** von 1767 mit den flankierenden Figuren von St. Georg und Florian. Hinter dem Rathaus das **Wald-, Glas-** und **Heimatmuseum.** Oberhalb die neugotische **Stadtpfarrkirche,** 1891-1896 anstelle einer durch Brand vernichteten Kirche erbaut mit 86 m hohem spitzen Turm; sie bewahrt eine überlebensgroße Statue „Der gegeißelte Heiland" des Augsburger Rokokobildhauers E.B. Bendl aus der Zeit um 1730. Die **Bergkirche Mariä Namen** von 1682 wurde 1767 im Rokokostil ausgestattet, die Deckengemälde schuf Franz Anton Rauscher. Daneben ein **Augustinerkloster** (1963). Die neugotische **evangelische Kirche** stammt von 1894.

**Auskunft:** Verkehrsamt 94227 Zwiesel, Rathaus
**Verkehr:** Busverbindung mit Passau, Cham, Furth im Wald, Regen, Bodenmais, Brennes, Arbersee, Grafenau; Bahnstation mit Kurswagen von Dortmund und Hamburg
**Hobby und Sport:** Modernes Freibad mit zwei beheizten Becken, einem Moorwasser- und Kinderplanschbecken. Hallenbad mit Solarium, Tennisplätze, Minigolf, Waldsportpfad mit Kneipptretbecken, Angeln, Tier- und Wildgehege, Leseraum, Sommer-Eisstockschießen; Skischule, Skiwanderschule, beleuchtete Skipisten mit Skilifts, Eissportplätze – Skilanglaufzentren Zwieslerwaldhaus, Arberhütte, Scheibe, Bretterschachten

**Veranstaltungen:** Frühlings-Volksfest im Mai – Grenzlandfest im Juli – Zwieseler Buntspecht (Kunstausstellung) im August – Zwieseler Fink (Wanderpreis zur Pflege der Volksmusik) im August

**Sammlungen:** Wald-, Glas- und Heimatmuseum, Stadtplatz 29, hinter dem Rathaus. Dieses Museum der Stadt Zwiesel ist eine ganz besondere Sehenswürdigkeit. Seine hervorragend gestalteten Ausstellungsräume befassen sich mit den Themen Urwald – So wächst der Wald – Geschichte des Waldbewohners – Geschichte des Glases – Religiöse Volkskunst – Tierwelt des Waldes – Mensch und Wald; Spielzeugmuseum mit altem und neuem Spielzeug sowie großer Modelleisenbahnanlage, Stadtplatz 35

**Besichtigungen:** Glashütten und Glasveredelungsbetriebe

**Außerdem sehenswert:** Bauernhausmuseum und Tiermuseum in Lindberg, Wurzelmuseum in Zwieslerwaldhaus, Glasmuseum in Theresienthal

**Wanderungen:**

**1.** Über Oberzwieselauer Straße zum **Waldsportpfad,** ½ Std. östl.

**2.** Zum **Zwieselberg** (685 m), ½ Std. südwestlich. Der Gipfel ist mit Granitblöcken bedeckt. Blick in das Zwieseler Becken.

**3.** Zum aussichtsreichen **Einsiedeleifelsen** (658 m), ½ Std. südl. Zurück über Glasberg und Lohmannmühle.

**4.** Am Schwarzen Regen entlang zur Gaststätte **Bettmannsäge,** 1¼ Std. südwestl.

**5.** Über Bahnhof und Waldesruhweg nach **Rabenstein** (750 m), ehemaliger Glasmacher- und Holzhauer-Bergdorf, bereits 1421 durch die Errichtung einer Glashütte urkundlich erwähnt, seit 1979 nach Zwiesel eingemeindet, mit St.-Georg-Kapelle von 1815 (heute evangelisch; Rokokoaltar von 1750) und moderner kath. St.-Nepomuk-Kirche von 1964 (Barockaltar aus der Klosterkirche Niederaltaich) an der Stelle eines abgerissenen Schlosses. In Rabenstein lebte im 18. Jahrhundert der durch seine Weissagungen als Waldprophet bekannt gewordene Hirte und Aschenbrenner Mathias Stormberger (→ S. 39). Zurück über das alte Waldlerdorf **Innenried.**

**6.** Über Innenried auf den **Hennenkobel** (965 m) mit Gipfelkreuz, 1½ Std. nordwestl. Am Nordwesthang (¼ Std. Richtung Bodenmais) ein aufgelassener Quarzbruch. Zurück über **Rabenstein.**

**7.** Über Flanitz und Flanitzmühle nach **Frauenau\*,** 2 Std. südöstl.

**8.** Über Bärnzell und Oberasberg nach **Rinchnach\*,** 2½ Std. südl.

**9.** Zum **Großen Arber:** Nordwestlich über Klautzenbach auf dem Kaisersteig zur Seewand und steil aufwärts zum Gipfel, 4½ Std. Abstieg nach Bodenmais oder Brennes, zurück mit dem Bus.

**10.** Zum **Großen Falkenstein:** Nordöstlich über Lindberg durch das Höllbachgspreng, 4 Std. Zurück über Ahornriegel, Kreuzstraßl, Lindberg.

**11.** Über Lindberg und Lindbergmühle zum Rotwildgehege in **Scheuereck,** 4 Std. nordöstl. Auch Busverbindung.

**12.** Über **Theresienthal** (Kristallglasfabrik) und den **Kellerberg** (745 m; nahe dem Gipfel befand sich früher ein Schwefelkies-Bergwerk) nach **Ludwigsthal** (Glashütte), 2 Std. nördl. Von dort 1 Std. nordöstl. nach **Zwieslerwaldhaus.** Weiter über **Wanderparkplatz Deffernikbach** auf dem Kneippweg am Bach entlang zum **Waldgasthof Schwellhäusl,** ¾ Std. westl. Von dort ½ Std. nach **Seebachschleife** an der B 11 (Bushaltestelle).

# PRAKTISCHE HINWEISE

## Informationen

Neben den örtlichen Reisebüros und den in den Ortsbeschreibungen genannten Verkehrsvereinen erteilen Auskünfte:
Fremdenverkehrsverband Ostbayern, 93047 Regensburg, Landshuter Str. 13
Bayerischer Waldverein, Angerstr. 39, 94227 Zwiesel
Nationalparkamt Bayerische Wald, Freyunger Str. 2, 94481 Grafenau

## Unterkunft

Vom einfachen Gasthof bis zum First-class-Hotel reicht das vielfältige Angebot. Außerdem gibt es noch Pensionen, Privatzimmer, Ferienwohnungen, Ferienhäuser und Quartiere auf Bauernhöfen. Campingfreunde können sich über schön gelegene Campingplätze freuen. Neben Jugendherbergen bieten die Berghäuser des Bayerischen Waldvereins und private Berghäuser vor allem dem Wanderer einfache, preiswerte Unterkunft.

### Gasthöfe, Pensionen, Hotels

Ein Unterkunftsverzeichnis aller Ferienorte des Bayerischen Waldes erhalten Sie vom Fremdenverkehrsverband Ostbayern in Regensburg. Detaillierte Gastgeberverzeichnisse auch über Privatquartiere und Ferienwohnungen gibt es bei den in den Ortsbeschreibungen genannten Verkehrsämtern.

### Ferienhäuser

Wer im Urlaub unabhängig sein möchte, hat die Wahl zwischen verschiedenen landschaftlich reizvoll gelegenen Feriendörfern. Besonders Familien mit Kindern schätzen diese Ferienart, da viele Feriendörfer mit modernen Freizeitanlagen ausgestattet sind. Hier eine kleine Auswahl:

**AZUR-Ferienzentrum Bayerwald,**
94107 Gottsdorf Post Untergriesbach
**ADAC-Ferienzentrum Neubäu,**
93426 Neubäu Post Roding
**Berliner Familienferiendorf,**
94481 Grafenau
(nur Berliner Familien)
**Ferien-Idyll Bischofsmais,**
94253 Bischofsmais
**Ferienhäuser Degenhart,**
94151 Finsterau Post Mauth
**Waldferiendorf Dürrwies,**
94253 Bischofsmais
**Ebersberger Feriendorf,**
94155 Otterskirchen/Ebersberg
**Ferienpark Geyersberg,**
94078 Freyung
**Ferienhäuser Hajek,**
94078 Freyung
**Ferienpark Herrmannsau,**
94078 Freyung
**Ferienpark Jägerwiesen,**
94065 Waldkirchen-Erlauzwiesel
**Ferienhäuser Lenz,**
94146 Hinterschmiding/Freyung
**Feriendorf Lindbergmühle,**
94227 Kreuzstraßl Post Lindberg
**Ferienpark Mais/Kühberg,**
93453 Neukirchen beim Hl. Blut
**Ferienparadies Maisried,**
94255 Böbrach
**Feriendorf Plattenhöhe,**
94269 Rinchnach
**Familienferiendorf Sattelbogen,**
93455 Sattelbogen Post Traitsching
**Feriendorf Solla,**
94169 Thurmansbang

**Feriendorf Sonnenwald,**
94572 Schöfweg
**Steigenberger Hotel Sonnenhof
mit Ferienhäusern,**
93462 Lam
**Waldferiendorf Regen,**
94209 Regen-Kattersdorf

Außerdem stehen Ferienhäuser und -wohnungen in vielen Ferienorten zur Verfügung, Auskunft: Örtliche Verkehrsvereine.

## Ferien auf dem Bauernhof

Sie eignen sich besonders für Familien mit Kindern. In vielen Ferienorten stehen ausgewählte Quartiere, teils mit Voll- oder Halbpension oder auch Selbstverpflegung, zur Verfügung. Prospekte durch den Fremdenverkehrsverband Ostbayern in Regensburg.

## Jugendherbergen

Für die Aufnahme gilt in Bayern eine Altersgrenze von 26 (einschließlich) Jahren, die aber nicht für Eltern gilt, die mit ihren Kindern unterwegs sind sowie für Führer von Jugendgruppen. Voraussetzung für die Aufnahme ist ein gültiger Jugendherbergsausweis. Über alle Jugendherbergen und die näheren Aufnahmebedingungen informiert das jährlich erscheinende Jugendherbergsverzeichnis. Es ist im Buchhandel erhältlich. Im Bayerischen Wald befinden sich folgende Jugendherbergen:

94252 Bayerisch Eisenstein,
Brennesstr. 23, Tel. 09925/337
94253 Bischofsmais,
Oberbreitenau,
Landshuter Haus, Tel. 09920/265
94249 Bodenmais,
Am Kleinen Arber,
Chamer Hütte 1, Tel. 09924/281
94258 Frauenau, Haus St. Hermann,
Hauptstr. 29a, Tel. 09926/275
93437 Furth im Wald,
Daberger Str. 50, Tel. 09973/9254
94145 Haidmühle, Frauenberg 45,
Tel. 08556/467

94116 Post Hutthurm, Kalteneck,
Prager Str. 8, Tel. 08505/1257
93462 Lam, Jugendherbergsweg 1,
Tel. 09943/1086
94151 Mauth, Jugendherbergsstr. 11, Tel. 08557/289
94089 Neureichenau,
Rosenbergergut in Lackenhäusern,
Tel. 08583/1239
94556 Neuschönau-Waldhäuser,
Herbergsweg 2, Tel. 08553/300
94034 Passau, Veste Oberhaus 125,
Tel. 0851/41351
93059 Regensburg, Wöhrdstr. 60,
Tel. 0941/57402
94163 Saldenburg,
Burg „Waldlaterne",
Ritter-Tuschl-Str. 20,
Tel. 08504/1655
94379 Sankt Englmar, Maibrunn 5,
Tel. 09965/271
94315 Straubing, Friedhofstr. 12,
Tel. 09421/80436
93449 Waldmünchen, Schloßhof 3,
Tel. 09972/244
94227 Zwiesel, Hindenburgstr. 26,
Tel. 09922/1061

## Berghäuser des Bayerischen Waldvereins

Die hier genannten Berghäuser sind bewirtschaftet und bieten meist einfache, preiswerte Unterkunft vor allem für den Wanderer:

**Arberschutzhaus**
(1375 m), 94252 Bayerisch
Eisenstein, Tel. 09925/242
**Dreisesselberghaus**
(1312 m), 94089 Neureichenau,
Tel. 08556/350
**Falkensteinhaus**
(1312 m), 94227 Lindberg,
Tel. 09925/313
**Lusenhaus**
(1340 m), 94568 St. Oswald,
Tel. 08553/1212
**Osserschutzhaus**
(1293 m), 93462 Lam
Tel. 09943/1351
**Wanderheim Gneißen**
(560 m), 94371 Rattenberg
(unbewirtschaftet, zwei Gasthöfe nebenan)

**Häuser in privatem Besitz**
Sie bieten sich ebenfalls als gute
Wanderstützpunkte an:

**Berggasthof Mooshütte**
(920 m), 93470 Lohberg,
Tel. 09943/438

**Berggasthaus Schönblick**
(1000 m), 93453 Neukirchen
b. Hl. Blut, Tel. 09947/314

**Berggasthof Alpe**
(1000 m), 94158 Philippsreut-
Mitterfirmiansreut, Tel.
08557/730

**Berggasthof Eck**
(844 m), 93474 Arrach,
Tel. 09945/1351

**Berggasthof Schareben**
(1002 m), 94256 Drachselsried,
Tel. 09945/1037

**Berggasthof Hoher Bogen**
(1050 m), 93453 Neukirchen
b. Hl. Blut, Tel. 09947/621

**Diensthütte am Hohen Bogen**
(915 m), 93485 Rimbach,
Tel. 09941/6743

**Kötztinger Hütte**
(1040 m), Kaitersberg,
93480 Hohenwarth, Tel. 09946/290

**Rachelschutzhaus**
(1360 m), 94518 Spiegelau,
Tel. 08553/333

**Naturfreundehaus Loderhart**
(800 m), 94239 Gotteszell,
Tel. 09929/1064

**Rotel Inn**
(304 m), 94032 Passau, Haissen-
gasse 10, gelegen am Donau-
Radwanderweg mit 100 preis-
werten Minizimmern
Tel. 0851/95160

**Campingplätze**
Die folgenden Campingplätze sind
mit den erforderlichen technischen
und sanitären Einrichtungen versehen. Eine Broschüre „Campingplätze in Ostbayern" ist beim Fremdenverkehrsverband Ostbayern, Regensburg, erhältlich.

| | |
|---|---|
| Blaibach | Lackenhäuser |
| Bodenmais | Lam |
| Deggendorf | Neubäu |
| Drachselried | Nittenau |
| Eging am See | Obernzell- |
| Finsterau/Mauth | Kohlbachmühle |
| Furth im Wald | Ortenburg |
| Gottsdorf | Regensburg |
| Griesbach, Bad | Spiegelau- |
| Hofkirchen | Klingenbrunn |
| Hohenwarth | Straubing |
| Irring bei Passau | Tittling/ |
| Kirchdorf-Schlag | Schrotten- |
| Kötzting/ | baummühle |
| Ramsried | Untergriesbach |
| Krailing bei | Viechtach |
| Prackenbach/ | Waldmünchen |
| Cham | Zwiesel |

## Anreise und Verkehrswege

### Nach Regensburg von

| | |
|---|---|
| Berlin | 500 km |
| Bielefeld | 550 km |
| Dortmund | 590 km |
| Düsseldorf | 550 km |
| Frankfurt | 330 km |
| Hamburg | 720 km |
| Hannover | 570 km |
| Kassel | 430 km |
| Köln | 520 km |
| München | 120 km |
| Nürnberg | 110 km |
| Saarbrücken | 500 km |
| Stuttgart | 300 km |

## Straßen

Der Bayerische Wald verfügt über
ein gutes Straßennetz. Hauptver-
kehrsstraße ist die ausgebaute Ostmarkstraße, die „Waldschneise des
Kraftfahrers", die von Bayreuth über
Weiden, Cham, Viechtach und Regen nach Passau führt und den Bayerischen Wald in seiner ganzen
Länge erschließt (B 22 und B 85).
Von besonderer Bedeutung sind die
Autobahnen A 3 Regensburg-Deg-
gendorf-Passau-Suben-Linz und
A 92 München-Landshut-Deggendorf.

Reizvoll sind Dampflok-Fahrten mit der Regentalbahn.

## Wichtige Anfahrtstrecken:

Autobahn 3 Frankfurt – Nürnberg –
Regensburg – Passau – Linz
Autobahn 9 Berlin – Hof – Bayreuth
– Nürnberg – München
Autobahn 93 (München-) Holledau
– Regensburg – Weiden
Autobahn 92 München – Landshut –
Deggendorf
B 11 München – Landshut –
Deggendorf – Regen – Bayerisch
Eisenstein
B 12 München – Mühldorf – Passau
– Freyung – Philippsreut
B 20 Freilassing – Burghausen –
Straubing – Cham
B 22 und B 85 (Ostmarkstraße)
Bayreuth – Weiden – Cham –
Regen – Passau

## Eisenbahnen

Aus dem Rhein-Ruhr-Gebiet bestehen durchgehende Fernverbindun-
gen über Regensburg mit Kurswagen nach Bayerisch Eisenstein. Von
den einst zahlreichen Nebenbahnen
wurden viele Strecken stillgelegt
und auf Busverkehr umgestellt.

Die Regentalbahn A 6 Viechtach
betreibt immer noch den Personen-
verkehr auf der reizvollen Strecke
von Gotteszell über Viechtach nach
Blaibach und von Kötzting nach
Lam auf einer Gesamtlänge von
70 km mit technisch interessanten
Triebwagen; in der Sommersaison
werden Dampflok-Fahrten veranstaltet. – Ein besonderes Erlebnis ist
auch die Fahrt mit der Waldbahn
von Deggendorf über Regen nach
Bayerisch Eisenstein, die mit ihren
zahlreichen Serpentinen, Kehren,
Viadukten und Tunneln zu den
großartigsten deutschen Gebirgs-
bahnen zählt.

Ein besonderer Dienst der Bun-
desbahn ist der Haus-Gepäck-Servi-
ce: Auf Wunsch werden die Koffer
zu Hause abgeholt und zum Ferienquartier befördert. In Zusammenarbeit mit der Post bzw. Vertrags-
spediteuren bedient die Bahn jeden
Ferienort.

## Wichtige Eisenbahnlinien

Frankfurt – Nürnberg – Regensburg
– Straubing – Plattling – Passau

München – Plattling – Deggendorf –
Gotteszell – Regen – Bayerisch
Eisenstein
Gotteszell – Viechtach – Blaibach –
Kötzting – Lam
Bodenmais – Zwiesel – Frauenau –
Spiegelau – Grafenau
Nürnberg – Schwandorf –
Bodenwöhr – Cham – Furth
im Wald
Straubing – Bogen – Miltach – Cham
– Waldmünchen

## Bergbahnen
**Arber-Doppelsessellift,** Talstation
1050 m (an der Straße Arbersee-
haus-Brennes), Bergstation 1375 m
**Silberberg-Doppelsessellift,** Talstation 700 m (bei Bodenmais),
Bergstation 850 m
**Geißkopf-Sessellift,** Talstation
830 m (Unterbreitenau bei Bischofsmais), Bergstation 1097 m
**Hoher-Bogen-Doppelsessellift**
Talstation 657 m (Nähe Neukirchen
bei Hl. Blut), Bergstation 1050 m

## Donauschiffahrt
Wenn Sie es irgendwie einrichten
können: Eine Fahrt auf der Donau
ist immer wieder eine willkommene
Abwechslung. Für die längeren
Strecken gibt es kombinierte Bahn-
und Schiffsfahrkarten, so daß Sie
schneller an Ihren Ausgangspunkt
zurückgelangen können. Prospekte
mit Fahrplan durch den Fremdenverkehrsverband Ostbayern in Regensburg.

### Schiffahrtslinien
Regensburg – Straubing – Bogen
Deggendorf – Vilshofen – Passau
Regensburg – Walhalla
Kelheim – Donaudurchbruch –
Weltenburg
Passau – Linz – Wien und weiter bis
zum Schwarzen Meer.

## Flugverkehr
Für Motorflugzeuge, Segelflugzeu-
ge und Hubschrauber gibt es mehrere Landeplätze. An manchen
Flugplätzen werden Rundflüge veranstaltet. Nähere Auskünfte über
Art, Ausstattung und Beschaffenheit
der Flugplätze sowie über Sport-
und Schulungsmöglichkeiten durch
den Fremdenverkehrsverband Ostbayern in Regensburg.

## Flugplätze
| | |
|---|---|
| Arnbruck | Regenstauf |
| Deggendorf | Schönberg |
| Donaustauf | Straubing |
| Grafenau | Vilshofen |
| Nittenau | Waldkirchen |

## Grenzverkehr
Der Bayerische Wald grenzt an die
Nachbarstaaten Österreich und
Tschechische Republik. Bis zum Ende des ersten Weltkrieges waren
diese beiden Länder durch die Donaumonarchie Österreich-Ungarn
miteinander verbunden. An der
Dreiecksmark nicht weit vom Dreisesselstein stoßen die Ländergren-
zen von Böhmen, Österreich und
Bayern aneinander.
   Für die Einreise nach Österreich
und in die Tschechische Republik
genügen Reisepaß oder Personalausweis. Seit der „sanften Revolution" im November 1989 sind auch
für die Tschechische Republik Vi-
sum und Pflichtumtausch von DM in
tschechische Kronen (Kcs) nicht
mehr erforderlich, jedoch ist die
Ein- und Ausfuhr von Kcs nicht gestattet.

### Grenzübergänge nach Österreich
Für *Bahnreisende* Passau.
Für *Kraftfahrzeuge* Lackenhäuser
(Schwarzenberg), Breitenberg (Hin-
teranger), Wegscheid (Hanging),
Kappel (Oberkappel), Gottsdorf
(Neustift), Passau-Achleiten
(Esternberg), Passau-Haibach (Hai-
bach), Passau-Saming (Saming),
Passau-Mariahilf (Gattern), Passau-
Voglau (Ingling), Neuhaus/Inn
(Schärding).

Für den *Schiffs-* und *Bootsverkehr* Grenzkontrollstellen an den Anlegeplätzen Jochenstein (Engelhartszell) Obernzell/Donau (Hütt-Achleiten), Passau-Donaulände, Neuburg/Inn (Wernstein).

**Grenzübergänge in die Tschechische Republik**
Für *Bahnreisende* Furth im Wald (Česka Kubice) und Bayerisch Eisenstein (Zelezná Ruda).

Für *Kraftfahrzeuge* Waldmünchen - Haselbach, Furth im Wald (Folmava), Eschlkam-Neumarkt (Všeruby), Rittsteig (Svatá Katharina), Bayerisch Eisenstein (Zelezná Ruda), Finsterau-Außergefild (Bučina, keine KFZ), Philippsreut (Strážny), Haidmühle (Tusset, keine KFZ).

# Luftkur- und Erholungsorte

Aufgrund wissenschaftlicher Erkenntnisse wurden in Zusammenarbeit mit Ärzten und Meteorologen klimatische Begriffsbestimmungen für Luftkur- und Erholungsorte entwickelt. Dabei wurde das Zusammenwirken von Sonnenstrahlung, Luftfeuchtigkeit, Niederschlägen, Wind, Luftdruck und Luftreinheit in Verbindung mit geographischer Lage, Vegetation und umgebender Landschaft berücksichtigt.

Der *anerkannte Erholungsort* ist ein landschaftlich reizvoller und klimatisch begünstigter Ort. Dieses Prädikat erfordert „orientierende Klimabeurteilungen" und stichprobenartige Luftreinheitsüberprüfungen. Der *anerkannte Luftkurort* muß durch eine „kleine Klimaanalyse" nachgewiesenes und durch Erfahrung bewährtes Klima haben. Voraussetzung hierfür ist eine zweijährige fortlaufende Meßreihe, die alle Klimafaktoren erfaßt sowie eine einjährige Messung der Staubbelastung.

Der *heilklimatische Kurort* setzt voraus, daß der Ort ein therapeutisch anwendbares Klima besitzt, das auf einer „großen Klimaanalyse" basiert. Auch *Heilbäder* unterliegen besonderen Anforderungen.

Der Bayerische Fachausschuß für Kurorte, Erholungsorte und Heilbrunnen zeichnete folgende Orte aus:

**Heilklimatischer Kurort**
Bodenmais

**Staatlich anerkannte Luftkurorte**
Bayerisch Eisenstein
Falkenstein
Freyung
Grafenau/ Haus im Wald
Kellberg/ Thyrnau
Kötzting
Lam
Mitterfels
Sankt Englmar
Schönberg
Viechtach
Waldkirchen
Waldmünchen
Zwiesel/ Rabenstein

**Staatlich anerkannte Erholungsorte**
Aidenbach
Altreichenau
Arrach
Arnbruck
Bernried
Bischofsmais
Blaibach
Böbrach
Büchlberg
Drachselsried
Eging am See
Erlau
Frauenau
Furth im Wald
Geiersthal
Gleißenberg
Gottsdorf
Grafenwiesen
Haibach
Haidmühle
Hauzenberg
Hengersberg
Kirchberg im Wald
Klingenbrunn
Kollnburg
Lackenhäuser
Langdorf
Lindberg
Lohberg
Mauth/Finsterau
Mitterfirmiansreut
Neukirchen/ Haggn
Neureichenau
Neuschönau/ Waldhäuser
Obernzell
Ortenburg
Perlesreut
Philippsreut
Pirka
Rattenberg
Regen/March
Rimbach
Ringelai
Röhrnbach
Ruhmannsfelden
Sankt Oswald
Schöllnach
Schwarzach

Spiegelau
Thurmansbang
Tittling
Untergriesbach
Wegscheid

Wildenranna
Windischberger-
dorf
Windorf

**Heilbäder**
Bad Birnbach
Bad Füssing
Bad Griesbach

# Natur- und Landschafts-schutzgebiete

## Naturschutzgebiete

Zum Schutz und zur Pflege der heimatlichen Natur, die in ihrer ursprünglichen Form gerade im Bayerischen Wald noch besonders ausgeprägt ist, wurden folgende Gebiete unter Naturschutz gestellt:

**Großer Arbersee und Arberseewand** im Landkreis Regen, 157 ha. Glacialer Restsee mit artenreicher Pflanzenwelt, überragt von der 300 m hohen, mit Fichten-, Buchen- und Tannen-Urwald bestockten Seewand aus Gneis.

**Kleiner Arbersee** im Landkreis Regen, 309 ha. Glacialer Restsee mit bedeutender Schwingrasenflora sowie alpinen Pflanzen im Bereich der Karhänge.

**Rißloch** 2 km nördlich Bodenmais, 32,9 ha. Schlucht im Bereich des Cordieritgneises mit mischwaldbedeckten Steilhängen, die vom Rißbach durchflossen wird. Schönste und größte Wasserfälle des Bayerischen Waldes. Vorkommen der blauen Heckenkirsche und der großblättrigen Weide.

**Johannisruh,** 1 km südlich von Bayerisch Eisenstein, 2,8 ha. Urtümlicher Waldbestand im Gneisgebiet mit romantischen Felsgruppen.

**Mittelsteighütte nahe Zwieslerhaus** 4 km südöstlich Bayerisch Eisenstein, 38 ha. Bestand mächtiger alter Fichten, Tannen und Buchen.

**Hans-Watzlik-Wald,** 1 km nordwestlich Zwieslerwaldhaus, errichtet zu Ehren des Dichters Hans Watzlik, 11 ha, mit mächtigen alten Tannen.

**Rukowitzhäng-Langschachten** im Forstbezirk Zwieslerwaldhaus, 22 ha. Urwaldähnlicher Bestand alter Buchen und Tannen an der oberen Grenze ihres Vorkommens. Am Ostrand des Schutzgebietes eine größere Anzahl sehr alter Bergahorne.

**Höllbachgspreng,** 7 km südöstlich Bayerisch Eisenstein, 51,3 ha. Schroffes, teils senkrecht abstürzendes Felsmassiv an der Ostseite des Großen Falkensteins mit Urwaldbestand aus Buche, Fichte, Tanne, Bergahorn und Ulme. Durch das tief eingeschnittene Tal stürzt der Höllbach über mächtige Gneistrümmer.

**Kleiner Falkenstein,** Kreis Regen, 17 ha. Gneisstock mit prächtigem Nadelwald.

**Pfahl bei der Ruine Weißenstein,** 2 km südöstlich Regen, 6 ha. Höchster Punkt des „Pfahls" mit der Burgruine Weißenstein.

**Großer Pfahl und Pfahlriegel** (St.-Antonius-Pfahl) westlich und südlich Viechtach, 24 ha. Riffartig ausgewitterte mächtige Quarzfelsen.

**Moosbacher Pfahl,** 4 km südlich Miltach, 12 ha. Ein Birken-bestocktes Pfahl-Teilstück mit einzelnen Quarz-Riffen.

**Hofpfahl,** 5 km westlich Teisnach, 16 ha. Teils riffartig ausgewitterter Quarzgang.

**Brandmoos** bei Wiesenfelden, Hochmoor.

**Schloßberg von Sattelpeilstein** im Landkreis Cham, 9,5 ha. Schöner Mischwaldbestand. Am Südhang Granitblockmeer.

**Schloßberg Falkenstein**
Krs.Cham, Natur- und Felsenpark an höchster Stelle eines Granitkegels, 14 ha, Felspartien mit urwaldartigem Baumbestand.

**Hölle** bei Falkenstein Krs.Cham, 20 ha, ein von Steinriesen zugeschüttetes Wildbachtal.

**Bogenberg,** Kreis Straubing-Bogen, 8,2 ha. Teilfläche des zur Donau abfallenden Hanges des Bogenberges mit seltener Flora.

**Lusengipfel,** Kreis Freyung-Grafenau, 17 ha. Granitblock-Steinmeer mit Hochwald untehalb des kahlen Gipfels.

**Rachel mit Rachelsee,** Kreis Freyung-Grafenau, 106,5 ha. Das Gebiet umfaßt Rachelsee, Seewand und Rachelgipfel. Prächtiger Hochwald mit darin frei aufragenden Gneisfelsen. Artenreiche Pflanzenwelt.

**Föhrauer Filz,** 4 km östlich Bahnhof Klingenbrunn im Kreis Freyung-Grafenau, 10,1 ha. Zwischen- und Hochmoor, bestockt mit Bergkiefern, dazu vereinzelt Fichten und Karpatenbirken, früher durchschnitten von einem Knüppelweg, dem sogenannten „Ochsenklavier".

**Moorwald beim Bahnhof Klingenbrunn,** Kreis Freyung-Grafenau, 1 ha. Hoch- und Übergangsmoor mit bis zu 10 m hohen aufrechten Bergkiefern.

**Großer Filz bei Riedlhütte,** 3 km östlich Spiegelau, 44 ha. Mit Bergkiefern-Urwald bestocktes Hochmoor.

**Großer Filz am Spitzberg,** 9 km nördlich Spiegelau, 9,4 ha. Das 1300 m hoch gelegene Moor mit reicher Flora ist im südlichen Teil mit buschförmigen Bergkiefern bedeckt.

**Stangenfilz,** 10 km ostnordöstlich Spiegelau, 1 ha. Mit Krüppelfichten bestandenes Hochmoor in 1180 m Höhe.

**Felsriegel am großen Schwarzbach,** 4 km nordwestlich Finsterau, 20 ha. Gegen.den Schwarzbach abfallender Steilhang mit urtümlichen Felsgebilden. Teils Urwaldcharakter.

**Saußbachleite,** 1 km südlich Waldkirchen, 19 ha. Granit-Klamm mit einem reißenden Wildbach.

**Zwicklfilz.** 3 km nördlich Bischofsreut (Ortsteil von Haidmühle), 6,9 ha. Charakteristisches, fast unberührtes Bergkiefernmoor.

**Urwald am Dreisessel,** 3 km nordöstlich Frauenberg (Ortsteil von Haidmühle), 2,5 ha. Auf Granitfels stockender Altholzbestand 150 bis 200jähriger Buchen, Fichten, Tannen.

**Hochwald am Dreisessel** mit Dreisesselfels, Hochstein, Steinernem Meer am Plöckenstein, 300 ha. Bis zur Kammhöhe herrlicher Fichtenhochwald. Die Granitkuppen bilden in Verwitterungsformen malerische Felsgruppen und Blockmeere.

## Landschaftsschutzgebiete
Landschaftlich besonders schöne Gebiete, in denen ein vollständiger Naturschutz noch nicht möglich ist, können unter Landschaftsschutz gestellt werden. Diese Gebiete werden zwar weiterhin von der Land- und Forstwirtschaft genutzt, bleiben jedoch von verunstaltenden Eingriffen (z. B. Flußbegradigungen) verschont. So stehen nicht nur der gesamte Innere und Obere Bayerische Wald mit einer Fläche von 85 100 ha unter Landschaftsschutz, sondern auch Teilgebiete wie das Ilz- und Geißachtal im Landkreis Passau, der Freudensee bei Hauzenberg und das Isarmündungsgebiet.

## Naturparks und Nationalpark

Erhaltung und Pflege von Natur und Landschaft ist Ziel der Naturpark-Vereine. So umfaßt der *Naturpark Vorderer Bayerischer Wald* das untere Regental mit Regenstauf, der *Naturpark Oberer Bayerischer Wald* den Landkreis Cham und der *Naturpark Bayerischer Wald* die Landkreise Regen, Straubing-Bogen und Deggendorf. Zu den besonderen Aufgaben gehören auch der Schutz bedrohter Tiere und Pflanzen, die Erhaltung von Biotopen und Feuchtgebieten sowie die Schaffung umweltfreundlicher Erholungseinrichtungen mit Wanderwegen. Wanderparkplätzen, Schutzhütten und Ruhebänken.

1970 entstand als erster deutscher Nationalpark der *Nationalpark Bayerischer Wald* um Rachel und Lusen mit einer Fläche von $130\,km^2$ (→ S. 66). Neben Natur- und Landschaftsschutz widmet er sich der Erforschung ökologischer Zusammenhänge und der Information seiner Besucher.

## Für den Wanderer

Wandern ist die älteste, einfachste und auch billigste Art des Reisens, dazu ein wahrer Gesundbrunnen für den verwöhnten Zivilisationsmenschen unserer Zeit. Wer einmal die wohltuende Wirkung des Wanderns auf Körper und Geist gespürt hat, wird sich immer wieder danach sehnen, sie von neuem zu beleben. Im Bayerischen Wald können Sie stundenlang wandern, ohne mit einer Autostraße in Berührung zu kommen. Der Wald spendet Schatten und Kühle, und die ozonreiche Luft ist wahrer Balsam für strapazierte Großstadtlungen.

Denken Sie an festes, bequemes Schuhwerk. Für größere Wanderungen brauchen Sie hohe Wanderschuhe: Nur sie können dem Fuß den notwendigen Halt geben.

Für die Tageswanderung genügt das kleine Handgepäck: Wanderkarte und -führer, Fotoapparat, Fernglas, Verbandszeug, Taschenmesser, aber auch Regenschutz und als „eiserne Ration" Schokolade, Traubenzucker oder Dörrobst.

Die mehrtägige Wanderung erfordert gründlichere Vorbereitung: Rucksack (weiche Gegenstände an der Rückenseite), Schlafanzug, Schlafsack (für Jugendherbergen aus weißem Leinen), Wasch-, Schuhputz- und Nähzeug, Turn- oder Hausschuhe, Badezeug, Ersatzstrümpfe (aus Wolle!). Es empfiehlt sich sehr, bei den für Übernachtung vorgesehenen Häusern vorzubestellen.

Eine *Wanderkarte* ist auch für die Kurzwanderung wichtig. Als Übersicht empfiehlt sich *Fritsch's Wanderkarte* Bayerischer Wald 1:100 000 (Landkartenverlag Fritsch Hof/Saale). Vom gleichen Verlag gibt es auch Wanderkarten für verschiedene Teilgebiete in größeren Maßstäben, z.B. 1:50 000. Einen guten Namen haben auch die *Kompaß-Wanderkarten* 1:50 000 mit den Teilgebieten Nördlicher Bayer. Wald mit Arber, Mittlerer Bayer. Wald mit Nationalpark und Südlichen Bayer. Wald mit Dreisessel. Alle Wanderkarten sind im Buchhandel erhältlich.

Der 1883 in Deggendorf gegründete Bayerische Waldverein (Hauptsitz heute in Zwiesel) hat ein engmaschiges Netz markierter Wanderwege angelegt, das sich in Hauptlinien, Nebenlinien und örtliche Wege gliedert. Eine Auswahl der schönsten Wanderwege finden Sie bei den Ortsbeschreibungen. Auf weitere Wege verweisen die in vielen Orten aufgestellten Informationstafeln oder die örtlichen Verkehrsämter. Bei den angegebenen Wanderzeiten kann es sich nur um ungefähre Richtzeiten ohne Pausen handeln. Und: Bergab geht es schneller als bergauf! Häufig lassen

Beliebtes Wanderziel ist die Rachelkapelle
hoch über dem Rachelsee.

sich die einzelnen Routen zu Rundwanderwegen kombinieren. Natürlich können Sie die Hauptwanderli-
nien an jedem beliebigen Punkt beginnen und beenden, da viele Busverbindungen an die Wanderwege
heranführen. Die nördliche 180 km
lange *Hauptwanderlinie des Bayerischen Waldvereins* hat in Waldmünchen Anschluß an die 132 km lange
*Hauptwanderlinie des Oberpfälzer
Waldvereins,* die von Waldsassen
entlang der Landesgrenze nach
Waldmünchen führt. Am Dreisessel
(Dreiländereck; Touristenübergang
mit gültigem Personalausweis oder
Reisepaß) hat sie Anschluß an den
140 km langen *Nordwaldkammweg
des Österreichischen Alpenvereins*
durch das Mühlviertel nach Frei-
stadt.

## Hauptwanderlinien
## Bayerischer Wald

### I. Nördliche Hauptwanderlinie
Teilstück des Europ. Fernwander-
weges Ostsee – Wachau – Adria.

**Route A = 180 km**
**1. Tag:** Waldmünchen – Oberherzogau – Althütte – Berggasthof Gibacht – Gutshof Voithenberg – Furth
im Wald – Grub – Hinterlichteneck –
Diensthütte am Hohen Bogen
(6½ Std.).
**2. Tag:** Oberzettling – Bahnstation
Watzlsteg – Schönbuchen – Reitenberg (Einmündung des Wanderweges von Kötzting) – Kreuzfelsen –
Mittagstein – Kötztinger Hütte –
Rauchröhren – Riedelstein – Berggasthof Eck (6½ Std).

**3. Tag:** Mühlriegel – Ödriegel – Heugstatt – Enzian – Kleiner Arber – Großer Arber – Arberschutzhaus (5½ Std.).

**4. Tag:** Großer Arbersee – Bayerisch Eisenstein – Hans–Watzlik–Hain – Zwieslerwaldhaus – Großer Falkenstein (Schutzhaus) (7½ Std.)

**5. Tag:** Höllbachspreng – Spiegelhütte – Buchenau – Oberfrauenau – Großer Rachel – Rachelschutzhaus (Waldschmidthaus) (7 Std.).

**6. Tag:** Rachelkapelle – Rachelsee – Racheldiensthütte – Waldhäuser – Lusen – Lusenschutzhaus (6 Std.).

**7. Tag:** Tummelplatz – Steinbachklause – Mauth – Almberg – Berggasthof Alpe (5 Std.)

**8. Tag:** Philippsreut – Bischofsreut – Auersperg – Haidmühle – Kreuzbachklause – Dreisessel mit Berghaus – Rosenbergergut (7 Std.). Busverbindung nach Passau.

Es ist empfehlenswert, bei dieser achttägigen Wandertour 1 bis 2 Ruhetage einzuschieben, die Sie ja auch dazu benutzen können, in der Nähe liegende Sehenswürdigkeiten aufzusuchen.

**Route B = 185 km**
Waldmünchen – Furth im Wald – Hoher Bogen – Lam – Großer Osser – Sommerau – Kleiner Arbersee – Kleiner Arber und weiter wie Route A bis Rosenbergergut.

**Route C = 165 km**
Cham (Haltepunkt Runding der Bahnlinie Cham – Miltach) – Haidstein – Kötzting – Reitenberg und weiter wie Route A bis Rosenbergergut.

**II. Südliche Hauptwanderlinie = 170 km**
Teilstück des östlichen Main – Donau-Weges Ochsenkopf – Passau
**1. Tag:** Rötz (Goldstadt-Reiseführer Oberpfalz) – Marketsried – Diebersried – Kürnberg – Sattelberg – Grub – Ried – Röthelseeweiher – Schloß Thierlstein (6 Std.)

**2. Tag:** Parkplatz am Pfahl, jenseits der B 85 – Informationshaus am Pfahlriff – Brunn – Radling – Loifling – Traitsching – Sattelpeilnstein – Sitzenberg – Löwengrub – Ober-/Untergschwandt – Bhf. Wies/Rattenberg – Bruckhof – Rattenberg (6 Std.)

**3. Tag:** Rattenberg (Bahnlinie Cham – Straubing) – Zeller Höhe – Berggasthof Kolmberg – Ahornwies – Viechtacher Skihütte – Pröller – St. Englmar (5 Std.).

**4. Tag:** Predigtstuhl – Hirschenstein – Rauher Kulm – Berggasthof Kalteck – Vogelsang – Gotteszell – Köckersried – Oberbreitenau – Landshuter Haus (8½ Std.).

**5. Tag:** Breitenauerriegel – Waldkreuzung Hölzerne Hand – Ruselabsatz (Scheitelpunkt der Ruselbergstraße) – Sporthotel Rusel – Kapfing – Lalling – Rohrstetten – Oberaign – (Abstecher zum nahen Bichlstein) – Feriendorf Sonnenwald – Langfurth – Brotjacklriegel – Daxstein – Zenting (8½ Std.).

**6. Tag:** Über den Rochberg nach Auggenthal – Trautmannsdorf – Dießensteiner Mühle – am östlichen Ufer der Ilz entlang über Schneidermühle – Schrottenbaummühle – Aumühle (Abstecher zur Burg Fürsteneck) nach Kalteneck (7 Std.).

**7. Tag:** Ilzbrücke – Attenberg – Fischhaus – Mausmühle – Kraftwerk Ilzstausee – Triftsperre – Hals – Feste Oberhaus – Passau (6 Std.).

## Weitwanderwege

**Kötztinger Weg (Wörth/Donau – Kötzting) 58 km**
**1. Tag:** Wörth (Buslinie ab Regensburg) – Hungersdorf – Wellerbachtal – Hornauer Eck (400 m) – Hub – Schiederhof (Gaststätte) – Büscherl (740 m) – Kesselboden – Pilgramsberg – Stallwang (Übernachtung Gasthof Kerscher, Tel. 09964/294), (7 Std.).

**2. Tag:** Gallner (694 m) – Denkzell – Bahnstation Konzell – Rattenberg – Neurandsberg – Moosbach – Voggenzell – Heitzelberg – Unter-gschaidt – Blaibacher See – Kötzting (8 Std.).

## Pfahlwanderweg = 60 km
Dieser geologische Wanderweg verläuft über den Großen Pfahl Thierlstein (Parkplatz an der B 85) – Chamer Pfahl (südlich von Cham bis zur Pfahlhöhe an der B 20) – jenseits der B 20 durch das Pfahlholz – Ellersdorf – Weiler Loch im Haidbachtal – Einöde Riesel – Quarzitwerk bei Altrandsberg – Moosbacher Pfahl – Fahrberg – Prackenbach – Parkplatz Riedbachbrücke an der B 85 bei Viechtach – Antoniuskirchlein – Schlatzendorf – Hofpfahl – Ayrhof – Frankenried – Linden – Patersdorf – Neumühle im Teisnachtal – Weiden – Rabenholz – March – Frauenmühle – Sumpering –Thurndorf – Burgruine Weißenstein.

## Pandurensteig = 160 km
Verkehrsämter-Aktion „Wandern ohne Gepäck"
Auf den Spuren der Panduren anno 1742: *Waldmünchen* – Cham – Prakkenbach – Patersdorf – Rinchnach – Spiegelau – Perlesreut – Fürsteneck – *Passau*. Quartierbestellungen auf Wunsch beim Fremdenverkehrsverband Ostbayern.

## Ilztal-Wanderweg = 50 km
Wegbeschreibung → Seite 232.
Passau – Kalteneck – Aumühle/Fürsteneck – Schrottenbaummühle – Schneidermühle – Dießensteiner Leithe. Zurück am anderen Ufer.

## St. Gunther-Wanderweg = 40 km
Von Niederalteich nach Rinchnach auf den Spuren eines Verkehrsweges, der im Jahre 1029 von dem Einsiedler St. Gunther angelegt wurde.

## Der Gläserne Steig = 40 km
Auf den Spuren der Bayerwald-Glashütten: Haibühl – Frahels – Engelshütt – Lambach – Maria Hilf – Lam – Schrenkenthal – Lohberghüt-te – Schneiderberg – Zackermühle – Oberlohberg – Altlohberghütte – Oberhaiderberg – Eben – Brennes – Grafhütte – Neuhütte – Bayer. Häusl – Bayer. Eisenstein – Arberhütte – Seebachhütte – Seebachschleife – Regenhütte.

## Wandern auf den Spuren der Salzsäumer
Ein besonderes Erlebnis sind Wanderungen auf den alten Saumhandelswegen, auf denen früher vor allem das vielbegehrte Salz von kleinwüchsigen Saumpferden (Saum = altdeutsch Last) durch das Waldgebirge nach Böhmen verfrachtet wurde. Seit Liberalisierung des Grenzverkehrs wurde auch in der Tschechischen Republik das Wanderwegenetz weitgehend bis zu den Grenzübergängen durchmarkiert, so daß ein bilateraler Wanderverkehr möglich ist.

## Der Goldene Steig = 27 km
Von Passau mit dem Bus nach Röhrnbach. Weiter über Kaltenstein – Waldkirchen – Schiefweg – Böhmzwiesel – Fürholz – Grainet – Leopoldsreut nach Bischofsreut und zur Landesgrenze.

## Der Winterberger Steig = 23 km
Freyung – Hinterschmiding – Herzogsreut – Philippsreut – Landesgrenze.

## Der Bergreichensteiner Weg = 30 km
Freyung – Kreuzberg – Mauth – Finsterau – Landesgrenze.

## Der Guldensteig = 12 km
Grafenau – St. Oswald – Waldhäuser – Lusen.

## Der Böhmweg = 60 km
Auch der Böhmweg zählt zu den ältesten Handelswegen zwischen Donau und Moldau, bis er Anfang des 19. Jahrhunderts durch den Bau der Ruselstraße seine Bedeutung verlor: Von Deggendorf am besten mit dem

Linienbus bis Maxhofen, dann über Greising – Frohnreut – Hermannsried – St. Hermann – Bischofsmais – Oberdorf – Fahrnbach – Burgruine Weißenstein – Regen – Zwiesel – Ludwigsthal – Zwieslerwaldhaus nach Bayerisch Eisenstein. Weiterführung auf tschechischem Gebiet bis Sušice (Schüttenhofen) geplant.

# Kleiner Sportspiegel

Wandern gehört zu den beliebtesten Ferienbetätigungen im Bayerischen Wald. Ein dichtes Netz markierter Wanderwege wird allen Konditionen gerecht. Dem Wanderer ist ein eigenes Kapitel gewidmet (→ S. 306)

**Schwimmbäder** besitzen fast alle größeren Städte und Fremdenverkehrsorte. Viele Freibäder sind beheizt. Bei schlechtem Wetter bieten Hallenbäder eine gute Alternative. Beliebt sind die Thermalbäder Bad Füssing, Bad Griesbach und Bad Birnbach südwestlich von Passau mit ihren warmen Mineralquellen, die selbst im Winter das Baden im Freien ermöglichen.

**Badeseen** sind entweder natürlichen Ursprungs oder künstlich aufgestaut. Zu den größeren zählen der Perlsee bei Waldmünchen, der Blaibacher See bei Kötzting, der Höllensteinsee bei Viechtach, der Regener See bei Regen, der Rothauer See (Dreiburgensee) bei Tittling, der Freudensee bei Hauzenberg und der Rannastausee bei Wegscheid. Dort werden auch Ruderboote verliehen, und oft findet sich Gelegenheit zum Segeln und Surfen.

**Wasserwanderer** mit Kanu oder Faltboot schätzen den Regen ab Zwiesel, die Ilz ab Fürsteneck sowie die Donau.

**Angeln** ist in den zahlreichen Bächen, Flüssen und Seen noch sehr lohnend. Auskünfte erteilen die örtlichen Verkehrsämter. Voraussetzung ist auch für den Ferienangler der Besitz eines Fischereischeines der Heimatbehörde.

**Tennisplätze,** Minigolf-Anlagen und Kegelbahnen befinden sich in den meisten Fremdenverkehrsorten. Eine bayerische Besonderheit ist das Sommer-Eisstockschießen auf der Asphaltbahn (→ S. 312).

**Golfplätze** entstanden in Deggendorf, Furth im Wald, Hauzenberg, Kellberg, Lalling, Lam, Oberzwieselau, Waldkirchen sowie in Bad Griesbach mit einem aus mehreren Plätzen bestehenden großen Golfzentrum.

**Radfahren** erfreut vor allem in den weniger bergigen Regionen an Donau und Inn. Vor allem Passau entwickelte sich zu einem Knotenpunkt wichtiger Fernradwege. Auskünfte über Fahrradverleih erteilen die Verkehrsämter. Besonders beliebt:
*Donau-Radweg* von Donaueschingen über Regensburg, Straubing und Passau nach Wien und Budapest.
*Inntal-Radweg* von Innsbruck über Schärding nach Passau.
*Salzach-Inn-Radweg* von Salzburg über Schärding nach Passau.
*Rottal-Radweg* über Pfarrkirchen und Bad Birnbach nach Neuhaus a. Inn.
*Vilstal-Radweg* von Vilsbiburg nach Vilshofen.

**Reitsport** kann in vielen Orten ausgeübt werden, so auch in Cham, Deggendorf, Drachelsried, Eging, Freyung, Furth im Wald, Grafenwiesen, Haidmühle-Frauenberg, Hauzenberg, Hohenwarth, Kellberg, Lam, Lohberg, Mitterfels, Nittenau, Obernzell, Passau, Regen, Regensburg, Roding, Straubing, Teisnach, Tittling, Viechtach, Waldkirchen und Waldmünchen. Vielerorts gibt es schön gelegene Reiterpensionen. In Straubing befindet sich eine Trabrennbahn.

**Sommerrodelbahnen** gehören zu den Attraktionen von Bodenmais (550 m lang), Neukirchen b. Hl. Blut (720 m lang) und Grafenau (500 m lang).

**Segel- und Motorflieger** finden mehrere Flugplätze vor (→ S. 302).

**Drachenfliegen** ist ein Flugsport besonderer Art. Gute Voraussetzungen bieten Breitenberg, Rettenbach bei Falkenstein, Furth im Wald (Gleitschirmschule am Hohen Bogen), Grainet, Grattersdorf (Bichlstein), Hohenwarth, Konzell/Blumern (Gallner), Schöfweg, Untergriesbach und Waldkirchen.

**Klettern** ist für Geübte ein lohnendes Betätigungsfeld. Für Klettertouren besonders geeignet sind der Kaitersberg bei Kötzting, die Rauchröhren-Türme bei Arnbruck, der Pfahl bei Viechtach, die Burgruine Weißenstein bei Regen, die Wand des Großen Arbersee sowie der Kleine und Große Falkenstein bei Zwiesel.

# Erholsame Winterfreuden

„Bei uns dauert der Winter länger als im Kalender", sagt man im Bayerischen Wald, und das nicht ohne Grund: Meteorologische Untersuchungen ergaben, daß der Bayerische Wald das schneereichste und schneesicherste Gebiet der Bundesrepublik ist – außerdem noch völlig frei von Lawinen und Föhn! Orte wie Mitterfirmiansreut, Bischofsreut, Haidmühle und Lackenhäuser haben eine bessere Schneelage als gleich hoch gelegene Alpenorte. Und wenn die Frühlingssonne den Schnee schon überall hinweggetaut hat, beendet erst das Mai-Rennen am Großen Arber eine fast sieben Monate dauernde Wintersportsaison.

Norwegische Forststudenten waren es, die um das Jahr 1870 den ersten Langlaufski im Bayerischen Wald und damit in Deutschland einführten, um im tief verschneiten Bayerischen Wald schneller vorwärts zu kommen.

Galt der Bayerische Wald als Wintersportgebiet vor Jahren noch als eine Art Geheimtip unter Eingeweihten, so steigt die Zahl winterlicher Feriengäste von Jahr zu Jahr – auch zu einem Kurzurlaub am verlängerten Wochenende. Gasthöfe und Hotels haben sich längst auf die weiße Saison eingestellt, und auch nach den stärksten Schneefällen sind die Straßen bald geräumt.

Für den *Skifahrer* gibt es rund 150 Skilifte und auch einige *Sesselbahnen,* teils mit Flutlichtanlagen. Bewährt hat sich die „Gebiets-Punktekarte der Seilbahn- und Skiliftgemeinschaft Bayerischer Wald": Mit dieser Karte können Sie alle der Gemeinschaft angeschlossenen Skilifte im Bayerischen Wald benutzen. Sie finden Übungshänge und Pisten aller Schwierigkeitsgrade bis zu alpinen Abfahrten, aber auch markierte Skiwanderwege (Langlaufloipen). Gerade der Skilanglauf wird von Sportmedizinern immer wieder als gesündester Wintersport empfohlen – der Bayerische Wald bietet hierfür ideale Voraussetzungen.

Besonders im Arbergebiet gibt es mehrere Sprungschanzen mit Höchstsprungweiten bis 65 m: Hier hat es schon mancher passionierte Wintersportler zur Olympiareife gebracht. Am Anfang jedoch steht die Skischule. Am bekanntesten ist die Skilehrergemeinschaft der Skischule Bayerwald am Arber und am Brennes, aber auch in vielen anderen Wintersportorten finden Sie gute Skischulen.

Wenn Sie einmal einen lustigen Skifasching erleben möchten, dann merken Sie sich den letzten Faschingssonntag für den „Pröllerfasching" vor, der vom Regensburger Naturfreundeverein alljährlich auf dem

Pröller bei St. Englmar veranstaltet wird, verbunden mit einer großen Maskenschau.

Kenner und Könner schätzen die oft kilometerlangen *Rodelbahnen*. Nationalsport des Waldlers ist das *Eisstockschießen*, dessen Regeln dem Bocciaspiel ähneln. Eisstöcke erhalten Sie leihweise an allen Orten mit Eisbahnen. Hauptort der Wettbewerbe im Eisstockschießen ist Regen, wo im Januar der Europa-Cup ausgetragen wird.

## Eisstockschießen

Als Spielgerät dient der Eisstock, eine etwa 5 kg schwere, eisenbeschlagene Holzscheibe von 35 cm Durchmesser mit einem gekrümmten Handgriff. Zwei oder mehr Mannschaften kämpfen gegeneinander. Jede Partei besteht aus vier Spielern, jeder Spieler besitzt einen Eisstock.

Gespielt wird auf einer 40 bis 50 m langen, 4 bis 6 m breiten, möglichst glatten Eisbahn. Im zweiten Drittel des Spielfeldes wird der Zielklotz, der „Daube" aufgestellt, ein Holzwürfel von ca. 10 cm Kantenlänge. Man kann den Holzwürfel auch durch einen überzähligen Eisstock ersetzen, der dann besonders gekennzeichnet sein muß.

Abwechselnd zielt jeder Spieler von der Wurflinie aus auf die Daube. Dabei gilt es, mit dem Eisstock möglichst nahe an die Daube heranzukommen. Gegnerische Eisstöcke dürfen fortgeprellt werden. Wenn alle Eisstöcke geworfen sind, wird nur der dem Zielklotz am nächsten liegende Eisstock mit einem Punkt bewertet. Gewonnen hat jene Partei, die zuerst 21 Punkte erreicht.

Beliebt ist auch das *Eisstock-Weitschießen*. Dazu muß aber eine ausreichend lange Eisbahn vorhanden sein – etwa 4 m breit, beiderseits durch Schneewälle abgegrenzt und sauber gefegt. Der Eisstock wird von der Wurflinie aus so weit wie möglich geschleudert. Gewinner des Einzelwettschießens ist der Schütze mit der besten Weite. Tüchtige Eisstockmeister erreichen Weiten von 150 m und mehr! Beim Mannschaftswettschießen rechnet man die Ergebnisse aller Spieler einer Partei zusammen.

Auch Wintergäste ohne sportliche Ambitionen kommen durchaus zu ihrem Recht: Gerade beschauliche Spaziergänge durch den tief verschneiten Winterwald lassen das Ursprüngliche dieser Landschaft zu einem besonderen Erlebnis werden. Viele Wege in näherer Umgebung der Ferienorte sind auch im Winter geräumt. Mit seiner kristallklaren Luft und seiner intensiven Sonnenbestrahlung ist auch der Winter eine recht erholsame Jahreszeit.

## Die Wintersportgebiete im Bayerischen Wald

**Arber — Osser — Falkenstein** mit den Orten Bayerisch Eisenstein, Bodenmais, Drachselsried, Zwiesel, Rabenstein, Lindberg, Arnbruck, Lam, Lohberg.

**Rachel — Lusen** mit den Orten Frauenau, Grafenau, Spiegelau, St. Oswald, Neuschönau, Waldhäuser.

**Freyung — Mitterfirmiansreut** mit den Orten Freyung, Mauth, Finsterau, Mitterfirmiansreut, Philippsreut, Bischofsreut.

**Dreisessel** mit den Orten Haidmühle-Frauenberg, Neureichenau, Lackenhäuser, Breitenberg, Waldkirchen/Oberfrauenwald, Hauzenberg, Gottsdorf.

**Brotjacklriegel — Sonnenwald** mit den Orten Schöfweg, Langfurth, Feriendorf Sonnenwald mit Kerschbaum, Zenting, Schönberg.

**Hausstein — Rusel — Breitenau** mit den Orten Rusel, Bischofsmais-Habischried, Achslach, Kalteck, Kirchberg im Wald, Rinnchnach, Regen.

**Sankt Englmar** mit den Orten St. Englmar, Kollnburg, Viechtach, Mitterfels, Elisabethszell.

**Gibacht − Voithenberg − Hoher Bogen** mit den Orten Waldmünchen, Gleißenberg, Furth im Wald, Neukirchen b. Hl. Blut, Hohenwarth.

Interessenten erhalten vom Fremdenverkehrsverband Ostbayern in Regensburg einen Wintersportprospekt mit Angaben aller Skilifte.

# Historische Gaststätten

**Aldersbach:** Gasthof Mayerhofer, Ritter-Tuschl-Str. 2, Niederbayerische Spezialitäten. Ausgezeichnet mit dem „Bayerischen Staatspreis für Wirtshaustradition".

**Bischofsmais:** Hotel-Restaurant Wastlsäge. Traditionsreiches Haus mit regionalen Spezialitäten.

**Bodenmais:** Bayernwaldhotel Hofbräuhaus, Marktplatz 5. Einst im Besitz des bayerischen Königshauses, seit rund 100 Jahren in Familienbesitz. Internationale und heimische Küche.

**Böbrach:** Brauereigasthof Eck. 500jährige Braustätte. Hotel-Restaurant mit bayerischen Spezialitäten.

**Cham:** Hotel-Restaurant Randsberger Hof, Randsbergerhofstraße 15. Traditionsreiches Haus mit regionaler Küche.

**Egg:** Schloßhotel. – Im 12. Jahrhundert Sitz der Herrren von Egg, heute komfortables Hotel mit guter Küche.

**Eschlkam:** Gasthof zur Post. Alter Brauerei-Gasthof mit regionalen Spezialitäten und kleinem Waldschmidtmuseum.

**Falkenfels:** Burghotel. Die Burg wurde im 12. Jahrhundert durch die Grafen von Bogen gegründet. Gute Küche mit bayerischen Spezialitäten.

**Grafenau:** Säumerhof, Steinberg 32. – Gepflegtes Hotel-Restaurant mit hervorragender Küche.

**Haidmühle:** Hotel Adalbert Stifter im Ortsteil Frauenberg. Vielseitige niederbayerische Küche. Ebenfalls zu empfehlen: Im Ortsteil Bischofsreut Haus Auersperg mit böhmischen Spezialitäten.

**Hohenau:** Romantik-Hotel Bierhütte, Bierhütte 10 (zwischen Grafenau und Freyung). – Historisches Haus mit regionalen Spezialitäten.

**Kelheim:** Gasthof Stockhammer, Am oberen Zweck 2. Gasthof aus dem Jahre 1746 mit vielseitiger Küche.

**Marienthal/Regenstauf:** Gasthaus Wittmann. Ausflugsgasthof am Regenfluß mit Biergarten.

**Niederaltaich:** Klosterhof, Mauritiushof 2. – Historische Klosterschenke mit bayerischen Spezialitäten.

**Ortenburg:** Schloßkeller, Vorderschloß 1. – Restaurant in stilechten Schloßgewölben mit Wildspezialitäten.

**Passau:** Heilig-Geist-Stiftschenke, Heilig-Geist-Gasse 4. – Weinstube seit 1358 mit guter Küche.

**Regensburg:** Historische Wurstküche. Älteste Bratwurststube Europas aus dem Jahre 1134 mit origineller Ausstattung an der Steinernen Brücke. – Weitere historische Gaststätten in Regensburg (→ S. 263).

**St. Englmar:** Kurhotel Gut Schmelmerhof. Ehemaliger Gutshof von 1664 mit rustikalem Speiserestaurant.

**Straubing:** Seethaler, Theresienplatz 25. – 500jähriger Gasthof mit niederbayerischen Spezialitäten. Außerdem: Café Krönner, Theresienplatz 22 (Agnes-Bernauer-Torte).

**Zenting:** Brauereigasthof Kamm, Bräugasse 1. Braustätte seit 1740. Wild- und Fischgerichte, Bauerngeräuchertes. Rustikale Einrichtung.

**Zwieselerwaldhaus:** Zwieseler Waldhaus. Ältester Gasthof (1764) des Bayerischen Waldes mit Bier-

garten. Zu den Spezialitäten gehören Forellen und Enten heiß aus dem Rauchfang.
**Weltenburg/Donau:** Klosterschenke mit Biergarten. Bayerische Spezialitäten.

# Museen und Sammlungen

**Aicha vorm Wald:** Heimatmuseum im Schloß

**Aldersbach:** Brauereimuseum

**Altenthann:** Heimatmuseum

**Bayerisch Eisenstein:** Lokalbahnmuseum, Glashüttenmuseum, Tiermuseum

**Bernried:** Dorfmuseum im Getreidestadel von 1812

**Bischofsreut:** Bauern- und Waldmuseum

**Bodenmais:** Erzbergwerk im Silberberg

**Bogen:** Kreis- und Heimatmuseum auf dem Bogenberg

**Breitenberg:** Webereimuseum und alte Schreinerei

**Cham:** Heimatmuseum im historischen Cordonhaus, Propsteistraße 46. – Schulmuseum im Fronau

**Deggendorf:** Stadtmuseum und Handwerksmuseum (→ S. 159)

**Drachselsried:** Glaskunstsammlung, Poschingerstr. 12

**Eschlkam:** Waldschmidtmuseum im Gasthaus zur Post

**Falkenstein:** Jagdmuseum in der Burg

**Finsterau:** Freilichtmuseum bäuerlicher Wohn- und Wirtschaftsformen

**Frauenau:** Glasmuseum, Am Museumsplatz 1

**Freyung:** Wolfsteiner Heimatmuseum im Schramelhaus, Abteistraße. – Jagd- und Fischereimuseum mit Galerie im Schloß Wolfstein

**Furth im Wald:** Landestormuseum mit Drachen-Besichtigung, Schloßplatz 4. – Waldmuseum in Sengenbühl. – Hammerschmiede von 1823 in Voithenberghammer

**Geiersthal:** Burgmuseum Altnußberg mit Ausgrabungsfunden der Burg

**Gotteszell:** Brauereimuseum

**Grafenau:** Bauernmöbelmuseum im Kurpark. – Stadt- und Schnupftabakmuseum im ehem. Spital gegenüber der Post

**Hauzenberg:** Tiermuseum, Passauer Str. 1. – Graphit-Besucher-Bergwerk in Kropfmühl. – Schnapsmuseum in Jahrdorf

**Lackenhäuser:** Heimatmuseum im Haus des Gastes. – Adalbert-Stifter-Museum im Rosenbergergut

**Lam:** Mineralienmuseum Osserstr.-/Ecke Daxenhöhe 1

**Lindberg:** Bauernmuseum mit Wirtshaus Bärenloch

**Mitterfels:** Heimatmuseum im ehem. Gefängnistrakt des Schlosses

**Neukirchen bei Hl. Blut:** Wallfahrtsmuseum, Marktplatz 10

**Nittenau:** Stadtmuseum mit präpariertem Waller, Kirchplatz

**Obernzell:** Keramikmuseum im Schloß

**Osterhofen:** Heimatmuseum mit vorgeschichtlichen Funden, handwerklichen Zeugnissen und bäuerlichen Geräten

**Passau:** Oberhausmuseum u.a. mit Böhmerwaldmuseum, Feuerwehrmuseum und Galerie auf der Feste Oberhaus. – Römermuseum in der Innstadt, Lederergasse. – Glasmuseum am Rathausplatz. – Spielzeugmuseum am Residenzplatz

**Regen:** Landwirtschaftsmuseum. – Bayerwaldkrippe mit über 250 Figuren, Ludwigsbrücke 3

**Regensburg:** Stadtmuseum in der ehem. Minoritenkirche am Dachauplatz. – Weitere Sammlungen → S. 263

**Roding:** Feuerwehr-Museum

**Ruhmannsfelden:** Bauernhausmuseum in Vorderdietzberg

**Sankt Oswald – Riedlhütte:** Waldgeschichtliches Museum

**Straubing:** Gäubodenmuseum mit „Römerschatz", Fraunhoferstraße 9

Das Freilichtmuseum Bayerischer Wald bei Mauth

**Theresienthal:** Glasmuseum im Schlößchen der seit 1421 bestehenden Glasfabrik
**Tittling:** Museumsdorf Bayerischer Wald am Dreiburgensee
**Viechtach:** Kristallmuseum im ehem. Bürgerspital – Weltkunstmuseum, Spitalstr. 5 – Waldgalerie Margarete mit monumentalem Mühlhiasl-Glasgemälde in Rauhbühl
**Walderbach:** Heimatmuseum im ehem. Kloster mit handwerklichen Geräten
**Waldkirchen:** Museum „Goldener Steig" im Wehrturm der Ringmauer
**Wegscheid:** Zollmuseum (ehem. Amtsgericht)
**Weißenstein bei Regen:** Museum im „Fressenden Haus" (ehem. Getreidekasten der Burg) mit Vegesack-Dichterstube
**Wiesenfelden:** Naturkundliches Museum
**Winzer:** Kalkofen- und Ziegeleimuseum
**Zandt bei Cham:** Kunstgalerie Bayerischer Wald.

**Zenting:** Heimatmuseum Daxstein
**Zwiesel:** Wald-, Glas- und Heimatmuseum hinter dem Rathaus – Spielzeugmuseum, Stadtplatz 35

## Burgen und Schlösser

**Aicha vorm Wald,** Ehem. Wasserschloß um 1600 mit Arkadenhof
**Altjochenstein** bei Gottsdorf, Burgruine 12. Jh.
**Altnußberg** Krs. Regen, Stammschloß der Nußberger, 1468 zerstört
**Arnschwang** Krs. Cham, Wasserschloß 12. Jh.
**Au vorm Wald** bei Bogen, ehem. Wasserburg um 1530, Privatbesitz
**Bärnstein** bei Grafenau, Burg 12. Jh. 1742 von Panduren zerstört
**Berg** bei Deggendorf, einst Höhenburg, heute Kirche
**Bernried,** Burgruine Pitzen, 12 Jh.
**Blaibach,** Schloß von 1604 jetzt Gastwirtschaft

**Bogenberg,** anstelle der Wallf.-Kirche bis 13 Jh. Burg der Grafen von Bogen

**Brennberg** Ruinen Ober- und Unterbrennburg mit Aussichtsturm, 11. Jh.

**Chameregg** bei Chammünster, Ödenturm 13. Jh. Rest ehem. Burg

**Degenberg** bei Schwarzach, Stammburg der Degenberger 1469 zerstört

**Deggendorf,** Burgruine Natternberg, 12. Jh., Ringmauer-Reste

**Dießenstein** bei Tittling, Burgruine 1345, 1742 zerstört

**Donaustauf,** Ruine einer großen Burg 10. Jh, Reste Palas u. Kapelle

**Eberhardsreuth** bei Tittling, Schloß von 1639, Privatbesitz

**Egg** bei Deggendorf, Romantische Ritterburg der Neugotik

**Eggendobl**/Passau, spätgotisches Schloß, Privatbesitz

**Englburg** bei Tittling, 13./17. Jh., im Besitz der Englischen Fräulein

**Falkenfels** bei Straubing, Schloß 12./13. Jh., heute Hotel

**Falkenstein** Krs. Cham, bewirtschaftete Burg, 11./17. Jh.

**Freudenhain**/Passau, klassiz. Schloß von 1792, Engl. Fräulein

**Freudensee**/Hauzenberg, fürstbischöfl. Burgruine 15. Jh.

**Freyung,** Schloß Wolfstein um 1200, heute Museum/Galerie

**Fürsteneck**/Ilz, Burg 12. Jh., heute Schloßpension

**Fürstenstein,** Schloß 11./14./16. Jh., Institut der Engl. Fräulein

**Hacklberg**/Passau, ehem. fürstbischöfl. Schloß 17. Jh.; Brauerei

**Haggn** bei Bogen, ehem. Wasserburg 17. Jh., Privatbesitz

**Haibach** bei Mitterfels, Burgruine 12. Jh., Blick ins Donautal

**Haidstein** Krs. Cham. Burg der Grafen von Vohburg, 1486 zerstört

**Hals,** Burgruine 12. Jh. mit Teilen des Tores, Wohnhauses, Turmes

**Haselbach** Krs. Passau, barockes Schloß 17. Jh., heute Brauerei

**Haus** bei Grafenau, Schloß 16. Jh., renoviert, Privatbesitz

**Hauzenstein** Krs. Regensburg, Schloß 18. Jh.

**Hilgartsberg,** Burgruine aus dem 11. Jh. über dem Donautal

**Hof** am Regen, Burg 12. Jh., erhalten Wohnturm/Kapelle, Privatbesitz

**Kaltenstein** bei Röhrnbach, Burg des 14./16. Jh., Privatbesitz

**Karlstein** Krs. Regensburg, mittelalterliches Schloß

**Klebstein** bei Schönberg, Reste der Burg, 1742 zerstört

**Kötzting,** ehem. Pflegeamtsschloß 15. Jh., Pfarramt

**Kollnburg** bei Viechtach, Ruine 12. Jh., Bergfried erhalten

**Kürn** Krs. Regensburg, Schloß 12./19. Jh.

**Leoprechting** bei Freyung, Burgschloß 13. Jh., Privatbesitz

**Lichteneck** bei Rimbach, Burgruine 12. Jh., Burgfestspiele

**Linden** bei Patersdorf, Turmruine einer Wasserburg 12. Jh.

**Loifling** Krs. Cham, mittelalterliches Schloß, ehemals Wasserburg

**Miltach,** renoviertes Schloß 17. Jh., Verkaufsraum (u.a. Bauernleinen)

**Mitterfels,** Burgruine 12. Jh., mit historischem Gefängnis

**Neubuchberg** bei Hohenau, Burgruine 14. Jh., Mauerreste, 1998 gesichert

**Neuburg**/Inn, Schloß 11. Jh., nach Verfall 1908 umgebaut

**Neuhaus**/Inn, Schloß 14. Jh., 17. Jh. barock umgebaut, Engl. Fräulein.

**Neujochenstein** bei Gottsdorf, Burgruine 13. Jh.

**Neunußberg,** Burgruine 12. Jh., Zerstörung 1633

**Neurandsberg,** Burgruine, 1632 von Schweden zerstört

**Obernzell,** Renaissance-Schloß 15. Jh., Keramikmuseum

**Offenberg** bei Metten, Schloß des späten 17. Jh., Privatbesitz

**Ortenburg,** Renaissance-Schloß von 1567, als Museum zugänglich

**Passau,** Niederhaus 14. Jh., mit Oberhaus verbunden, Privatbesitz

**Passau,** Veste Oberhaus, 13.-18. Jh., einst bischöfl. Trutzburg

**Rammelsburg** bei Schönberg, mittelalterl. Burgruine, wenig Reste

**Rampsau,** Barockschloß 18. Jh., Schloßberg mit Burgresten 13. Jh.

**Ranfels** bei Saldenburg, Burg 13./16. Jh., 2geschossiger Bau, Kapelle

**Rathsmannsdorf,** ehem. fürstbischöfl. Jagdschloß 1580, Privatbesitz

**Regenpeilstein**/Roding, Burg 13./19. Jh., Bergfried 14. Jh., Privatbesitz

**Regensburg,** Fürstl. Thurn und Taxisches Schloß (→ S. 258)

**Regensburg,** Patrizier-Stadtburgen (Turm-Häuser) 13./14. Jh. (→ S. 260)

**Regenstauf,** Burg 12. Jh. verfallen; 80 m tiefer Schloßbrunnen

**Runding,** ehem. bedeutende Burg 12. Jh., geringe Mauerreste

**Saldenburg,** Burg 14. Jh., restliches Turmhaus Jugendherberge

**Sattelpeilnstein,** Schloß 16./17. Jh., heute Brauerei

**Saulburg** bei Straubing, Schloß 11. Jh., Rokoko-Schloß-Kapelle

**Schönberg** Krs. Regensburg, Schloß 18. Jh.

**Schwarzach,** Schloß 15./18. Jh., Bauteile am Marktplatz

**Sengersberg** bei Falkenstein, Burgruine 13. Jh., geringe Reste

**Siegenstein** bei Brennberg, Burgruine 12. Jh., geringe Reste

**Stachesried** bei Eschlkam, Schloß 17. Jh., bewohnt

**Stefling** am Regen, mittelalterliches Schloß, Kapelle 1748

**Steinburg** bei Mitterfels, Schloß 13./19. Jh.

**Stockenfels** am Regen, Burgruine 14. Jh.

**Straubing,** Herzogschloß 14. Jh.

**Thierlstein,** Burg 12. Jh., Privatbesitz

**Thyrnau,** ehem. fürstbischöfl. Jagdschloß, 1718, heute Kloster

**Tittling,** Grafenschlößl mit Barockfassade (ehem. Schloß-Rest)

**Waldmünchen,** ehem. Pflegeamtsschloß 15. Jh., Jugendherberge

**Wiesenfelden,** Schloß 17./19. Jh., naturkundliches Museum

**Wiesent,** Schloß von 1695

**Windberg,** ehemalige Burg der Grafen von Bogen, seit 12. Jh. Kloster

**Winzer**/Donau, Burgruine Hochwinzer um 1000, 1744 zerstört

**Wörth,** 8türmige Burganlage über der Donauebene, 12./16. Jh.

**Zandt** Krs. Cham, Schloß des 16. Jh., heute Altersheim

## Souvenirs

Wer brächte sich nicht gerne einige Souvenirs aus dem Urlaub mit nach Hause? An erster Stelle stehen die **Glaserzeugnisse** aus der Gegend um Zwiesel und Frauenau. Vielleicht freunden Sie sich mit einem echten waldlerischen **Schnupftabakfläschchen** an – wohlgefüllt mit **Perlesreuter Schmalzler?** Hoch im Kurs stehen **Holzschnitzereien** aller Art. **Webwaren** aus Wegscheid haben als „Waldlerleinen" einen guten Ruf, und etwas Besonderes sind **handbedruckte Webwaren** aus Ruhmannsfelden und Miltach. Beliebt sind auch **Flekkerlteppiche, Malereien** (besonders Hinterglasmalereien), **Bildbände** und **handgemachte Kerzen,** aber auch **seltene Steine,** die Sie bei Ihren Wanderungen entdecken können, z.B. Quarzgestein aus dem Großen Pfahl. Hübsch ist immer wieder ein **Regensburger Gewürzsträußchen.** Mag sein, daß Ihnen der **Bärwurz** so gut schmeckt, daß Sie eine Flasche des würzigen Waldlerschnapses mit nach Hause nehmen. Wohl bekomm's!

## Für den Bücherfreund

**Karl Beringer,** Im Bayerischen Wald. Aufzeichnungen eines Forstmeisters und Erinnerungen an vergangene Tage. Süddeutscher Verlag, München.

**Hans Bibelriether,** Nationalpark Bayerischer Wald. Der erste deutsche Nationalpark in Wort und Bild. Co-Produktion Süddeutscher Verlag, München und Morsak Verlag, Grafenau.

**Oskar Döring,** Der Räuber Heigl. Tatsachenroman aus dem Bayerischen Wald. Buchverlag der Mittelbayerischen Zeitung, Regensburg.

**Paul Friedl,** Mühlhiasl. Roman über den berühmt gewordenen Waldpropheten. Buchverlag der Mittelbayerischen Zeitung, Regensburg.

**Johannes Linke,** Wälder und Wäldler. Staackmann Verlag, München. Vom gleichen Autor: Ein Jahr rollt über's Gebirg. Morsak Verlag, Grafenau. Beide Werke sind heute eine lebendige Volkskunde.

**Gernot Messarius,** Oberpfalz. Ein kenntnisreicher Reiseführer über die benachbarten Regionen mit dem oberpfälzischen Anteil des Bayerischen Waldes. Goldstadt-Reiseführer Band 310.

**Max Peinkofer,** Das Pandurenstüberl. Ein niederbayerischer Bauernroman. Habbel Verlag, Regensburg.

**Eric Schindler,** Der Bayerische Wald. Welt voller Ruh' und Herrlichkeit. Texte von Adalbert Stifter in Fotos dargestellt. Pustet Verlag, Regensburg.

**Maximilian Schmidt,** Am Goldenen Steig. Geschichte des alten Salz-Handelsweges. Habbel Verlag, Regensburg.

**Christiane Sellner,** Der Gläserne Wald. Ein Führer zu historischen Stätten, Glashütten und Museen in Ostbayern. Prestel Verlag, München.

**Siegfried von Vegesack,** Das fressende Haus. Roman über den Wohnturm der Burg Weißenstein, in dem der baltische Dichter 50 Jahre lebte. Morsak Verlag, Grafenau.

**Walther Zeitler,** Der Regen. Porträt des größten Bayernwaldflusses. Morsak Verlag, Grafenau.

**Walther Zeitler,** Eisenbahnen im Bayerischen Wald. Geschichte gestern und heute mit vielen historischen Fotos. Morsak Verlag, Grafenau.

## Was es sonst noch gibt
### Aussichtstürme

*Brennberg* (653 m), Krs. Regensburg, Turm der Burgruine

*Brotjacklriegel* (1016 m) im Sonnenwald, 27 m hoher Holzturm

*Dieberg bei Furth im Wald,* Aussichtsturm Bayerwarte

*Ebersberg* (557 m) bei Otterskirchen, 27 m hoher Holzturm

*Falkenstein* (628 m), Krs. Cham, Burgturm

*Friedrichsberg* (930 m) bei Wegscheid, Holzturm

*Geißkopf* (1097 m) bei Bischofsmais, Holzturm neben Bergstation

*Haidl* (1167 m) bei Graninet, Holzturm

*Hindenburgkanzel* (1062 m), Nähe Brennes-Sattel, Steinturm

*Hirschenstein* (1095 m) bei St. Englmar, 21 m hoher Steinturm

*Kadernberg* (692 m) bei Schönberg, Holzturm

*Kollnburg* (655 m) bei Viechtach, Burgturm

*Neunußberg* (695 m) bei Viechtach, Burgturm

*Ochsenstiegel* (540 m) bei Thurmansbang, Aussichtsturm

*Platte* (499 m) bei Altenmarkt/Passau, Aussichtsturm

*Staffelberg* (793 m) bei Hauzenberg, 12 m hoher Holzturm

*Weißenstein* (755 m) bei Regen, Turm der Burgruine

## Bärwurzereien

*Eckert-Bärwurzerei* (älteste der Welt mit kleinem Museum), in Deggendorf-Mietraching.
*Film- und Probierstube Hieke,* Zwiesel, Frauenauer Str. 82
*Arber-Bärwurzerei,* Probierstube, Bodenmais, Marktplatz 5
*Probierstüberl Bärwurzerei Schrott,* Furth im Wald.
*Likörfabrik-Brennerei Penninger,* Hauzenberg-Jahrdorf mit dem „Ersten Bayerischen Schnapsmuseum" (Geräte aus alter und neuer Zeit zur Schnapsherstellung; Probier- und Kaffeestüberl)

## Bauernhanddrucke

Katharieder, Miltacher Schloßladen, Miltach

## Bauernmalerei

Bauernmalstube Gisela Amberger, Bischofsmais, Ritzmais 7 (auch antiquarische Bauergeräte)
Schäfflerei Gmeinwieser, Kieslau 108 bei Traidersdorf (zwischen Kötzting und Arnbruck)

## Besucherbergwerke

Erzbergwerk Silberberg in Bodenmais
Graphitbergwerk Kropfmühl in Hauzenberg

## Dampfzugfahrten

Historische Dampfzüge der Regentalbahn auf den Strecken Lam – Arrach – Kötzting und Gotteszell – Viechtach – Blaibach in den Monaten Juli, August und September jeweils sonntags

## Freizeitanlagen

Churpfalzpark Loifling südlich von Cham: Ostbayerns größter Freizeitpark auf 70 000 m² mit riesigem Kinder-Vergnügungsgarten, Rosarium, Dahlienschau und Wasserorgel.

## Glashütten mit Besichtigung und Werksverkauf

*Arnbruck,* Weinfurtner Glaskunstwerkstätten, Zellertalstr. 13
*Bayerisch Eisenstein,* Alwe Kristallglas, Regenhütte

*Bodenmais,* Austen Bleikristall, Bahnhofstr. 57-59
*Bodenmais,* Joska Waldglashütte, Arberseestr. 4
*Frauenau,* Glashütte Valentin Eisch, Am Steg 7
*Frauenau,* Kristallglasfabrik vom Poschinger, Moosauhütte
*Freyung,* Bergglashütte Weinfurtner, Ferienpark Geyersberg
*Sankt Oswald-Riedlhütte,* Nachtmann Bleikristallwerke
*Spiegelau,* Kristallglasfabrik Spiegelau, Hauptstr. 4

## Glockenspiele

*Waldmünchen,* Rathaus
*Furth im Wald,* Schloßplatz
*Kötzting,* Altes Rathaus mit Figurenumlauf

## Holzschnitzereien

*Bischofsmais,* Michael Haimerl, Ginselsrieder Str. 20
*Bodenmais,* Joachim von Zülow, Dreifaltigkeitsplatz 11
*Hohenau* (zwischen Grafenau u. Freyung), Ludwig Stöckbauer
*Lam,* Otto Kollries, Arberstr. 23

## Köhlerei

Häusler, Zwieselau (zwischen Zwiesel und Frauenau)

## Märchenparks

Märchenwald am Großen Arbersee
Märchenwald Bischofsreut
Märchenalm Obersteinhaus, Zufahrt über Böbrach-Auerkiel
Märchen- und Gespensterhaus Lambach bei Lam

## Radiästhesie-Lehrpfad in Kellberg

Orten von Wasseradern mit Wünschelrute und Pendel

## Satelliten-Beobachtungsstation in Wettzell

Öffnungszeiten beim Verkehrsamt Kötzting

## Sommerrodelbahnen

*Bodenmais:* am Silberberg
*Grafenau*
*Neukirchen beim Hl. Blut:* am Hohen Bogen

## Tiergehege

*Arnbruck:* Wildgehege mit Hochlandrindern, Hirschen, Rehen, Geflügel und Streicheltieren

*Arrach:* Mufflonwildgehege in Echlsaign

*Außernzell:* Damwildgehege

*Bernried:* Hirschpark Buchet

*Grafling:* Wildschwein- und Damwildgehege

*Haibühl:* Auerwildgehege

*Hohenwarth:* Damwildgehege

*Irgenöd bei Ortenburg:* Vogelpark

*Jaging bei Ortenburg:* Aquarienhaus

*Lammerbach bei Viechtach:* Vogelpark

*Kötzting:* Damwildgehege

*Lohberg:* Bayerwald-Tierpark, einheimische Tierarten mit Streichelzoo

*Neukirchen beim Hl. Blut:* Rot- und Damwildgehege

*Neuschönau:* Nationalpark-Tierfreigelände mit über 30 verschiedenen Tierarten

*Offenberg:* Hirschpark

*Tiefenbach:* kleiner Streichelzoo

*Viechtach:* Vogelpark

*Wiesenfelden:* kleines Wildgehege mit Wildkatzenzucht

*Wörth:* Fürstlicher Thiergarten

*Zwiesel:* Rotwildgehege

## Töpfereien

*Miltach:* Schleyerbach, Chamer Str. 11 (im Schloß)

*Leckern bei Kötzting im Zellertal:* Grete von Zaborsky

*Lalling:* Lutz Pflugk, Kirchplatz 2

*Zwiesel:* Wierer, Luchsweg 5

## Trachtenmode

*Arnbruck:* Müller-Kleidung, Arberstr. 6-8

*Cham:* Charivari, Steinmarkt 7

*Lam:* Charivari, Arberstraße

*Schönberg:* Beckert, Trachten und Lederbekleidung

## Wachskunst

*Wald Stadl:* Kgl. Bayer. *Habischried* und *Bodenmais*

## Waldfrüchte-Konserven

*Arnbruck:* Otto Gruber, Erlenweg 1

## Wellenbäder

*Altreichenau:* Wellen-Hallenbad

*Bayerisch Eisenstein:* Arberwellenbad (Ozonhallenbad)

*Cham:* Wellen-Freibad

*Grafenau:* Wellen-Freibad

*Hengersberg:* Wellen-Freibad

*Kötzting:* Ozon-Hallen- und Wellenfreibad

*Regensburg:* Westbad mit Thermalbecken und Wellenbad

*Waldkirchen:* Hallen- und Wellenfreibad

## Wolframslinde

Deutschlands älteste Linde, rund 1000 Jahre alt, steht in *Ried,* 7 km nördlich von Kötzting. Ihren Namen trägt sie nach dem Minnesänger Wolfram von Eschenbach, der um 1200 auf der Burg Haidstein weilte.

## Zoo

Ostbayerns einziger zoologischer Garten befindet sich in *Straubing* mit vielen heimischen und exotischen Tieren wie Löwen, Tiger, Bären und Affen.

# MIR SAN VOM WALD DAHOAM

*Mir san vom Wald dahoam, des kennt ja jeder glei,*
*Wenn's von den Bergen hallt, dann san ma mir dabei.*
*Und wenn a Stutzerl kracht, dann san ma mir um d' We',*
*Mir san vom Wald dahoam, da Wald ist schö!*

*Und unser Häuserl, des ko uns koa Wind vowahn,*
*Ja weil ma's Schindeldach mit lauta Stoa ei'schwarn.*
*Und's Häuserl steht im Wald, an Steigal muaßt nachgeh',*
*Mir san vom Wald dahoam, da Wald ist schö!*

*Und d' Deandeln, de ma ham, de machan uns so stolz,*
*San wia de junga Baam da draußt im Tannaholz.*
*Uns schlagt das Herz so laut, sehg'n ma de Baamerl steh',*
*Mir san vom Wald dahoam, da Wald ist schö!*

*Mia san auf Straubing zua als lust'ge Bauernknecht,*
*Weil mia uns ei'bild'ham, des war für uns des recht.*
*Uns hat nix g'fall'n da draußt, ham müaß'n glei hoamgeh',*
*Mir san vom Wald dahoam, da Wald ist schö!*

Ferdinand Neumaier,
Tondichter aus Kirchberg im Wald

**Kleiner Arbersee**

# ORTSVERZEICHNIS

# SACHVERZEICHNIS

# Fotografieren,
## damit Ihre schönsten Urlaubserinnerungen nicht verblassen!

Die Mehrheit der fotografierenden Weltenbummler bevorzugt für die Aufzeichnung ihrer Urlaubserinnerungen das farbige Papierbild, während für andere das Farbdia in der großflächigen Projektion das Nonplusultra bedeutet. Wofür Sie sich auch entscheiden, möglicherweise für beides und zwei Kameras: die Qualität Ihrer Bilder wird durch die Qualität des verwendeten Filmmaterials entscheidend bestimmt. Deshalb verwenden wir Filme, die auch von Profis gekauft werden.

Kodak beispielsweise, auf dem Filmsektor weltweit führend, bietet Filme für jede Kamera und jede Aufnahmesituation an. Die gebräuchlichsten Filme auf Reisen und auch sonst: Kodacolor Gold Filme für Papierbilder in satten, natürlich wirkenden Farben und Ektachrome oder Kodachrome Filme für brillante Farbdias. Es gibt diese Filme in verschiedenen Lichtempfindlichkeiten: Mit dem Kodacolor Gold 200 Film (23°) werden Sie die meisten Tageslichtverhältnisse meistern, ebenso – falls Sie Dias bevorzugen – mit dem Ektachrome 200 oder dem Kodachrome 200 Film. Ein farblich überaus interessantes Material ist auch der Ektachrome 100 HC Film (21°). Für Aufnahmen bei wenig Licht und für Aufnahmen mit langbrennweitigen Teleobjektiven stehen auch Filme mit 400 und 1000 ISO (27° und 31°) zur Verfügung, so z.B. der Kodak Ektar 1000 Film, das in dieser Empfindlichkeitsklasse schärfste Material für Papierbilder mit exzellenter Farbwiedergabe.

Eine grundsätzliche Anmerkung noch zum Filmkauf: decken Sie den Filmbedarf für Ihre Reise bei Ihrem Fotohändler. Er wird Ihnen einwandfreies Material zu vernünftigen Preisen anbieten. Im Ausland müssen Sie fast überall mehr dafür bezahlen und oft auch für Material, dessen Qualität z.B. durch Hitzeeinwirkung gelitten hat. Wichtig ist auch, daß Ihre belichteten Filme möglichst bald in ein Fotolabor gegeben werden, damit Sie die Farben auf Ihren Bildern so wiederfinden, wie Sie sie gesehen haben.

Wie beim Filmmaterial sollten Sie auf Qualität und Ausrüstung der Kamera Wert legen – handlich in der Bedienung, vielseitig in der Aufnahmetechnik und trotzdem klein im Gepäck. Besonders das Objektv ist entscheidend für die Qualität Ihrer Aufnahmen. Deshalb sind lichtstarke Zoomobjektive eine empfehlenswerte Ausrüstung. Bei Leica z.B. die Vario-R-Objektive 1:3,5/35-70 mm und Vario R 1:4/70-210 mm mit unerreichten Zeichnungseigenschaften in der Kleinbildfotografie.

Die heute weit verbreiteten vollautomatischen Kompakt-Kameras sind für viele Zwecke ideal, um Urlaubserinnerungen festzuhalten. Leica bietet zum Beispiel mit der Leica mini eine Kamera, die einerseits nicht viel größer als eine Zigarettenschachtel ist, andererseits aber mit dem Elmar 1-3,5/35 mm ein für diese Kamera-Klasse hervorragendes Objektiv hat. Wer mehr will, für den ist die Leica C2-Zoom mit Vario-Objektiv von 40-90 mm die richtige Wahl. Beide Kompakt-Kameras sind mit allen Automatikfunktionen einschließlich Blitz, Filmtransport und -rückspulung, automatische Scharfeinstellung etc. ausgestattet.

Und nun – viel Erfolg für ein „farbiges Reiseerlebnis".

# Goldstadt-Reiseführer

## Pflanzenführer

Tropisches Lateinamerika (270)

Dieser Führer durch die faszinierende Pflanzenwelt des tropischen Lateinamerika richtet sich als Nachschlagewerk an jeden Pflanzenfreund, besonders aber an Touristen, die die Region zwischen Mexico und Argentinien oder die Karibik bereisen. Die Biologen Dr. Anzeneder, Dipl.-Biol. Miyagawa sowie Dr. Rödel-Linder haben in Bolivien gelebt, gelehrt und ganz Lateinamerika bereist.
Ausführlich werden die Klima- und Vegetationszonen sowie die Systematik der Pflanzen erläutert, häufig vorkommende heimische und nicht heimische Pflanzen beschrieben. Verständlich sind die Bedeutung des Regenwaldes und die Folgen seiner Zerstörung erklärt.
285 Farbfotos, 16 doppelseitige Farbtafeln, viele Grafiken und historische Fotos.

## Sprachführer

Die einfache Hörsprache –
lesen und sofort richtig sprechen

## Wanderführer

Spaziergänge u. Wanderungen, alpine Bergtouren. Fahrpläne und kleiner Sprachführer, Übersichts- und Routenskizzen, Fotos schwarzweiß und in Farbe.